U0722572

北京市教育科学“十三五”规划2017年度课题“当代大学发展形态及大学观的国际比较研究”（BEBA17032）

当代大学发展形态与大学观比较研究

刘宝存 张晓报 等 著

人民出版社

责任编辑:宫　共
封面设计:源　源

图书在版编目(CIP)数据

当代大学发展形态与大学观比较研究/刘宝存 等著. —北京:人民出版社,
2021.12
ISBN 978-7-01-024316-0

Ⅰ. ①当…　Ⅱ. ①刘…　Ⅲ. ①高等学校-发展-研究-中国②高等学校-办学方针-对比研究-世界　Ⅳ. ①G649.21②G647

中国版本图书馆 CIP 数据核字(2021)第 257559 号

当代大学发展形态与大学观比较研究

DANGDAI DAXUE FAZHAN XINGTAI YU DAXUEGUAN BIJIAO YANJIU

刘宝存　张晓报 等　著

人民出版社 出版发行
(100706　北京市东城区隆福寺街 99 号)

北京汇林印务有限公司印刷　新华书店经销

2021 年 12 月第 1 版　2021 年 12 月北京第 1 次印刷
开本:710 毫米×1000 毫米 1/16　印张:24. 75　字数:376 千字

ISBN 978-7-01-024316-0　定价:74. 00 元

邮购地址 100706　北京市东城区隆福寺街 99 号
人民东方图书销售中心　电话 (010)65250042　65289539

总　序

在“十四五”乃至更长一个时期，我国教育改革与发展正在面临着新的国内外环境，面临着新的发展机遇和挑战。从国际上看，正如《中华人民共和国国民经济和社会发展第十四个五年（2021—2025年）规划和2035年远景目标纲要》明确指出的，“当今世界正经历百年未有之大变局，新一轮科技革命和产业变革深入发展，国际力量对比深刻调整，和平与发展仍然是时代主题，人类命运共同体理念深入人心。同时，国际环境日趋复杂，不稳定性不确定性明显增加，新冠肺炎疫情影响广泛深远，世界经济陷入低迷期，经济全球化遭遇逆流，全球能源供需版图深刻变革，国际经济政治格局复杂多变，世界进入动荡变革期，单边主义、保护主义、霸权主义对世界和平与发展构成威胁。”从国内看，经过40多年的改革开放，我国社会经济发展取得了辉煌的成就，实现了全面建成小康社会的目标，我国已转向高质量发展阶段。在新的历史阶段，我们必须统筹中华民族伟大复兴战略全局和世界百年未有之大变局，深刻认识我国社会主要矛盾变化带来的新特征新要求，深入贯彻创新、协调、绿色、开放、共享的新发展理念，加快构建新发展格局，推动高质量发展，为全面建设社会主义现代化国家开好局、起好步。

教育是高质量发展的重要内容，也是高质量发展的基础，因此，建设高质量教育体系，实现教育现代化，建设教育强国，便成为我国教育改革发展的主旋律和归宿。我国要打造的高质量教育体系应该是服务全民终身学习的教育体系，是满足所有人的发展需要的全纳、个性化的教育体系，是上下衔接、普职融通的教育结构体系，是优质均衡的基本公共教育服务体系，是多元、高效的教育评价与质量保障体系，是政府、学校、企业、社会共同参与的教育治理体系，是全面布局、重大突破、分类发展的高水平教育对外开放体系。在“十四五”乃至更长一个时期，我国教育改革与发展将致力于推进基本公共教育均等化，增强职业技术教育适应性，提高高等教育质量，建设高素质专业化教师队伍。这些重大任务的推进，迫切需要深化教育改革。

从国际上看，自20世纪80年代以来世界性的教育改革不但没有停止，而且随着21世纪社会经济、科学技术、文化等方面的新发展、新要求和新挑战而日益走向深入。在教育普及化的时代，不断推进教育现代化是教育改革发展的总体目标，提高质量和促进公平仍然是教育改革发展的主旋律，主要的改革趋势包括重新界定核心素养并将核心素养融入到培养目标、课程、教学和评价当中去，以培养创新能力、实践能力和学习能力为核心推进教学模式与方法的创新，以教师专业发展为指导推进教师职前教育和职后教育的一体化改革，以应对全球化时代挑战和全球性问题解决为目的推动国际理解教育、全球素养教育、全球公民教育和可持续发展教育，以教育数字化转型为途径应对信息革命、智能革命为主要驱动力的数字化社会带来的挑战，以全民终身学习和学习化社会为宗旨推进终身学习体系建设，以简政放权和提高效率为中心推进教育治理体系改革，以联合国教科文组织和多边主义等基础建构多行为体共同参与的全球教育治理体系。新冠肺炎疫情的全球蔓延使得全球教育面临着更大的不确定性，如何应对因疫情导致的面对面授课受限、国际交流与合作下降、教师与学生流动减少、失学和辍学人数飙升、毕业生就业恶化等挑战，如何在后疫情时代实现教育的重建，也成为世界各国和国际组织共同关心的问题。

在全球化时代，世界教育改革与发展进入一个互学互鉴的时代。我国的教育改革与发展的核心是建立高质量教育体系，实现教育高质量发展。这是一项前所未有的改革任务，迫切需要建立中国特色的教育现代化理论体系，探索中国式教育现代化的发展道路。这要求我们既要立足我国传统的文化传统、教育理论和我国的现实国情，总结我国教育发展的经验，也要研究世界教育理论发展前沿、教育改革发展的趋势和经验教训，为我国教育改革与发展提供借鉴。

正是在这种背景下，北京师范大学国际与比较教育研究院组织出版了“国际与比较教育研究丛书”。该丛书主要收纳教育部人文社会科学重点研究基地北京师范大学国际与比较教育研究院和教育部国别和区域研究基地北京师范大学国际教育研究中心的研究成果，同时也对国内外国际与比较教育学者开放，力求反映世界教育理论发展的最新成果、世界教育改革与发展的最新动态，并在世界教育改革与发展的大背景下审视我国教育的改革与发展，为我国教育改革与发展提供借鉴。在丛书出版过程中，人民出版社给予了大力支持，特别是王萍女士付出了大量的心血，在此谨致以衷心的感谢。

北京师范大学国际与比较教育研究院

刘宝存

2021 年 12 月

目　　录

前　言

大学作为一个有着悠久历史的社会机构，在当今世界正经历发展形态和发展观的变迁。所谓大学形态（university paradigm）指一种结构性要素，体现特定时代大学观影响下的大学组织形式、变革路径与环境适应性，而大学观（university idea）则是人们对大学精神、性质、功能和使命的认识体系，是对大学与外部世界诸元之间关系的确定，以及内部管理及运转的哲学基础，对大学发展起到规范和定向作用。

二战之后，特别是 20 世纪 80 年代之后，随着全球化的深入和知识经济的发展，大学已从社会发展舞台的边缘走向中心，社会发展需求与个体发展需求的多元化对传统的大学提出了巨大挑战。教育发展规律表明，任何国家的教育发展都要受到特定时期社会的政治、经济、文化等方面的制约和影响，并在主动适应社会的政治、经济、文化等方面的过程中为之服务。[①] 以经济需求为例，二战以后，经济发展对劳动者素质、科学技术水平等方面的要求越来越高。随着以知识的占有、配置、生产、分配、使用（消费）为重要特征的知识经济时代的到来，知识成了支持国家经济增长的最重要因素。[②] 与此同时，科学技术更新速度不断加快，生产力不断提高，专门的职业技能方面所需要的知识，其范围和深度也在不断扩大、加深，单一的专业

---

① 张应强：《教育内外部关系规律及其在高等教育研究中的运用》，《复旦教育论坛》2020 年第 5 期。

② 袁丽、康健：《美国都市大学改革及其意义》，《外国教育研究》2005 年第 6 期。

教育机构显得力不从心。① 作为培养高级人才的专门机构和研发高端科技的重要力量，大学在经济发展乃至国家竞争中扮演的角色也越来越重要，“原来被遮蔽的大学属性和本质逐渐被人们认知，大学的职能与功用逐渐地被社会需求解放出来”②，而其人才培养、科学研究和社会服务也随之面临着来自政府与市场越来越多也越来越高的要求。这种要求不只是对各大学本身，还包括对整个高等教育体系的要求。而当已有的大学组织不能满足经济社会需求时，就必然会突破传统的教学型大学和研究型大学模式，产生新的大学形态和大学观，正如伯顿·克拉克所说：“如果社会不能从原有机构中获得它所需要的东西，它将导致其他机构的产生。”③

在这种挑战之下，大学类型已经突破传统的教学型大学和研究型大学模式，呈现出多样化的特征。具体而言，除了原来的教学型大学、研究型大学之外，创业型大学（entrepreneurial university）、应用科学大学（university of applied sciences）、虚拟大学（virtual university）、全球性大学（global university）、都市型大学（metropolitan university）、产业大学（corporate university）等新的大学类型和形态不断涌现。与此同时，与上述已经形成的大学类型不同，还有创新型大学（innovative university）、绿色大学（green university）、服务型大学（service university）、学习型大学（learning university）等新的大学理念或者概念。对比之下，前者是已经成型的大学新模式、新类型或者组织形态，后者则是相对普适的大学理念，即这些理念或者概念可以用于任何类型的大学，也就是说任何类型的大学都可以成为创新型大学、绿色大学、服务型大学、学习型大学。

纵观世界高等教育的发展，当代大学发展形态和大学观的多样化发展已经成为世界高等教育的发展趋势。就其影响和意义而言，大学观和形态的多样化发展促进了大学职能的多样化和人才培养的个性化，满足了社会发

① 袁丽、康健：《美国都市大学改革及其意义》，《外国教育研究》2005 年第 6 期。

② 邬大光：《大学分化的复杂性及其价值》，《教育研究》2010 年第 12 期。

③ ［美］伯顿·克拉克：《高等教育新论：多学科的研究》，王承绪等译，浙江教育出版社 2001 年版，第 35 页。

展和个人发展的多样化需求，并促进了社会发展和个人发展的多样化。然而，当前我国高等教育虽然已由大众化迈向了普及化，但是高校同质化问题却非常突出：自1999年扩招以来，高校发展的同质化问题与高等教育质量问题一道，成为困扰我国高等教育发展的突出问题。借用生态位的理论视角来看，这种同质化主要表现为高校趋向于选择“同一物种”的发展定位和路径，挤压其他类型高校的发展空间，从而造成人才培养的规格与口径趋同，科研质量参差不齐，资源分布不均衡以及人才浪费等现象。

因此，近些年我国一直在推动高校多样化和特色化发展。《国家中长期教育改革和发展规划纲要（2010—2020年）》明确提出促进高校办出特色：“建立高校分类体系，实行分类管理。发挥政策指导和资源配置的作用，引导高校合理定位，克服同质化倾向，形成各自的办学理念和风格，在不同层次、不同领域办出特色，争创一流。”2019年2月发布的《中国教育现代化2035》描绘了中国教育现代化的宏伟蓝图，提出：“建立完善的高等学校分类发展政策体系，引导高等学校科学定位、特色发展。持续推动地方本科高等学校转型发展。加快发展现代职业教育，不断优化职业教育结构与布局。”由此可见，克服同质化倾向、促进高等学校多样化发展，是我国高等教育改革的重要走向，也是亟待深化研究的实践课题。

正是在这种背景下，我们申报了北京市教育科学“十三五”规划2017年度优先关注课题“当代大学发展形态及大学观的国际比较研究”并获得了立项资助（课题编号：BEBA17032），随后组织开展了当代大学发展形态及大学观的国际比较研究，对应用科学大学、创业型大学、虚拟大学、全球性大学、都市大学、产业大学、绿色大学和服务型大学等典型大学形态与大学理念进行了专门研究，对传统大学形态的发展和传统大学观的确立、当代大学发展形态和大学观多样化发展的脉络以及当代大学发展形态和大学观多样化的形成机制等问题开展了专题研究，并在此基础上提出了我国大学发展形态和大学观的多样化策略。

本书是集体协作的结晶，具体分工如下：第一章“传统大学形态的发展和传统大学观的确立”，由江苏师范大学教育科学学院副教授张伟博士撰写；

第二章“当代大学发展形态和大学观的多样化发展”、第三章“应用科学大学的大学观和办学模式”，由湖南科技大学教育学院副教授张晓报博士撰写；第四章“创业型大学的大学观和办学模式”，由杭州师范大学经亨颐教育学院肖军博士撰写；第五章“虚拟大学的大学观和办学模式”，由北京师范大学国际与比较教育研究院赵婷博士撰写；第六章“全球性大学的大学观和办学模式”，由浙江大学教育学院特聘副研究员段世飞博士撰写；第七章“都市大学的大学观和办学模式”，由北京师范大学国际与比较教育研究院康云菲博士撰写；第八章“产业大学的大学观和办学模式”，由北京师范大学高等教育研究院庄腾腾博士撰写；第九章“绿色大学的大学观和办学模式”，由北京师范大学国际与比较教育研究院副教授黄宇博士撰写；第十章“服务型大学的大学观和办学模式”，由青海师范大学国家教师发展协同创新实验基地研究员包万平博士撰写；第十一章“我国大学发展形态和大学观的多样化策略”，由中国教育科学研究院国际与比较教育研究所副研究员赵章靖博士撰写。最后由我和张晓报通稿。

在写作过程中，我们参考了国内外的一些研究成果，未能一一列出，在此一并表示感谢。人民出版社王萍女士为本书的出版付出了辛勤的劳动，在此深表谢意。对于本书作者来讲，当代大学发展形态及大学观的国际比较是一个较新的研究课题，再加上作者才疏学浅，纰漏之处在所难免，恳请各位专家和读者不吝赐教。

刘宝存

2021年12月于北京师范大学国际与比较教育研究院

第一章　传统大学形态的发展和传统大学观的演进

大学是一个历时性与共时性并存的社会机构，其发展是历史积淀与现实环境相互作用的结果。“自中世纪以来，从作为学者行会的中世纪大学，到作为精神修道院的古典大学，到‘超越象牙塔’之后、承担诸多职能的现代大学，无论从形式到规模，大学的各个方面都已经发生了重大的乃至根本性的变化。”① 面对挑战，大学在不同历史时期都会因生存境遇的变化而在形态上发生或显或隐的变化，同时在发展理念上呈现出一定的时代特色，但所有的这些形态和观念无不建基于传统之上，正是后者构成了大学的底色。本章以时间为轴，对传统大学形态与传统大学观进行分析，在介绍每一历史阶段代表性大学的生存环境和发展状况的基础上，对相应时期的大学观的主要特色进行了凝练。

第一节　中世纪大学的诞生与传统大学观的萌发

受惠于欧洲大陆独特的地理风貌、气候环境与社会条件，中世纪大学在公元 1100 年左右出现于中南欧地区，以博洛尼亚大学、萨拉尔诺大学和巴黎大学等为代表的原型大学尽管力量微薄，但生命力顽强，它们在与外界

---

① 张斌贤、李子江：《大学：自由、自治与控制》，北京师范大学出版社 2005 年版，第 5 页。

的互动中逐渐形成自身独特的存在形态和发展理念。

一、原型大学的形成与发展

中世纪广义上是指公元476年西罗马帝国灭亡到14世纪意大利文艺复兴这一漫长的历史时期，欧洲教育在这一阶段展现出独特的发展特色，中世纪大学是其中的典型代表。大学产生于中世纪欧洲特殊的政治、经济与文化氛围中，是西方社会的一种独立的发明。阿什比（Eric Ashby）认为："大学是继承西方文化的机构，它保存、传播和丰富了人类的文化，大学像动物和植物一样地向前进化，任何类型的大学都是遗传和环境的产物。"① 中世纪大学是大学传统与传统大学的理念源泉，意大利的博洛尼亚大学、萨拉尔诺大学，法国的巴黎大学，英国的牛津大学和剑桥大学被称为"原型大学"，它们是后世大学的样板。值得指出的是，在这一时期，后世人们所熟知的与大学相关的理念、形态与模式等并未成熟，尽管个别大学已经具有一般意义上的大学的特征，但这些特征是通过对这一时期众多大学而非单一大学发展样态的概括，因此在考察这一时期的大学形态和理念时，我们沿用中世纪大学这一略显模糊的称谓。

（一）中世纪大学的行会性

行会是中世纪欧洲一种典型社会组织形态，它的出现对众多社会领域产生了深远影响。"起初，所有各类商人和各行工匠都是组织在一起的，从事某一行业的工人都倾向于集中在城市中的某一条街和某一区内，这种集团聚合的原因，首先是职业的便利；其次是嫉妒——监视他人雇工数量和产品价格的愿望，但是渐渐的，然而却是相当迅速的，技术或职能的分化过程，导致各种行会的形成。"② 随着城市商业贸易的繁荣，商人与手艺人最早自发结成了自治团体，随后越来越多的从事同一行业的人有了结成行会或社团以

① ［英］阿什比：《科技发达时代的大学教育》，滕大春等译，人民教育出版社1983年版，第7页。

② ［美］詹姆斯·W.汤普逊：《中世纪晚期欧洲经济社会史》，徐家玲等译，商务印书馆1992年版，第539页。

寻求庇护的需要。

中世纪大学是借鉴了行会的组织形态而逐步发展起来的，行会性是其在特殊的诞生时期面临窘迫外部生存环境时不得不作出的选择。“新兴的知识分子群体借助城市中盛行的行会社团组织方式，逐渐组建形成了萌芽状态的大学社团，从而开启了中世纪学术生活体制化的序幕。”① 掌握知识的人们按照当时城市的惯例组织了自己的学者行会，他们聚集在一起著书立说、收费收徒，并且逐渐实现了学术劳动制度化改革，“与其他行会一样，这些学者行会在中世纪初期如雨后春笋般地涌现亦是一种自发的行为，并未得到国王、教皇、王储或者高阶教师的直接授权，它们是在 11、12 世纪那场席卷欧洲的行会组织本能集结大潮中自然诞生出来的。”② 行会性是中世纪大学的基本属性，也决定了其后世发展的路径选择。

由于所处环境不同，每所中世纪大学所享受的独立性和特权并不相同，但其中的绝大多数都是以行会结构作为基本的组织模式，这也成为中世纪大学能够具有极强的适应能力的关键所在。中世纪大学主要有三种基本组织形态：学生社团、教师社团与教师和学生共同组成的社团。“无论是教师还是学生，他们都面临着与教会、城市当局的斗争，教师和学生联合起来，作为一种力量出现，特别是在外界看来，他们是一个团体、一个组合。”③ 正如中世纪的其他行会一样，大学获得了独特的垄断特权，每一所大学都有权就自身事务作出独立裁决、就与自身利益相关的问题与外部的宗教力量和政治势力进行协商，与此同时，它们还享有内部自治权、免除赋税和免服兵役权、罢教和迁移权、行乞权等，其中最重要的就是教学权力：“巴黎等地的师生们追随行会的步伐，借鉴社会上社团的做法组建了自己的教学组织，即 universitas（联合体），当多个联合体结合在一起时，就形成了一个 studium generale（总学），这是一种合法的自治联合体，通常包含四个传统学院（艺

---

① 陈伟：《西方大学教师专业化》，北京大学出版社 2008 年版，第 26 页。

② ［英］拉斯达尔：《中世纪的欧洲大学——大学的起源》，崔延强等译，重庆大学出版社 2011 年版，第 9 页。

③ 刘宝存：《大学理念的传统与变革》，教育科学出版社 2004 年版，第 20 页。

学院、神学院、法学院和医学院）中的至少三个，加入总学能够帮助学生自动获得教学权力。”① 早期的中世纪大学因为享有行会特权而赢得社会尊重，它们甚至成为一种直接帮助鼓吹自由讨论和促进社会公正的重要力量，但值得注意的是，“中世纪大学所获得的特权并非单方面的赏赐，而是通过长期斗争获得的，实际上是各种力量博弈的结果。”②

（二）中世纪大学的宗教性

中世纪欧洲是一个宗教势力极为强盛的地方，教会掌管着知识传播和真理解释的垄断权，同时把教育活动牢牢掌控在自身手中。“大学有其宗教的根源，在中世纪和文艺复兴时期的欧洲，共同体最先在修道院或犹太人中形成，作为学者共同体，他们在‘学校’一起学习神圣的文本和写评论，他们的读物成为面向大众的宗教教育的基础，在这个体系下，大学一开始是作为寻找关于上帝的知识的地方而组建的。”③ 作为与人的灵魂塑造和信仰追求密切相关的地方，中世纪大学自出现以来便深受教会力量的控制，大学充当着教会广布教义的助手，为宗教服务成为大学的现实使命。

中世纪大学在起源和演进过程中始终掺杂着宗教的影响，尽管中世纪大学在源头上是多元的——法律和医学等领域的行会也在滋养大学的成长，但为了能够获得垄断教学和正式学位的授予的合法权，这些行会性组织不久便依附于教会认可的大学建制。宗教力量对中世纪大学的发展起着关键性作用，“由于13世纪亚里士多德哲学主体的形成，大学有效地被造就成了学习的中心，它一直致力于解释和扩充亚里士多德的理论，欧洲学术界在维护他的哲学时创造出了既得的利益，当教会是知识的主要贮藏所时，大学几乎不能独立于它而存在。”④ 到了13世纪，随着欧洲各地的大学越来越多，对于

---

① ［美］格兰特：《近代科学在中世纪的基础》，张卜天译，湖南科学技术出版社2010年版，第47—48页。

② 张磊：《欧洲中世纪大学》，商务印书馆2010年版，第425页。

③ ［美］阿罗诺维兹：《知识工厂：废除企业型大学并创建真正的高等教育》，周敬敬等译，高等教育出版社2012年版，第58页。

④ ［美］韦斯特福尔：《近代科学的建构：机械论与力学》，彭万华译，复旦大学出版社2000年版，第114页。

大学办学方式和规格有了新的安排。为了获得特权，大学必须得到教皇或君主的授权，这是它能获得合法地位的唯一途径，甚至连巴黎大学、牛津大学、剑桥大学等古老大学都试图通过从教皇那里获取许可来保障毕业生的教学权利。①

与教会的特殊联系赋予了中世纪大学处理宗教和世俗事务中的特权，也给予其不同于一般社会组织的功能和使命："中世纪的大学与基督教王国的普适意识形态密不可分，起初它是修道院的附属物，后来则变成世俗统治者的同盟军，大学就像修道院，所维系的不是某个特定的民族国家，而是一种普遍秩序，因此是一种真正具有普世性的机构。"② 大学的成员享有教会赋予的教士地位，也享有神职特权，"这使得遭市政当局逮捕的学生可以要求在教会法庭上审判，后者往往要比城市法庭更宽容，并且学生和教师可以从教会那里获得薪俸，除了这些个人的特权外，（大学）还有一项重要的团体权利，即大学在认为自己的权利受到侵犯时可以暂停授课，甚至是离开各自的城市。"③ 在中世纪大学里，几乎所有的教师都是神职人员，学生最主要的出路也是献身宗教，大学是被嵌入教会之中。直到 17 世纪，大学的宗教特性几乎都没发生变化。随着宗教改革的进行，在新教盛行的地区，大学开始服务于天主教之外的其他教派。

教会力量在帮助大学获得知识垄断地位的同时，也客观上限制了大学的功能定位与发展样态，中世纪大学在文艺复兴后期变成宗教保守势力的典型代表。直到 17 世纪末期，受教会控制的大学都不重视对现实事物的探索和研究。"哲学仅仅是神学的侍婢，而大学则是教会的灰姑娘，事实上，这个时代的鲜明特点是，绝大多数现代思想先驱都完全脱离了大学，或者只同大学保持松散的联系。"④ 宗教势力对于大学教师的研究与教学活动的限制更

① 中世纪大学如果没有教会允许，其毕业生没资格在任何学校教学。

② 哈佛燕京学社主编：《人文学与大学理念》，江苏教育出版社 2007 年版，第 216 页。

③ ［美］格兰特：《近代科学在中世纪的基础》，张卜天译，湖南科学技术出版社 2010 年版，第 48 页。

④ ［英］亚·沃尔夫：《十六、十七世纪科学、技术与哲学史》，周昌忠译，商务印书馆 1997 年版，第 64—65 页。

是极为严格的，教会掌握了大学教学的专利权并由此确定了许多不容置疑的原则，其中最重要的一条就是：没有教会的允许，个体不准从事大学教学。实际上，任何人想要成为一名大学中的执教者，就必须接受教会举行的教学审查，后者以教师能否满足教会要求为标准。经过长达数世纪的斗争之后，大学陆续获得了聘任教学候选人而不需要教会权威批准的权力，然而教会与中世纪大学之间始终没有完成真正意义的关系切割。

（三）原型大学的南北差异

中世纪原型大学出现的时候正是所谓的“12 世纪的文艺复兴时期”，在这一时期各种新的知识、思想和文化从东方重新引入欧洲，这些东方注入的知识极大地冲击了欧洲修道院学校的知识传统，同时也鼓励人们来到新知识的集散地进行学习。中世纪大学在早期发展阶段的演化路径是独立进行的，是以少数典型大学为范本而逐步发展起来的，它在发展模式上存在着明显的地域差别，这些差别主要体现以意大利博洛尼亚大学为代表的南方学校和以法国巴黎大学为代表的北方学校之间。教会力量在北方学校中占据主导力量，教士在师生中占据极高比例，教会当局对巴黎大学具有相当大的管理权；而在南方地区，尽管大学同样受到教会势力的影响，但“基督教会的学科在意大利的大学中只起着次要的作用，主要使人感兴趣的学科是医学和法学。”① 中世纪大学南北差异的基础是两者与教会关系不同以及双方教育实践上的差别——特别是大学主导力量上的不同。

受益于特殊的地理环境和历史传统，意大利的城市利用神圣罗马帝国和教会之间的冲突，逐步为自己赢得自治城邦的地位，同时绵延悠长的罗马法律传统仍保存在意大利城市的文化底色中。当城邦逐渐获得自由之时，社会中涌现出对于法律的需求，法学研究重焕生机。博罗尼亚大学在 11 世纪开始异军突起，成为意大利最大的学校和第一所法学大学。博罗尼亚是意大利北部和中部之间的交通要津，历来人口稠密，商业繁荣，文化兴盛，到了 11 世纪晚期，著名法学学者欧内乌斯（Irnerius）开始在此讲学，“他确立

① ［英］博伊德：《西方教育史》，任宝祥等译，人民教育出版社 1985 年版，第 128 页。

了基于完整的《民法大全》对法律文本进行注释的办法，而在前一个世纪，《民法大全》还只有不完整的摘录，这样，他最终将罗马法从修辞学中完全分离出来，使之牢固地确立为一个专业研究的课题。”① 欧内乌斯既是一名法律学家，也是才华横溢的教师。他扩展了当时法律知识的领域，使得法学不再是与人文学科有关的附属性学科，正是因为欧内乌斯等人的存在，博洛尼亚作为欧洲法律研究中心的地位得以确立。

法国历来是神学研究盛行的地方，到 11 世纪末期，巴黎成为整个法国甚至欧洲神学教育的中心。巴黎大学源于巴黎圣母院主教座堂圣职团学校，相当多的教会学者曾在此开课授徒，其中代表性人物是阿伯拉尔（Pierre Abelard）。在 1108—1139 年间，阿伯拉尔在巴黎大学执掌教鞭，他十分大胆地提出需要对基督教教义进行批判性的审查，同时指出在教会创始人的著作中有许多含糊和矛盾的观点，需要利用辩论对这种情况进行阐述。② 当阿伯拉尔的名声达到高峰时，整个欧洲数以千计的学生赶赴巴黎，以期亲炙教诲。“在 12 世纪初，阿伯拉尔的名望已使得巴黎成为法兰西最受欢迎的学术中心之一，到 12 世纪中期，学校的增加和敌对的导师之间的竞争又使巴黎成为基督教世界的知识之都，巴黎的学校逐渐成立了他们的团体组织，这些团体组织发展到顶点终于形成了由大学校长控制的庞大‘学者’团体，并随后形成绝大多数大学的模式和标准。”③1180 年，法国国王路易七世（Louis VII le Jeune）正式承认巴黎大学的法人特殊地位。1198 年，教皇塞莱斯廷三世（Celestine Ⅲ）赐予巴黎大学特权地位。由此，巴黎大学作为一个神学高等学府而获得显赫地位，也成为后世大学的源泉与楷模。

巴黎大学是整个西方基督教世界的神学和哲学研究中心，而博洛尼亚大学则成为伟大的法律研究中心。与博洛尼亚大学不同，“巴黎大学是一所‘教师大学’，一个学校的联盟，其中的各个学校保持着自己管理学生的权

---

① ［美］哈斯金斯：《大学的兴起》，梅义征译，上海三联书店 2007 年版，第 3 页。

② ［英］博伊德：《西方教育史》，任宝祥等译，人民教育出版社 1985 年版，第 135 页。

③ ［新西兰］克里斯托弗 · 道森：《宗教与西方文化的兴起》，长川某译，四川人民出版社 1989 年版，第 212 页。

利；教师们通过评议会和他们选举的官员，集体管理整个大学；在涉及教学和考试的所有问题上，各个学校共同遵守统一的协议。”① 巴黎大学的管理权属于教师，学生只是大学的随从，而博洛尼亚大学中权力运行模式则与之相反，学生自己保证着大学的运行并且还负责招聘教授甚至控制教授的私人生活。作为原型大学的代表，“尽管巴黎与波隆那之间在精神上和制度上存在对立，但它们二者对西方教育的改变以及对随后将主宰西方文化的职业知识分子阶层的形成有着同样的贡献。”②

中世纪大学是人们建立的一种对知识进行搜集、甄别、吸收和扩散的体制性机构。正是通过大学，欧洲人建立和扩展了自身的思想遗产。中世纪大学之所以得到迅速发展，主要是由于中世纪社会的演进造成教会与国家之间的分离，两者都默许大学这一独立团体的存在。中世纪大学的规模普遍较小，即使像巴黎、牛津和剑桥这样的著名大学，其学生人数也普遍在 1000 人以下。在整个中世纪时期，大学的数量不断扩大，许多大学都是由教皇或世俗统治者创办的。到了中世纪末期，约有 80 余所大学分布在欧洲地区，这些学校中的大部分都在历史演进中逐渐衰落直至关闭，中世纪大学也迎来了漫长的阵痛期。

二、教学为本——传统大学观的出现

任何事物都是以一种独特的形态而彰显其存在属性，支撑这种存在形态的必定是一种特殊观念。不过，观念作为一种意识也受事物外在形态的制约。换言之，形态和观念是一种相互影响、相互作用的关系，大学是形态与观念的结合体。大学观是指人们在对教育规律的认识的基础上所形成的关于大学的性质、职能、使命、目的、大学与社会的关系等一系列大学基本问题的理性认识，它对大学的发展具有定向作用：“历史上出现的各种形态的大

① ［瑞士］吕埃格等主编：《欧洲大学史：中世纪大学》，张斌贤等译，河北大学出版社 2007 年版，第 54 页。

② ［新西兰］克里斯托弗·道森：《宗教与西方文化的兴起》，长川某译，四川人民出版社 1989 年版，第 217 页。

学，都是不同的大学观念作用于实践的产物。”① 大学观反映出人们对于大学的认识，中世纪大学观是传统大学观的最早版本，它不但潜藏着当时的人们对这种新出现的高等教育形态的独特理解，也是人们第一次对大学是什么以及大学所肩负功能等问题的理论回应。

（一）大学是一个教授知识的场所

中世纪大学在本质上是一个教学机构，传播知识与广布真理在大学中具有核心地位，教学从一开始就被视为大学的首要功能。中世纪大学在传播知识方面具有十分重要的地位，其教授内容极为广泛：“大学承诺要教授任何人类知识领域里任何必须教授的东西，并包容人类思想最高尚的主题和人类研究最丰富的领域，没有什么东西太宏大、太微妙、太遥远、太细致、太散漫、太准确，以至于它不能关注。”② 中世纪大学所宣扬的把普遍知识传授给一切人的理念深刻地影响了后世的大学观，这种理念受到后来的纽曼、弗莱克斯纳、雅斯贝尔斯和赫钦斯等人的肯定，同时也成为大学的基本功能之一。

在中世纪人的认知中，真理是一种已经通过权威展示给世人的东西，它并不需要普通个体去揭示，而是只需要解释和传播，这就是中世纪对真理概念及教授真理的理解。在这种普遍真理观的笼罩下，中世纪大学在日常活动中特别强调讲解和传授经过权威所认定的知识而非创造知识：“中世纪大学主要是教导之地，而非生活或研究之地，其间盛行的知识形态从教义型一直到诠释型，即使在诠释型知识形态中，求知者只是被要求搞懂经文，这种教育是诠释性而不是批判性的。”③ 中世纪大学所教授的内容并不是一成不变的，它总是被要求传播改进中的知识，但“改进”的概念十分特殊，“这种改进不是实用型的改进，它是精神的改进，大学被视为是继承下来的最好的知识传播者，作为新知识的创造者仅被摆在非常次要的位置。”④ 由于知识来

① 刘宝存：《大学理念的传统与变革》，教育科学出版社 2004 年版，第 15 页。

② ［英］纽曼：《大学的理念》，高师宁等译，北京大学出版社 2016 年版，第 266 页。

③ 哈佛燕京学社主编：《人文学与大学理念》，江苏教育出版社 2007 年版，第 217 页。

④ ［美］希尔斯：《学术的秩序——当代大学论文集》，李家永译，商务印书馆 2007 年版，第 17 页。

自神启，因此教学在中世纪大学成为一种具有神圣性的宗教活动："教学得以在一个威严的环境中进行，犹如举行盛典，教师与其听讲者的教学关系已经全面转变，学生坐在长凳上，教授则身着礼袍，巍然居于教席之中，教授自称其为'主'，讲授其课犹如堂皇演说。"①

在大约500年的时间里（从12世纪到17世纪），中世纪大学在早期确立的教学内容体系几乎保持不变，逻辑学、自然哲学、数学、天文和音乐等课程构成了基本的教学科目。辩论是中世纪大学教师普遍采用的教学方法，它分为常规辩论和自由论辩两种，常规论辩由教师定期举办，通常一周一次，参加者主要是追随教师的学生（有时包括同行）；出席常规论辩的其他教师和学生分为正反两方，就主管教师提出的辩题进行辩论，"对这个问题作出裁定的是主管教师，他将各种不同的论证综合成一种，作为对这个问题的最终回答，在这种练习中，学生们学习如何处理有争议的问题，从而为自己将来任教获得宝贵经验。"② 除了每周举行的常规论辩外，教师还需要进行自由论辩，即每年举行的公开性论辩，一般集中在降临节和四旬斋前后，这种论辩对社会开放，任何人有意愿都可参加，自由论辩为大学师生提供了一个展示技艺的场合，也是一种宣泄情绪的途径，同时也能锻炼学生的语言表达能力和逻辑思维能力。

在早期欧洲大学中，教学日益成为一种专门性活动，教师如同手工工匠一样逐渐转变为一种专业人员。"在中世纪大学里，教学成为一种虽非终身但大多是全职的行为，成为一种真正的专业，其原因不仅仅在于不同学科形成了正式而又真实的教学内容或教学方法；更值得注意的是，应该评价教师责任在多大程度上已变得负担过重。"③ 中世纪大学既是一个学者团体，也是一个教师社团。尽管当时的教学机制比较简单，教书内容较为单薄，但这些教师仍然为教学作为一项使命作出了贡献："大学教师认为自己是有价值

① ［法］韦尔热：《中世纪大学》，王晓辉译，上海人民出版社2007年版，第145页。

② ［美］格兰特：《近代科学在中世纪的基础》，张卜天译，湖南科学技术出版社2010年版，第53页。

③ 陈伟：《西方大学教师专业化》，北京大学出版社2008年版，第31页。

的学习传统的看管者，他们的主要职责是通过把下一代学生引进这一传统的规范和思想的神殿来保存这个传统，他们因其所提供的工作是从作为一根不会断裂的链条中的一环的经验中导出的而感到心满意足，因能作为那帮助保存伟大的人类成就的保管人而感到喜悦。”① 自大学从中世纪产生以来，教学就成为大学教师的天职，教学质量的优劣也成为大学内部评判教师资格和水平高低的重要标准。

（二）大学是一个培育专业的场所

中世纪大学源出于早期的行会组织，行会性始终是大学的本质属性之一。因此，中世纪大学的一个重要职能就是培养不同类型的专业人才。专业教育既是中世纪大学的教育内容，也与普通教育一起成为大学长期坚持的传统。“在中世纪大学产生时，大学唯一的职能就是培养人才，中世纪大学的一个特点就是以专业教育为目的，它致力于培养教师、律师、医生、牧师以及有一定专门知识素质的公职人员。”② 在某种程度上，中世纪大学是一种培养专业人才的职业学校，它在满足教会、国家和行业对各种专业人才需要的过程中不断发展。

中世纪欧洲是一个极为复杂的社会，各种各样的社会势力——教皇、皇帝、主教、市政当局、贵族和资产阶级、农民以及教师和学生——对于大学有着截然不同的期望。所有这些社会势力都希望从大学中得到支持，大学所肩负的培养专业人才的社会职能是对那些复杂而又相互矛盾的期望的回应。“大学是从11世纪的教会学校和城市学校自发地发展起来的，虽然这些学校的师生都是牧师，但它们的目的却都是世俗的，都是为了满足人口日益增长并且日益城市化的社会的需要，这些学校中有许多是神学、法律、修辞、文理方面的专门学校，专门培养牧师、律师、神职或世俗的行政官员。”③ 随着

① ［美］克龙曼：《教育的终结：大学何以放弃了对人生意义的追求》，诸惠芳译，北京大学出版社2013年版，第87页。

② Frederick Eby and Charles Flinn Arrowoo. *The History and Phylosophy of Education*：*Aneientand Medieval*，Englewood Cliffs：Pretice-Hall Ing，1940，p.762.

③ ［美］克拉克编著：《高等教育新论：多学科的研究》，王承绪等译，浙江教育出版社2001年版，第29页。

时间的推移，大学不再仅是培养教区神职人员的机构，同时也为世俗政府供应具有法学学位的官员，一些受过大学教育的人开始受雇成为宗教与世俗统治者、贵族集团和学术机构的秘书或书记员。“15 世纪末的欧洲大学与 13 世纪的大学已有较大差异，它从富于活力和独特生活的独立行会，研究和教学的发源地，退居为‘服务于国家的职业培训中心’，并由国家严密控制。”① 到了中世纪晚期，为了追求职业发展而强调专业教育的呼声已经在所有大学中普遍存在：“学生们期望从大学的学习中获得更好的条件，以便增加谋取公共管理机构中任职的机会，正因如此，他们对于大学所提供的系统有序的学习进程非常感兴趣，他们甚至坚持要求这一点。”② 为了回应社会需求，专业教育在大学中的地位日益突出。

中世纪大学很早便实行分科教育，除哲学教育外，还包括四种高级学科——罗马法、圣典法、神学和医学，所有的学科都代表着一种独特专业方向和职业属性。“以萨勒尔诺大学、博洛尼亚大学和巴黎大学为代表的中世纪大学都具有职业分途教育的特性：萨勒诺大学是一所高等医科学校、博洛尼亚大学则专门培养高级法律人才、巴黎大学是一所综合性学校，它所设置的哲学、法律、医学和神学同样使其具有职业分途教育的性质；通过职业分途性的教育培养律师、医师、牧师和具有一定专业知识与技能的公职人员，反映出早期大学浓重的关注社会、服务社会进而影响社会的职能观。”③ 中世纪大学之所以拥有持续不竭的生机与活力，恰是因为它较早地确立了严格的专业培育意识：“时代需要一批经过很好训练的人，大学热心接受这个挑战，法律、医药、神学和文艺等都是需要有能力的和受过学校教育的人，而大学正是提供这种经过很多训练的人的地方。”④ 尽管中世纪大学特别强调人的专业性的培养，但这种培养不同于一般意义上的行会学校或学徒制教育，这是

---

① ［法］韦尔热：《中世纪大学》，王晓辉译，上海人民出版社 2007 年版，第 135 页。

② ［瑞士］吕埃格等主编：《欧洲大学史：中世纪大学》，张斌贤等译，河北大学出版社 2007 年版，第 23 页。

③ 韩延明：《大学理念论纲》，人民教育出版社 2003 年版，第 102 页。

④ ［美］S.E. 佛罗斯特：《西方教育的历史和哲学基础》，吴元训等译，华夏出版社 1987 年版，第 159 页。

因为中世纪大学重视“七艺教育”并且将其作为进行专业学习的基础。值得指出的是，七艺教育和专业教育在目标上具有一致性。“如果有人认为文学部与专业学部相比，较少具有功利性和职业性，那就大错特错了，因为绝大多数学生可能不再继续就学，文学部为他们在读写、辩论、思维、计算、测量和自然科学基础知识方面提供的有用训练，使他们适于承担教会和世俗政府中的种种职业。”① 总体上看，中世纪大学并不像后世想象的那样不食人间烟火，它并不完全脱离所处社会。与之相反，中世纪大学在法律、医学和哲学领域高效又灵活地培育出众多的专业人才。

（三）大学是一个培育德行的场所

作为一个极具宗教性的社会机构，中世纪大学在履行传播知识和培育专业之外，还肩负着培育个体良好德行以及维护所处社会秩序的职责。15世纪初期巴黎大学的总监热尔松·马丁斯（Gelson Martins）认为：“大学与某种社会和宗教秩序相关，其使命不是颠覆这一秩序，尽管这一秩序并不完美，却要保持它，使它更好运行，并通过其建议指点世俗的和宗教的权威。”② 作为一种与社会道德与宗教文化密切相连的教育机构，大学公开宣称的功能是进行理智训练和培养专门人才，但它并不否定其肩负的提升个体甚至社会德行的使命。中世纪大学普遍将传播知识和培养德行看作是一种“神圣天职”。正是由于对履行天职的承诺，中世纪大学才能在数百年时间内赢得自身存在的合法性并保持了旺盛的生命力。

中世纪的演进是一个漫长过程，对于大学的理解也在逐步发生着变化。到中世纪晚期，尽管大学的宗教性在逐步减弱，但大学所肩负的精神价值和文化使命却逐步凸显。在纽曼（John Henry Newman）看来，“作为一种历史事实，大学的要务就在于把个体的心智培养作为自己直接的业务范围，或者使自身致力于这种心智的教育，当它在这方面做得足够多时，它也就完成了自己的工作，它教育富有才智之士在一切事务上很好地运用理性去接近

---

① ［美］克拉克编著：《高等教育新论：多学科的研究》，王承绪等译，浙江教育出版社 2001 年版，第 31 页。

② ［法］韦尔热：《中世纪大学》，王晓辉译，上海人民出版社 2007 年版，第 155—156 页。

真理，并掌握真理。”① 纽曼批判传统的过于强调知识学习和真理传播的大学观，认为这种“学院化”的取向对于个体和社会的发展会造成难以估量的灾难：“死记硬背的学问、狭隘的技术、依循旧例的实践和考试方式，这些倾向总是存在，当它们被建构新的学术道路和重组学术空间的能量所覆盖时，结果便是在更高抽象的领域有创造性的突破，这时就会出现古典主义和技术的停滞，最终会导致更多的创造性观点被遗忘的环境。”② 如果一定要给大学确定所追求的目标，那么这个目标就是要帮助社会培养行为和品德优良的成员，个体接受大学教育的最终目标是使自身更好地适应世界。因此，大学既不应把视野局限于专业技能之上，也不应单一地去追求知识性目的。

纽曼所阐释的大学观被视为一种古典大学观，他将大学的存在价值定位于帮助人在宗教、道德和智力方面得到发展。按照罗斯布莱特（Sheldon Rothblatt）的说法，“正是纽曼扭转了把大学看作是一种拥有捐赠和学术特权的法人机构的传统而刻板的描述，自此之后，大学成为一种充满感情色彩且有着更高层次的精神追求的机构。”③ 古典大学观所倡导的大学教授高深学问和普遍知识，其中的“教授”并非后世德国大学所坚持的“教授自由”中的“教授”，而是暗指大学必须教授“正确”的东西，因为这时的大学所培养的是社会精英人才，是要成为教会、政府和军队中的领袖人物，这样的学术必定肩负着维护政治和思想稳定的使命。大学被视为一种向那些希望自我完善的学术传授各门学科知识的场所，其宗旨是锻炼人的心智：“大学是一个教育（education）的场所而不是一个传授（instruction）的场所，尽管传授这个词在涉及知识时乍看之下似乎更为合适，但是说教育场所却更为常见也更为正确，教育意味着对我们的心智性质的一种作用，意味着一种人格的形成，它是某种个人的和永久的东西，人们谈到它的时候通常会联系到宗教和美德。”④ 值得指出的是，按照纽曼的观点，真正重要的事情不是要确定任

① ［英］纽曼：《大学的理念》，高师宁等译，北京大学出版社 2016 年版，第 111 页。

② ［美］柯林斯：《哲学的社会学》，吴琼等译，新华出版社 2004 年版，第 602 页。

③ ［美］罗斯布莱特：《现代大学及其图新》，别敦荣译，北京大学出版社 2013 年版，第 7 页。

④ ［英］纽曼：《大学的理念》，高师宁等译，北京大学出版社 2016 年版，第 101 页。

何一种特定的大学理念的内涵，而是要确定大学理念的终极理念。他并不是要确定大学的真正职能，而是要把大学提升到社会的道德中心的地位。换言之，大学教育是一个帮助学生获得成熟与自我理解的过程，它必须有益于个人独立性格的塑造以及高尚德行的形成。大学的任务是要培养人承担起社会责任，教育要给人带来力量和优雅，使人做好他所从事的每一项工作和职业。

第二节 德国现代大学的兴起与传统大学观的变革

自地理大发现时代到来之后，人们对于世界的认识不断深入，欧洲社会进入了转型期。“从16世纪到18世纪，西方国家相继出现了一系列重大的历史事件，如文艺复兴、宗教改革、反宗教改革、启蒙运动和科学革命等，致使社会处于新旧转换、剧烈变动之中，这种变革的过渡性是现代性潜在因素在欧洲历史演变中长期积累和冲击的结果。”① 社会转型也同样震动着大学世界，早期形成的中世纪大学形态和观念已经无法满足社会发展的需要。“直到17世纪晚期，大学教育中仍包含大量保守主义和脱离现实的成分，与当时的科学发展状况相比，大学教育落后了几十年，它相对于异常活跃的博学者的圈子来说也处于边缘。”② 社会发展对于知识的渴望不断叩响着古老大学的大门，“为知识而知识”成为新的时代呼声，大学必须要进行一次转型，这一历史任务最终由年轻的德国大学所承载。

一、德国大学的现代改革

自中世纪大学产生以来，德国大学的发展相对于其他地方而言是较为迟缓甚至落后的。“到了18世纪，德国的人口总数虽然一直是上升趋势，但是大学依然不景气，学生总人数一直往下跌，有的大学因招生不足只得关

① 周进：《大学理念的知识审视与社会建构》，中国社会科学出版社2017年版，第84页。

② ［法］让－皮埃尔里乌、让－弗朗索瓦·西里内利主编：《法国文化史Ⅱ：从文艺复兴到启蒙前夜》，傅绍梅等译，华东师范大学出版社2012年版，第178—179页。

闭。”① 直到18世纪晚期，研究活动在德国大学中仍然处于弱势地位。“大学任命某些人为院士或讲席教授不是因为他们对知识作出了原创性的贡献，也不是因为他们进入了智力生活的尖端领域；是的，他们是博学的，但大学并不期望他们什么时候能够在某一特定领域的研究上作出产生重大意义的学术工作且得到系统的传播。”② 与此同时，少数大学的改革悄然进行，各方力量正在努力推动一种新的大学形态和理念的到来，这股浪潮最终在19世纪初期推动了以柏林大学为代表的德国大学现代化进程。从此之后，“德国大学一扫中世纪欧洲大学的陈腐之气，将研究引入大学的教育过程，重塑大学的理智生活，开了大学近代化之先河。”③ 大学的现代形态已经不可避免地打上了德国的烙印。

（一）柏林大学改革的现实基础

威廉·冯·洪堡（Wilhelm von Humboldt）之所以能够成功推动柏林大学的现代化改革进程，背后有着深刻的现实基础。作为德国的前身，普鲁士在欧洲诸国中较早开始推行“教随国定”的原则并且很早就将教育掌控在国家手中。在17世纪中期，普鲁士形成了一种国家管辖教育并主导教育改革的制度文化，这一理念推动了普鲁士教育事业的发展，也形成了德国大学的办学传统。在近代国家中，普鲁士是第一个把学校的管辖权从教会方面收回的国家，教育成为促进国家利益的工具。由于政府掌控教育，大学在普鲁士成为一种国家机关。“在西欧转向现代性的过程中，大学变得极其重要，而现代国家也迅速与其结为同盟，大学不再依托私人和教士的庇护，愈益转向国家的庇护，启蒙运动以降，大学在中央集权的民族国家支持下取得长足发展，后者给大学提供了一套知识体系，同时也是权力体系。”④ 政府掌控教育

① 宋文红：《欧洲中世纪大学：历史描述与分析》，博士学位论文，华中科技大学教育系，2005年，第188页。

② ［美］罗斯布莱特：《现代大学及其图新》，别敦荣译，北京大学出版社2013年版，第17页。

③ 胡建华：《思想的力量：影响19世纪初期德国大学改革的大学理念》，《清华大学教育研究》2004年第4期。

④ 哈佛燕京学社主编：《人文学与大学理念》，江苏教育出版社2007年版，第219页。

并有权力依靠政策法令和制度规范的调整来改革大学，这已经成为普鲁士的教育传统，这一传统的形成为柏林大学改革的推行奠定了制度基础和理念基石。

除了制度层面的建设已经日趋完善外，少数德国大学在办学理念与改革措施方面已经踏出卓有成效的一步，这为柏林大学改革提供了极好的模式借鉴。早在 18 世纪中叶，古老的德国大学已经开始了自身改革进程："德国的新大学运动始于 17 世纪末创立的哈勒大学（1694 年），以它为起点，18 世纪初，德国又出现了哥廷根大学（1737 年）和埃朗根大学（1743 年），以这些大学为样板，18 世纪末，包括新教大学和天主教大学在内的所有德国大学都进行了相应的改革。"① 哈勒大学率先废除了中世纪的经院主义课程，创建了以数学和自然科学为基础的现代哲学。继起的哥廷根大学则更进一步，它打破了中世纪大学沉闷封闭的学术风气，大胆进行教学内容的改革，将各种新兴的实用技术学科纳入大学课程体系之中，在德国大学中引领改革浪潮。哈勒大学被看成是第一所"现代大学"，这所学校最早接纳了以沃尔夫（Christian Wolff）为代表的新哲学与新科学，明确地否定了哲学对神学的依赖并且倡导应将数学和物理学等现代科学作为哲学的基础，国家的法律和道德必须建立在有关人类生活和社会的理性知识之上，沃尔夫理论在哈勒大学的盛行成为德国大学从神学泥沼中挣脱出来的标志。哈勒大学提出了真理是一定会被发现的，教学的任务就是让学生具备发现真理的能力并指导他们完成这种使命的理念，被视为德国大学自由思想产生的源头，也代表着大学开始在德意志民族的思想生活中赢得统治地位。18 世纪后半期，作为哈勒大学的竞争者，哥廷根大学异军突起，这所学校大力推行教学自由原则，认为"所有教授，只要不涉及损害宗教、国家和道德的学说，都应享有教学和思想自由这种责任攸关的权利；关于课程中使用的教材及讨论的各家学说，应由他们自己选择决定。"② 与此同时，哥廷根大学建立了以系统讲座为

---

① 韩延明：《大学理念论纲》，人民教育出版社 2003 年版，第 107 页。

② 陈洪捷：《德国古典大学观及其对中国大学的影响》，北京大学出版社 2002 年版，第 20 页。

主导的研究班，同时还推进学期制，最重要的是实现了教学语言改革——生动的德语取代烦琐的拉丁语。

在哈勒大学和哥廷根大学的带领下，德国大学的面貌焕然一新，这些大学的变革最初只是在新教势力范围的德国北部地区产生影响，后来则扩展到属于天主教的德国南部地区。到了 18 世纪末，整个德国的大学和学校系统的改革都已经开展起来，德国人把大学作为推动国家前进的动力机构。18 世纪德国大学办学模式的转变为洪堡柏林大学改革奠定了良好的基础。

（二）洪堡与柏林大学的改革

19 世纪初期，随着拿破仑进军柏林，整个德意志地区陷入民族存亡的危机中，德国民族主义者试图以发展教育特别是大学来实现复国、救国和强国的目标："弗里德里希·威廉三世在签订提尔西特和约后不久就产生了这样的念头：普鲁士必须用精神力量来补偿已失去的物质力量，要给爱国的改革者们提供实现他们的理想的可能性。"① 外国入侵使得德国大学损失惨重，对于当时的德国统治集团来说，依托旧的大学很难实现教育兴国梦，新建柏林大学提上了日程。

1809 年，柏林大学在极其困难的状况下由普鲁士政府创建，后者希望借由柏林大学来证明"普鲁士不会放弃长期以来履行的职能——不顾一切地努力建设一种高尚的思想文化，将之作为自己的力量源泉——普鲁士不会容许自己被孤立起来，而是渴望在思想文化建设方面与整个德意志民族一起，结成一个充满生机的联盟。"② 政府任命洪堡为学校系统的负责人，这一任命拉开了德国现代大学改革的序幕。为振兴普鲁士的教育，洪堡提出了一项宏伟计划，其中的核心理念是：大学应以科学与自由作为办学原则，不应过度推崇军事化的组织方式和纪律，大学的组织准则不是一致与服从，而是自由与独立。

---

① ［德］卡尔·艾利希·博恩等著：《德意志史：从法国革命到第一次世界大战（1789—1914）》，张载扬等译，商务印书馆 1991 年版，第 77 页。

② ［德］弗里德里希·包尔生：《德国大学与大学学习》，张弛等译，人民教育出版社 2009 年版，第 51 页。

改革后的柏林大学呈现出焕然一新的风貌，它开创与引发了大学一系列根深蒂固的制度层面的改革：首先，法人地位的转变。中世纪大学所享有的外部司法权都被废除，大学教师和学生成为一群和普通公民无异的权力个体。其次，学院制度的调整。传统的学院制的划分被保留，但因新兴学科的涌现，学院数量持续增长。再次，讲座制度的确立。为了推进学术自由和教学与研究相统一等原则，同时也为了适应新兴学科不断兴起的现实需求，柏林大学按照学科和专业设置了若干讲座。讲座制对于柏林大学的发展起到至关重要的影响："起源于中世纪行会师傅—学徒关系的讲座制度，最终与大学观中重视原创性学术研究的观念相结合，从而成为鼓励、支持讲座教授从事科学研究的重要学术制度，对此学术观念和相应制度持共鸣态度的德国政府为了鼓励科研，甚至不惜广为提供资助并授予特权。"① 柏林大学的讲座均由具有较高学术地位的教授来主持，"围绕着各种讲座教授职位的设置与争夺成为德国大学的特色，获得讲座的教授在后来逐渐能够控制一个学校中的整个学科和专业的发展，这一制度后来逐渐发展出各种极具德国特色的研究所、实验室和研讨班。"② 另外，人才培养制度的变革，科学研究与教学的统一也改变了德国大学传统的博士生教育制度，导致了现代研究生教育制度的产生。最后，调整了教学与研究的关系，柏林大学强调研究和学术发展，但并不排斥教学，研究是基础，教学是目的，大学应以研究推动和促进教学发展，最终实现研究和教学相统一，最终构建一种良性互动的师生关系。

改革后的柏林大学在办学权上有了很大提升，它不仅是国家教育机构，同时还被看作是一个具有独立性的法人社团。大学可以自由地选择大学内部的管理者——校长，这一职位通常每年由全体教授从他们的成员中选举产生。一旦通过选举，校长一方面代表大学处理外部事务，另一方面也负责校内行政事务的裁决并且还对学生的各项活动进行监管。大学创建了评议会制度，评议会是由全校的全职教授选举产生的，校长、院系主任和大学检察官

---

① 陈伟：《西方大学教师专业化》，北京大学出版社 2008 年版，第 130 页。

② 刘海峰等：《高等教育史》，高等教育出版社 2010 年版，第 366 页。

（政府代表）是评议会的成员，所有这些人组成评议会的执行委员会，负责掌控学校的纪律管理权。在学院层面，每个学院的全职教授每年都会在集体中选举出一员作为学院的院长；通过考试的博士生会由院长颁发学位证书及大学任教资格证书，这就意味着青年人获得作为私人教师的特权。最后，柏林大学作为一个学术研究机构而远离官僚机构的直接控制，学习和教学自由被写进普鲁士宪法的第二十章，成为大学的基本原则，大学教师可以享有授课自主权，即自己决定开设何种课程、多少课时及采用何种教学方法等，学校并不对所有内容进行监控，教师也不用对上级作述职报告。

洪堡参与的柏林大学改革如此成功，以至于其本人和大学之间产生了一种意涵上的深层联系，他的办学理念被模糊地称为“洪堡主义”：“在德国大学之中，提及洪堡已成为惯例，所有人都以能够摆放洪堡来证明自己的合法地位，保守派自不必说，改革派也纷纷宣称他们致力于实现洪堡的真正意图，从而使改革易于推行。”① 洪堡改革对后世的德国大学甚至世界高等教育的发展都产生了深远影响。

（三）德国现代大学改革的影响

德国的现代大学制度最早缘起于18世纪的哈勒大学和哥廷根大学的办学实践中，并在柏林大学的改革过程中得到淋漓尽致的体现。19世纪初叶柏林大学的创建是古典大学时期和现代大学时期的分水岭和分界线，洪堡推动的改革使得古老大学重新焕发生命，它确立了现代大学的原则并且规定了大学应以知识和学术为最终目的。这一理念传递至世界各地，也成为许多大学仿效的对象。

柏林大学在世界高等教育发展史上居于特殊地位：“这所学府是在德国政治处于最危难的时刻建立的，从开创起，国家就准备把它发展成为德国科学与学术的中心，成为从废墟上重建国家的力量与信心的不朽的纪念碑，成为建立这一崇高事业的精神的纪念碑。”② 柏林大学在学科划分及学术研究制

---

① Daniel Fallon. *The German University*，Boulder：Colorado Associated University Press，1980，p.10.

② ［德］鲍尔生：《德国教育史》，滕大春等译，人民教育出版社1986年版，第124—125页。

度化方面进行了一系列创新，同时也是当时最杰出学者的聚集之地。这所大学改革成果的影响力逐渐突破国界，使其成为世界各地所仿效的对象："那些仿效它的人都很有选择地借鉴德国的做法，且他们并不总是理解他们所取的东西，如果大学是一个职能可以改变但名称可能不变的机构的话，再没有比欧洲——或更确切地说德国——的大学模式移迁洲（国）外更能说明这一点了。"① 到了19世纪中叶，西方世界普遍承认了德国大学制度的优越性并且以向德国学习作为实现高等教育现代化改革的最优方案。之所以如此，很大程度上是因为当时人们普遍认为德国大学体现了纯学术的理想，同时能够保障个体客观公正地追求真理。这种观念不但被当时的德国人所接受，并且也被其他国家的人所认同，就连后世的高等教育研究者也普遍接受了这一论断。总体上看，德国柏林大学的改革为现代大学制度的创立和发展奠定了基础，同时也为后世许多大学建立自身大学制度提供了借鉴模板。

柏林大学的改革震撼了整个高等教育系统，那些历史悠久的本质上仍属于中世纪的大学不得不紧跟步伐。德国大学在19世纪的实践表明，早期改革家的理念是成功的。"大学以科研为方向和学科的越来越专门化，导致实验室的建立和大学工作人员的分化，大学逐步被分成进行专门化研究的研究所，传统的博士学位不再具有像中世纪那样到处进行教学的权利。"② 柏林大学被视为现代大学的代表，其所形成的各项规则与制度被视为现代大学制度的模板。到19世纪80年代，德国大学在世界范围内建立起自身的"声望霸权"，彼时一位美国学者曾言："我们这一代人只梦想着德国的大学，英格兰被忽略了，人们认为它没有足够的学者风度，法国也被忽视了，德国学者是我们的大师和指导者。"③ 留学德国所赋予的巨大的学术影响和社会声望吸

① ［美］克拉克编著：《高等教育新论：多学科的研究》，王承绪等译，浙江教育出版社2001年版，第40页。

② ［美］克拉克编著：《高等教育新论：多学科的研究》，王承绪等译，浙江教育出版社2001年版，第9页。

③ Josiab Royce. "Present Ideals of American University Life", *Scribner's Magazne*, 1891, No.1, pp.382-383.

引着全世界各地的青年学子持续地奔赴这片说着异国语言的土地，柏林大学改革的影响甚至延续了百年多的时间。直到20世纪初期，世界主要大学都带有柏林大学体现出来的思想印记。

二、研究立校——传统大学观的变革

在柏林大学改革之前，学术研究并没有被视为大学的职能，这一时期的大学基本上属于"教学型大学"。随着社会进步和知识更新，一种对于研究的赞赏之风席卷欧洲。这时期的普遍看法是，只有经过实证检验、严格评判和理性分析的知识才能被视为真正的知识，真正的知识来源于理性的探索。在这种研究观的笼罩下，大学作为知识发现者和知识人培育者的角色受到人们的重视："大学的最高功能，不仅因为它鼓励最好的学生努力争取更高的学术层次，而且因为在发现有特别才能的男人和女人的过程中，它能鼓励全国的儿女迈向其智力天赋允许的最高阶段。"① 以柏林大学改革为契机建立起来的研究取向的大学观成为现代大学最重要的理念，学术研究已经成为大学的最高使命，是衡量大学办学水平和发展潜力的首要标识，传统大学观迎来了一次重要的变革。

（一）大学是一个学术研究的场所

在中世纪的欧洲，大学的主要功能就是教学，"研究活动被视为是皇家研究院、皇家学会，或者某个竭诚奉献于科学的个人所承担的，这当中有像第谷或者波义耳这样的有钱人，也有像利巴菲乌斯或者列文虎克这样出身较寒微的知识追求者。"② 大学教授从事学术研究是个人的事，是在家中书房里或者在私人实验室里进行的。随着柏林大学改革的推行，大学作为一个学术研究的场所的理念逐渐被社会所接受："新型的德国大学是按高等教育史上没有先例的一种新颖的假设组织起来的，这就是这样一个理念：大学的存在

① ［美］劳伦斯·维赛：《美国现代大学的崛起》，栾鸾译，北京大学出版社2018年版，第128页。

② ［英］亨利：《科学革命与现代科学的起源》第3版，杨俊杰译，北京大学出版社2013年版，第86页。

主要是为了发起研究，大学的首要职责是为学者提供从事生产新知识的工作所需要的空间、书籍和其他资源，19 世纪初的德国大学把研究理念制度化，有史以来第一次赋予研究以持续至今的权威和威望。”[①] 大学被视为独一无二的知识生产机构，它不但有权生产知识，而且还高效地培养出未来的知识生产者，从事研究成为大学合法性的来源：“高等教育在许多方面都是以满足各自所属的历史时期的不同程度的需要来获得各自的合法地位的，中世纪大学把它们的合法地位建立在满足当时社会的专业期望上，文艺复兴后的大学把合法性建立在人文主义的抱负之上，德国大学则注重在科学研究中获得其合法性地位。”[②] 大学成为带有研究性质的高等学术机构，这极大地拓展了传统的大学职能观并促进了大学由教学型大学向研究型大学的转变。

大学进行知识研究有着天然优势。随着不同专业之间的知识距离的扩大，知识愈发表现出内在深奥性和自主性，发现知识成为一项不确定和无尽头的任务。在这一境遇下，通过个人非系统的努力而非制度化机构来完成发现知识的任务越发困难。在知识不断专业化的背景下，大学的知识活动体现出极强的专门性和特殊性，它能够通过集体力量和制度优势来丰富知识并使知识以一种符合社会期望的形态得以稳定和延续：“大学能够以更可靠、更连续的方式生产更多的知识，它们可以传播知识，因而为知识进步的持久性做好准备，此外，大学科研向全部正当的认知领域进军，它们的工作方式，可以借助于与来自许多国家的大量个人和机构之间的最富有成效的合作。”[③] 研究理念的变化带来了许多结果，它使得旧的知识传统逐渐让位于强调求新的原创模式。与此同时，大学中的师生观也在发生着变化：“大学中的师生是一种合作关系，教授不是为学生而存在，两者都是为科学而存在，科学发现不是一件完成的事情，而是一件未完成并一直在追求的事情，学习不是

---

① ［美］克龙曼：《教育的终结：大学何以放弃了对人生意义的追求》，诸惠芳译，北京大学出版社 2013 年版，第 41—42 页。

② ［美］布鲁贝克：《高等教育哲学》，郑继伟等选译，浙江教育出版社 2001 年版，第 3 页。

③ ［美］希尔斯：《学术的秩序——当代大学论文集》，李家永译，商务印书馆 2007 年版，第 51 页。

为了发现和重复从教科书中学到的东西，而是一种心态，一种技巧和思考能力。”①

大学成为最适合于开展独立研究的机构，教育者既是教师，又是科学研究工作者，而受教育者既是学生，又是未来的研究者，师生都是用科学方法来填补知识真空的人。大学不再仅是知识传播的场所，而是真正的科学研究和科学教育机构。“德国大学革命创造了现代的研究性大学，在那里教授不仅要传授过去最优秀的知识，而且要创造新的知识，这一对创新的刺激来自中世纪大学内部建制化的竞争的结构：公开的辩论、学位论文及其答辩，通过这些，一个人就可以成为成熟的学院专家。”② 大学的作用就是把客观的科学研究和个人的成长教育统一起来。大学要以不受限制的科学手段，培养学生成为具有真正科学修养、有独立思想、有理智和道德的青年，这就是所谓的“用科学进行培养”的教育原则。柏林大学将科学知识和科学探索作为育人的主要手段，强调学术是纯粹知识而非实用学问，这种纯知识是用于精神和道德修养合适的材料。“在理想的大学中，一个人应该能得到各种知识的教育，并在运用所有的获得知识的方法上得到训练，在这样的一所大学中，活生生的榜样力量将鼓舞学生树立崇高的志向，在学问上努力赶超前辈的学者，并沿着开辟知识新领域的探索者的足迹前进。”③ 师生在交流、研究过程中培养批判和创新能力，教师在教学过程中要对学生进行科学研究及其方法的指导，同时要传播以追求真理为天职的世界观和价值观，这种以研究立校的大学理念对后世高等教育产生深远影响。

（二）大学的核心价值是学术自由

自洪堡开启柏林大学改革以来，大学的精神面貌得到极大改变：“大学在各种不同的程度上，成为由于对学问的共同热爱而维系在一起的学者

---

① Mitchell G. Ash. “Bachelor of What，Master of Whom? The Humboldt Myth and Historical Transformations of Higher Education in German-Speaking Europe and the US”，*European Journal of Education*，Vol. 41，No. 2（2006），pp.245-267.

② ［美］柯林斯：《哲学的社会学》，吴琼等译，新华出版社 2004 年版，第 781 页。

③ ［英］托・亨・赫胥黎：《科学与教育》，单中惠等译，人民教育出版社 2004 年版，第 141 页。

和科学家、教师和学生的共同体，这种学问由人们已经知道的和能够通过‘原创性研究’洞察到的所构成，而不论此后对这种知识的利用或应用如何，这一共同体是大学的核心和内在中心。”① 随着学术研究的重要性获得认可，传统的封闭陈旧的学术氛围逐渐被一种呼唤学术自由的声音所取代，洪堡所倡导的学者独立与学术自由成为大学基本的办学理念，也赢得世人的认同。“洪堡发展并完善了中世纪以来大学中的学术自由思想，他不仅倡导研究自由、教学自由，而且倡导学习自由，这大大丰富了学术自由的内涵。”② 学术自由的理念既是大学进行科学研究的基础，也是现代大学的指导精神。

柏林大学确立了学术自由原则，它倡导大学应保持相对的独立性，不能成为国家政治和经济的附庸，同时教师和学生为了更有效地追求真理应不受国家和世俗利益束缚。师生之间不是一种上下级的管理与被管理关系，而是一种近似于科研合作者的关系：“在大学中的研究院，教授和学生应该是同事，相互帮助，学生从这种同志关系中能够获得一种无形的东西——我们也许称之为激励，或个人魅力，或灵魂的辐射——这种东西通过人与人的联系交流而传递，却无法用语言或文字表述，其影响力之深是学生在离开母亲的怀抱之后的生命中从未遇到过的。”③ 教师年龄较大且富有经验，学生年轻但充满活力，两者在学术研究中能够相互补充：“教授并不是从事教学、组织考试的国家官员，而是独立的学者；教学工作并不需要遵循既定的程序，而是将教与学的自由作为行动的出发点；教育的宗旨不是向学生灌输百科全书式的知识，而是让他们了解真正的科学文化；学生是在思考独立、思想自由和道德自由的环境中得到培养的年轻人。”④ 德国大学的师生间之所以能够

---

① ［美］希尔斯：《学术的秩序——当代大学论文集》，李家永译，商务印书馆 2007 年版，第 54 页。

② 刘宝存：《大学理念的传统与变革》，教育科学出版社 2004 年版，第 34 页。

③ Israel Cook Russell. “Research in State Universities”, *Science*, 1904, Vol.19 (492), pp.841-854.

④ ［德］弗里德里希·包尔生：《德国大学与大学学习》，张弛等译，人民教育出版社 2009 年版，第 53—54 页。

形成良性互动，其根本原因在于两者在权利上是平等的，并且在制度上是保证自由的，这从根本上源于政府立法保障了学生的自由转学权，每个学生不仅可以选择大学，而且还可以选择教师；如果他不愿跟随他们，就可以随时地离开并另寻他处，没有任何力量有权阻止学生的选择。

柏林大学建立之初便极力倡导“大学自治”“学术自由”“教授治校”等理念，以洪堡、费希特为代表的改革者主张大学既要体现国家精神，又需保持其作为科研和教学机构的相对独立性：“学术自由不只是社会对言论自由作出承诺的一种反映，而且还是捍卫大学目的和大学教职员工利益必不可少的一个条件，能否享有言论和写作自由的权利对教师和学者来说关系重大，因为他们的一生都在致力于发展、阐述新思想，对大学的横加干涉最终会危及其对社会所作出的最具特色的贡献——知识的探索和新的发现。”① 依此理念而建立和发展起来的柏林大学采用了学术自由原则，学生有权选择教师和科目，而教授则有权决定他们所教的内容和方式：“对学生来说，自由不仅意味着选择所学科目的机会，而且意味着独立地形成自己的行事习惯和目标的空间，德国的教育自由理念强调教授有权自由地追求自己的学术兴趣而不必顾虑课程方面的限制。”② 德国大学找到了一条实现思想自由的道路，这条道路保证了大学作为科学机构的独立性。总体来看，德国大学之所以如此成功，除了优质的师资队伍和慷慨的政府支持外，离不开大学内部建立起来的一种保障学术自由和研究独立的组织架构与内在传统。

（三）大学教师是致力于研究的专业人

在中世纪大学中，教师的首要职责是教学，他们也不把自己看成是一名专业的研究人员。随着改革的深入，德国大学逐渐确立了自身作为研究基地和创新基地的地位，传统上由业余爱好者或在私人支持下进行的科学研究基本上都被大学所取代或纳入。“以大学为基础的竞争结构很快建立了一系列复杂的概念，它们主导着世俗倾向的知识分子比较粗糙的论证的关注空

---

① ［美］博克：《走出象牙塔——现代大学的社会责任》，徐小洲等译，浙江教育出版社 2001 年版，第 4 页。

② 哈佛燕京学社主编：《人文学与大学理念》，江苏教育出版社 2007 年版，第 40 页。

间，由于德国的大学革命，实际上所有著名的哲学家都成了教授。”① 大学不但成为学者的集结地，同时也对教师的身份进行了重新约定。“德国大学的灵活性及其发展的内在逻辑，使德国大学体现出一种专业化的、以研究为方向的理想，从而成为其他先进国家进步的高等教育体制模式，教授的声望和晋升完全取决于他对自己这门学科的贡献。”② 大学教师逐渐告别中世纪的教授者身份，开始以专业的研究者角色登上历史舞台。

大学教师的研究者身份是知识专业化的结果：“知识的发展要求研究者选择他或她的领域中的某一个小小的角落去精耕细作，而把其余部分留给他人去开发，它断言任何真正有学术价值的成果只有在这样的专业化的条件下才能取得，还宣告拒绝接受这一观点就是一种不能产生任何学术价值的无益的业余嗜好。”③ 为了应对知识日渐专业化的形式，大学教师不得不确立了自身的专业地位，从而为自己赢得了独立的身份意义和权威：“新的学问理念强调人类知识的发展性，强调人类知识是随着时间变化和增长的；强调这样的知识是无限的，任何人都不可能掌握全部知识，因此需要进行专业化；强调作为学者的美德的发明和原创性的重要性以及颠覆而不是固守传统的能力；学者的观念在所有这些方面代表了在智慧方面与过去的意义深远的决裂。”④ 在新的知识观指引下，大学教师不是为了自己而工作，而是为了所属的学科和专业的利益而工作。随着研究理念赢得了权威性地位，越来越多的个体接受了这一理念的要求。大学教师逐渐清楚地认识到，他们只能在大学中进行自己的工作，研究的专业化程度越高就越需要有某种类型的协调机制来使得彼此相互配合，这个机制最终是由大学建立起来的。

专业性成为个体进入大学的基本要求，这也是教育劳动力的独特之处。

① ［美］柯林斯：《哲学的社会学》，吴琼等译，新华出版社 2004 年版，第 782 页。

② ［美］克拉克编著：《高等教育新论：多学科的研究》，王承绪等译，浙江教育出版社 2001 年版，第 38—39 页。

③ ［美］克龙曼：《教育的终结：大学何以放弃了对人生意义的追求》，诸惠芳译，北京大学出版社 2013 年版，第 96 页。

④ ［美］克龙曼：《教育的终结：大学何以放弃了对人生意义的追求》，诸惠芳译，北京大学出版社 2013 年版，第 42 页。

想要成为一名大学教师就必须拥有特定专业学位，同时要经历个体化的专门训练。一旦进入大学，教师就被期望着将职业生涯奉献给基于专业知识而被界定的任务——推动专门知识的进一步发展。大学的教师和研究人员因其在已划定边界的知识领域拥有专长而受到尊重，“这些领域有其固有的专门性和深奥性；与其他的专业知识截然不同，学术知识追求普遍性，即有着不可避免地寻求理论的倾向，大学确实是将知识储存在图书馆、博物馆、档案馆和研究所中，不过，最重要的知识是储存在教师和专业人员的专长中。”① 大学教师的目的是为自己的专业增进知识，这些知识通常来自其研究中的发现，他贡献的新东西可能是微小的，但对于知识世界和专业领域却是有益的，是大学所认可的。大学成为教授从事研究和创造性工作并把其知识、理解和创造力传授给学生的地方。

大学既是一个科学研究的场所，也是进行高层次的理论与专业知识教学的地方。教师既是一名科学事业的研究人员，也是知识的教授者，而学生则是独立思考者，甚至是教师的合作研究者。德国大学教授们并不富裕，但他们的专家身份为其赢得了足够的保障和生计来源：“我们必须求助于大学而不是教会甚至政府，因为我们个人或社会行为的成功最终都建立在我们对自然、宇宙的认识之上；建立在我们对历史长河中的人类的命运的真实信念之上；建立在关于善与恶以及如何区分善恶、关于真理以及区别真理与谬误的认识之上，在以往的时代，这些问题的答案看管人是牧师和各王朝的国王、皇帝、朝臣、官吏和部长，但今天，所有这些人都必须让位给全体学者。”② 新的研究理念养成了大学教师越来越“职业化”的倾向，德国教授的工作不是为了愉悦，而是为了提高本领域中知识的地位。他们把提升本领域内的知识水准置于个人幸福之上，把学科需要与个人福利区分开来并使后者服从于前者，不计较个人得失而负责任地工作成为一种专业德行。

---

① ［美］罗杰·盖格：《大学与市场的悖论》，郭建如等译，北京大学出版社2013年版，第1页。

② ［美］布鲁贝克：《高等教育哲学》，郑继伟等选译，浙江教育出版社2001年版，第140页。

第三节 美国大学的崛起与传统大学观的革命

20世纪可以被视为美国大学的世纪。“整个世纪，我们几乎可以认为，世界高等教育的发展进入了一个美国时代，而在这个美国时代中，美国一大批研究型大学的崛起是其最为令人瞩目的特征。”① 如果用长时段的历史观去审视美国大学的发展，人们能够清晰地发现，在不到百年的时间内，美国大学迅速从追赶者变成领跑者，这其中的变化不得不引人赞叹。美国大学的崛起是高等教育发展史上的一件大事，这一事件不但确立了美国在高等教育领域的领先地位，同时也极大地冲击了传统的大学观。自此以后，大学的发展模式与指导理念不得不带有美国痕迹。

一、美国大学的崛起

17世纪初，当欧洲移民开始进入新大陆之时，他们便模仿母国大学创建了“学院”，美国也进入了“殖民地学院时期”，这一时期一直延续到19世纪。相较于欧洲大学，美国大学的历史是短暂的，其学术水平也相对较低：“事实上从那个年代开始一直到20世纪20、30年代，美国人对他们的高等教育，与欧洲（尤其是德国）教育相比，有一种自卑感，在高级专业训练和科学研究方面尤其如此。”② 在19世纪中后期，作为高等教育后进者的美国不断对自身高等教育实行改革，并且通过确立一系列影响深远的制度和理念创建起一批成绩卓越的大学，强调为社会服务成为美国大学的特色，这一特色的确立经历了漫长发展期。

（一）赠地法案的实施

美国是一个实用主义理念盛行的国家，高等教育在开始时便弥漫着实

---

① 阎光才：《“要么发表要么出局”，研究型大学内部的潜规则?》，《比较教育研究》2009年第2期。

② ［美］克拉克编著：《高等教育新论：多学科的研究》，王承绪等译，浙江教育出版社2001年版，第41页。

用精神。“从历史上看，欧洲大学的建立是为了满足神学和哲学训练的需要，美国大学是初级学院发展的结果，并且在很大程度上，初级学院一开始就是作为专业训练的工具，而设置它的主要是培养神职人员和中小学教师的学校。”① 南北战争时期，随着社会的发展，进步知识观逐步被人们所接受，越来越多的人相信知识与社会有着共同的发展目的，知识进步必然会带来社会繁荣，社会的外部推动效应和知识分子内部的生发效应相结合使得以知识服务社会在美国得到普遍认同。正是在这一时期，美国启动了从农业国向工业国的转型，整个社会面临着空前的社会危机和文化失调。“正是在这种充满矛盾的社会巨变过程中，产生了旨在改造美国社会的自由知识观，从本土实际和实用价值传统出发提出‘服务社会’的大学理念，宣告美国大学基本完成了从宗教到世俗，从模仿到适应的嬗变，并最终迅速取代德国而成为世界高等教育中心。”②

19 世纪中叶开始的“赠地学院运动”是影响美国大学存在形态和发展理念的重大事件。美国总统林肯（Abraham Lincoln）于 1862 年 7 月签署了《莫雷尔法》（*Morill Act*），该法的目的是“向州和准州拨出公地，以使它们能开设重视农业和工艺教育的学院”。法案规定要拨出一定面积的联邦公有土地给州，拨给每个州的土地面积应根据该州所拥有的参议员和众议员的数量来确定，每有一位议员拨土地三万英亩，“各州从出售分配给它们的上述土地和从出售颁发给它们的土地证券所得全部收入，应投资于联邦或州的债券或其他可靠债券，没有发行州债券的州，可以将这笔款以任何一种形式投资，但要在州议会批准并确保收回合理的利息以及本金绝不会受损之后，应用这样投资或贷出的钱建立一个永久性基金，从本法获益的各州必须把所得的利息用于建立起码一所学院的基金，并支持和维持这所学院，这所学院的主要目标是在不排除其他科学和古典学科并包括军事战术学科的情况下，教授与农业和工艺有关的学科，从而促进生活中各行业的工业阶级的文理和实

① ［美］凡勃伦：《学与商的博弈：论美国高等教育》，惠圣译，上海人民出版社 2008 年版，第 63 页。

② 周进：《大学理念的知识审视与社会建构》，中国社会科学出版社 2017 年版，第 100 页。

用教育。”[①] 伴随着这一法案的实施，美国涌现出了一批知名的赠地学院，同时也形成一场赠地学院建设运动，实用主义倾向的教育理念在美国高等教育领域中深深地扎下了根。到 1922 年阿拉斯加大学建立为止，美国名义上共建立了 69 所赠地学院，其中最有名的是康奈尔大学，尽管该校是私立学校，但由于纽约农业学院是其组成部分，所以它仍然是一所赠地学院。

《莫雷尔法》颁布以后产生了极为成功的效果，由于人们看到赠地学院可以解决他们在工农业生产中的实际问题便大力支持相关学院的发展。顺应民意，美国国会于 1887 年通过了《海奇法》(*Hatch Act*)，法案规定联邦政府应提供经费建立农业试验站，而试验站原则上应建立在赠地学院中。由此，这些学院承担起应用科研的任务。1890 年第二个莫雷尔法案通过，该法案授权联邦政府给予赠地学院年度拨款。从此以后，赠地学院获得的财政拨款逐渐制度化。赠地学院法案的出台极大地推动了美国大学的应用研究和社会服务能力的提升：“从兽医到商务管理等实践和职业学科的教学大大突破了传统，而在南北战争前的古典课程中是没有它们的地位的；在得克萨斯大学，教授教棉花种植的先进技术，在华盛顿大学，研究培育大马哈鱼的最好方法。”[②] 大多数赠地学院通过提供知识和训练有素的科学家和技术人员切实帮助了美国农业和工业生产的进步。在一定程度上，赠地学院产生的社会和经济效益远超其教育功能。

《莫雷尔法》等一系列法案的实施给美国大学发展带来了一场深刻的制度和理念革命，它开创了高等教育直接为社会发展服务的先河。赠地学院的广泛设立打破了传统殖民地学院时期确立的封闭体制，使得高等学校和社会之间建立了密切联系。从此之后，为社会和经济服务成为美国大学的主要功能。赠地学院坚持的实用主义知识观，倡导把学术研究看作从事服务的工具，“它确立了应用科学研究以及与工农业发展密切相关的农业和工艺学科在高等学校中的地位，使得美国成为当时应用科学的圣殿，还使高等学校内

① 王英杰：《美国高等教育的发展与改革》，人民教育出版社 2001 年版，第 247 页。

② [美] 克龙曼：《教育的终结：大学何以放弃了对人生意义的追求》，诸惠芳译，北京大学出版社 2013 年版，第 43 页。

部结构开始变化，农业学院和工程学院成为大学的构成部分，大学开始向综合化方向发展。”① 赠地学院在人才培养上同样突破了传统，接受高等教育不再是上层社会阶层的特权。

（二）威斯康星大学的改革

自《赠地法案》颁布后，美国公立高等教育获得了快速发展。与此同时，随着经济社会的蓬勃发展，美国社会对于大学的服务职能提出更高要求，愈来愈多的大学不得不调整办学理念，以积极的改革者姿态为学校赢得生存和发展空间。威斯康星大学便是其中最有代表性的一员，这所学校“以其为社会公众服务的‘思想’而标榜史册，成就了具有美国实用主义风格的大学新理念，扩展了对高等教育多元发展的认识。”② 威斯康星大学是最早成立的赠地学院之一，早在 1874 年巴斯科姆（John Bascom）就任大学校长时，该校便提出加强与社会联系的办学理念，等到 20 世纪初查尔斯・范海斯（Charles Richard Van Hise）担任校长时，威斯康星大学服务社会的实践活动全面铺开。经过改革之后的威斯康星大学成为州的关键部门，并对几乎每一个领域里的活动都产生直接或间接影响：“它直接激发了州的很多进步法律，它的教学针对州的实际问题，它将学校的设备场馆用于人民，它鼓励教授们进入到州的公共服务领域。”③ 威斯康星大学确立了两项基本使命——帮助本州开展技术推广和帮助本州公民接受更好教育，这一思想被世人称为“威斯康星理念”（Wisconsin Idea）。这一理念以其坚实的社会基础得到了广泛认可，也标志着现代大学角色的彻底转变。

公共教育在美国很早就被视为改善社会的工具，威斯康星大学以“服务民主社会的所有需求”为改革理念，成功地引领了美国大学的发展模式转型。在范海斯看来，“教学、科研和服务都是大学的主要职能，作为一所州

① 王英杰：《美国高等教育的发展与改革》，人民教育出版社 2001 年版，第 14 页。

② ［美］达雷尔・R. 刘易斯、詹姆斯・赫恩：《美国公立研究型大学：为新时代公共利益服务》，杨克瑞译校，河北大学出版社 2007 年版，第 4 页。

③ Frederic Clemson Howe. *Wiconsin*：*An Experiment in Democracy*，New York：Charles Scribner’ Sons，1912，p.40.

立大学，威斯康星大学必须考虑每一项社会职能的实际价值，换句话说，它的教学、科研和服务都应当考虑州的实际需要”①。大学要主动与社会结合，积极利用自身知识与人才优势来推动社会发展，同时要在与国家、社会的互动中证明自身的存在价值与合法性，社会面临的一切问题都是大学应当解决的课题，而社会所需要的一切知识，都是大学应当传播的内容。大学教师要走出校门深入到社会生产实践中去，“大学的高级人才应将其教学、科研与社会实践有机结合起来，把最新的或社会急需的科研与教学成果带到社会实践中去，又从社会实践中带回新的教学任务和研究课题，形成大学教学和科研与社会实践之间的双向互动，使二者彼此推动、相得益彰。”②

范海斯以社会服务为指导理念对威斯康星大学进行了全面改革，其改革路径主要有三条：第一是大学推广教育部的社会服务活动；第二是大学农业院系的社会服务活动；第三是大学教授帮助制定州的各项重要法律法规和在州的委员会中行使管理职能，即大学的专家资政活动。具体来说，威斯康星大学成立了知识推广部，该部划分为函授教育系、辩论与公共讨论系、普通信息与福利系、讲座教学系四个系，各系之间分工明确，共同致力于将各种知识分别传播到社会的各个层级和角落的目标；农业院系则发挥自身专业优势，将社会服务活动聚焦于对州内的乳业生产实际问题，特别是开展乳业科学研究和农业实用知识推广教育。依托农民学校、短期课程、农业试验协会等项目，威斯康星大学切实解决了本州农业发展中出现的众多难题；威斯康星大学的教授们则凭借自己的知识优势和学术专长，以技术专家的身份对州的立法完善和行政管理工作提供帮助和服务，其中最有代表性的是康蒙斯（John R. Commons），他主持制订了该州的《公共事业法》《工业委员会法》和《安全用工条例》等方案，以其为代表的大学专家群体为威斯康星州社会经济的进步和生活秩序的优化作出了重大贡献。

威斯康星大学的改革使得大学实现了学校与地方社会经济发展之间的

---

① 刘宝存：《大学理念的传统与变革》，教育科学出版社 2004 年版，第 43 页。

② 韩延明：《大学理念论纲》，人民教育出版社 2003 年版，第 141—142 页。

良性互动，大学在为社会服务的过程中不断得到发展，地方社会经济发展也从中受益匪浅。“威斯康星大学是勇立时代潮头的先锋，它勇敢地冲破了隔绝大学与社会数个世纪的藩篱，向社会、向民众敞开校门，开启了用科学知识和技术直接服务于社会的种种创举，它是素以冒险创新精神著称于世的美国人的缩影，它以前所未有的开放式、与社会互动式的教育实践完成了从基于个体本位的知识教学、理性沉思到面向社会、服务社会的大学职能的拓展和延伸，实现了高等教育进程中的一次历史性跨越。”①“威斯康星理念”成为美国进步时期大学发展的代表性思潮之一，威斯康星大学所创立的办学思想和模式，历经百年仍为世人所称道。

（三）加州大学的改革

20世纪以来，美国社会发生深刻变革，个体逐渐意识到要想在不断复杂的市场竞争中获得成功，就必须接受更高层次的教育，因此希望政府能够提供更多的受高等教育机会，政府也将支持大学发展作为解决现实困境的方法，以州立大学为代表的美国公立高等院校因此得到快速发展。到了20世纪中期，公立高校成为美国提供高等教育入学机会的最主要机构，它不但培养了大量的技能型人才，同时也逐渐肩负起以高深研究服务社会的责任。尽管公立大学的发展势头极为迅猛，但这种发展也伴随着危机，其满足社会需求的能力受到广泛质疑，这一质疑在加州高等教育领域显得尤为突出，加利福尼亚州高等教育总体规划（简称“总体规划”）的出台便是美国公立大学应对危机的一次尝试。

加州人口在二战后急剧增加，出现了著名的“婴儿潮”。同时，每年有大量来自其他国家和州的移民进入加州，这些人在1950年后普遍要求接受高等教育，然而受困于经济衰退及政府财政状况恶化的影响，加州公立高等教育的发展遭遇困境。与此同时，很多公立院校为了自身的生存与发展而被迫加入所谓的“经费争夺战”，高校间的内耗使得加州公立高等教育系统雪

① 杨艳蕾：《超越大学的围墙：“威斯康星理念”研究》，中国社会科学出版社2015年版，第3页。

上加霜，这一体系已经无法满足社会与公众提出的现实要求。为了力挽狂澜，以克拉克·克尔（Clark Kerr）为代表的加州高等教育领导者们发起了一场改革行动，其目标有两个：一方面保护各所院校的切身利益，另一方面形成一个高等教育的有序系统，这一改革的关键因素是将加州高等教育的公共部分——大学、州立学院和初级学院进行协商解决，以形成一个有序的规划。①1959 年，加州高等教育总体规划在高等教育系统内部各部门的反复博弈下出台并于 1960 年正式实施。

总体规划的指导理念是帮助每个合格的加州高中毕业生能够接受适合且优质的高等教育，为此该规划明确将加州公立高等教育系统分为三个主要部分：加州大学（University of California）系统，其成员为研究型大学，主要负责博士教育和科学研究，招收学习成绩前 12.5% 的高中毕业生；加州州立大学（California State University）系统，其成员为研究教学型大学，主要提供四年制本科生教育、职业教育和硕士生课程，可以和加州大学联合授予博士学位，招收学习成绩前 1/3 的高中毕业生；加州社区学院（California Community Colleges）系统，面向加州所有高中毕业生开放，提供两年制转学教育、职业教育等。② 按照规划的设计，各个系统的目标都是在自己的领域内力争上游，加州大学的基本功能是提供文理和职业教育，它是加州公立大学系统中唯一拥有博士学位授予权的单位（可与州立学院联合授予博士学位），也是加州政府资助的学术研究单位；加州州立大学从州教育委员会的监督下独立出来，成立了类似加州大学董事会的单独机构，除继续肩负传统师范教育职责外，也提供普通教育、较高层次的职业教育和应用教育，同时与加州大学联合授予博士学位（1967 年首次联合授予博士学位）；加州社区学院提供 13—14 年级的课程（相当于大学一二年级），教学内容以技术、职业和行业教育为主，也提供普通教育和转学教育课程，主要授予副学士

① ［美］道格拉斯：《加利福尼亚思想与美国高等教育：1850—1960 年的总体规划》，周作宇等译，教育科学出版社 2008 年版，第 232 页。

② 周光礼、董伟伟：《一个区域公共政策的诞生——美国加利福尼亚州高等教育总体规划的形成》，《高等教育评论》2013 年第 1 期。

学位。

为了保障高等教育系统中不同部分的正当权益，总体规划明确规定应成立作为顾问机构的高等教育协调理事会，协调理事会承担以下职能：“审查加州大学与州立学院系统的年度预算和资本开支要求，并向州长提交所寻求资助的总体水平评价；解释各类公立高等院校的功能区分，并依照规定的各系统的首要功能向董事会和托管理事会就适合各系统的教学项目提供咨询；为高等教育的有序发展制定计划，并就新设施和教学项目的需求与设置地向各主管理事会提出建议。”① 高等教育协调理事会由12名成员组成，加州大学、州立大学、社区学院和独立（即私立）学院和大学各出3名代表，加州大学和州立大学系统由其首席行政官及其董事会或托管理事会指定的2名成员出面代表；社区学院由以下人员代表：(1) 州教育理事会的1名成员或其首席行政官；(2) 各地方主管理事会的1名代表；(3) 各地方社区学院管理人员的1名代表；独立院校由加州大学和州立学院系统的首席行政官与独立高等院校的协会或多个协会协商达成一致来决定由谁代表，事关理事会主管的任命和解职时，所有12票均为有效票。

加州公立高等教育系统较好地解决了高等教育从大众化走向普及化这一过程中所遇到的数量与质量的平衡、规模与结构的协调以及高校职能与定位的规范等问题。“在总体规划的引领下，加州公立高等教育系统不但顺利实现了高等教育的规模化增长，也确保了高等教育质量的稳步提高，‘加州模式’赢得了人们的普遍赞誉。”② 加利福尼亚公立学校办学模式不仅在美国得到认同，也对众多正在经历高等教育大众化和普及化的国家产生了深刻影响。

---

① 教育部国家教育发展研究中心组编译：《美国加利福尼亚州高等教育总体规划》，王道余译，人民教育出版社2005年版，第61页。

② 何振海：《美国加利福尼亚州公立高等教育系统化发展研究（1850—1960）》，博士学位论文，河北大学教育系，2008年，第175页。

二、服务为重——传统大学观的革命

美国大学的办学理念源于欧洲，特别是以清教为根的英国传统，不过这种继承不是简单的全方位接受，而是表现出很强的适应性与灵活性。经过多年发展，美国大学在损益各种资源的基础上形成了自身的特色："在经历教学功能和科研功能两个阶段之后，从19世纪中期起，以美国大学为先导，西方大学又增加了社会服务功能，这表明了西方大学逐步拓展和丰富了自己的功能，并以全方位和多角度的方式直接为社会服务。"① 美国大学在20世纪左右完成了从"学术保守主义"向"知识实用主义"的理念转变，这是对传统大学观的一次革命。

（一）大学是为社会服务的场所

新大陆的恶劣生存困境使得讲求实用成为美国社会的精神底色，也是人们对包括大学在内的高等教育机构提出的基本要求。"实用主义本身是美国学术工作最重要的产物，在某种意义上，实用主义几乎成为美国自由主义的官方哲学，它完美地适应了一个新时代，在这个时代，学术人开始克服他们传统的在公共生活上的消极性，转而积极介入政治事件的形成当中。"② 正如康马杰（Henry Steele Commager）在评价美国教育时所说，"教育是我们的宗教，美国人对教育的期待也就是对宗教的期待，即它要实用，还要带来红利。"③ 在实用理念的指引下，美国大学将服务社会作为根本办学宗旨，明确提出大学的存在是为了具体而高效地为社会服务，高等教育机构不仅应专心致力于精英的教育和提高理论知识，还要致力于改善本州及全国人民的物质生活，这一理念对美国高等教育的发展产生了深远影响。

康奈尔大学创办者怀特（Andrew Dickson White）认为："大学要实现

---

① 杨艳蕾：《超越大学的围墙："威斯康星理念"研究》，中国社会科学出版社2015年版，第1页。

② 哈佛燕京学社主编：《人文学与大学理念》，江苏教育出版社2007年版，第47页。

③ ［美］理查德·霍夫施塔特：《美国生活中的反智主义》，何博超译，译林出版社2021年版，第365页。

自由教育与实用教育紧密结合，同时应保持宗教中立，倡导对实际生活的作用应作为基本的办学目标，同时大学还要体现知识探究与知识应用相统一，展现自由、民主与实用的思想。”① 怀特的说法是对大学与社会关系的总结，大学特别是公立高校应该致力于丰富民族文化，同时也要为本州更广泛的社会利益服务。高等教育的真正任务不应局限于知识领域，而是要投入技术的升级和职业的培训，其职责包括：通过多样的学院课程组合为学生提供广泛的心智训练；提供主要职业领域里的有价值的学术性训练，大学要培养学生具有实用知识与实际技能；训练个体掌握从事生产生活的基本技能；大学要回应来自社会的问题和困难，将自身影响辐射到社会各个层面。

大学的社会服务职能本质上是一种智力输出活动和人力资源效益溢出活动，这主要是指大学要凭借自己的专业知识和学术资源，帮助整个社会提升知识水平、提高技术能力、推动经济增长、推动社会稳定：“大学的社会服务包含为教育受众个体发展乃至人类文明进步所作出的一切努力，从方式上说，它包括一切常规的和不常规的影响活动，包括大学教师群体对于一切有利于社会发展和人类文明进步事业的参与和贡献，从影响的范围上说，它的影响达至校园内和校园外的所有教育受众群体。”② 大学的核心工作是通过教学把学生培养成有知识、能工作的公民，通过科学研究来增进知识，通过出版、发表以及其他形式把知识传播给广大人民，使他们能够运用这些知识解决经济生产、社会政治生活等方面的问题。

作为推动社会变革的力量，大学是整个国家经济发展策略中必不可少的一部分，推进社会进步成为大学的根本任务。大学的社会服务功能随着时间发展也在发生着新的变化：“走出象牙塔的大学不仅被要求服务于民族国家和产业经济，甚至在某种程度上已经被纳入了第三服务产业，这种身份的

---

① Morris Bishop. *A History of Cornell*，New York：Cornell University Press，1962，pp.88-89.

② 杨艳蕾：《超越大学的围墙：“威斯康星理念”研究》，中国社会科学出版社 2015 年版，第 19 页。

变化正是大学理念社会化的重要标志。”① 为社会服务已经成为各国对大学提出的基本要求。大学不但是助推社会富足、改善社会问题的工具，也成为推进国家工业化的现实手段，同时它还是培养精英人才以满足社会诸多领域要求的机构。

（二）大学是科研创新的场所

大学在现代世界为社会服务的最重要方式是提供高深且能够被应用于实践的研究成果。换言之，大学已经成为科研创新的场所，其导向逐步从为知识而研究走向为创新而研究，创新则直接指向现实应用。大学是现代社会组织基础研究最合适的地方，知识老化在大学中能够通过不断的世代交替和青年人的挑战而得以改进，它在增进知识、发挥理智以及创建新的研究范式等领域是所有机构中最为重要的：“现代大学的最重要的职能是在尽可能有利的条件下深入研究各种现象：物质世界的现象、社会世界的现象、美学世界的现象，并且坚持不懈地努力去发现相关事物的关系；正因为大学是能动的调查研究和思考的中心，也因为大学里聚集了各类基础人才，因此在大学里进行这一工作比在任何其他地方都有效。”② 现代大学已经被纳入到各种不同的知识领域和利益群体之中，它在知识领域的地位从边缘逐步走向了中心，这一中心地位的确立是由其担任的科研创新者角色所带来的。

美国改革者从一开始就明白，大学是一种研究型教学机构，然而在科研和教学之外，大学还必须完成社会服务的根本使命。因此，这些改革者将广泛普及的普通教育与集中在少数研究性机构的科研训练以及社会对教育所提要求密切结合起来。“德国大学的研究主要是把研究引入教学，将研究和批判的精神带入大学之中，把教学和训练、研究相结合，这种研究的理念是教学的方法改进，本质上还是为了培养人才，但美国人并没有照搬德国柏林大学关于研究的定义和做法，他们创立了研究生院，将研究、科学发现作为

① 周进：《大学理念的知识审视与社会建构》，中国社会科学出版社 2017 年版，第 87 页。

② ［美］弗莱克斯纳：《现代大学论：英美德大学研究》，徐辉等译，浙江教育出版社 2001 年版，第 18 页。

大学独立于教学的另一个职能。”① 与德国大学所推崇的“为知识而知识”的天职统摄式的研究观不同，美国人没有接受将研究视为一种天职的理念，而是强调学术研究的实用价值并且将科学的精确性、专门性与严密性视为第一要义：“美国大学把研究的实用性和基础性进行融合，最终产生了两种占主流地位的研究理念：一种观点认为研究就是不断填补知识空白并应遵循学科逻辑进行深入探索；另一种观点强调研究是一种源于社会需要的公共事业，服务性是其第一属性。”② 美国大学将科学研究与社会服务紧紧联系在一起，这一理念扭转了传统的大学研究观，是大学理念的一种超越，也代表着现代大学的新形态。

美国公立研究型大学成为现代大学制度的最佳代表，真正的美国大学办学模式是在公立研究型大学兴起以后才最终成熟的。“一所研究型大学首要和核心目的是通过普通教育和职业准备扩展知识；通过研究和创造性工作增进知识；通过出版发表，专业推广服务以及公民教育传播知识，虽然具体的表现形式上有所不同，但这些核心特征和公共目的与绝大多数大学所宣称的某些使命是一致的，无论是公立机构还是私立机构，它们的研究都有着共同强烈的公共物品追求。”③ 重视研究不仅是大学理想的选择，而且也是比较现实、合乎逻辑的理性抉择。这些公立研究型大学受政府委托，以研究成果为依托直接服务于战争目标的达成，通过一系列重大科研项目与工程的进行，它们的成果赢得了世人的瞩目。

冷战格局形成之后，依托国家对高等教育领域的巨量投入，美国研究型大学呈现跨越式发展，从而确立了自身科研中心的地位：“大学是大多数对社会有用的科学和越来越多的技术科学发展的中心所在，也就是说，科学

---

① 都昌满编著：《从走近到走进：美国高等教育纵览》，上海交通大学出版社 2017 年版，第 167 页。

② 张伟：《研究范式的德美之变——论学术研究在早期现代大学中的演进》，《高等教育研究》2019 年第 12 期。

③ ［美］刘易斯等：《美国公立研究型大学：为新时代公共利益服务》，杨克瑞等译校，河北大学出版社 2007 年版，第 2 页。

是面向实用目的的，但政府科研基金正在从支持与军事有关的物理和化学项目，转向支持与商业有关的、主要用于农业和医药公司的分子生物学应用项目，在许多一流大学，新的制药企业综合体正在慢慢取代复杂的老军事工业综合体。”① 大学成为美国研究与开发体系结构中的集结点和美国科学研究组织结构中的中心。为了获得科学研究上的良好声誉和学术竞争力，各个大学都在推进旨在推动科学研究的激励与约束制度安排并在实践中将科学研究置于优先地位。

（三）大学是职能多元的场所

20 世纪中叶左右，随着社会演进趋势的日趋多元，人们对于大学的理解更为深刻，传统的单一式的大学理念观逐渐被一种多元论式的大学观所取代。越来越多的人认识到，大学是一个多元的存在体，不能用单一的职能观去认识和理解大学。“现代大学必须采行一种能够包容民众所赋予它的多种任务的视角，而大学又是以如此之多的方式进入民众的生活的，供养大学的民众给大学赋予了许多不同的责任和义务，其中包括教育和提供公共服务。”② 现代大学已经不再是简单地要为社会服务，它本身就是社会，是人们生活世界的一个重要组成部分。

大学职能的多元化本身是社会分工和经济发展日趋复杂化的产物，大学没有别的选择，只能去适应一系列的新的变化——“不断增长的适龄人口需要更多的学校教师和管理者；工业需要科学和技术人员；军事活动在战争后就没有停止过，这需要人们运用知识去发展、生产和掌握尖端武器；国家医疗卫生产业的发展需要各种各样的科学和医学专家；大学和学院需要更多的教授和教员去教那些新的、从战前角度看属于‘非传统的学生’。”③ 美国大学试图将所有的社会需求接纳进来，因此它不得不转变自身形态和观念：

---

① ［美］阿罗诺维兹：《知识工厂：废除企业型大学并创建真正的高等教育》，周敬敬等译，高等教育出版社 2012 年版，第 154 页。

② 哈佛燕京学社主编：《人文学与大学理念》，江苏教育出版社 2007 年版，第 328 页。

③ ［美］阿罗诺维兹：《知识工厂：废除企业型大学并创建真正的高等教育》，周敬敬等译，高等教育出版社 2012 年版，第 27 页。

“大学是一个都市的概念，事实上，在没有大都市的地方，它代替了城市的功能，为当地民众提供美术馆、音乐厅和博物馆，更不用说高度商业化的体育赛事，它是因时而生、顺应文化的产物。”① 现代大学就像一座城市一样，它越来越大，越来越复杂，其成员日渐多元，包含的机构也日趋繁杂，所进行的活动不仅限于研究、教学，咨询与国内外合作，大学在扩展疆界的同时也不断地被赋予新的功能与使命。

大学已经被视为现代社会最复杂的机构之一，“它比大多数公司和政府复杂得多，它由许多活动组成，有些是非营利性的，有些是受政府监管的，还有一些是在竞争激烈的市场上运作的，用系统术语来说，现代大学是一个‘松耦合的、适应性的生态系统’”②。大学必须保持高质量以便让学生购买它们的服务。除此以外，大学要满足国家事业日益扩大的需求，还要把各项活动与工业前所未有地结合起来，同时要适应新的知识潮流并为其重新开辟途径。现代社会与大学已经完全纠缠在一起，社会无法离开大学，大学也已经无法像“象牙塔”一样脱离社会而存在。“它不断接管其他更民主、更专业的高等教育形式时，在参与更为情境化的研究形式时，大学的角色更新颖且多样化，这些角色很可能是不可通约的，甚至是彼此矛盾的。”③ 尽管面临这些挑战，但在克尔（Clark Kerr）看来，巨型大学的前景仍然是光明的：“美国高等教育的状况将继续异彩纷呈，巨型大学是中产阶级多元主义的产物，它与周围社会各种各样的许多情况相关，因此内部也非常多样，虽然有人说美国最好的那些大学处在成功的‘僵局’之中，可是并没有僵局，却有一些成功。”④

---

① ［美］罗斯布莱特：《现代大学及其图新》，别敦荣译，北京大学出版社 2013 年版，第 49—50 页。

② James J. Duderstadt.*The Third Century*：*A Roadmap to the Future of the University of Michigan*. 2021-03-26，http：//milproj.dc.umich.edu/pdfs/2014/2014%20Third%20Century.pdf.

③ ［瑞士］诺沃特尼等：《反思科学：不确定时代的知识与公众》，冷民等译，上海交通大学出版社 2011 年版，第 90 页。

④ ［美］克拉克·克尔：《大学之用》第五版，高铦等译，北京大学出版社 2019 年版，第 67 页。

从中世纪开始，历经800余年的演变，大学在每一重大历史阶段均形成了较有特色的存在样态，对于当代大学发展形态和大学观的解读绝不应脱离大学的传统与传统的大学。大学从不逃避创新，也不会因创新而衰弱，阶段性出现的范式革命已经成为大学新的传统。了解大学，必须先了解传统的大学，更要了解大学的传统，中世纪大学、19世纪初的德国现代大学与20世纪兴起的美国公立研究型大学作为传统大学的代表性形态，其发展路径与承载的大学观为我们认识当代的大学提供了一份鲜活的历史图谱。

第二章　当代大学发展形态和大学观的多样化发展

当今，大学形态和类型日趋多样化，大学观也不断丰富，形成了精彩纷呈的高等教育图景。本章力图探索当代社会发展对传统大学发展形态和大学观的挑战、当代大学发展形态和大学观的多样化发展图景及其背后的形成机制，以从理论上厘清大学形态和大学观，并在实践上为我国大学观的应然状态和大学发展形态的动态调整提供参考。

第一节　当代社会发展对传统大学发展形态和大学观的挑战

大学类型的不断增加，其实是大学不断分化的产物，而大学的每一次分化都是在试图回应某个时代大学发展面临的新问题。它既反映出社会对大学不断提出的新诉求，也反映出人们对大学认识的不断深化，更折射出大学新的价值选择。① 就其中的社会诉求而言，现代社会的教育发展规律表明，任何国家的教育发展都要受到特定时期社会的政治、经济、文化等方面的制约和影响，并在主动适应社会的政治、经济、文化等方面的过程中为之服务。②

---

① 邬大光：《大学分化的复杂性及其价值》，《教育研究》2010 年第 12 期。

② 张应强：《教育内外部关系规律及其在高等教育研究中的运用》，《复旦教育论坛》2020 年第 5 期。

从制约和影响的角度而言，当已有的大学组织不能满足经济社会需求时，就必然会突破传统的教学型大学和研究型大学模式，产生新的大学形态和大学观，正如伯顿·克拉克所说："如果社会不能从原有机构中获得它所需要的东西，它将导致其他机构的产生。"①

一、经济发展要求大学展现作为

二战以后，经济发展对劳动者素质、科学技术水平等要求越来越高。随着以知识的占有、配置、生产、分配、使用（消费）为重要特征的知识经济时代的到来，知识成了支持国家经济增长的最重要因素。② 与此同时，科学技术更新速度不断加快，生产力不断提高，专门的职业技能方面所需要的知识，其范围和深度也在不断扩大、加深，单一的职业教育机构显得力不从心。③ 作为培养高级人才的专门机构和研发高端科技的重要力量，大学在经济发展乃至国家竞争中扮演的角色也越来越重要，"原来被遮蔽的大学属性和本质逐渐被人们认知，大学的职能与功用逐渐地被社会需求解放出来"④，而其人才培养、科学研究和社会服务也随之面临着来自政府与市场越来越多也越来越高的要求。这种要求不只是对各大学本身，还包括对整个高等教育体系的要求。从本章第二节各种大学形态和大学理念的产生背景来看，经济要求动因表现得非常明显。

以德国为例，二战后德国在经济恢复基础上进入黄金发展期，科技进步、产业升级、生产以及服务的复杂性显著提升，对高素质工程师队伍的需求也大大增加。然而，德国的传统大学以洪堡理念为指导，以培养理论人才、从事基础研究为主要任务，这类人才的规格与行业企业的实际需求并不匹配。在技术员、一线操作工人及职员的层次，德国已经有闻名世界的"双

① ［美］伯顿·克拉克主编：《高等教育新论：多学科的研究》，王承绪等译，浙江教育出版社 2001 年版，第 35 页。

② 袁丽、康健：《美国都市大学改革及其意义》，《外国教育研究》2005 年第 6 期。

③ 袁丽、康健：《美国都市大学改革及其意义》，《外国教育研究》2005 年第 6 期。

④ 邬大光：《大学分化的复杂性及其价值》，《教育研究》2010 年第 12 期。

元制”职业培训来培养此类规格的人才，但高素质的工程师队伍仍然是缺乏的，而更高学历的人才需要高等教育机构来培养。① 应用科学大学产生的一个重要背景就在于此。

对美国而言，创业型大学、都市大学、产业大学等多种大学形态和服务型大学等大学理念产生的动因都离不开经济因素带来的挑战。以都市大学为例，20 世纪 80 年代伊始，美国的经济发生重大变化，随着单一型的工业经济崩溃和多元经济体制的建立，在许多都市地区，社会经济发展对大学表现出越来越强的依赖性。为此，一些有战略眼光的教育家呼吁大学应继续调整办学方向，加强与社会的全方位合作，为本地区经济发展再立新功。在这种情况下，一些大学开始主动与工商业联系，加强双边合作，积极发挥大学在本地区经济发展中的作用，帮助地区解决一系列复杂的社会问题。在这个过程中，都市大学不仅同社区保持密切联系，成为地方经济发展的主要智力资源，而且也因其面向地方经济发展服务，赢得了社区的尊重与信任。因此，不仅扩大了学校的声望，而且获得了财政资助，促进了学校的发展。②由此也可以看出，经济社会发展固然对大学形态和大学观带来了一定的挑战，但如果善加利用，亦能成为良好的发展机遇。

二、社会民主化意识与要求提升

政治是影响教育的重要社会系统和力量，它制约着教育的目的、教育内容和教育方式、教育的领导权，还制约着受教育者的权利，即在特定社会中，并不是所有的人都有受教育的权利，谁受教育，受什么样的教育，不是由个人所决定的，而是由特定社会政治制度所决定的。③ 然而，随着社会民主化进程的不断推进，大众不断意识到过往教育制度的不合理性以及教育在实现社会流动中的重要价值，于是开始争取自己的高等教育权益，民主意识

① 彭湃：《德国应用科学大学的 50 年：起源、发展与隐忧》，《清华大学教育研究》2020 年第 3 期。

② 曹东：《都市大学：美国高等教育的一种新模式》，《辽宁高等教育研究》1998 年第 4 期。

③ 靳玉乐主编：《教育概论》，重庆出版社 2006 年版，第 81 页。

与要求也在这个过程中不断提升。从都市大学、应用科学大学等大学形态的产生过程中，我们可以明显看到这种挑战在其中扮演的作用。

就都市大学的产生背景而言，20 世纪 60 年代美国社会民主运动风起云涌，民权运动、反越战斗争和校园风波此起彼伏。在这种情况下，美国政府和教育界更加重视加快实现从精英教育向大众教育的转化，将资助的重点放在解决贫困人口和少数民族的教育问题上。所有这些都进一步推动了高等教育的发展，促进了美国高等教育的民主化、大众化，为都市大学的发展创造了条件。①

应用科学大学出现的最直接诱因在于学生的政治运动。1966 年，欧共体（欧盟的前身）为了促进内部统一劳动力市场的形成，规定工程师必须至少有 4 年高等教育学习经历且毕业才能获得执业资格。但这种要求与德国最主要的工程师培养机构——工程师学校不符合。因为工程师学校并非高等教育机构，当时只要实科中学初中毕业即可就读，类似于我国的中等专业学校和中等职业学校。而德国制造的好名声正是这些学校所培养的工程师所贡献的。显然，欧共体的决定不可能修改。工程师学校的学生不想成为技术员或二等工程师，因此开始了游行示威，其目的在于争取工程师学校向高等教育机构的升级。此外，当时大学本身接收的学生也是中产及以上阶层的家庭子女，本身具有精英化的倾向。大学招生要求是通过类似中国高考的 Abitur 考试。这种传统根深蒂固：让大学接收实科中学毕业且没有 Abitur 成绩的学生，即使在 50 年后的今天也是不现实的。著名社会学家、社会活动家拉尔夫·达伦多夫（Ralf Dahrendort）指出，德国大学对工人阶层非常“不友好”。大学中工人阶层子女比例低得出奇。工人阶层家庭和教育机构都有既定的文化特征，它们抵制工人阶层子女接受高等教育。形势逼迫高等教育必须作出改变，以新样态高校的形式来适应适龄人口需要以及广大工人阶层子女的高等教育需求。②

---

①　曹东：《都市大学：美国高等教育的一种新模式》，《辽宁高等教育研究》1998 年第 4 期。

②　彭湃：《德国应用科学大学的 50 年：起源、发展与隐忧》，《清华大学教育研究》2020 年第 3 期。

三、高等教育适龄人口大量增加

教育作为培养人的社会活动，不仅与个体有关，也与社会人口状况有关。人口对教育的突出影响在于人口数量影响教育发展的规模和速度。人口数量决定着教育事业的可能规模，人口增长速度决定着教育事业发展的应有速度。人口增长过快，对教育的需求也急剧增加。要满足这些人受教育的需求，就要扩大教育规模，加大教育投资，建设更多的学校，增加现有学校的设施，大量补充合格的教师及管理人员等。相反，学龄人口减少时，也会影响教育发展的规模和速度。①

二战后，高等教育适龄人口大幅增加，人们接受高等教育的呼声日益强烈，而且对高等教育的需求也日益多样化，然而传统的大学类型单一且容纳数量有限，于是各国政府不得不通过扩大原有大学规模、发展新的大学类型来吸纳更多的适龄人口，满足群众对多样化高等教育的需求，于是高等教育适龄人口增长直接成为新的大学形态和大学理念产生的重要推动力。这在美国和德国表现得都非常明显，在虚拟大学、都市大学、服务型大学等大学形态和大学理念上也有清晰的反映。

对于美国而言，美国人口整体上已趋向老龄化，这导致一方面需要社会福利支持的退休职工人数在不断增加，另一方面为社会福利纳税的青年职工人数却在下降。因此，必须使相对数量减少的工人达到更高的劳动生产率，而教育则是提高每一个工人劳动效率的关键。从人口构成的方面看，美国非洲裔人口的自然增长和20世纪80年代以来大量流入美国的主要来自亚洲和中美洲的移民，大大地增加了美国少数族裔的人口。少数族裔、种族主义等问题的困扰，使美国需要通过教育来调整矛盾，提高少数民族的教育水平。美国人认识到少数族裔的教育不仅是一个社会公平问题，同时也是一个关系国家经济生存的问题。② 在这种背景和其他因素推动下，都市大学产

① 焦锋主编：《教育学基础与案例教程》，国防工业出版社2014年版，第42页。

② 袁丽、康健：《美国都市大学改革及其意义》，《外国教育研究》2005年第6期。

生了。

二战后德国进入人口补偿性增长的婴儿潮时代。新出生人口不断增长的趋势一直延续到 1964 年约 135.7 万人的高峰，随后开始下降。这些婴儿潮时期出生的人口在 20 世纪 60—80 年代陆续成为高等教育的适龄人口。但高等教育的供给侧显然没有做好准备。根据德国的教育与人口统计资料，1970—1971 学年联邦德国大学总注册在校生人数仅 42.2 万人，而 1948—1952 年出生的人口（按照法定高等教育入学年龄这些人应该在 1970 年在学）年均在 110 万左右。据此推算，1970 年德国高等教育的毛入学率最多不会超过 10%，尚处于精英化的高等教育阶段。联邦德国的大学数量在 20 世纪 60 年代始终没有增长，容纳能力有限，青年人口的高等教育需求难以得到满足。① 如果不建设新的大学组织形态，这部分人口的高等教育需要必然无法满足。

高等教育适龄人口还直接导致了高等教育毛入学率的变化，而毛入学率的变化也导致大学类型和大学观随着高等教育发展阶段的变迁而变得多样化。根据马丁·特罗（Martin Trow）的高等教育发展阶段理论，高等教育毛入学率低于 15% 属精英教育阶段，在 15%—50% 为大众化阶段，大于 50% 为普及化阶段。马丁·特罗认为，处于不同发展阶段的系统，多样性的程度有所不同。精英系统倾向于高度同质，一国的高校彼此相似，它们都希望成为达到特定高水平的大学。大众教育系统开始更具“综合性”，系统各组成部分彼此有一定衔接，允许师生流动，但是各自的标准不同。在普及教育系统中，组成机构的特性具有很大差异，没有共同的标准，而标准这一概念本身也受到了挑战和质疑。随着精英向大众系统转化的过程中高校数量的增长，它们变得更加多样化。② 实际上，这与高等教育进入到大众化或普及化阶段后学生的多元需求有关。

---

① 彭湃：《德国应用科学大学的 50 年：起源、发展与隐忧》，《清华大学教育研究》2020 年第 3 期。

② ［美］马丁·特罗：《从精英到大众再到普及高等教育的反思：二战后现代社会高等教育的形态与阶段》，《大学教育科学》2009 年第 3 期。

四、科技发展对人才提出更高素质要求

20世纪以来，科学技术迅猛发展，其与教育的关系也日益密切。一方面，教育是科学技术生产与再生产的重要手段，通过生产和再生产科学技术，教育有力地推动了科学技术的保存、传播和发展。另一方面，科学技术的发展也对教育包括大学形态的演变产生了重要的影响，这种影响主要体现在以下两个方面：

首先，科技的发展更新了教育的内容，不断推进大学教育内容更新迭代。17世纪以后，自然科学得以很快地发展，从对自然现象分门别类的研究中，逐渐形成了一系列具有严密理论形态的独立学科。19世纪以后，学校课程逐渐改变了脱离生产、生活实际的“绅士教育”课程或古典文科中学的课程体系。科学作为课程首先从大学开始，继而又辐射、发展到中小学教育。进入20世纪后，科学已成为学校教育的主体内容。[①] 随着科技的发展，大学教育的内容也在不断丰富、更新，如伴随着新的科研成果的产出和新的研究领域的开拓，新的学科将不断出现，旧有学科的内涵也在不断更新迭代，这些都会在大学教育内容尤其是专业与课程设置中有所体现。

其次，科技的发展对人才培养提出了更高的素质要求，推动了培养目标变革和创新型大学产生。科技的发展对人才培养提出的素质要求，主要有二：一是科技伦理要求。“科学技术进步应服务于全人类，服务于世界和平、发展与进步的崇高事业，而不能危害人类自身。”[②] 要保证科技发展服务于人类，就需要培养掌握科技之人的科技伦理，使他们在进行科技活动时做到真与善的统一，这就对大学的科技伦理教育提出了要求。二是创新能力要求。科技的发展要求培养具有创新能力、能够不断推动科技发展的人才。作为培养科技人才的主要机构，大学无疑起着重要作用。伴随着知识经济的到

---

① 孙喜亭：《再论科学技术·生产力·教育》，《北京师范大学学报》（社会科学版）1998年第5期。

② 李学仁：《江泽民主席在北戴河会见诺贝尔奖获得者》，2000年8月6日，见https：//www.gmw.cn/01gmrb/2000-08/06/GB/08%5E18504%5E0%5EGMA1-008.htm。

来，把创新提到前所未有高度的创新型大学（innovative university）应运而生。创新型大学以创新为办学理念，注重创新知识，培养创新人才，营造创新氛围，实施创新教育，在学校的功能、管理、财政、学术上全方位地进行创新。① 在克莱顿·克里斯坦森（Clayton M. Chirstensen）和他的同事亨利·艾林（Henry J. Eyring）合作出版的《创新型大学——改变高等教育的基因》（*The Innovative University*：*Changing the DNA of Higher Education from the Inside Out*）一书中，两人列出了一些推荐的基因变化，包括院系间协作、重量级创新团队、本科生参与研究等②，充分体现了科技发展对大学办学模式包括人才培养模式的要求。

当然，科技发展不只是对教育提供了重要内容，对大学人才培养提出了新的要求，其带来的技术革新也为教育革新与进步特别是教育模式和教学手段的变革提供了条件，进而促进了虚拟大学、全球性大学等新的大学形态的产生。具体而言，科学技术革命不仅可以使教师借助于多媒体教学辅助技术对教学重新处理，并采用现代教育技术向学生传授知识③，而且可以达到课程资源的存储和反复利用，从而跨越长期以来教育对时空的依赖，并且覆盖更多的地域和群体，实现虚拟教育和远程教育，传统教学手段也随之向现代化和技术型转变。虚拟大学和全球性大学产生的一个重要条件就是其可以"通过先进的通讯技术在全球范围内提供优质的教育服务"④，而这种先进的通信技术无疑得益于科技的发展。可以说，每一次科技的发展特别是媒介技术的革新，都在不断深化知识、社会与媒介的融合，延展课堂、教室与校园的边界。

---

① 杨明：《论知识经济条件下的新型大学模式》，《师资培训研究》2001 年第 4 期。

② 刘宝存：《追求多元的卓越：创新型大学的建设路径研究》，《河北师范大学学报》（教育科学版）2021 年第 3 期。

③ 靳玉乐主编：《教育概论》，重庆出版社 2006 年版，第 87 页。

④ 李谦：《全球性大学：高等教育发展的新趋势——以纽约大学为例》，《世界教育信息》2013 年第 8 期。

五、大学之间的竞争日益激烈

当今时代，竞争无处不在，大学之间在生源、师资、经费等方面的竞争也日趋激烈。“特别是由于20世纪80年代‘知识经济’的出现，大学似乎在一夜之间成为创造价值的车间，成为一个国家核心竞争力的标志，于是，伴随着产业间、国家间的竞争，大学之间的竞争也不断升级”①。而伴随着全球化时代的到来，大学之间的竞争已经超越国界，尤其是世界一流大学更是面临着全球同行的竞争。为了在竞争中处于不败之地并且不断发展，很多大学积极进行改革和创新，这在创业型大学、全球性大学、虚拟大学等大学形态的产生过程中表现得尤为明显。

全球性大学产生的一个重要因素源于美国研究型大学之间的竞争。美国研究型大学不仅是美国学术的象征，也是美国经济发展和社会进步的支柱。围绕师资、学生、研究经费、声誉等方面，美国研究型大学展开了激烈的竞争。从某种意义上说，正是这种竞争使美国研究型大学不断地处于改革发展之中，使它们能够长期处于最优秀的地位。可以说，没有竞争就没有美国的研究型大学，而没有研究型大学也就没有美国经济与科技的辉煌。②

对于创办全球性大学的改革，美国研究型大学之间竞争亦非常激烈。例如，耶鲁大学敏感地意识到“美国其他一流大学也在开展雄心勃勃的国际合作项目”，其中约翰·霍普金斯大学投资1900万美元在南京大学建造了办公大厦，并于2007年开始与南京大学联合培养硕士研究生；密西根大学扩大与上海交通大学的本科与硕士合作项目，有20名教师已在中国讲学；有些大学则在美国本土校园为国际学生提供完善的服务支撑。在“群雄逐鹿中原”的态势下，耶鲁大学也认识到必须与其他一流大学在生源、博士后研究人员和师资等方面展开国际竞争。耶鲁大学只有两条路可供选择——要么与其他大学旗鼓相当，要么就干脆超过它们。在这种背景下，耶鲁大学制定

① 佟玉凯、于敏：《简论大学竞争》，《辽宁教育研究》2006年第7期。

② 郭艳琳、谷贤林：《竞争：美国研究型大学的特征》，《北京教育》（高教版）2004年第5期。

了《耶鲁国际化：2005—2008战略框架》，明确提出了三个目标：一是为学生在日益相互依赖的世界中发挥领导和服务作用做好准备，二是把全世界最有才能的学生和学者吸引到耶鲁大学来，三是把耶鲁大学建设成为全球性大学。①

第二节　当代大学发展形态和大学观的多样化发展图景

二战之后，特别是20世纪80年代之后，随着全球化的深入和知识经济的发展，大学已从社会经济发展舞台的边缘走向中心，社会发展及其需求的多元化也促进了大学形态或者类型和大学理念的多样化。今天的大学形态已不完全是中世纪大学的“学者行会”，也不再是纽曼心中的“理想大学”和弗莱克斯纳（Abraham Flexner）笔下的“现代大学”。今日大学已经分化为类型多样、功用多重的“知性复合体”。② 具体而言，除了原来的教学型大学、研究型大学之外，创业型大学（entrepreneurial university）、应用科学大学（university of applied sciences）、虚拟大学（virtual university）、全球性大学（global university）、都市型大学（metropolitan university）、产业大学（corporate university）等新的大学类型和形态不断涌现。③ 与此同时，与上述已经形成的大学类型不同，还有创新型大学（innovative university）、绿色大学（green university）、服务型大学（service university）、学习型大学（learning university）等新的大学理念或者概念。④ 对比之下，前者是已经成形的大学新模式、新类型或者组织形态，后者则是相对普适的大学理念，即这些概念或者理念可以用于任何类型的大学，也就是说任何类型的大学都可

① 李联明、朱庆葆：《耶鲁大学建设全球性大学的理念与策略——兼论“耶鲁2005—2008年国际化战略框架”》，《清华大学教育研究》2007年第4期。

② 邬大光：《大学分化的复杂性及其价值》，《教育研究》2010年第12期。

③ 刘宝存：《追求多元的卓越：创新型大学的建设路径研究》，《河北师范大学学报》（教育科学版）2021年第3期。

④ 刘宝存：《追求多元的卓越：创新型大学的建设路径研究》，《河北师范大学学报》（教育科学版）2021年第3期。

以成为创新型大学、绿色大学、服务型大学、学习型大学。

一、创业型大学与产业大学

创业型大学产生于20世纪末，组织目标在于实现知识的实际运用并进而促进经济和社会的发展。产业大学产生于二战以后，直接目的是增强受众的在岗技能并进而促进公司的整体利益。两者的一个共同点在于，发挥知识的实际效用，推动知识转化为现实生产力。

（一）创业型大学

创业型大学的主要倡导者是伯顿·克拉克（Burton R. Clark）和亨利·埃兹科维茨（Henry Etzkowitz），但二者对创业型大学的界定又略有不同。在伯顿·克拉克的语境中，创业型大学指的是那些为了应对环境变化而采取大胆革新行为并最终取得明显成效的大学。他将大学作为一个能动的组织主体，关注的是大学这一组织如何像企业那样进行创业、革新，以应对外界环境的变化。亨利·埃兹科维茨则强调如何在知识经济的时代背景下将大学的科研成果转化为现实的生产力，利用大学在知识创造和人才聚集方面的优势进行知识转移、学术创业等。对于这两种形态，前者可称之为旨在应对环境变化而实施变革的“革新式”创新型大学，以英国的沃里克大学为典型；后者可称之为以知识转移和学术创业为特征的“引领式”创新型大学，以美国的麻省理工学院为典型。①

创业型大学的诞生和发展是20世纪末以来世界高等教育领域出现的新趋势，其崛起离不开知识经济的时代背景。在知识经济社会，一个国家的强盛取决于它在政治、经济、科技、教育诸方面的创新，而大学在社会发展中所扮演的角色已不再限于提供人力资源和知识储备，也不只是提供一般意义上的“社会服务”。一些具有理、工、管学科实力和崇尚“解决现实问题”的研究型大学，率先突破“教学、研究、服务”的三功能定位，更多地与国

① 邹晓东、陈汉聪：《创业型大学：概念内涵、组织特征与实践路径》，《高等工程教育研究》2011年第3期。

家和地区经济发展相结合，以确保大学的人才培养和研究成果能够有效地提高经济生产力、提升国家的创新能力和国际竞争力。与此同时，科学和技术本身的研究开发结构也在转变。也就是说，知识生产（包括知识创造和知识传递）将在更大程度上依赖于经济。①

对于创业型大学的特征，可从以下方面进行分析：第一，组织目标在于知识应用与服务经济发展。作为一种新的大学组织形态，创业型大学的核心目标在于知识的实际运用，而进行知识应用的最终目的是促进经济和社会的发展。第二，组织构成元素上强调多元组织与模糊边界。创业型大学出现了大量不同于传统学术单位的组织单元，这些组织单元形态各异、功能多样、边界模糊，对创业型大学的目标实现起到了重要作用。第三，组织运作方式上强调创业活动与商务运营。与传统大学相比，创业型大学除了拥有传统大学所具有的课堂讲授、科学研究等核心的运作方式外，还拥有传统大学所不具有的组织运作方式，即直接参与创业活动和商务运营。第四，组织文化上注重实效与倡导创业。在创业型大学中，注重实效和倡导就业的文化心态已经融入了大学成员的日常行为之中。②

（二）产业大学

产业大学又称企业大学，是“由母体企业出资创办并运营管理的隶属于母体企业并服务于母体企业的发展战略、经营管理、核心业务的新型专业化多功能的知识生产服务组织”③。据美国企业大学咨询公司（CUX，Inc）统计，全球已有超过 1800 所企业大学，世界 500 强企业中有 40% 建设有企业大学。④

二战后，面对新技术和国内外商业形式的快速变化，美国企业亟待加

① 王雁、孔寒冰、王沛民：《创业型大学：研究型大学的挑战和机遇》，《高等教育研究》2003 年第 3 期。

② 邹晓东、陈汉聪：《创业型大学：概念内涵、组织特征与实践路径》，《高等工程教育研究》2011 年第 3 期。

③ 刘春雷：《高等教育视野中的企业大学研究》，博士学位论文，南京大学教育研究院，2013 年，第 4 页。

④ 陈华若、王雯：《德国企业大学概况及发展趋势》，《职业技术教育》2020 年第 36 期。

大员工培训。然而，它们认为从社区学院或大学毕业的学生并不具备企业需要的足够能力或无法及时适应企业的技术更新，因此决定自己创办企业大学来弥补正规高等教育的不足。与传统大学聚焦于科学研究和学位授予不同，产业大学的直接目的是增强受众的在岗技能，并且具有非常明显的行业特色。当然，“在产业大学，学生所学的内容不仅要能使自身获得进步，更重要的是要真正促进公司的整体利益”①。

严格来说，产业大学并不是传统意义上的大学，而不同产业大学主要针对的产业领域差异巨大，其办学模式也因此各不相同：其一，企业独立办学模式。企业内部办学目前是绝大多数产业大学的主要办学模式。在这种办学模式下，企业为产业大学提供足够自给自足的办学经费和财政支持，而不需要太过依赖于外界的捐款或政府部门的投资。其二，与传统大学合作办学模式。一是通过外包教育培训或与传统大学开展合作的方式，尽可能利用更多可利用的专业资源提升公司员工的竞争力。二是通过与传统大学合作来帮助大学更新课程体系，从而为培养更符合企业发展需求的未来毕业生奠定基础。其三，远程教育办学模式，即利用信息技术平台的多功能来实现便捷教学、可重复教学、可视化教学、互动性教学等教学创新，目前已成为许多产业大学采取的通用办学模式。

二、全球性大学与虚拟大学

全球性大学旨在构建全球性的大学、培养世界公民和领袖并在这个过程中保持和提升全球竞争力，虚拟大学则应用虚拟技术来实现人才培养功能，两者的一个共同点在于都打破了地域的局限，而“通过先进的通讯技术在全球范围内提供优质的教育服务”②的虚拟大学也被一些学者视为全球性大学的类型之一。

---

① Kathryn Tyler. *What a Corporate University Is and Is Not*，2021-05-22，https：//www.shrm.org/hr-today/news/hr-magazine/pages/0412tyler2.aspx.

② 李谦：《全球性大学：高等教育发展的新趋势——以纽约大学为例》，《世界教育信息》2013 年第 8 期。

（一）全球性大学

对于全球性大学的内涵，目前主要有两种理解：一是国际组织创办的国际性大学，或者一个国家、高等学校在国外创办的独立的大学或者海外分校。① 二是为了应对全球化挑战、提升学校的综合实力、培养国际化人才所做的改革。② 对比之下，前者是大学形态，以纽约大学为代表，后者是大学理念，以耶鲁大学为代表。不管持哪种理解，耶鲁大学前校长理查德·莱文（Richard C. Levin）认为，全球性大学有 4 个特点：一是有能力容纳更多的留学生，二是能够与其他国家的大学建立合作关系，三是将更多国际化的内容融入教学和科研中，四是能通过先进的通信技术在全球范围内提供优质的教育服务。③

全球性大学的产生是全球化的时代趋势、国家提升国际竞争力的需求、大学在全球化时代扮演的角色和面临的挑战等多因素综合作用的结果。以耶鲁大学为例，其创办全球性大学的内因在于，耶鲁大学认为大学是促进全球一体化、相互理解和政治稳定的一股重要力量："把全球学生汇聚到一起，大学可以培养他们相互容忍和相互理解的能力，而这些年轻人将是未来世界的领导人。"④ 从外部因素看，耶鲁大学实施全球化的动力主要体现在：（1）全球一体化的力量直接促使耶鲁与国外大学和政府在制定教学计划和实施短期培训方面展开合作；（2）各国之间交通成本降低和贸易与投资壁垒的拆除，对国际劳动力分流、生产场所和服务活动产生了深远影响，也为国际学者之间的合作提供了动力；（3）耶鲁要与其他一流大学在全球展开竞争。基于这些因素，在进入成长的第四个世纪之际，耶鲁致力于完成向"全球性

---

① 刘宝存：《追求多元的卓越：创新型大学的建设路径研究》，《河北师范大学学报》（教育科学版）2021 年第 3 期。

② 李谦：《全球性大学：高等教育发展的新趋势——以纽约大学为例》，《世界教育信息》2013 年第 8 期。

③ 转引自李谦《全球性大学：高等教育发展的新趋势——以纽约大学为例》，《世界教育信息》2013 年第 8 期。

④ 李联明、朱庆葆：《耶鲁大学建设全球性大学的理念与策略——兼论"耶鲁 2005—2008 年国际化战略框架"》，《清华大学教育研究》2007 年第 4 期。

大学”的转型。[①] 可以说，全球性大学是全球化时代高等教育国际化的产物，世界诸多大学往全球性大学转型无不与前文这些因素有关。

就其职能而言，全球性大学除具备一般大学的职能以外，还具有因其内涵的特殊性所带来的不同的职能表现形式。以耶鲁大学和纽约大学为例，前者定位于构建全球性大学、培养世界公民和领袖，为此采取了以下引领耶鲁大学迈向全球性大学的措施：(1) 改革招生政策与助学金制度，扩大耶鲁大学与其他世界一流大学竞争优秀生源的优势；(2) 增设国际化组织；(3) 积极寻求跨国合作项目；(4) 增设国际化课程；(5) 加强校际间的国际交流与合作。[②] 而纽约大学则定位于“建设美国第一所真正意义上的全球性大学”，亦在全球化背景下积极寻求扩张之路。通过在海外设立学习中心、分校以及合作办学等途径，纽约大学不断为实现其全球性大学的愿景而努力。[③]

（二）虚拟大学

虚拟大学是“运用虚拟技术，创办在互联网络上的，不消耗或少消耗现实教育资源和能量的，并具现实大学特征和功能的一种办学实体”[④]。虚拟大学是科技发展尤其是信息技术发展所带来的大学分化与转型，是大学“从传统形式到高科技化、高共享性、高效率”[⑤] 转型的一个重要体现。从功能上说，它具有培养人才的全部功能。从教学管理上说，学生也要达到规定的学分，虚拟大学才能颁发相应的专业证书、各个级别的学业成绩证书或学位证书等。其与传统高校的重要差别在于，虚拟大学是应用虚拟技术并通过“信息高速公路网”来实现人才培养功能的大学。[⑥] 换而言之，

---

① 李联明、朱庆葆：《耶鲁大学建设全球性大学的理念与策略——兼论“耶鲁 2005—2008 年国际化战略框架”》，《清华大学教育研究》2007 年第 4 期。

② 王凤玉、郑薇：《论耶鲁大学全球性大学理念》，《沈阳师范大学学报》（社会科学版）2011 年第 4 期。

③ 李谦：《全球性大学：高等教育发展的新趋势——以纽约大学为例》，《世界教育信息》2013 年第 8 期。

④ 张达明、陈世瑛：《虚拟大学及其办学观念》，《上海高教研究》1997 年第 4 期。

⑤ 贾佳：《关于高等教育转型的理论思考》，《江苏高教》2018 年第 8 期。

⑥ 张达明、陈世瑛：《虚拟大学及其办学观念》，《上海高教研究》1997 年第 4 期。

两者主要表现为教学途径与手段的差异，即知识传播和知识学习的方式不同。

虚拟大学的前身可以追溯到“远程高等教育”，它在美国已经有100多年的历史了。当时一些大学为了满足本州农民、牧场主以及技术工人的高等教育需求，纷纷开设远程教育课程，形成校园内外的双模式教学。[①]20世纪80年代以来，科技迅猛发展，网络技术的不断完善为虚拟大学的出现奠定了基础。而知识经济的到来对人才提出了新的要求，良好的沟通能力、独立的学习意识及对环境的适应能力日益成为衡量人才的重要标准，传统的终结性大学教育逐渐被终身学习的观念所取代，虚拟大学正是适应了不断增长的终身学习需求而发展起来。[②] 此外，虚拟大学的产生还与抢占高等教育市场有关。随着全球e-learning市场初露端倪，美国、澳大利亚等国投入大量的人力、物力、财力，力求在e-learning市场的争夺中抢得先机，如美国国家技术大学、凤凰城大学等，它们以本校的技术设备为依托，提供各种e-learning服务，吸引了世界各地的学生。[③]

虚拟大学作为一种新生的高等教育形式，世界各国正在积极探索它的发展模式。目前，一些发达国家主要采取了以下几种模式发展虚拟大学：(1) 内生于传统高等学校的虚拟大学，即传统高校加大硬件设施投入，提高信息技术的普及和应用率，开办网上课程，以自身的优质服务竞争优秀的教育资源和生源；(2) 由传统高校和一些高新技术企业合作兴办的新型虚拟大学；(3) 以社会力量资助为依托，按照企业形式运作，拥有自己的专业课程并提供学位教育的跨国远程高等教育机构；(4) 创办国家级的虚拟大学，即政府集中高质量的技术和教学人员创建一所国家级的崭新的虚拟大学，可以充分利用与开发现有因特网技术资源与设施，把办学目标锁定在在职人员的

---

① 温从雷、沃斌峰：《建立网上虚拟大学的新尝试——英国e-University案例研究》，《开放教育研究》2007年第1期。

② 侯威、椰永华：《虚拟大学——高等教育的新发展》，《外国教育研究》2004年第8期。

③ 温从雷、沃斌峰：《建立网上虚拟大学的新尝试——英国e-University案例研究》，《开放教育研究》2007年第1期。

技术培训与教育。①

三、应用科学大学与都市大学

应用科学大学产生于20世纪六七十年代，不同于德国传统大学，其在人才培养和科学研究上以应用性为特点，且注重结合地方经济社会发展需要。都市大学产生于20世纪90年代，是美国“高等教育为公共服务”的理念根基与都市地区问题亟待解决的现实需求共同推动的结果。两者都强调对“当地”的服务，只不过后者的服务范围是都市地区。

（一）应用科学大学

应用科学大学是以应用性和实践性为特点，致力于培养高级应用型人才、服务区域经济发展，与其他普通高校处于同等层次但类型相异的高等教育机构。应用科学大学以德国、瑞士、荷兰、芬兰等国较为典型，其中德国应用科学大学在高级应用型人才培养上独树一帜，卓有成效地为各产业输送了大批高级技能人才并促进了国家经济与社会的发展，被德国科学顾问委员会誉为“现代工业社会的高等学府”②。

应用科学大学是欧洲在20世纪六七十年代以来高等教育大众化进程中，高等教育人才培养多样化的产物。③其产生是经济、政治、教育等多方面因素共同作用的结果。其中，经济背景表现为经济社会发展对高级应用型人才的需求，政治背景表现为社会各阶层民众对高等教育机会的需求，教育背景表现为高等教育与职业教育体系完善的需求。

与传统研究型大学不同，应用科学大学定位于“基于重在应用的科学进行教学和科研活动的高校形式”④，在人才培养上强调根据地方经济社会发

---

① 侯威、栁永华：《虚拟大学——高等教育的新发展》，《外国教育研究》2004年第8期。

② 冯理政：《德国应用科学大学（FH）办学特色的分析与研究》，硕士学位论文，华东师范大学教育科学学院，2010年，第1页。

③ 刘宝存：《追求多元的卓越：创新型大学的建设路径研究》，《河北师范大学学报》（教育科学版）2021年第3期。

④ 周海霞：《德国应用科技大学（FH）获博士学位授予权之争议》，《外国教育研究》2014年第10期。

展的需要，在与工业和社会生活密切相关的专业领域中培养具有较强专业技能和实践能力的高层次应用型人才；① 在科学研究上，德国应用科学大学在 1985 年《高等学校总纲法》修改之后获得了从事应用性科研的任务，此后以应用为导向的科研逐渐成为德国应用科学大学又一个区别于传统大学的标志性特点；在社会服务上，应用科学大学在创立之初就确立了以市场为导向、服务区域经济与社会发展的办学指导思想。

（二）都市大学

都市大学是美国的一种新型高等教育机构，致力于响应周边地区的知识需求，并致力于在校园、社区和商业之间建立活跃的联系。这种机构在教学、研究和专业服务方面延续了高等教育的传统观念与职能，同时承担了更广泛的责任，即通过人员和资金来改善都市地区的生活质量。② 对其内涵的把握可以从指向（orientation）和位置（location）两个角度加以明确，即都市大学在目标和行动中体现出对满足当地教育需求的承诺，同时它位于都市地区。③

都市大学虽然萌芽于 20 世纪五六十年代，但是直到 90 年代初才成为一种比较成熟的大学类型。1990 年，美国 49 位大学校长联合签署了《都市大学宣言》，宣布一种新的高等教育模式正式获得合法性。④ 都市大学的产生是美国“高等教育为公共服务”的理念根基与都市地区问题亟待解决的现实需求共同推动的结果。具体而言，都市化现象造成了种族主义、吸毒、青少年犯罪、环境污染、都市贫民以及经济发展等多种城市问题的泛滥。面对上述问题，南缅因大学、马里兰大学巴尔的摩分校、莱特州立大学、得克萨斯大学珀尔缅盆地分校等学校意识到大学应该转变为“知识工厂”，及时反映

① 刘宝存：《追求多元的卓越：创新型大学的建设路径研究》，《河北师范大学学报》（教育科学版）2021 年第 3 期。

② Daniel M.Johnson & David Bell. *Metropolitan Universities*：*An Emerging Model in American Higher Education. Denton*，Tex.：University of North Texas，1995，pp.xi & 29-30.

③ Daniel M.Johnson & David Bell. *Metropolitan Universities*：*An Emerging Model in American Higher Education. Denton*，Tex.：University of North Texas，1995，p.21.

④ 曹东：《都市大学：美国高等教育的一种新模式》，《辽宁高等教育研究》1998 年第 4 期。

所在区域的需要，积极主动地为社区解决问题，起到推动社区发展的领导作用，实现大学和社区的共同发展，而这就要打破学校与社区长期的互相隔绝的状态，确立“以他方为中心”的新理念。与传统的理念相比较，“以他方为中心”的理念要求学校打破传统的“以自我为中心”的态度，反对“象牙塔”式的学术至上主义，反对排斥社会问题的办学方针，主张学校应当走出去到社区当中，在社区扩大学校的影响，消除学校与社区的隔绝，帮助社区解决社会问题，为社区服务。①经过这几所大学的倡导，都市大学的改革理念逐渐得到了许多大学的响应并最终成为一种新的大学类型。

就职能而言，1990 年美国 49 所地方性州立综合大学的校长联合签署的《都市大学宣言》明确重申：知识的创造、解释、传播和运用是大学的基本功能；坚持并接受更宽泛的责任以满足所在都市区域对大学的上述功能的需要；承诺大学机构应当反映都市区域需要，通过教学、研究和专业服务的方式，寻求新的运用人力和物力资源途径以协助领导者解决都市问题。②在办学模式上，都市大学定位于地区发展的服务者和地区问题的解决者。在这一定位下，都市大学秉持“服务公众利益”的办学目标，通过支持多元性、包容性、公平性的师生政策服务当地人口以及合作、参与的路径方式提供专业知识或专业服务，履行其职责与使命。

四、绿色大学与服务型大学

绿色大学与服务型大学两者都是一种新的大学理念，前者出现于 20 世纪 90 年代，强调在办学过程中体现可持续发展理念，后者产生于 20 世纪七八十年代，强调以服务为办学宗旨并以服务职能统领学校各项活动。

（一）绿色大学

绿色大学是指大学“以可持续发展理念为出发点和目标来指导进行各项校园活动，将可持续发展教育和环保理念的传播作为顶层战略目标贯穿于

---

① 袁丽、康健：《美国都市大学改革及其意义》，《外国教育研究》2005 年第 6 期。

② 袁丽、康健：《美国都市大学改革及其意义》，《外国教育研究》2005 年第 6 期。

高校的管理、教学、科研、课程规划及日常生活之中，并在教育、服务社会的过程中，通过人的培养和塑造、知识的传播和知识溢出，对人类社会可持续发展产生重要的正向促进作用”①，其核心理念是在学校的建设和各项具体工作中全面体现可持续发展的思想和环境保护的原则。②

绿色大学的出现与全球环境变化及大学自身的角色密切相关。1990 年，世界上一些大学校长在美国塔夫茨大学（Tufts University）位于法国塔罗里（Talloire）的校区参加“大学在环境管理与可持续发展的角色”国际研讨会，会议共同发起签署《塔罗里宣言》(*Talloire Declaration*)，该宣言对绿色大学的产生背景做了明确的解读：“我们——来自于世界各地的大学校长及大学主要领导人，十分关注当今空前严重和日益加剧的环境污染、退化和自然资源消耗的问题。……我们认为，当前必须采取紧急行动，来介绍这些根本性的问题并扭转其发展的趋势。在建立公平与可持续发展和人类与自然协调的问题上，应该采取的关键措施包括：保持人口稳定，在工业和农业技术上采取环境无害化技术，植树造林以及恢复生态环境。大学在教育、研究、制定政策以及信息交流方面，能够使得这些目标得以实现。……因此，大学校长必须发起、支持和动员校内外的一切资源来对这项紧急挑战做出反应。”③

从办学模式而言，绿色大学不仅仅是对学生进行热爱自然、保护环境和节约资源的教育，不只是校园绿化和改善生活条件，也不仅是开设环境科学、环境保护和可持续发展等课程，以及设置这些学科的专业和学位。虽然这些都很重要，但它们仅是绿色大学的一部分甚至不是主要的部分。绿色大学是一种大学模式或办学方向的一系列转变：具有“循环经济”意识的办学理念；深入开展绿色教育和绿色科学研究；具有可持续发展能力的教学与管理队伍；科学开展绿色校园建设；有效加强绿色校园文化的建设；重视积极

---

① 涂俊：《绿色大学管理模式与运行机制研究》，博士学位论文，天津大学管理与经济学部，2015 年，第 5 页。

② 王民：《绿色大学的定义与研究视角》，《环境保护》2010 年第 12 期。

③ 王民、蔚东英、张英、何亚琼：《绿色大学的产生与发展》，《环境保护》2010 年第 13 期。

参与社会的循环经济实践。① 换言之，绿色大学是一种从理念到行动、从大学职能到校园建设的整体性改革。

（二）服务型大学

服务型大学是一种新型的大学发展观，它以社会需求和发展为导向，强调以自身的知识智力成果最大限度满足学生、家长、用人单位和社会等顾客为宗旨，以此获得生存和发展的资源支持。这种大学理念源起于大学的社会服务职能，更是大学职能的继承和发展。它以实用主义为理念，以服务为导向、以共赢为路径、以自身的知识智力成果满足社会需求为宗旨。服务型大学区别于具有服务职能的大学的关键在于它的一切活动，包括教学和科研都以社会需求为目标，将顾客利益放在学校工作的首位。

服务型大学理念产生于20世纪七八十年代。随着世界范围内的高等教育大众化趋势，很多国家的大学人数开始快速增长，这时学生成为大学名副其实的“顾客”，是大学教育服务的消费者，他们要求大学不仅要保证他们的受教育权，而且还要更好地满足学生不同的发展要求和学习需要。与此同时，随着政府对大学投入的增加，社会公众对于公共经费的使用、大学提供的社会服务等问题诟病较多，认为大量公共资金支持的大学对于社会与经济发展并没有作出必要的服务和贡献，因而不值得支持。在此背景下，大学不得不“对社会需要作出反应，并且为了满足这些不断变化的需要而以各种重要的方式对自身进行调整”②。

服务型大学以服务社会为宗旨、目标和方向。在这种办学定位之下，随着时代的发展，服务型大学已经形成了一整套成熟的办学模式。在人才培养上，服务型大学是应用型人才培养的重要基地。除了直接为社会经济发展培养和输送高级人才外，还根据不同层次、不同类型的社会需求，采用委托培养、合作培养、在职培养等形式对不同的受教育对象进行多样化人才培养服务。在科学研究上，服务型大学以科研服务地方经济为理念，着眼社会发

① 杨华峰：《面向循环经济的绿色大学评价指标体系研究》，《中国高教研究》2005年第7期。

② ［英］科林·卢卡斯：《21世纪的大学》，《国家高级教育行政学院学报》2002年第5期。

展中的实际问题，以应用服务为根本，开展以应用性为特色的科学研究，为地方经济建设和各项事业的发展，为社会的科学技术进步作贡献。在社会服务上，为了主动适应当地经济、科技、社会发展需求，服务型大学积极建设具有产业优势、资源优势、地缘优势的学科专业，学科专业设置具有很强的职业性、应用性、实践性特点。

第三节　当代大学发展形态和大学观的多样化发展的形成机制

伯顿·克拉克指出："复杂万端的高等教育系统从本质上讲是个混血儿，而不是任何观念的极端产物。"① 根据美国学者亨利·埃兹科维茨的创新三螺旋关系理论，在大学、政府、行业组成的三螺旋关系结构中，大学被看作是技术的源泉，对政府和行业产生影响；政府通过利用可以看得见的"手"，对大学和行业提出要求、促进合作；行业利用市场机制，与大学和政府形成契约，在合作中发展，在发展中合作。② 借鉴这一理论分析框架，我们可以把当代大学发展形态和大学观的多样化发展视为政府、市场和大学三方相互作用的结果。

一、政府主导：国家战略与政策引导

在开放系统理论视域中，高等教育系统重构受制于一个国家宏观发展战略与社会经济发展需求。其中，政府提供了高等教育改革的政策情境，市场是支撑高等教育改革的社会环境，两者在高等教育转型实践中发挥着主导性作用。③ 对于大学形态和大学观的多样化发展而言亦是如此，特别是对于大学形态多样化发展而言，各种新的大学形态的产生实际上是高等教育系统

① ［美］伯顿·克拉克：《高等教育系统——学术组织的跨国研究》，王承绪等译，浙江教育出版社 1999 年版，第 294 页。

② 郜晖：《高水平特色研究型大学形成机制分析》，《国家教育行政学院学报》2014 年第 6 期。

③ 贾佳：《关于高等教育转型的理论思考》，《江苏高教》2018 年第 8 期。

转型的体现之一，如许多国家都把多样化发展作为大学发展的重要理念，政府制定相关政策，成为大学分化的重要推动者。①

就政府与大学之间的关系而言，两者相互依存、相互制约。知识经济时代的到来空前增强了政府与大学的联系，政府对大学在人才培养、经济发展和科技创新方面的需求比以往任何时候都要强烈。随着自身功能的日益强大，大学亦逐渐具备了为政府解决各类问题的能力；另一方面，大学对政府的依赖也在逐步加深，表现为政府为大学提供有效的经费投入，国家战略对大学的发展提供指导等。②

从多种大学形态和大学观的发展历程中，可以明显看到国家战略与政策引导在其中所发挥的作用。以德国应用科学大学为例，虽然其生成背景是多样的，但最终却依赖于政府的推动，离不开政府的“政策动员、政策认同、制度引领、政策设计、资源调控、选择试点、全面推进等一系列环节”③。1967 年，在达伦多夫的指导下，巴登—符腾堡州教育部出台了第一个赋予工程师学校和高级专业学校与大学同等地位的方案，全称为“州高等学校总方案：学术型高校、师范学院、职业师范学校、艺术学院、工程师学校、高级专业学校的结构与组织改革方案”，这个方案亦被称为“达伦多夫方案”。其中，工程师学校与高级专业学校即为应用科学大学的前身。工程师学校培养工程师，高级专业学校培养商业与社会工作相关专业的人才。由于德国的教育联邦制特点，全国性质的教育变革必须通过各州文化部长联席会议来协调。1968 年 10 月，联席会议通过了“联邦德国在各州统一高等专业学校领域”的协议，正式引入了高等专业学校的概念。石—荷州的动作最快，1969 年该州文化部长通知，所有的工程师学校立即更名为高等专业学校。随后三年中，联邦德国的工程师学校和高级专业学校不断更名为高等专业学校。这批学校构成了今天应用科学大学的基本班底。④

---

① 邬大光：《大学分化的复杂性及其价值》，《教育研究》2010 年第 12 期。

② 郜晖：《高水平特色研究型大学形成机制分析》，《国家教育行政学院学报》2014 年第 6 期。

③ 刘国瑞、高树仁：《高等教育转型的结构——制度整合模式》，《教育研究》2017 年第 5 期。

④ 彭湃：《德国应用科学大学的 50 年：起源、发展与隐忧》，《清华大学教育研究》2020 年第 3 期。

由此可见，州与联邦两级政府的推动使德国应用科学大学进入了快速发展轨道。

相比于市场和大学自身而言，政府作用往往更具直接性和决定性。具体而言，国家战略和政府的政策支持引导对于大学形态的形成具有先导和助推的作用，在一定程度上影响和决定着大学形态的形成和发展走向。这种作用可以分为直接与间接、事先引导与事后支持、自上而下与自下而上等不同表现。不管是何方式，政府的主导作用主要表现为“对高等教育转型实践的政策指导、财政支持以及行政约束”①。

二、市场推动：经济社会发展的需求

从一般意义上而言，大学发展深受市场的影响。一方面，社会对人才和科研的要求直接影响了大学的人才培养目标和科研方向。例如，培养目标是大学与社会连接的纽带。无论新大学形态的产生，或者原有大学内部发生的分化，基本上都与人才培养目标的分化有关。当崇尚博雅教育的大学不能适应资本主义的生产方式时，培养实用人才的大学就会出现；当单纯教学型的大学无法追赶知识分化的速度时，培养科研人才的大学就会出现；当从事学术研究的大学无法服务于工业化生产时，培养职业人才的大学就会出现。② 另一方面，社会的支持是大学办学的重要保障。伴随着高等教育的大众化和普及化，全部由国家办高等教育已经不现实。由于政府投入的减少，大学的财政越来越紧张，也促使大学不得不谋求新的出路。大学需要不断以创新的体制，采取积极措施将知识投入应用，使大学与知识用户紧密地联系起来，成为拥有自己知识产权的经济角色。也就是说，大学需要有一种“创业精神”，提升自己知识产品的市场价值和竞争力。③

而就当代大学发展形态和大学观的多样化发展来看，我们更可以看到市场力量的推动作用，这突出表现为市场需求的多样化要求大学形态和大学

① 贾佳：《关于高等教育转型的理论思考》，《江苏高教》2018 年第 8 期。

② 邬大光：《大学分化的复杂性及其价值》，《教育研究》2010 年第 12 期。

③ 向春：《创业型大学的理论与实践》，《高等工程教育研究》2008 年第 4 期。

观也必须多样化，唯有如此方能适应市场对人才培养、科学研究和社会服务的多样化要求。例如，二战前，德国已经建立了较为完善的职业教育和培训体系，持续培养了大批高素质技术工人，这也成为德国经济复兴和迅速发展的保障。但经济的快速发展和工业化进程的不断升级对劳动力提出了新的要求。企业和社会迫切需要大批拥有良好的文化基础、既掌握理论知识又具有实践能力的高层次专业技术人员。德国原有的大学定位于学术型人才的培养，功能和目标相对单一，专业设置以基础性学科为主，且学制较长，获得大学文凭至少需要五年时间，无法满足新增的社会需求。到 20 世纪 60 年代末，产业界对于提升工程技术人员培养层次的呼声越来越高。① 于是，德国新型的应用科学大学开始出现，回应了社会对于高层次专业技术人员的需求。

追溯大学转型的历史，我们可以发现：西方大学的分化，大致经过了两个阶段，早期的分化大多是由政府主导，后来基本上是市场在主导。例如，英国的新大学运动和多科技术学院、美国的州立大学和社区学院，基本上是政府主导，而营利性私立大学则完全是市场的产物。② 进一步而言，大学分化受政治的影响在相对下降，受经济的影响在逐步增强③，市场的推动力量逐渐成为当今乃至未来大学形态和大学观多样化发展的主要动因。而且随着大学利益相关者的增加，包括由利益相关者带来的大学投资体制的变化，开始导致大学的分化脱离原有的内部发展逻辑，而增加了越来越多的与市场体制和机制相关的因素并使大学的管理和价值取向发生变化。④ 从上一节多种大学形态的生成背景，我们亦可以明显发现市场力量在二战以后大学形态和大学观多样化发展历程中所起的主要推动作用。

---

① 秦琳：《以应用性人才培养促进区域经济发展和国家竞争力提升——德国应用技术大学的经验》，《大学》（学术版）2013 年第 9 期。

② 邬大光：《大学“分家”与分化》，《中国教育报》2010 年 6 月 7 日。

③ 邬大光：《大学分化的复杂性及其价值》，《教育研究》2010 年第 12 期。

④ 邬大光：《大学“分家”与分化》，《中国教育报》2010 年 6 月 7 日。

三、大学内驱：应对社会变化的主动适应

英国著名高等教育专家、剑桥大学前副校长埃里克·阿什比（Eric Ashby）指出："大学是继承西方文化的机构。它保存、传播和丰富了人类的文化。它像动物和植物一样地向前进化。所以任何类型的大学都是遗传与环境的产物。"① 根据他的观点，"就遗传的角度而看，它表现为大学教师对'大学意义'共同的一致的理解"②；"就环境的角度看，那就是资助和支持大学的社会体系和政治体系"③。他进而指出："为了生存，一所大学要满足两个条件：必须足够稳定来保持它得以产生的理念，必须充分回应支撑它的社会的要求以保持二者的联系。"④ 因此，办大学既要遵守大学的内在逻辑，保持一定的定力；又要根据大学所处社会环境的要求，立足于本国的需要办学，办出具有本国特色的大学。⑤

因此，大学会基于社会需求，对大学是什么、大学的作用是什么、大学应该培养什么人才以及大学应该如何培养人才等关键问题进行思考并进而对自身的形态和理念作出一定的调整。换言之，大学自身对社会需求的主动适应是大学形态转型与大学观发展的内在推动力，从以上各个大学形态和大学理念的产生背景来看也是现实推动力。以全球性大学、虚拟大学为例，其重要的一个生成背景是全球大学之间的竞争日益激烈。要想在全球化时代竞争各种资源、持续生存与发展，就要想方设法拓展自己的生存空间和教育市场。因此，一批世界一流大学之间开始在全球展开竞争，如创办海外分校就

---

① ［英］阿什比：《科技发达时代的大学教育》，滕大春、滕大生译，人民教育出版社 1983 年版，第 7 页。

② ［英］阿什比：《科技发达时代的大学教育》，滕大春、滕大生译，人民教育出版社 1983 年版，第 114 页。

③ ［英］阿什比：《科技发达时代的大学教育》，滕大春、滕大生译，人民教育出版社 1983 年版，第 114 页。

④ Eric Ashby. *Universities：British，Indian，African；A Study in the Ecology of Higher Education*，London：The Weldenfeld and Nicolson Press，1966，p.3.

⑤ 刘宝存：《追求多元的卓越：创新型大学的建设路径研究》，《河北师范大学学报》（教育科学版）2021 年第 3 期。

是一种表现。与此同时，一批传统大学也加大信息技术的投入和应用，开办网上课程，以自身的优质服务在教育市场进行竞争。

对比之下，由于政府与市场力量的强力作用，高校的主体行为往往镶嵌于政策情境与市场转型需求之中。在整个高等教育转型进程中，高校主要充当着政策执行者与社会适应者的角色①，但同时也与大学自身的自我转型、自我创新和自我发展密不可分的内生动力密不可分，因为“高校自主性的发挥是高等教育实践活动的内在动力”②，“任何改革决策只有转化为学校的行动才能实现”③。也就是说，真正的高等教育转型与改革必然要落实到大学层面尤其是职能履行之中。从都市大学、绿色大学等新的大学形态或大学理念的产生背景，可以明显看出大学和大学群体在其中扮演的积极角色、发挥的主体作用。

---

① 贾佳：《关于高等教育转型的理论思考》，《江苏高教》2018 年第 8 期。

② 贾佳：《关于高等教育转型的理论思考》，《江苏高教》2018 年第 8 期。

③ 刘国瑞、高树仁：《高等教育转型的结构——制度整合模式》，《教育研究》2017 年第 5 期。

第三章　应用科学大学的大学观和办学模式

应用科学大学是 20 世纪后期在德国、瑞士、荷兰、芬兰等欧洲国家发展起来的一种新型的大学，它以培养高级应用型人才、开展应用研究、服务区域经济与社会发展为主要职能，在高等教育体系中独树一帜。

第一节　应用科学大学的产生与发展

“如果社会不能从原有机构中获得它所需要的东西，它将导致其他机构的产生。”① 应用科学大学的兴起即是如此，远离实际、缺乏实践应用性的传统教育无法满足经济社会发展对高级应用型人才的需求，少数人才能参与的精英教育模式亦不能满足社会各阶层对高等教育的需求，而高等教育、职业教育本身亦要改革两者之间相互割裂的问题。从过程而言，应用科学大学从兴起到发展并非是一蹴而就的，而是在摸索中前行，将质疑化为动力，在社会各界的共同努力下才得以不断成熟与完善。

一、应用科学大学的兴起背景

“任何改革都不是为改革而改革，而是着眼于现实的需要并从理论上加

---

① ［美］伯顿·克拉克：《高等教育系统——学术组织的跨国研究》，王承绪等译，浙江教育出版社 1999 年版，第 35 页。

以提炼并最终付之于实践的行动。”① 应用科学大学的产生是经济、政治、教育等多方面因素共同作用的结果，其中经济发展方式的转变是根本因素，政治民主化为应用科学大学的萌芽提供了土壤，而欧洲高等教育的国际化进程、高等教育的大众化趋势同样促进了应用科学大学的孕育。

（一）经济背景：经济社会发展对高级应用型人才的需求

二战结束后，作为战败国的德国，面临着繁重复杂的经济恢复与重建工作。依靠良好的工业基础和较高的劳动力素质，同时在“马歇尔计划”的资金支持下，德国经济很快恢复并迅速发展。20 世纪 50 年代，德国生产水平就已达到战前水平，20 世纪 60 年代更是超过英、法，成为世界第三大经济体。②

到 20 世纪 60 年代，随着工业化进程加快、产业转型升级、信息革命开始，经济中的知识含量开始增加，德国的企业界对高级应用型人才的需求提升，而高级应用型人才应具备更高的理论水平和更强的实践应用能力。然而，当时的高等教育仍是传统的精英教育，培养的是拥有高深学问的专门人才，无法满足行业企业对既懂理论知识又有实践能力的高级应用型人才的需求。③ 德国大学等传统大学④ 因此备受批评，社会各界要求高等教育进行改革的呼声也日益强烈。

更为严重的是，联邦德国在 20 世纪 50 年代末经济增长率开始下滑，而到 60 年代中期，这种下滑的趋势更加明显。与此同时，世界上科学技术发展突飞猛进。1957 年，苏联人造卫星上天，对西方国家造成了巨大的冲击。联邦德国一些有识之士深感教育不改革、不发展，将要出现落伍的危险。在这种背景下，1964 年皮希特（Georg Picht）发表了题为《德国的教育灾难》

---

① 邬大光：《本科教育需要更深入更全面的改革》，《科学时报》2008 年 8 月 19 日。

② 董慧超、邓泽民：《德国应用科学大学发展历程的探究》，《中国职业技术教育》2017 年第 15 期。

③ 董慧超、邓泽民：《德国应用科学大学发展历程的探究》，《中国职业技术教育》2017 年第 15 期。

④ 包括综合性大学以及和综合性大学同等地位的专业学院，包括师范学院、艺术学院、神学院，以下统称“传统大学”。

的专栏文章，指出教育困境就是经济困境。如果缺乏有质量的后继力量，经济高涨就会迅速完蛋。① 其他国家应用科学大学产生的经济背景与此相似，如芬兰在 20 世纪 90 年代把工业与制造业放在优先发展地位，然而后期由于缺乏相应的技术人才支撑，导致芬兰经济日渐萧条，就业也十分不景气，因此期望通过教育推动经济成功转型。

此外，各国既得益于经济发展的财力支持，又出于进一步发展经济的需要，加之美国经济学家舒尔茨（Theodore W. Schultz）、贝克尔（Gary Stanley Becker）提出的人力资本理论的影响，各国纷纷认识到提高国民素质对经济发展的重要性，应用科学大学的产生在观念方面随之具备了可能性。

（二）政治背景：社会各阶层民众对高等教育机会的需求

二战后，欧洲人口增幅高于战前，德国、英国等国因人口出生率上升，导致大学适龄人口增加，传统的精英教育模式以及少数人才能就读的大学显然已不能满足广大民众的需求，高等教育资源供需矛盾因此日益突出。20 世纪 60 年代后，高等学校规模已无法满足大量学生的教育诉求，扩建高校迫在眉睫。②

与此同时，伴随着经济的快速发展，欧洲各国民主化进程不断深入，追求人人平等的思想在国民心中萌发、成长、壮大，民众希望接受高等教育的愿望也因此愈发强烈。1965 年，联邦德国社会学家达伦多夫（Ralf G. Dahrendorf）出版了《教育是公民的权利》一书。书中指出，联邦德国有 4 类人在教育方面受到歧视，他们分别是农村儿童、工人子女、女孩子和天主教徒。据资料统计，农村青年进大学的人数只占大学生总数的 3.5%；女青年占男女青年总数的 49%，但是女青年进大学的人数只占大学生总数的 26%；天主教徒占总人口的 44.1%，但是天主教徒进大学的人数只占大学生总数的 34.2%；工人占就业人口的 50%，而其子女读大学的仅占大学生总数

---

① 李其龙、孙祖复：《战后德国教育研究》，江西教育出版社 1995 年版，第 29 页。

② 与德国、英国等国家的情况不同，芬兰则是因人口出生率降低、失业率提升，有必要通过教育提高人民的就业素质、缓和就业压力。

的 5%。[①] 另有数据显示，德国大学 1960 年的升学率为 7.9%，远远低于美国（23.6%）和日本（10.3%）。[②]

然而，受传统精英教育模式的影响，接受高等教育的权利长期以来只为少数人所享有。在这种情况下，联邦德国于 1960 年发起教育扩张，但随之又出现了传统大学的容纳能力严重不足的问题。[③] 于是，为了应对高等教育扩张以及学生教育需求多样化的挑战，联邦德国在 20 世纪 60 年代末、70 年代初设立了应用科学大学这一新型的高等教育机构。

（三）教育背景：高等教育与职业教育体系完善的需求

众所周知，德国大学在历史上曾一度被誉为世界科学中心和科学家的摇篮。德国教育的巨大成功使得德国各界人士对本国的教育制度充满了自信与迷恋，以至于维护传统教育制度的观念根深蒂固。[④] 在“科学至上”等传统教育理念的影响下，大学教育往往出现重学术研究、轻实践技能的倾向，导致高校毕业生偏于理论化，这就使得高等教育培养的人才规格无法适应科技发展与工业升级对高技能人才的需求。

而在应用科学大学创立前，欧洲各国职业教育体系大多停留在初等、中等层次，缺乏高等层次的职业教育。德国应用科学大学的很多前身，特别是那些具有悠久传统的工程及经济类学校，要求把其地位从中等学校提升至高等学校的呼声越来越强烈。[⑤] 部分国家起初在普通大学设置应用型专业，之后着手改造创办综合性的高等学校，但由于传统大学学术取向的理念过于强大，这两类尝试进展都不顺利。

不仅如此，德国的高等教育和职业教育之间、高等教育和继续教育之

---

① 李其龙、孙祖复：《战后德国教育研究》，江西教育出版社 1995 年版，第 30 页。

② 董慧超、邓泽民：《德国应用科学大学发展历程的探究》，《中国职业技术教育》2017 年第 15 期。

③ Hendrik Lackner：《德国应用科学大学体制——对中国也是一种成功模式?》，《应用型高等教育研究》2016 年第 1 期。

④ 李其龙：《德国教育》，吉林教育出版社 2000 年版，第 191 页。

⑤ Hendrik Lackner：《德国应用科学大学体制——对中国也是一种成功模式?》，《应用型高等教育研究》2016 年第 1 期。

间长期以来界限分明，呈现明显的双轨制特征。① 博洛尼亚进程的一项中心任务就是，加强各个教育领域之间的合作，增加职业教育、高等教育和继续教育之间的通透性。② 正是在这种背景下，联邦政府将大学的开放程度视为战略性行为。2010 年，德国联邦和各州达成协议，由联邦教育和科研部门（BMBF）发起竞赛“发展靠教育：开放的大学”，旨在促进职业教育和高等教育之间的通透性，促进终身教育。在竞赛中，应用科学大学作为承上启下的机构，成为改革的主要阵地。③

基于以上教育背景，应用科学大学作为一种新型的、独立的高等教育机构应运而生。它的出现既弥补了德国等国大学类型单一的不足，又提高了职业教育的层次，融合了平行发展的双轨学制。

二、应用科学大学的发展历程

自 20 世纪 60 年代德国首所应用科学大学成立以来，应用科学大学总体经历了酝酿与探索、建立与发展、壮大与完善三个阶段，这三个阶段也可以视为应用科技大学发展历程的前期、中期和后期。当然，欧洲各国应用科学大学的创办时间并不一致，其中德国、英国走在欧洲各国乃至世界的前端，奥地利、瑞士、芬兰等国紧随其后，在 20 世纪 90 年代先后组建了应用科学大学。

（一）前期：酝酿与探索

二战后，经济发展对人才的知识技能水平要求不断提高，人才供需矛盾凸显；适龄入学人口增加，人们要求民主平等的呼声日益高涨，这一系列问题迫使高等教育机构在质与量上实现突破，应用科学大学的产生在这种社会大背景下悄然酝酿。

传统大学的教学、研究和学习有“远离实际”传统，缺乏实践应用性。④

---

① 董仁忠、陈莹：《德国应用科学大学改革探析》，《职教论坛》2016 年第 30 期。

② 董仁忠、陈莹：《德国应用科学大学改革探析》，《职教论坛》2016 年第 30 期。

③ 董仁忠、陈莹：《德国应用科学大学改革探析》，《职教论坛》2016 年第 30 期。

④ 董慧超、邓泽民：《德国应用科学大学发展历程的探究》，《中国职业技术教育》2017 年第 15 期。

在应用科学大学正式成立前，为弥补新兴产业中高级技能与创新研发人才的空缺，部分欧洲国家进行了前期的尝试与探索。德国为缓和人才供需与结构错位矛盾，最初的解决方案是在传统学术性大学里办应用型专业，但没有成功，后来又提出在大学的教育模式中建立短学制的模式，即在原本的教育层次中专门分出一个职业教育层次。但这一模式普遍受到高校师生的反对，认为这种模式不符合大学教育的理念，无法体现高等教育学术性的特征。① 由此也可以看到传统学术至上取向的影响，而且这种取向至今仍是影响应用科学大学发展的重要因素。

在当时高等教育改革的过程中，兴办学术与应用兼顾的综合制大学的呼声十分高涨。早在 1967 年，德国巴登—符腾堡州的高等教育规划委员会就提出了第一份关于建立综合制大学的详细计划，其核心方案是把综合性大学、师范大学、高等专科学校等各类高等教育机构合并或联合在一起，成立新型的综合制大学，以此为学生提供更广泛的学习机会。该计划迅速得到了政党、政府、高等教育机构和各界人士的一致赞同并付诸实践。1971 年联邦德国在卡塞尔建立了第一所综合制大学，到 70 年代中期共建立了 11 所这类大学。综合制大学是德国高等教育史上一次历史性的尝试，打破了以洪堡大学为首的传统学术性大学一统的局面。但是，综合制大学不久就逐渐偏向了学术。1985 年 11 月 4 日，经过第三次修订的《高等教育总纲法》取消了将综合制大学作为统一的办学模式的规定，此类高等教育机构在成立之初的显赫地位也随之消散。②

（二）中期：建立与发展

德国自 19 世纪就已建立的工程师学校、高级技术学院、机械学院等专门学校在培养技术人才方面有着很好的基础，而德国应用科学大学的前身正是这些学校。例如，埃尔福特应用科学大学前身是建于 1901 年的普鲁士皇

① 董慧超、邓泽民：《德国应用科学大学发展历程的探究》，《中国职业技术教育》2017 年第 15 期。

② 董慧超、邓泽民：《德国应用科学大学发展历程的探究》，《中国职业技术教育》2017 年第 15 期。

家建筑工程师学校。在德国所有的应用科学大学中，有 1/3 是在原有的工程技术类学校基础上发展而来的。①

1968 年，联邦德国通过《联邦共和国各州统一高等学校协定》，提出为适应社会经济发展、满足更多青年享受高等教育的需求，决定把以前的工程师学校、中等专业学校及相应的教育机构改建成高等专科学校，也就是今天所说的应用科学大学。应用科学大学以培养应用型人才为目的，学制为 3 年。1971 年，由高等工程学院和高等职业学校升级形成的第一所高等专科学校正式开始运行。② 1976 年，德国出台《高等教育总纲法》，规定应用科学大学的层次为高等教育机构，其毕业生的文凭与综合大学毕业生的文凭具有同等效力。1981 年，德国再次明确应用科学大学与传统大学"不同类型但是等值"。1985 年，德国联邦会议修订《高等教育总纲法》，进一步为作为高等学校的应用科学大学正名，意图通过国家法律确立应用科学大学的正统地位。

伴随着应用科学大学的不断扩张与深入发展，德国高等教育体系中逐渐形成了比较明显的"双元制结构"，即作为学术型高等教育机构代表的大学以及作为非学术型高等教育机构代表的应用科学大学并行，两类高校在人才培养目标、方式等诸多方面起到相互补充的作用。与此同时，芬兰、奥地利、瑞士等其他欧洲国家借鉴德国的办学经验，在 20 世纪 80—90 年代先后兴办了一批应用科学大学。其中，芬兰于 1991 年试办了 20 多所以专科层次为主的多科技术学院。1995 年，芬兰议会通过《多科技术学院法》，以法律形式确立了应用科技大学与普通大学并行的教育体系地位。③ 此外，《奥地利应用科学大学法规》在 1993 年问世，一年后首批 10 所应用科学大学诞

① 董慧超、邓泽民：《德国应用科学大学发展历程的探究》，《中国职业技术教育》2017 年第 15 期。

② 董慧超、邓泽民：《德国应用科学大学发展历程的探究》，《中国职业技术教育》2017 年第 15 期。

③ 李建中：《芬兰应用科技大学：实践导向的国家教育发展战略》，《中国教育报》2013 年 2 月 8 日。

生。[①]瑞士政府则于1995年颁布了《应用科学大学法》，赋予了应用科学大学特殊使命和独立身份，由此形成了瑞士应用科学大学与国立大学双元并置的办学体制。[②]

总体来看，欧洲应用科学大学的建立主要有四种方式：其一，由原有不同类型的职业院校合并而来；其二，在已有高级专科学校的基础上进行改造；其三，经中等专科学校升级而成；其四，组建全新的应用科学大学。四种建校方式并不是绝对的，部分国家或州在成立应用科学大学时会将两三种方式结合运用，在改造、合并的基础上进一步升级。例如，英国依据地区分布情况，逐步整合专科院校并组建了多科技术学院，而芬兰在20世纪90年代成立的22所应用科学大学则是通过合并与升格而成。

在建立之初，社会各界对新生的应用科学大学期盼与忧虑并存。在得到大众广泛有力的支持前，办学者们通过一系列举措推动处于边缘地位的应用科学大学日趋走向成熟：通过教育法确立应用科学大学与传统大学“平等但不同类”的地位，保障应用科学大学依法享有教学与研究自由的权利；确立办学使命与培养目标，如瑞士应用科学大学“不但承载着知识获取和教学使命，而且还担负着围绕社会实践问题和经济创新难题开展应用性研发创新的使命”[③]；确立恰当的学制，如德国应用科学大学建校之初普遍以三年为主，后为了保证学生兼备较为扎实的理论基础与过硬的实践能力，在三年学制的基础上增加了一年的学习时长供学生到校外实习；提升办学品质，如芬兰应用科学大学通过借鉴他国的办学经验，注重提升教学质量并致力于服务区域经济的发展，成功通过了高教评估委员会的审核并得到社会各界的肯定，从试验办学期步入正式建设的阶段。

（三）后期：壮大与完善

经历了前期的酝酿与探索、中期的建立与发展，应用科学大学不断壮大与完善，并以其瞩目的办学成就获得了社会各界的关注与认可。

---

① 沈国琴：《奥地利应用科学大学的研究与发展状况》，《高等工程教育研究》2017年第3期。

② 杨晓斐、武学超：《瑞士应用科学大学发展特色审视》，《高教探索》2017年第12期。

③ 杨晓斐、武学超：《瑞士应用科学大学发展特色审视》，《高教探索》2017年第12期。

一是数量增加，规模扩大。1976 年德国颁布的《高等教育总纲法》正式确立了应用科学大学作为高等教育机构的法定地位。之后，应用科学大学进入了一个快速发展的时期，学校数量不断增加。根据德国联邦教育与研究部（BMBF）的数据显示，从 1970—2014 年，德国各类高校从 230 所增至 427 所（详见表 3–1）。其中，应用科学大学的数量从 1970 年的 98 所增加至 2014 年的 246 所，其数量增幅远大于传统大学。①

表 3–1　1970—2014 年德国大学和应用科学大学的数量变化

年份 / 高校类型	1970	1975	1980	1985	1990	1995	2000	2005	2010	2014
大学	132	114	114	118	126	158	168	176	179	181
应用科学大学	98	115	115	122	122	168	184	203	242	246
总计	230	229	229	240	248	326	352	379	421	427

注：表中的“大学”一栏包括师范学院、神学院、综合制大学和各类艺术学院，“应用科学大学”一栏包括行政专科学院。

资料来源：董慧超、邓泽民：《德国应用科学大学发展历程的探究》，《中国职业技术教育》2017 年第 15 期。

从表 3–1 可以看出，德国应用科学大学虽然起步晚，但在 40 多年的时间里发展迅速，在推动德国高校规模发展方面发挥了举足轻重的作用。总体来看，应用科学大学的数量已经远远超过大学的数量，成为德国高等教育体系的重要组成部分。而在学生人数方面，从 1972 年至 2017 年，德国“应用科学大学的学生人数增加了 9 倍多。在同一时期，综合大学的学生人数翻了 3 倍”②。在瑞士，“2000—2010 年这十年间，应用科学大学的学生人数增幅高达 142.39%，而州立大学和联邦理工学院仅为 36.02%。”③ 而在芬兰，应用

① 董慧超、邓泽民：《德国应用科学大学发展历程的探究》，《中国职业技术教育》2017 年第 15 期。

② Hendrik Lackner：《应用科学大学 50 年：德国应用型高校的成功模式及其发展前景》，《应用型高等教育研究》2019 年第 2 期。

③ 谢子娣：《瑞士应用科学大学校企合作的成功经验——以伯尔尼应用科学大学为例》，《世界教育信息》2019 年第 1 期。

科学大学的学生人数自 1995 年的 3 万多人增长至 2014 年的近 14 万人。①

二是专业拓展。专业拓展一方面体现为应用科学大学覆盖的学科领域越来越广。应用科学大学的专业起初以单一的技术类专业为主，抑或集中在工程技术、社会事业、商业经济三大传统领域。随着应用科学大学办学实力的提升与新兴产业的出现，其专业逐渐涵盖到信息工程、电子技术、文学艺术、新闻传媒与设计等领域。另一方面体现为跨学科专业的设置。在科技更新速度飞快的背景下，职业分化与融合日益明显，某一行业工作岗位需要具备的能力日渐复杂，应用科学大学为此积极开设生物工程、应用物理、经济管理学等交叉型的跨学科专业，相比于过去的单一学科专业在类型上有所丰富。

三是职能增加。应用科学大学建立之初以人才培养职能为主，学校各项工作的开展均以培养应用型、实践型的高水平技能人才，服务地区经济社会发展为目的，并没有承担科研任务。然而，随着社会的发展，国家与企业间争夺市场份额的竞争愈演愈烈，科技在生产力发展中的地位越来越重要，科研创新随之成为各企业在激烈竞争中脱颖而出的重要筹码。1987 年，前联邦德国教育和研究部部长在高等专科学校院长大会上发表声明，指出高等专科学校要根据生产实践中提出的问题开展应用性研究。此后，联邦德国工业界和应用科学大学共同创建了“实用微电子中心”，开创了工科领域学术交流的新形式。② 伴随着应用科学大学在发展过程中与地方企业的合作日渐深入，结合区域企业的现实情况进行应用科学研究成为应用科学大学的另一任务。此外，应用科学大学“还肩负着继续教育和国际合作的任务”③，职能随之不断拓展。

---

① 王新俊、姜峰：《芬兰应用技术大学的现状、问题及对策》，《世界教育信息》2016 年第 6 期。

② 董慧超、邓泽民：《德国应用科学大学发展历程的探究》，《中国职业技术教育》2017 年第 15 期。

③ 杜平：《德国和芬兰应用技术大学办学机制比较研究》，硕士学位论文，西北师范大学教育学院，2016 年，第 17 页。

四是声誉提升。应用科学大学的问世在不同国家产生了不同的反响。德国应用科学大学一经出现就受到国民的欢迎，工商行业更对其寄予输出大量高级技术人才的厚望。相比之下，芬兰应用科学大学创办伊始就遭受各方质疑，由于缺乏办学经验与社会支持，还经历了试验办学期。随着不断用实际办学成果向世人证明了存在的价值，应用科学大学逐渐获得了人们的认可。时至今日，应用科学大学凭借优质的教育、低就读成本与高就业率赢得了各国的赞许并在各国高等教育体系中占有重要战略地位。伴随应用科学大学在各国各界享有越来越高的声誉，许多欧洲以外的国家也开始创办应用科学大学。

第二节　应用科学大学的内涵与职能

作为一种与传统大学同等但不同类的高校形式，应用科学大学具有鲜明的、不同的内涵，同时在人才培养、科学研究和社会服务职能履行上也表现出一定的特殊性。

一、应用科学大学的内涵

在《朗氏德汉双解大词典》中，应用科学大学被解释为“与一般的综合性大学相比，应用科学大学是一种更为强调学生的实践培训的、特殊的高等学校。”①

根据德国《高等学校总纲法》的规定，应用科学大学是基于重在应用的科学进行教学和科研活动的高校形式。②

芬兰 2003 年在教育法中明确提出：应用科学大学“是一种与普通大学并行、以专业教育为主导和面向工作生活的教育类型，是高等教育体系的必要组成部分，肩负培养高层次应用型人才、开展应用研发创新、服务就业和

① 杨刚要：《欧洲应用科技大学基本问题研究》，《商情》2015 年第 48 期。

② 周海霞：《德国应用科技大学（FH）获博士学位授予权之争议》，《外国教育研究》2014 年第 10 期。

区域发展及促进终身学习等多重使命。”①

奥地利将应用科学大学定义为“旨在提供大学层次且具备科学理论与实务技术的职业教育与训练，以符合奥地利境内各行各业人才需求，并提供可相互转换衔接的教育体系”②。

从以上界定可以看出，各国对应用科学大学的定义略有差别，但在整体上趋于一致，即应用科学大学是以应用性和实践性为特点，致力于培养高级应用型人才、服务区域经济发展，与其他普通高校处于同等层次但类型相异的高等教育机构。

从概念演变而言，德国的应用科学大学是德国在 20 世纪 60 年代末产生的新型高等学校，成立初期德文名为“fachhochschule”（简称“fh”），字面翻译为“高等专科学校”。“fachhochschule”最初是指“高等技术专业学校”（technische hochschulen）、“高等农业经济专业学校”（landwirtschaftliche hochschulen）、“高等经济与贸易专业学校”（wirtschafts-and handelshochs-chulen）以及“艺术、音乐、矿山和森林高等专业学院”（kunst-，musik-，berg-und forstakademie）等。也就是说，“fachhochschule”原本是对那些学科特色型教育机构的总称。③ 然而，德国这些所谓的“高等专科学校”和我国的三年制专科学校无论从教学水准、科研水平到实验设施、学生素质都不一样。④ 为避免国际社会将其误解为职业学校、专科学校，从 1998 年开始，“fachhochschule”对外一致使用“university of applied science”这一称呼。⑤

---

① 李建忠：《芬兰应用技术大学办学特色与经验》，《大学》（学术版）2014 年第 2 期。

② Federal Ministry for Education. *The Arts and Culture in Cooperation with Federal Ministry for Science and Research*：*Development of education in Austria 2004-2007*，2013-08-29，http：//www.bmukk.gv.at/medienpool/17147/develop_edu_04_07.pdf.

③ Hendrik Lackner：《德国应用科学大学体制——对中国也是一种成功模式？》，《应用型高等教育研究》2016 年第 1 期。

④ 冯理政：《德国应用科学大学（FH）办学特色的分析与研究》，硕士学位论文，华东师范大学教育科学学院，2010 年，第 1 页。

⑤ 此后，奥地利、荷兰、瑞士和芬兰等国的应用科学大学也陆续使用这个英文名称。见陈慧、傅晓明《欧洲应用科学大学的科学研究：特点与趋势》，《北京大学教育评论》2021 年第 2 期。

近年来，不少“fachhochschule”的德文称呼也相应改为“hochschule für angewandte wissenschaften”，即“应用科学大学”①。目前，应用科学大学的英文普遍表述为“university of applied science”（UAS）。由于我国政府文件倡导建设应用技术大学，因此我国一些学者也把 university of applied science 译作应用技术大学、应用科技大学，虽然并不妨碍理解，但是在语义上并不准确。

二、应用科学大学的职能

作为一种区别于传统大学的新型高等教育机构，应用科学大学同样要履行人才培养、科学研究和社会服务等职能，然而在履行的每项职能的性质和内容上却有明显的特殊性。

（一）培养高级专门应用型人才

传统的大学在“洪堡传统”指导下，提倡纯科学教育、教学为科学服务，强调发展学生的创造性思维，是排斥对学生进行职业教育的，也排斥为实用目的进行科学研究。② 与传统大学不同，各国应用科学大学无一不以培养高级专门应用型人才为目标，这一培养目标可分解为“高级”“专门”“应用型”三个方面进行理解。“高级”意味着应用科学大学培养的人才是高等层次的，区别于中等职业教育；“专门”表示人才培养的方向性、针对性十分明确，学生必须具备在某一具体领域或岗位从业的能力；“应用型”指人才培养与行业、企业需求的对应性，强调实践技能的培养，学生就业后能够迅速适应职业岗位，区别于学术型、理论性人才。

德国应用科学大学将自身定位为培养应用型人才的新型高等学校，把培养高级应用人才作为办学宗旨，以培养能够服务地区经济社会发展的高级专门人才为目标；英国多科技术学院将培养目标定位为“高素质应用型专门

---

① 董仁忠、陈莹：《德国应用科学大学改革探析》，《职教论坛》2016 年第 30 期。

② 董慧超、邓泽民：《德国应用科学大学发展历程的探究》，《中国职业技术教育》2017 年第 15 期。

人才"[①]，办学突出应用性与地方性，立足且依托地方培养具备高水平的实践操作能力的人才；芬兰应用科学大学的办学目标是"培养职业领域的专家型人才"[②]。

需要注意的是，虽然德、英等国的应用科学大学注重培养高级专门应用型人才，但并没有忽视理论知识的重要性。事实上，理论知识与实践能力二者相辅相成，均是成为高级技能人才不可或缺的素质。因此，应用科学大学的高层次不仅体现在实践技能培养方面，同时也反映在理论知识教授上，这也是应用科学大学与中等职业学校的差异之一。例如，德国应用科学大学旨在"通过对学生进行必要的基础理论教育和充分的职业训练，使其成为在某一领域具有独立从事职业活动能力的中高级技术人才"[③]。此类兼备理论知识与实践技能的应用型人才，被德国经济与工商企业界称之为"桥梁式职业人才"。而芬兰应用科学大学亦是如此，如拉普兰应用科学大学致力于"使学生获得基础理论知识以及成功职业生涯所需的实际训练"[④]。

（二）开展应用性科学研究

应用科学大学在成立之初被设计为一种以教学为主的高等教育机构。德国的高等教育决策者并没有将科研看成应用科学大学的任务。因此，应用科学大学诞生之初肩负的使命较为单一，培养高级专门应用型人才是其主要目标。直到1985年《高等学校总纲法》修改之后，应用科学大学方才获得了从事应用性科研的任务。随后，各联邦州也相继修改了本州的高等学校法，赋予了应用科学大学从事应用性科研的使命。此后，以应用为导向的科研逐渐成为德国应用科学大学又一个区别于传统大学的标志性特点。

时至今日，应用科学大学早已承担科研和服务区域经济社会发展的任

---

① 杜才平：《英国多科技术学院的办学定位与人才培养》，《高等教育研究》2011年第12期。

② 韩蕾、李延平：《创新高技能人才培养模式：芬兰应用科学大学发展研究》，《职业技术教育》2019年第15期。

③ 张有龙、赵爱荣：《德国应用科技大学办学特色分析》，《中国职业技术教育》2007年第5期。

④ 耿小艳：《芬兰应用科学大学发展研究》，硕士学位论文，沈阳师范大学教育科学学院，2017年，第18页。

务，但其科研和服务社会职能与传统大学具有不同的指向。传统大学的科学研究侧重于认识层面，探究无穷无尽的真理，服务于整个人类社会，而应用科学大学则是应用型导向的研究，以帮助中小企业解决生产中的实际技术难题为出发点和落脚点，直接推动所在地区的经济社会发展。正如德国联邦教育与研究部（BMBF）所指出的："应用科学大学的科研是以应用为导向和贴近实践的。它并不是去寻求'最高真理'或认知，而更多的是寻找马上可以得到实施的问题解决方案。"①

应用科学大学的应用性研究与其和中小企业的密切联系高度相关。在德国，有 99.7% 的企业被视为中小企业，这些企业聘用了德国 60% 的劳工，缴纳了全国 38% 的赋税。2012 年，中小企业共投入了 51 亿欧元的研发资金，较2005年上涨了35%。② 但是，中小企业通常不会建立自己的研发部门，但是激烈的市场竞争又使得中小企业特别需要实践导向的科研成果并将其直接应用于生产之中，因而，应用科学大学通常都与当地的中小型企业建立紧密的联系。③

应用科学大学与企业特别是中小型企业合作开展应用性研究的表现主要有两点。首先，当企业以目前的科研条件无法实现更高效益时，通过校企沟通合作将技术难题反映给大学科研团队，教师与学生则针对某一项目进行分析和研究，然后将成果再转化为推动生产力发展的利器。其次，除了接受企业关于当下生产困境的反馈之外，应用科学大学还会以前瞻性的眼光、敏锐的观察力预判各领域未来的发展动态，站在研究前沿，着眼于服务长远的经济升级与产业调整。

---

① 转引自孙进《德国应用科学大学的办学特色——类型特色与院校特色分析》，《比较教育研究》2011 年第 10 期。

② 王世岳、陈洪捷：《趋同与特色：德国应用科学大学"应用型研究"的机遇与挑战》，《清华大学教育研究》2021 年第 1 期。

③ 王世岳、陈洪捷：《趋同与特色：德国应用科学大学"应用型研究"的机遇与挑战》，《清华大学教育研究》2021 年第 1 期。

（三）服务区域经济与社会发展

应用科技大学兴起的重要背景之一，在于中等职业教育无法满足劳动力市场对高水平技能人才的需求，传统大学的高学历毕业生同样难以适应快速发展的新兴技术型产业。为了缓和人才供需矛盾、高效对接市场需求，应用科学大学在创立之初就确立了以市场为导向、服务区域经济与社会发展的办学指导思想。

德国应用科学大学“为职业实践而进行科学教育”①，在专业与课程设置、教学与科研活动等多方面都注重与当地的产业结构、人才需求相吻合，积极呼应地方企业的发展需求。

英国多科技术学院坚持“培养适应劳动力市场需求的专业人员，促进地区发展”②的办学理念，结合地方资源和产业特色，通过应用型人才培养和创新研究直接服务地区经济的转型发展。

荷兰应用科学大学在设置专业前充分了解劳动力市场需要的人才类型，必要时会邀请行业、企业的专家提供建议，通过企业和学校双方代表人员组成的专业委员会通力合作，共同讨论专业课程建设中的方向与细节。

芬兰的应用科学大学也明显地表现出这种特征。例如，塞纳应用科学大学“通过应用科学领域高水平多学科教育和研发创新活动促进南奥斯托波斯尼亚地区的发展”③；萨塔昆达应用科学大学“为区域企业单位提供掌握高级技能的劳动力与科技创新成果”④；于韦斯屈莱应用科学大学则“通过教育与研发活动，促进芬兰中部地区社会经济蓬勃发展”⑤。

---

① 徐彬：《德国应用科学大学办学模式对我国地方本科院校的启示》，《当代经济》2016 年第 30 期。

② 王明明：《我国应用技术大学的建设路径及模式研究》，硕士学位论文，苏州大学教育学院，2016 年，第 21 页。

③ 杨晓斐：《芬兰应用科学大学区域协同创新模式及思考》，《高教探索》2016 年第 12 期。

④ 杨晓斐：《芬兰应用科学大学区域协同创新模式及思考》，《高教探索》2016 年第 12 期。

⑤ 杨晓斐：《芬兰应用科学大学区域协同创新模式及思考》，《高教探索》2016 年第 12 期。

第三节　应用科学大学的办学模式

自20世纪六七十年代以来，应用科学大学在人才培养、科学研究和管理等方面进行了积极探索。经过几十年的发展，应用科学大学已经形成了一套成熟的、不同于传统大学的办学模式与风格。

一、人才培养：应用性与实践性相结合

“应用性”与“实践性”是应用科学大学的主要特征①，也是其核心优势所在，这两大特征在其培养模式、专业设置和课程设置等方面表现得尤为明显。

（一）培养模式：重视实践教学

由于应用科学大学的培养目标是高级专门应用型人才，因此其在培养模式上不同于传统大学强调理论知识的传授，而是注重实践，这也是应用科学大学在人才培养上最大的特点。

第一，在教师招聘和招生上，要求具备实践经历。应用科学大学招聘教师时，对教师的实践经历要求严格。根据德国的规定，应用科学大学教授的聘任条件相当严格：一是高校毕业；二是具有教学才能；三是具有从事科学工作的特殊能力，一般应有博士学位；四是具有至少5年的职业实践经验，其中至少有3年在高校以外领域工作的经历并作出特殊的成绩。② 芬兰应用科学大学的教师必须具有硕士及以上的学位，同时在其任教的专业领域内有3年的实践经历。瑞士应用科学大学在招聘教师时必须审核教师在相关行业

---

① 目前还有学者指出应用科学大学在办学上具有跨学科性，如开设跨学科专业、创办跨学科研究机构等（见孙进《德国应用科学大学的办学特色——类型特色与院校特色分析》，《比较教育研究》2011年第10期）。但这一特性是高等教育的整体趋势，在其他大学类型也存在，因此本研究未将其视为应用科学大学的专属特征。

② 刘建强：《德国应用科学大学模式对实施“卓越工程师培养计划”的启示》，《中国高教研究》2010年第6期。

的工作经历。应用科学大学在招收学生时，对实践经历亦有明确规定。德国应用科学大学要求学生在入学前，除了接受正规的中小学教育外，还必须具备在企业实习将近三个月的实践经历。在瑞士，获取专业会考文凭的学生有直接入学学习的资格，该类学生此前已经接受专业课程的学习与职业培训，而在普通高中毕业的学生则要求具备在相关行业领域至少一年的实践经历方可申请应用科学大学。

第二，与理论教学相比，实践教学环节多。这也是德国应用科学大学获得迅速发展的主要因素。① 具体而言，实践教学环节包括实验教学、实践学期、项目教学、毕业论文和学术考察等。其中，实验教学是非常重要也是经常使用的一种教学形式。在工科类专业中，在专业学习阶段，实验教学占整个教学活动（不包括实践学期）的 25%—30%，而应用科学大学的教师亲自参与实验的开发、指导和考核，保证了实验内容与理论教学内容的紧密配合。实践学期是应用科学大学教学活动中最具特色的部分。实践学期不仅传授专业实践知识和实践技能，更重要的是培养学生在实际工作环境中的工作方法和思维方法以及交际能力等。各州对实践学期的规定不尽相同，有的安排了一个实践学期，有的安排了两个实践学期。应用科学大学一般设有实习生办公室，各系也设有实践学期委员会，负责实践学期的正常进行。学生必须独立与企业建立联系，寻找实习岗位。实习生办公室或者系里建有实习企业名单，为学生寻找实习岗位提供帮助。学生与实习单位要签订实践学期合同，明确双方的职责、任务及有关事项。确定了实习岗位后，学校会把总的实习计划寄到实习企业去，让他们了解实习要求。在企业中，至少有一名有经验的工程师负责实习生的指导，系里也设有一名指导教授。实践学期结束时，实习企业要出具实习工作鉴定，实习生则必须递交实习报告并答辩。② 另外，应用科学大学的学生一般选择在企业中完成其毕业论文，通常这一比

---

① 李杰、孙娜娜、李镇、陶秋燕：《德国应用技术大学的教学体系及其借鉴意义》，《北京理工大学学报》（社会科学版）2008 年第 3 期。

② 冯理政：《德国应用科学大学（FH）办学特色的分析与研究》，硕士学位论文，华东师范大学教育科学学院，2010 年，第 12—13 页。

例高达60%—70%，有些学校甚至达到了90%以上。[①]

第三，在教学方法上，应用科学大学的教学采取多种有助于培养学生实践能力的教学方法。应用科学大学弱化了系统化、逻辑化的理论学习，注重教导学生如何运用科学知识解决问题，把理论应用到实际的生产领域当中。具体而言，应用科学大学的校内实训课采用的是跨学科与解决企业问题为导向的学习方式。在专业课教学中，来自企业的兼职教师则广泛采用“应用性项目教学法”，通过围绕某一实际项目实施教学。[②]芬兰的“在发展中学习”（Learning by Devoloping，LbD）模式受杜威“做中学”理论的启发，其本质是将学生学习活动与产业研发创新活动深度融合，促进研发成果生成和工作场域发展，进而培养具有研发创新能力的高技能人才。[③]英国的“三明治”模式的精髓在于政府、学校、企业三方相互协调配合，依照学习—实践—学习的教学环节，实现学校与企业的密切合作、产业与学习的融会贯通。[④]这些重视实践教学的培养模式保证了应用科学大学的教育质量，得到了用人单位和社会大众的认可。

（二）专业设置：凸显应用和跨学科性

在专业设置上，应用科学大学重视通过专业设置来凸显自身的办学特色。以德国应用科学大学为例，其作为德国第二大类高等教育机构，在专业设置方面形成了明确区别于传统大学的两个突出特点，即应用性和跨学科性。[⑤]

第一，专业设置强调应用性，注重与地区经济和产业结构接轨。应用科学大学在专业设置上注重与地区经济和产业结构接轨，并且善于将地区经济和产业结构的优势和特色转化为学校在学科专业上的优势和特色。因此，

① 孙进：《德国应用科学大学的办学特色——类型特色与院校特色分析》，《比较教育研究》2011年第10期。

② 刘建强：《德国应用科学大学模式对实施“卓越工程师培养计划”的启示》，《中国高教研究》2010年第6期。

③ 杨小林、武学超：《芬兰应用科技大学LbD教育模式探析》，《中国大学教学》2019年第Z1期。

④ 魏银霞、彭英：《英德美高校的应用型人才培养模式》，《教育评论》2011年第6期。

⑤ 孙进：《德国应用科学大学专业设置的特点与启示》，《清华大学教育研究》2011年第4期。

专业设置方面不追求大而全，而是注重应用性。① 例如，布伦瑞克 / 沃芬比特尔应用科学大学的一个校区地处德国大众汽车公司总部所在地沃尔夫斯堡，该校在这里专门设立了车辆技术学院，重点培养该地区需要的车辆制造行业的工程师。再如，莱茵美茵应用科学大学地处德国著名的葡萄种植区，该校利用这一得天独厚的优势，开设了全国独一无二的葡萄种植和国际葡萄经济等专业。②

第二，专业设置重视跨学科性，注重培养复合型人才。随着知识经济的发展，越来越多的交叉学科行业或领域出现，需要具有跨学科知识和技能的复合型人才。与此同时，因为应用科学大学以应用为导向，注重解决实践中的实际问题，而实际问题的复杂性往往要求人们进行跨学科的合作或思考，所以跨学科性尤其受到了应用科学大学的重视，不少应用科学大学重视学科交叉，开设了复合型的跨学科专业，如机械电子工程、经济工程、经济数学、生物技术、管理科学、医疗教育学等。

表 3–2 是汉诺威应用科学大学（Fachhochschule Hannover）的专业设置情况，从中不难看出应用科学大学专业设置的应用性和跨学科性两个特点。

表 3–2　汉诺威应用科学大学的专业设置

学院	本科专业	硕士专业
电子与信息技术学院	电子技术、信息技术、机械电子技术、通信技术、技术编辑学、电子技术经济工程师、电子经济工程	传感技术与自动化技术、技术编辑学
机械制造与生物工艺技术学院	机械制造、设计技术（双元制）、机械制造中的技术数据处理、机械制造经济工程师、机械电子技术（双元制）、工艺、能源与环境技术、生产技术（双元制）、技术营销（双元制）、食品包装技术、再生原材料技术、乳制品食品技术	机械制造开发、乳品经济与包装经济、楼宇可持续性能源设计、再生原材料与可更新能源、过程技术与生产管理、机械制造中的价值创造管理

① 董慧超、邓泽民：《德国应用科学大学发展历程的探究》，《中国职业技术教育》2017 年第 15 期。

② 孙进：《德国应用科学大学的办学特色——类型特色与院校特色分析》，《比较教育研究》2011 年第 10 期。

续表

学院	本科专业	硕士专业
媒体、信息与设计学院	信息管理、室内建筑设计、新闻学、沟通设计、医疗信息管理、服装设计、产品设计、公共关系、活动管理、舞台设计与服装	设计与媒体、电视新闻学、信息管理与知识管理再教育、沟通管理
经济与信息技术学院	应用信息技术、企业经济学、银行与保险学、国际商业研究、经济信息学、银行与保险学（双元制）	应用信息学、企业发展
医疗护理、保健与社会学院	医疗教育学、医疗教育学（在职）、宗教教育学与护理、护理学（双元制）、社会工作（双元制）	护理业与保健业的教育科学与管理、儿童与青年的治疗、社会工作

资料来源：孙进：《德国应用科学大学专业设置的特点与启示》，《清华大学教育研究》2011 年第 4 期。

（三）课程设置：以能力为导向的模块化

传统大学的课程组织一般严格遵循学科逻辑体系，注重知识的系统性与完整性，旨在使学生形成对某一学科领域全面而深入的认识。相比之下，应用科学大学旨在让学生获得从事某一行业或领域应具备的基本理论与实践技能，对知识的掌握程度要求以不阻碍其就业后适应特定岗位为标准，于是应用科学大学的课程构建以能力为导向，依据学生需要掌握的不同知识与能力划分为多个模块的课程。

课程“模块化”设置是指在制定专业培养计划时将同一主题相关联的若干门课程组成一个相对独立的教学单元。模块化课程内容的选择与组织在德国应用科学大学中最为突出。以柏林经济与技术应用科学大学为例，常见的课程模块多达 7 种：必修课程模块、专业选修模块、深度课程模块、普识性补充课程模块、外语学习模块、岗位能力模块、专业实习模块。① 一个课程模块可以由讲授、讨论、练习、实验等不同教学形式的课程组成，如汉诺

① 任平：《德国应用科学大学课程设置的特征——以柏林技术与经济应用科学大学为例》，《教育学术月刊》2020 年第 4 期。

威应用科学大学机械制造专业的"电工技术"课程模块包含电工技术讲座、电工技术练习和电工技术实验三门课程，时间跨度为两学期①，学分分别为4个、2个、2个，总计8个学分。在培养计划中，首先要列出课程模块，然后列出每个模块包含的具体课程。各专业培养计划对每个课程模块的学习范围和内容都有详尽说明。按照德国学分制度的有关规定，学生只有在达到一个模块中所有课程及格以上要求时，才能获得该课程模块的相应学分。②应用科学大学会根据不同专业的培养目标进行课程结构的相应调整，但各专业的课程结构总体而言大部分可划分为理论模块和实践模块，理论模块重视知识传授，实践模块强调技能训练。

"模块化"课程设置是当今德国应用型高等教育改革与发展的重要动向之一，对提高教学质量和效率有明显的促进作用。一方面，"模块化"课程设置使专业人才培养目标与规格在专业培养计划中得到切实落实——德国应用科学大学设置的每一课程模块都有明确的教学目标和要求，其教学内容必须保证与专业总体培养目标有紧密的联系，与学生将来从事的实际工作内容紧密结合，否则不能开设。这有效增强了课程开设的针对性，避免了盲目性和随意性；另一方面，"模块化"课程设置改变了以单门课程为单元的教学内容组织形式，有效地整合了课程，实现了相关课程的有机衔接以及教学过程的模块化，保证了学生知识学习、技能培养的系统性与连贯性。③

二、科学研究：应用导向的研究与开发

德国是一个高度重视科研的工业强国，无论是19世纪末至20世纪初成为世界科学中心，二战后到20世纪八九十年代末科技恢复发展，还是进入21世纪再次跻身世界科技强国之列，都与其对科研的重视密不可分。可以

① 德国应用科学大学同一课程模块中课程安排的最大时间跨度一般不超过两学期。

② 张鸣放、窦立军、于雷、张杰：《中德应用型大学课程设置比较分析》，《现代教育科学》2011年第11期。

③ 张鸣放、窦立军、于雷、张杰：《中德应用型大学课程设置比较分析》，《现代教育科学》2011年第11期。

说，科研实力是维持德国工业强国地位的重要保障。因此，德国政府将科研视为战略重点。

1985 年，在现实需求的推动下，德国的《高等学校总纲法》（HRG）提出应用科学大学聚焦于职业实践和就业导向的研发工作。从 20 世纪 90 年代开始，德国教育与研究部陆续出台了一系列支持应用科学大学应用导向研发的政策。直至今日，各个联邦州都已经将应用科学大学的科研任务写入了各州的高等教育法规，但是在“科研”之前往往都加入了“应用相关”或“实践导向”的限定。①

为了促进应用科学大学与中小企业的合作，从 2006 年开始，德国开始施行应用科学大学“校企合作科研”“未来工程师”和“特色新技术”三个科研支撑项目，以促进科研成果和应用技术的转化。项目主要集中在工程、自然科学和经济学科领域。到 2019 年，共计投入 2.42 亿欧元，完成项目 818 项。② 凭借这些项目，应用科学大学不仅成为企业重要的合作伙伴，同时在德国的科研体系中提升了自己的竞争力。③

对于当下德国高等教育的发展而言，“卓越计划”是一个重要节点。在支持德国大学的“顶尖研究”的同时，德国联邦州开始有意识地支持非大学机构的科研工作，以达到“政策平衡”的目标。2006 年，时任德国教育与研究部部长的莎万（Annette Schavan）明确提出，要支持应用科学大学的科研工作：“应用科学大学在应用导向的科研和实践导向的教学上，已经作出了令德国的高等教育领域印象深刻的贡献。应用科学大学与企业密切合作，带来了重大的创新，为经济领域培养了大量的工作人员。我们要大力支持创新潜力，因此到 2008 年时，我们会把应用科学大学的科研资金提高到现

① 王世岳、陈洪捷：《趋同与特色：德国应用科学大学“应用型研究”的机遇与挑战》，《清华大学教育研究》2021 年第 1 期。

② 王世岳、陈洪捷：《趋同与特色：德国应用科学大学“应用型研究”的机遇与挑战》，《清华大学教育研究》2021 年第 1 期。

③ 王世岳、陈洪捷：《趋同与特色：德国应用科学大学“应用型研究”的机遇与挑战》，《清华大学教育研究》2021 年第 1 期。

在的三倍。”此后，德国一些联邦州将应用科学大学的科研经费纳入到预算之中。①

在自身办学理念指引和政府政策导向之下，应用科学大学往往和当地企业联手进行科学成果的研发。在企业的大力资助下，学校在校内成立应用型科学研究所与科技实验室，科研团队以学校领头教授和企业高级员工为主力，带领学生共同投入科技创新事业中。如德国“巴斯夫股份公司与明斯特应用科学大学共建联合实验室，开展应用研究，解决企业发展中遇到的科技难题”②。除了在校内设立科研机构外，应用科学大学还在企业内设立微型、小型科技研讨室，或在当地另建规模相对较大的科技园。与应用科学大学的项目教学相似，科学研究的项目主题主要来自企业发展过程中的难题，既有新产品研发的技术问题，也有生产过程中资源利用的效益问题。

三、管理模式：中央与地方、内部与外部共治

尽管欧洲各国应用科学大学的管理体制各具特殊性，但其共同特点便是由中央政府与地方政府、学校内部与学校外部共同治理。其中，中央政府的法律法规代表最高级的意志，是整个国家的统领；各地方政府在中央政府的教育大纲领下管理辖区内教育教学活动；各地方再将部分办学自主权交予学校手中，通过层级相互合作配合，减少中央的管理难度和压力，同时激发应用科学大学的办学活力与竞争力，进而提高应用科学大学的办学质量。“较为完备合理的法律和管理体系为欧洲应用科学大学的科研发展提供了可靠的制度保障。”③

在国家层面，各国都设有负责所有应用科学大学管理、合作、交流的

---

① 转引自王世岳、陈洪捷《趋同与特色：德国应用科学大学“应用型研究”的机遇与挑战》，《清华大学教育研究》2021 年第 1 期。

② 冯军、路胜利：《借鉴德国经验构建“六化”本科应用型人才培养模式》，《高等工程教育研究》2019 年第 2 期。

③ 陈慧、傅晓明：《欧洲应用科学大学的科学研究：特点与趋势》，《北京大学教育评论》2021 年第 2 期。

组织。其中，德国文化教育部长联席会议（KMK）则代表各州政府统一指导、协调德国高校的基本管理规则；作为一个非政府机构，德国大学校长联席会议（HRK）则代表德国各高校，协调与各州、联邦政府及社会的交流；1998 年后成立的学位认证委员会负责应用科学大学学位课程的认证规则、标准制定及执行等。此外，由联邦教育与研究部对全国高校包括应用科学大学提供基于项目的科研经费支持以及对有需要的学生提供助学金支持等。① 荷兰教育、文化与科学部负责应用科学大学的宏观发展；荷兰应用科学大学协会代表荷兰所有的应用科学大学，负责联络政府、产业界，参与政策制定；荷兰科学研究组织（NWO）则资助相关科研，促进荷兰基础及应用科学研究。② 瑞士起初为其应用科学大学设置了独立的管理委员会和相应的规章制度，后于 2015 年将应用科学大学纳入高等教育体系中治理，与瑞士国立大学一样按该国《高等教育法》进行管理。同时，瑞士还组建了高等教育机构大会、瑞士高等教育机构校长大会、瑞士资格认证委员会等组织。各个机构分工协作，管理高校中的不同事务。芬兰设有教育与文化部，各应用科学大学在其统一领导下进行办学，教育与文化部规定应用科学大学不能以营利为目的开展活动，而应服务于教学、科研和社会。

在地方层面，德国由各州的文化教育部负责州内相关教育事务，因此德国的应用科学大学的管理主体是各联邦州。州政府对应用科学大学的管理体制进行规范，除了对各州应用科学大学的办学目标给予总体规定，并对办学过程实施监控与评估外，还给予各州应用科学大学充分的办学自主权，使其依照法律对内部事务进行管理。

在高校内部层面，德国应用科学大学内部治理结构由四部分组成：在学校层面，理事会或校董会担负决策职能；校长办公会担负行政职能；校评议会（Senat）或校务委员会（Council）担负立法职能；在学院层面，其

① 陈慧、傅晓明：《欧洲应用科学大学的科学研究：特点与趋势》，《北京大学教育评论》2021 年第 2 期。

② 陈慧、傅晓明：《欧洲应用科学大学的科学研究：特点与趋势》，《北京大学教育评论》2021 年第 2 期。

院务委员会是学院民主管理、教授治校的基本载体，是学院所有重大事务的最高决策机构。[①] 在芬兰，经政府授予办学许可证的应用科学大学享有较大的自治权，大多内部事务由学校自主进行管理。芬兰“应用科学大学管理团队由董事会成员和校长组成，同时还设立监察机构”[②]，董事会由校长、学生代表与教师代表等 7—8 人组成，各代表均由其所在的团体选举产生。除了此类较高级别的管理团队外，学校内部还有教师自治和学生自治的团体。

第四节　应用科学大学的影响、问题与走向

自德国、芬兰等国创办应用科学大学以来，通过培养高级应用型人才、开展应用性科研，缓解了人才供需的结构矛盾，促进了区域经济社会的发展，提升了国家的国际竞争力和吸引力。应用科学大学虽然发展势态良好，但当前也面临着办学特色弱化、师资招聘困难、传统大学在研究资助上的竞争等问题，其在谋求学术地位平等、争取博士学位授予权等方面还有很长的路要走。

一、应用科学大学的影响

应用科学大学自创建以来，在高等教育领域充分显示了旺盛的生命力和活力，现已成为工程师培养的摇篮和技术创新的源泉，在各国经济社会发展中发挥着重要作用。

（一）缓解了人才供需的结构矛盾

各国在应用科学大学诞生之前，均存在一定程度上的就业问题。具备高深知识的高学历学术型人才由于缺乏实践能力无法胜任技术型岗位，接受

① 陈慧、傅晓明：《欧洲应用科学大学的科学研究：特点与趋势》，《北京大学教育评论》2021 年第 2 期。

② 韩蕾、李延平：《创新高技能人才培养模式：芬兰应用科学大学发展研究》，《职业技术教育》2019 年第 15 期。

中等职业教育的学生理论知识则过于薄弱，亦不适应新兴行业领域对人才的需求，人才供求结构上的矛盾导致失业率居高不下，应用科学大学培养的高级技术人才则有效地填补了劳动力市场的缺口。

其中，德国应用科学大学就是在 20 世纪 60 年代末、70 年代初德国经济转型升级的大背景下，基于企业和社会对于既拥有良好的文化基础和理论知识又具有实践和创新能力的高层次专业技术人员的大量需求，在原有的工程技术类学校基础上建立起来的。据统计，德国当今社会中几乎全部的社会工作者和社会教育工作者、2/3 的工程师及近半数的企业经济师和信息技术人才都是由应用科学大学培养的。应用科学大学已成为德国高等教育系统中不可或缺且不可替代的组成部分①，是名副其实的“工程师摇篮”②。

瑞士应用科学大学由高等职业教育兼并升格而来，其教育与培训使命不同于以培养学术型人才为导向的国立大学。瑞士《应用科学大学法》以法律形式确立了该类职业应用型人才培养的功能定位，即主要为社会经济部门培养职业导向的高层次技术技能型人才。③ 它通过培养具有本科以上的高层次技术技能型创新人才，解决了“职业教育难以适应科学导向经济发展模式的新需求”问题，与国立大学在人才培养上形成了良好的互补和协同。

（二）促进了区域经济与社会的发展

在应用性导向这一根本原则指导下，应用科学大学通过人才输送、科学研究、社会服务等多方面途径，做到了立足且服务区域经济社会发展。

德国 200 多所应用科学大学分散在德国各个州，与地方经济密切结合，针对区域产业结构和社会需求设置专业，并在人才培养、科学研究和学校管理等各个方面与地方企业深入合作，在与企业的良性互动中实现了双赢，成为区域经济发展的重要支撑，其毕业生极高的就业率和大比例的本地就业就

① 冯理政：《德国应用科学大学（FH）办学特色的分析与研究》，硕士学位论文，华东师范大学教育科学学院，2010 年，第 6 页。

② 刘建强：《德国应用科学大学模式对实施“卓越工程师培养计划”的启示》，《中国高教研究》2010 年第 6 期。

③ 杨晓斐、武学超：《瑞士应用科学大学发展特色审视》，《高教探索》2017 年第 12 期。

是很好的证明。[①]2019 年，德国应用科学大学庆祝办学 50 年。德国总统施泰因迈尔（Frank-Walter Steinmeier）发来贺信，指出了应用科学大学多方面的社会贡献，盛赞“应用科学大学作为科学与应用导向的教育与研究机构一直以来就是不可或缺的”。联邦教育与研究部部长则在采访中称赞“应用科学大学在科学、社会和经济之间建立了不可缺少的桥梁”。[②]

荷兰应用科学大学在培养应用型人才的同时主动拓展源于实践的应用研究职能，致力于提升国家和地区的技术创新能力，服务于国家、地方、区域的核心产业和中小企业，推动了荷兰经济社会快速优质发展。特别是在 2001 年后，在国家经费、制度、人力资源等方面政策支持下，荷兰应用科学大学的研究职能得以大力拓展，实践取向的、应用型研究的特色逐渐形成，研究人员直接参与企业的产品研发和技术更新，研究成果和价值得到社会广泛认可，应用科学大学成为区域繁荣发展的“助推器”。[③]

（三）提升了国家的国际竞争力和吸引力

“德国成为维系欧洲经济社会稳定的基石，瑞士核心竞争力连续多年稳居世界第一，瑞典、荷兰、奥地利、芬兰、挪威的经济社会发展全球领先，与这些国家中应用科学大学对国家实体经济的支撑作用、对整个社会秩序的稳定作用密不可分。”[④] 可以说，应用科学大学本身已经成为其教育文化软实力乃至其国家文化软实力的重要组成部分。

德国应用科学大学的建立提升了德国职业教育的层次，丰富了高等教育的内涵，成为德国教育系统不可或缺的重要组成部分和高素质人力资源的重要保障，对保持和提升德国国家竞争力作出了重要贡献。[⑤] 例如，在德国

---

① 秦琳：《以应用性人才培养促进区域经济发展和国家竞争力提升——德国应用技术大学的经验》，《大学》（学术版）2013 年第 9 期。

② 转引自彭湃《德国应用科学大学的 50 年：起源、发展与隐忧》，《清华大学教育研究》2020 年第 3 期。

③ 王朋：《从教育到研究：荷兰应用科学大学的职能拓展》，《外国教育研究》2018 年第 1 期。

④ 陈慧、傅晓明：《欧洲应用科学大学的科学研究：特点与趋势》，《北京大学教育评论》2021 年第 2 期。

⑤ 秦琳：《以应用性人才培养促进区域经济发展和国家竞争力提升——德国应用技术大学的经验》，《大学》（学术版）2013 年第 9 期。

应用科学大学的注册在校生中，2018—2019 学年外国学生比例已经上升至 12.3%，只比传统大学的对应比例低 2.6 个百分点。德国是非英语国家中最受欢迎的留学目的地国，而外国学生的青睐无疑显示出应用科学大学具有较强的国际吸引力。

就瑞士而言，作为典型创新型国家，其国家竞争力连续 8 年位居世界第一，教育体制质量世界第一，科研机构质量、人才留守和吸纳能力均居世界第一，科研机构质量、大学与产业协同创新能力等多项创新力指标居世界之首。瑞士创新创业人员比重明显高于世界其他主要发达国家，这主要得益于其学术型与应用型双元并重的高等教育体制，即由职业应用导向的应用科学大学与学术导向的联邦理工大学和州立大学（联邦理工大学和州立大学统称国立大学）联合构成。① 其中，前者定位于高级应用型专业教育和应用性研发创新，对国家和区域创新能力提升发挥了重要作用。

二、应用科学大学的问题

应用科学大学近几十年的发展成就社会各界有目共睹，可以预见其蓬勃的生命力将延续到接下来的很长一段时间。就目前而言，应用科学大学面临办学特色弱化、师资招聘困难、研究资助面临传统大学的强烈竞争等问题。

（一）与传统大学趋同，办学特色弱化

应用科学大学与传统大学“同等但不同类”，其兴起背景与成功之处亦在于此。然而，随着办学进程的深入，应用科学大学在大学职能、专业设置、学制学位等方面进行了相应的拓展和改变——开始承担科研任务，专业设置不再局限于工程领域，采用四年学制、三级学位，与传统大学的差异逐渐缩小。除了集体更名以谋求与传统大学同等地位的诉求、获得与传统大学同等的待遇之外②，更为严重的问题在于应用科学大学将“学术化”作为追

① 杨晓斐、武学超：《瑞士应用科学大学发展特色审视》，《高教探索》2017 年第 12 期。

② 王兆义：《德国应用科学大学更名现象研究》，《比较教育研究》2019 年第 3 期。

求的目标①，开始偏离其应用和实践的根本特征。

众所周知，应用科学大学在德国享有很高的雇主声誉，但学术地位相对较低。博洛尼亚进程及学制和学位改革缩小了应用科学大学与研究型大学的水平维度差异，垂直分化的竞争机制造成应用科学大学的学术漂移②，削弱了德国传统高等教育体系的“双轨结构”特征。这在为应用科学大学提高学术地位创造机会的同时，也使其面临着如何权衡教学与科研两种职能，如何兼顾经济发展和学术要求两种价值取向的双重困境。③

不仅在德国，在欧洲的其他国家，高等教育系统也出现了这种趋势。从 20 世纪 70 年代开始，欧洲一些国家的应用科学大学出现了所谓的“学术漂移”（academic drift）现象④，如英国多科技术学院在办学中偏离了应用性方向，日渐重视理论研究。由于应用科学大学渐渐呈现出“学术化”色彩，教学任务的重要性也有所淡化，难以紧密追踪并对接劳动力市场的需求，与区域产业的合作程度有所降低，服务地区经济发展功能受到限制。

随着应用科学大学办学特色的形成与淡化，也铸就了应用科学大学与传统大学三个不同的关系时期：尚未成形、互不关涉时期，地位相同、类型互异时期，飞速发展、彼此趋同时期。⑤ 随着第三个时期的到来，应用科学大学与传统大学两种不同大学类型之间的差异和界限也将变得日益模糊。

（二）教师需求变化，结构与供给问题突出

从教师结构而言，科研人员是应用科学大学应用研究活动的直接参与主体，如果缺乏优秀的科研人员，将很难生产出高质量的科研成果。然而，

---

① 王世岳、陈洪捷：《趋同与特色：德国应用科学大学“应用型研究”的机遇与挑战》，《清华大学教育研究》2021 年第 1 期。

② “学术漂移”（academic drift）是指知识逐步与实践相脱节，发生向学术知识偏移的现象。

③ 高帆、赵志群：《德国应用科学大学的学术化困境》，《比较教育研究》2019 年第 9 期。

④ 王世岳、陈洪捷：《趋同与特色：德国应用科学大学“应用型研究”的机遇与挑战》，《清华大学教育研究》2021 年第 1 期。

⑤ 唐青才、卢婧雯：《德国应用科学大学博士学位授予权论争的缘由与本质》，《比较教育研究》2018 年第 1 期。

相比综合性大学，应用科学大学长期以来选拔教师的主要标准是教学能力，受聘人员所扮演的主要角色也是教师，因此其工作重点往往聚焦于专业化教学实践活动。随着应用科学大学被赋予更多科研使命，优秀科研人员不足的短板进一步凸显。①

而在供给问题上，前文已述，应用科学大学对教师有学历学位、教学与科研能力以及行业实践经历等多方面的要求，不可谓不高，而且在聘任过程中还“面临着与行业企业以及和传统大学（部分学科）共同竞争候选人的不利态势”②。因此，随着学生规模的不断扩大，应用科学大学对教师的需求不断增加，师资招聘问题也随之变得突出。

这在德国应用科学大学中表现得尤为明显。据德国广播公司（DF）2017 年报道，德国应用科学大学每两个教授职位就有一个空缺，但申请者不足。究其原因，主要有以下几点：其一，薪水的竞争力是重要原因之一，因为绝大多数的教授工资级别为 W2，平均比 W3 教授基本工资低 20% 左右；其二，有期限的协议时间和未来职业发展空间会影响潜在师资的选择；其三，对于一些快速适应劳动力市场变化的新专业（如卫生保健专业）而言，它们刚刚“被学术化”，此时大学还没有培养足够多的博士，再附加专业实践经验的高要求，大大影响了师资的供给。师资聘任问题已经引起德国政府和社会的关注。联邦教育与研究部部长承诺两级政府将投入 4.3 亿欧元帮助应用科学大学招聘师资。德国科学理事会（WR）2016 年发布了有关应用科学大学师资聘用以及发展的若干建议，包括设立“重点教授”“共享教授”岗位、加强招聘信息发布等措施来解决问题。③

---

①　郝天聪：《欧洲应用科技大学科研使命、典型模式及实践困境研究——兼谈对职业本科教育科研定位与制度创新的启示》，《职教论坛》2021 年第 8 期。

②　彭湃：《德国应用科学大学的 50 年：起源、发展与隐忧》，《清华大学教育研究》2020 年第 3 期。

③　彭湃：《德国应用科学大学的 50 年：起源、发展与隐忧》，《清华大学教育研究》2020 年第 3 期。

（三）面临传统大学竞争，研究资助少

尽管在法律上应用科学大学与传统大学一样可以从事科研，但受制于传统观念与势力、自身科研实力以及教师教学压力等原因，应用科学大学在研究资助竞争上往往处于弱势地位。

以德国为例，最近十几年来，以“卓越计划”和“卓越战略”为标志的德国一流大学建设运动使得应用科学大学在研究资源竞争上处于不利地位。“卓越计划”的资金主要流向传统大学及其学科群，应用科学大学难以从中分一杯羹。而在第三方资助上，应用科学大学总体上也处于弱势地位。表3–3显示，德国应用科学大学获取的第三方资金总额不足传统大学的十分之一。2014年及之前，应用科学大学的教授在德国科学基金会（DFG，地位类似于美国NSF）的各个学科评议组都没有投票权以及分配研究基金的决定权。加之应用科学大学教授的研究课题与DFG基础研究的导向不相符，该基金会极少资助应用科学大学的研究。表3–3还显示，2017年应用科学大学从DFG获取的资金只有传统大学的千分之三。因此，应用科学大学计划推动德国转化基金会（DTG）的成立，但传统大学反对成立这种专门资助应用研究的基金会。此外，尽管表中显示应用科学大学从企业获取的资金比例要高于传统大学，然而应用科学大学的教授有较重的教学任务，也不像传统大学教授一样有很多博士生和博士后作为科研助手，这些条件实际上阻碍了他们去从事应用研究。①

表3–3　2017年德国传统大学与应用科学大学不同来源获取的第三方资金及占比

来源	传统大学（千欧元）	应用科学大学（千欧元）	传统大学	应用科学大学
联邦政府	1884883	274596	27%	50%
州政府	77483	34559	1%	6%
DFG	2568067	7164	37%	1%

① 彭湃：《德国应用科学大学的50年：起源、发展与隐忧》，《清华大学教育研究》2020年第3期。

续表

来源	传统大学（千欧元）	应用科学大学（千欧元）	传统大学	应用科学大学
欧盟	632354	61081	9%	11%
基金会	457831	36318	7%	7%
企业	1302889	135539	19%	25%

资料来源：彭湃：《德国应用科学大学的 50 年：起源、发展与隐忧》，《清华大学教育研究》2020 年第 3 期。

瑞士应用科学大学也面临了同样的问题。相对于国立大学从各级政府获得大量基础研究资金，各级政府对应用科学大学应用性研发资助力度相对较小。从国家科学基金会看，应用科学大学长期以来处于绝对劣势，因为国家科学基金会主要资助基础研究，其资助导向主要是促进青年学术研究人才发展。在这种情况下，瑞士应用科学大学应用性研发和创新服务使命主要根据区域发展特别是私营企业的需求予以开展，传统上这项资助主要来源于第三方投入。2014 年应用科学大学第三方私营企业资助占其应用性研发总开支的 42%，并与私营部门建立了大量协同研发战略联盟。为支持应用科学大学应用性研发活动，2011 年瑞士国家科学基金会引入了“应用引发基础研究”的专项资金，资助包括应用科学大学和国立大学的应用导向基础研究项目。2011—2012 年，该计划资助了 20% 的申请者，其中三分之二来自应用科学大学。从 2005 年到 2013 年，国家科学基金会对应用科学大学年资助额从 760 万瑞士法郎增加到 1540 万瑞士法郎。①

三、应用科学大学的走向

经过 50 余年的发展，应用科学大学在欧洲多国已成为与传统大学并存但又极具特色的高等学校类型。从未来发展来看，应用科学大学将进一步谋求学术地位的平等、进一步争取博士学位授予权，同时其与传统大学的研究

① 杨晓斐、武学超：《瑞士应用科学大学发展特色审视》，《高教探索》2017 年第 12 期。

分工界限也将逐步打破。

（一）学术地位的不断平等

应用科学大学开始发展时举步维艰，最重要的挑战在于“对FH拒绝的一种氛围”。在这种氛围中，应用科学大学在名义、资源、权利、身份认可等多个方面不断争取、争夺和竞争，逐渐发展壮大，基本形成了与大学相匹敌的态势。①

以身份认可为例。在德国开始博洛尼亚进程之前，应用科学大学颁发的学位之后都有FH字样，而传统大学颁发的学位则无此标注。一些公共部门的较高级职位，在招聘时会对这类学位有明确的限制。在成立后的20多年中，应用科学大学的毕业生要攻读博士学位，必须到传统大学中重新获得一个文凭才行。德国加入博洛尼亚进程后，文凭被分解成学士和硕士二级。据知情者回忆，当时传统大学认为应用科学大学颁发的学士和硕士学位也应该标上FH以和传统大学相区分。但应用科学大学又一次夺得了名分，新学制学位中并没有两者的区分。因此，德国大学校长联席会议（HRK）副主席胡特将应用科学大学称为“博洛尼亚进程中的赢家”。②

然而，应用科学大学在谋求平等地位之路上还有很长的路要走，例如当前德国传统大学教授与应用科学大学教授在数量上相差已经不多，但两者的聘任资格却相差很大。传统大学中一个教授对应着6.5个学术雇员，而应用科学大学中一个教授仅对应着0.7个学术雇员，前者的晋升难度是后者的近10倍，这也导致从事基础研究的传统大学教授对于应用科学大学的教师成为教授有不同看法，因此发生了传统大学教授向法院申诉不允许应用科学大学教师使用“教授”称谓的案例。尽管这个判例中应用科学大学是赢家，但此后传统大学教授为了表示与之相区别，其头衔中多了“大学”二字。这个称呼在某些州即便是与大学同等地位的师范学院教授也不可以

① 彭湃：《德国应用科学大学的50年：起源、发展与隐忧》，《清华大学教育研究》2020年第3期。

② 转引自彭湃《德国应用科学大学的50年：起源、发展与隐忧》，《清华大学教育研究》2020年第3期。

使用。即便已经是教授，应用科学大学教授的工资等级相对较低。2018 年的统计显示，在终身教授级别中（W2、W3 工资级别），大学及专业学院的 W3 教授 11584 人，W2 教授 6177 人；而应用科学大学的 W3 教授只有 412 人，W2 教授则有 13008 人。最高级别的教授在应用科学大学仍属凤毛麟角。①

（二）博士学位授予权的进一步争取

在德国，是否具有博士学位授予权是传统大学与应用科学大学最为显著的差异之一。此前，应用科学大学并没有博士学位授予权，应用科学大学的学生毕业后攻读博士学位必须依赖于传统大学。他们除了考取传统大学的博士生之外，也可以走应用科学大学与传统大学或其他同等级的高等院校联合培养博士生的途径。但德国的传统大学对此态度极为谨慎，招收博士研究生要求应用科学大学毕业生须专业对口，拥有优异的学习成绩，并完成预备学习，这让应用科学大学毕业生的学术进修之路漫长而艰难。② 在这些背景下，应用科学大学发出了申请博士学位授予权的诉求。

在应用科学大学是否应获得博士授予权的讨论中，应用科学大学与企业界人部分持赞成意见，认为这一诉求具有合理性，是经济、科学不断发展的必然趋向，且联邦政府以法律形式规定了应用科学大学与传统大学的同等地位，前者与后者享有同样的权利这一要求并不过分。而传统大学则大都持反对态度，认为这会使应用科学大学与传统大学进一步趋同化，并且质疑应用科学大学是否有授予博士学位的能力，担忧其因无法以严格的标准评判学生的资质而造成博士泛滥与学位贬值。他们认为，应用科学大学追求高层次的博士学位授予权无可厚非，但其必须明确自身的办学定位，不能让应用科学大学成为只是更换了名字的传统大学。与此同时，还要优化培养博士生的办学条件，完善教学设备，增强师资力量，制定合理恰当的博士学位授予评

① 彭湃：《德国应用科学大学的 50 年：起源、发展与隐忧》，《清华大学教育研究》2020 年第 3 期。

② 王世岳、秦琳：《艰难的衔接：德国应用科学大学毕业生攻读博士的权利之争》，《学位与研究生教育》2018 年第 10 期。

估考核体系。① 最后讨论的结果是，无论是民间、学术界还是政府的态度，都日渐偏向于赞成应用科学大学获得博士授予权。在各方的压力下，德国大学校长联席会议于 2007 年形成决议，将博士授予权与大学的类型相分离，由各州政府自行决定博士学位授予权事宜。②

2016 年，德国黑森州政府通过相关决议，赋予富尔达应用科学大学博士学位授予权，打破了传统大学垄断博士学位授予权的局面，该校由此成为德国首个能够独立授予博士学位的应用科学大学。对此，黑森州科学艺术部指出博士学位授予权是“高层次而非大众化”，即能够授予博士学位的仅限于应用科学大学中“能证明其研究优势”的专业方向。③ 目前，德国已有黑森州、北莱茵—威斯特法伦州和萨克森—安哈特州等 3 个州赋予州内部分应用科学大学相对独立的博士学位授予权。④

而在瑞士，虽然其应用科学大学也提供硕士专业，但由于学生人数中近 80% 都是本科生，仅有 12% 的硕士生，其余学生攻读继续教育类专业，因此瑞士应用科学大学的人才培养专注于本科教育。一段时间以来，瑞士的应用科学大学还与综合大学在一些专业领域联合培养博士生，但博士学位的授予权仍仅属综合大学所有。⑤ 由此可见，瑞士应用科学大学争取博士学位授予权的进程将更为漫长。

总体看来，应用科学大学争取博士学位授予权的困境主要在于学术地位不被认同、传统大学对其限制。应用科学大学博士学位授予权论争的本质涉及学校定位、培养导向、学术人员与资源竞争等问题。⑥ 由此也可以看出，

---

① 董仁忠、陈莹：《德国应用科学大学改革探析》，《职教论坛》2016 年第 30 期。

② 王兆义：《德国“卓越计划”结构性影响研究——基于应用科学大学的考察》，《比较教育研究》2020 年第 2 期。

③ 德国手工业行会：《德国应用科学大学首次获得独立博士学位授予权》，2016 年 10 月 28 日，见 http：//www.mve.cn/html/2016/gjzx-gj_1028/31775.html。

④ 唐青才、卢婧雯：《德国应用科学大学博士学位授予权论争的缘由与本质》，《比较教育研究》2018 年第 1 期。

⑤ Hendrik Lackner、陈颖：《瑞士应用科学大学体系面面观》，《应用型高等教育研究》2020 年第 1 期。

⑥ 唐青才、卢婧雯：《德国应用科学大学博士学位授予权论争的缘由与本质》，《比较教育研究》2018 年第 1 期。

横亘在应用科学大学和传统大学之间的壁垒还有待进一步拆除，应用科学大学争取博士学位授予权仍然有很长的路要走。但不管如何，未来可以预见的是将会有更多的应用科学大学获得博士学位授予权。

（三）基础与应用研究分工的界线松动

传统上，应用科学大学和传统大学有着标准化的区分。传统大学创立于19世纪初，以洪堡的大学理念为宗旨，将基础研究和培养完人视为大学的任务。应用科学大学则成立于20世纪70年代，因应区域经济和社会发展的需要，以培养高级专门应用型人才为主。① 换言之，当时应用科学大学的主要任务在于教学。

随着经济的发展，硬性区分两种类型不再符合社会发展的需要，因此应用科学大学和传统大学出现了任务的交叉。②1985年德国颁布的《高等学校总纲法》将应用型研发纳入应用科学大学的任务范畴。1995年，瑞士《应用科学大学法》明确了应用科学大学的应用性研发使命。③ 然而，在研究工作的传统分工中，传统大学负责基础性研究，应用科学大学仅限于应用性研究。正如德国联邦教育与研究部指出的那样："应用科学大学的科研是以应用为导向和贴近实践的。它并不是去寻求'最高真理'，而更多的是寻找马上可以得到实施的问题解决方案。"④ 随着应用科学大学参与科研，其与传统大学这两种高校类型之间分明的界限也开始出现松动。

近年来，随着以往封闭的研究方式被打破，科研主体发生了变化，应用科学大学的作用越来越不容忽视。同时，传统大学不得不放弃对科学研究的垄断地位，与应用科学大学加强主体协同、共同致力于科研成为新的发展趋势。⑤ 同时，研究工作的截然分工也开始被打破：一方面，应用性研究中包含越来越多的原理研究，比如应用科学大学越来越多地向德国研究协会申

---

① 董仁忠、陈莹：《德国应用科学大学改革探析》，《职教论坛》2016年第30期。

② 董仁忠、陈莹：《德国应用科学大学改革探析》，《职教论坛》2016年第30期。

③ 杨晓斐、武学超：《瑞士应用科学大学发展特色审视》，《高教探索》2017年第12期。

④ 董仁忠、陈莹：《德国应用科学大学改革探析》，《职教论坛》2016年第30期。

⑤ 董仁忠、陈莹：《德国应用科学大学改革探析》，《职教论坛》2016年第30期。

请资助，该机构目前为止主要资助基础研究；另一方面，传统大学开展的原理研究中也包含越来越多的应用性成分。当前应用科学大学在研究任务方面呈现出新的发展趋势，消除了两类学校在这方面的绝对差异，使之仅具有相对不同。① 由此可以预见，未来传统大学将在侧重基础理论研究的基础上开展一定的应用研究，而应用科学大学则在侧重应用研究的同时开展一定的基础理论研究，呈现你中有我、我中有你的生动局面。

① 董仁忠、陈莹：《德国应用科学大学改革探析》，《职教论坛》2016 年第 30 期。

第四章　创业型大学的大学观和办学模式

1983年，美国教育社会学家亨利·埃兹科维茨（Henry Etzkowitz）发表了题为《美国学术界的创业科学家和创业型大学》的论文，首次提出创业型大学概念。伯顿·克拉克（Burton Clark）也于20世纪90年代对欧洲一批处于转型中的特色大学进行考察，并以此概括出创业型大学的模式和特征。创业型大学出现的时间虽短，但却发展迅速，为高等教育系统带来了深刻变革，成为促进经济增长和提高国家竞争力的新引擎。

第一节　创业型大学的产生与发展

一、创业型大学产生的时代背景

创业型大学的诞生，与知识经济的时代召唤与区域经济的发展需要不无关系，更与高等教育财政的紧缩政策直接相关。① 在多种因素的影响下，创业型大学首先从美国产生，继而发展至欧洲及全球，成为一种重要的大学形态。

（一）知识经济产生的溢出效应

根据知识社会和知识经济理论，知识对于经济和社会的发展越来越具

① 付八军：《学术资本转化：创业型大学的组织特性》，《教育研究》2016年第2期。

有决定性作用，知识成为现代经济中最基本的资源。从知识经济和知识社会的语义转变就可以看出知识的重要性，从前人们讨论的是基于知识的经济或社会（knowledge-based economy or knowledge-based society），而现在人们直接说知识经济或知识社会（knowledge economy or knowledge society）。①

知识社会的兴起和全球范围内劳动力市场的竞争使得高等教育对于个人和社会的生存变得更加重要。大学不再是以往单纯的教育和研究机构，它在人类历史上发挥着比以往任何时候都重要的作用，大学的发展对于国家经济乃至其国际竞争力作出了重大的贡献。各国都在强调高等教育的重要性，以期在知识经济的发展中保持自己的优势或者抓住迎头赶上的机会。1996年，经济合作与发展组织（OECD）出台了《知识型经济》报告，报告指出，OECD 的经济比以往更加依赖经济的生产、分配和使用。在知识经济中，科学系统——主要是公共研究实验室和高等教育机构——发挥着关键作用。②2000 年启动的“里斯本战略”旨在使欧盟到 2010 年成为“世界上最具竞争力和活力的、以知识为基础的经济体，并通过更多、更好的就业机会和更大的社会凝聚力实现经济可持续增长”。③

创业型大学是一种新兴的大学形态，它是由于学术发展的内在逻辑而产生的。在知识社会，知识成为重要的资本，成为创造财富的重要手段。虽然在大学的传统使命中，传播知识和创造知识是其最重要使命，但在知识社会，学者们可以同时追求双重目标，既创造、传播知识又利用知识创造财富，且这两种目标是互补的，而不是用一个目标取代另一个目标。这就突破了洪堡传统的为发现知识而研究的单纯目的，赋予了知识更多应用属性，这也正如埃兹科维茨所言：“从历史角度看，创业型大学是大学延续中世纪保

---

① David F.J. Campbell，Elias G. Carayannis. *Epistemic Governance in Higher Education Quality Enhancement of Universities for Development*，Dordrecht Heidelberg London New York：Springer，2013，p.23.

② OECD. *The Knowledge-based Economy*. Paris：OECD，1996.

③ European Committee. *The Lisbon Strategy in Short*，2021-04-17，https：//portal.cor.europa.eu/europe2020/Profiles/Pages/TheLisbonStrategyinshort.aspx.

存和传播知识的机构进而发展成为创造新知识并将其转化到实际应用中去的多功能机构。”[①] 当前，知识生产进入了“2.0 模式”。“1.0 模式”下的知识生产是以学科为导向的，并不关注学科外部的需要。而“2.0 模式”下的知识生产则强调跨学科的合作，特别强调知识的应用性。[②] 在创业时代，学者们同时追求知识以及知识带来的有形回报并把这种双重目的结合起来。将知识、金钱、权力融入统一的框架中正在成为科学发展中一种新的发展模式，而这种模式能够形成，正是得益于知识的多价性，即知识同时具有理论性和实用性、可出版性（publishable）和专利性（patentable）[③]，从而可以兑现商业价值。同时，大学内探究的知识产生溢出效应，从而应用于社会其它领域。知识溢出是指为某一特定活动或项目收集和共享的信息和知识最终会在其他环境中产生更多应用机会时发生的一种现象。在这种情况下，溢出是新思想和新应用开发的催化剂。[④] 丹尼尔·贝尔（Daniel Bell）曾在其著作《后工业社会的到来》（*The Coming of Post Industrial Society*）中预言：(1) 随着社会向后工业时代迈进，知识将取代资本成为生产的关键要素；(2) 用于规划公共利益的知识技术将取代用于促进私人利益的机械技术；(3) 大学将取代工业企业成为主导的社会组织。[⑤] 创业型大学最大化地利用了自身所生产的知识，引领未来经济的发展。所以说，创业型大学是学术发展的内在逻辑的结果，它扩展了学术创业并使教学和研究围绕着创业展开。

（二）经济危机导致的大学财政紧缩

按照埃兹科维茨的说法，创业型大学的兴起是因为学术研究人员需要

① 邹晓东、陈汉聪：《创业型大学：概念内涵、组织特征与实践路径》，《高等工程教育研究》2011 年第 3 期。

② 易高峰：《崛起中的创业型大学：基于研究型大学模式变革的视角》，上海交通大学出版社 2011 年版，第 38 页。

③ Henry Etzkowitz. “Anatomy of the Entrepreneurial University”, *Social Science Information*, Vol.52，No.3 (2013)，pp.486-511.

④ 佚名：《什么是知识溢出（Knowledge Spillover）?》，见 2020-09-15.https：//www.iiiff.com/article/430804。

⑤ Bob Jessop. “Varieties of Academic Capitalism and Entrepreneurial Universities”, *High Education*，Vol. 73 (2017)，pp.853-870.

找到收入来开展研究，尤其是在大学资源和国家资助开始下降的时候，大学就开始打起了使自己的研究产生商业价值的算盘，从而使大学从在财政上只能依赖捐款和政府补助的机构发展到能够从研究活动中获得所需收入的科学企业实体。① 而 20 世纪 70 年代后造成大学财政紧张的原因主要有两个，一个是快速推进的高等教育大众化进程，二是两次石油危机导致的经济危机。

二战后，世界经济开始恢复，各国政府开始迅速扩张高等教育系统以便为社会和经济发展输送更多的优质劳动力。人力资本理论认为，大学的扩张是与经济增长和技术发展同步的，是为了满足社会对人才职业资格的需求。对合格劳动力的需求和大学的扩张之间存在着一种简单的市场关系：在经济扩张时期，大学生数量也增加；在出现经济危机后，大学生数量也会回落。② 同时，战后民主思想快速发展，民众将接受高等教育视为一项基本权利，认为每个年轻人都应该有接受高等教育的机会，而不应该取决于其社会背景和父母收入。那些被排除在大学教育之外的社会群体，一直都为获取教育机构的全面开放而斗争。这些斗争加速了教育扩张，而教育扩张也成为不同社会阶层获取政治和文化解放的一种回应。因此，世界各国迅速地进入了高等教育大众化时代。

大众化高等教育的办学成本使得政府不能像资助传统的精英型高等教育那样全额资助高等教育机构。③ 高等教育的快速扩张在西方国家，尤其是欧洲国家，使原来单纯依赖政府财政支持的大学产生了资金短缺问题，进而影响到了高等教育质量发展。第二次石油危机的爆发加剧了世界经济萧条，

---

① Carla Mascarenhas et al.“Entrepreneurial University：Towards a Better Understanding of Past Trends and Future Directions”，*Journal of Enterprising Communities*，Vol. 11，No. 3（2017），pp. 316-338.

② Paul Windolf.“Zyklen der Bildungsexpansion 1870-1990，Ergebnisse der Spektralanalyse”，*Zeitschrift für Soziologie*，Vol. 21，No. 2（1992），pp.110-125.

③ Chanphirun Sam，Peter van der Sijde.“Understanding the Concept of the Entrepreneurial University from the Perspective of Higher Education Models”，*Higher Education*，Vol. 68，No. 6（December 2014），pp.891-908.

世界大多数国家都开始削减大学的财政拨款。在英国，撒切尔夫人一上台，就大刀阔斧地削减高等教育经费，3 年内大约削减 17%，并赋予大学拨款委员会在分配经费时自主削减经费的权力，削减程度从 20%—30% 不等。① 同样，美国政府为大学提供的经费虽然总额在逐年增加，但占大学经费总额的比例却是逐年下降，联邦政府的经费从 1975—1976 年占高等教育机构收入总来源的 16%，下降到 1994—1995 年的 12%；州政府的经费从 1975—1976 年的 31%，下降到 1994—1995 年的 23%；地方政府的经费从 1975—1976 年的 4%，下降到 1994—1995 年的 3%，而大学从其它途径获得的经费则在逐渐增加。② 财政危机迫使大学走上改革的道路，大学开始开拓资金来源，改善大学治理结构，和市场更紧密结合，以此种种行为来适应社会和经济的发展。用克拉克的话来说，所有大学要变得更有创业精神，通过创业活动来寻找新的收入来源。

（三）服务区域和国家经济的新使命

根据埃兹科维茨的观点，当前大学正在经历“第二次学术革命”。第一次学术革命以 19 世纪初柏林大学的建立为标志。从中世纪到 18 世纪末，大学的主要职能是传播知识并为少数关键职业提供训练。而洪堡的高等教育改革遵循“教学和研究相统一”的原则，“科学研究”成为大学的第二职能。大学开始从一个知识的保存、传承机构转变成了同时进行科学研究的机构，第一次学术革命促使研究型大学形成。第二次学术革命是指从 20 世纪 80 年代以来，大学除了教学和研究外，还承担了服务社会的任务。在美国，从“赠地法案”和“威斯康星理念”开始，大学开始和社会紧密结合，服务社会开始成为大学的重要职能。二战后，科技园区的建立更为区域经济的发展注入了强大的推动力。

从“第二次学术革命”开始，大学开始将经济和社会发展视作其使命

① 彭绪梅：《创业型大学的兴起与发展研究》，博士学位论文，大连理工大学 21 世纪发展研究中心，2008 年，第 32 页。

② 胡钦晓：《从依附走向自主——学术资本运营视角的创业型大学兴起之路》，《教育研究》2020 年第 8 期。

的一部分。① 不同的学术机构正在向一种新的共同模式靠拢，这种模式将研究、教学和创业融为一体，是19世纪研究和教育综合的新洪堡式的21世纪版本。② 这种模式即为创业型大学。所以说，“第二次学术革命”促使了创业型大学兴起，创业成为大学一种新任务和新文化，大学、产业和政府之间形成了一种三螺旋形的关系。对于政府和商业部门来说，大学被视为促进创新、技术进步和可持续发展的引擎，被期望成为经济增长的驱动力③，大学开始更多地服务于区域乃至整个国家的经济发展。④

由于创业型大学会和大量商业行为结合在一起，因此我们容易把那种追求经济利益、商业气息浓厚的大学称为创业型大学。这只是创业型大学诞生的外部动因之一，远远不是创业型大学存在与发展的生命所在。创业型大学诞生的真正动因是推动学术成果转化，促进社会进步。⑤ 尤其在未来的经济发展中，人们对跨国公司或超级国企将成为未来核心经济角色的期望正在消退。相反，未来关键的经济参与者很可能是来自于与大学或其它知识生产机构密切相关的企业集群。大学之所以能够成为知识社会中的关键驱动力，在于它本质上是一个能够产生创新的机构。这些创新具有非常重要的现实意义，不仅可以使大学和个人获益（包括有形回报），同时也可以提供区域和国家竞争力。尽管由于国情不同，但具有创新能力的大学在各国的经济和社会发展中都扮演着重要角色。⑥

---

① Maribel Guerrero，et al. “A Literature Review on Entrepreneurial Universities：An Institutional Approach”，*The 3rd Conference of Pre-communications to Congresses*，Autonomous University of Barcelona，2006，pp.1-28.

② Henry Etzkowitz. “Anatomy of the Entrepreneurial University”，*Social Science Information*，Vol.52，No.3（2013），pp.486-511.

③ Shuiyun Liu，Peter C. van der Sijde. “Towards the Entrepreneurial University 2.0：Reaffirming the Responsibility of Universities in the Era of Accountability”，*Sustainability*，Vol.13（2021），pp.1-14

④ 王雁、孔寒冰、王沛民：《两次学术革命与大学的两次转型》，《浙江大学学报》（人文社会科学版）2005年第3期。

⑤ 付八军：《关于创业型大学研究的八个基本观点》，《黑龙江高教研究》2016年第9期。

⑥ Henry Etzkowitz. “Anatomy of the Entrepreneurial University”，*Social Science Information*，Vol.52，No.3（2013），pp.486-511.

二、创业型大学的发展阶段

关于创业型大学发展阶段问题，学术界并不存在一种统一的说法。因为创业型大学这一概念本身也存在着诸多分歧，因此其发展阶段也难以清晰划定。不同作者根据不同维度对创业型大学发展阶段作出了不同划分。

古斯塔沃·达尔马科（Gustavo Dalmarco）根据创业型大学在不同国家和地区的发展时间，将创业型大学分为三股发展浪潮。第一次浪潮大致从20世纪20年代开始，由美国大学特别是麻省理工学院、斯坦福大学、威斯康星大学等高校来引领，这些大学在制定大学知识转移政策、促进科研合作、创立新企业方面作出了重要贡献。这波浪潮可以称为创业型大学的萌芽阶段，美国也可以被称为创业型大学的发源地。第二波浪潮从20世纪90年代开始，发生在西欧（英国、法国、荷兰、比利时）。面对利益相关方的社会和经济需求，大学转变为具有商业精神的创业机构并逐渐提供学术创业的基础条件，政府也出台了利于大学创业的政策。在这一时期，新公共管理理念和新治理理念传播到欧洲，欧洲大学也开始按照企业理念来治理大学，而这些治理理念大多借鉴了私营企业的管理方法，使得大学作为一种公共机构，也开始呈现出一些市场化和私营企业的特征，从而也就具有了创业型大学的特点。这一波西欧创业型大学浪潮的兴起，恰如克拉克所描述的，是一种大学组织变革。第三波浪潮开始于21世纪，主要发生于东欧、亚洲和南美洲一些新兴经济国家。这一波浪潮是创业型大学全球扩散的结果，也是新兴经济国家希冀创业型大学带动经济发展的主动尝试。在这些国家，学术创业成为首要的政治议题。由于新兴经济国家缺乏统一的促进知识转移的政策，必要的创业孵化器、学校中的创业教育等创业基础设施也薄弱，但是政府仍寄希望于创业型大学可以促进经济的发展。① 新兴经济国家和地区的创业型大学具有后发优势，可以借鉴发达国家创业型大学的经验并享受政府更

① Gustavo Dalmarcoa，Willem Hulsinkb，Guilherme V. Bloisa. “Creating Entrepreneurial Universities in an Emerging Economy：Evidence from Brazil”，*Technological Forecasting & Social Change*，Vol.135，(2018)，pp.99-111.

多的政策支持。达尔马科描述了不同地区创业型大学的发展，虽然国别不同，但从历史角度来看，每个地区的大学每一次的模式变迁都紧密和社会经济环境变化相联系。

埃兹科维茨根据创业型大学的阶段任务将创业型大学的发展分为三个阶段。在第一阶段，学术机构会确定自己的战略方向并通过捐赠、学费和政府拨款，或者通过和资源提供者协商来增加自己的资源，从而具有了决定自身发展重点的能力。这一点在欧陆大学身上体现得尤为明显，因为美国的大学历来有收取学费以及通过校友筹款的传统，而欧陆大学的经费收入主要是来自政府。由于受困于政府的财政资助，欧陆大学大多处于政府的细节调控之下，缺少办学自主权和办学活力，而资金来源的单一性也束缚了大学的发展，大学和市场缺少连接。所以，从创业型大学的萌芽阶段来看，欧洲大学的创业活动是晚于美国的。美国至少从“威斯康星理念”开始，大学与经济的连接就日益紧密，这为创业型大学的形成奠定了基础，或者说这便是创业型大学的萌芽。而欧洲大学直到 20 世纪 70 年代由于经济危机才开始开拓自己的资金来源，创建校友办公室和筹款办公室，向市场迈出试探性的步伐。

在第二阶段，大学开始积极努力使教职工和学生创造的知识产权商业化。大学通常建立自己的技术转化办公室，将创造的技术内包给大学自己创建的公司。相比于简单的售卖技术，通过内包机制，大学可以创造更多的收益并能保证技术为自己所有。同时，大学还设立了专门的技术转化服务人员，他们可以更直接地和教师接触，为他们更好地提供系统性的服务，因此大学生产的知识和技术更快速地得到变现，整个大学的收入得到增长。此时的大学不仅仅是简单地伸手去要资源，而是自己创造资源和收入。增加的收入可以反哺大学的教学和科研，从而使大学能更好地履行自己的职能。在这一阶段，研究型大学由于拥有更好的科研能力，所以相比于那些教学型大学获得更多技术转让或自己创业带来的收入，而教学型大学也可以通过继续教育培训等途径获得收入。不论哪种类型的大学，都努力地通过自身创业来增加收入。

第三阶段，大学通过和工业界以及政府部门合作，开始在优化其区域创新环境方面发挥积极作用。在这一阶段，大学会参与到区域经济的发展合作中，大学会和政府、企业以及其它利益相关者开展广泛的合作，探索区域创新和经济发展的方法。大学按照区域经济发展的方向来确定自己的研究方向，不仅为地区经济发展提供人才，而且直接成为区域经济发展的参与者和重要推动力。同时，为了使大学能够更好地融入区域经济发展，国家和地方政府也为大学创造良好的制度环境，通过政策法规等支持来推动大学的创新创业，以实现经济目标。① 区别于前两个阶段，此时大学不仅仅是为了增加自身收入、摆脱财务困境，更多的是要为区域乃至国家经济发展服务。在促进区域经济发展的同时，大学也能从区域发展中获得回馈，二者形成了一种互惠互利的关系。

通常情况下，这三个阶段是按顺序发展的，这一轨迹在美国大学和欧洲大学身上体现得尤为明显。但是这三个阶段也不是绝对线性发展的，譬如瑞典的布莱金理工学院（Blekinge Institute of Technology）就是直接从第三阶段开始的。当地政府和企业界打算建立一个新的学术机构，作为将衰退的工业区向知识型产业转变的战略的一部分。② 可见，一所新的创业型大学完全可以直接建立并将教学、研究和创业的职能融合在一起。

第二节 创业型大学的内涵与职能

20 世纪末期以来，创业型大学研究成为高等教育研究的热点问题，然而对于创业型大学是否是一种独立的大学模式、创业型大学内涵为何等基本问题在学术界还存在很多争议，在实践中也存在着不同的解读。此外，虽然“创业”逐渐在大学中取得合法性，但对于创业是否是大学的一种职能仍然存在争议。

---

① ［美］美国商务部创新创业办公室：《创建创新创业型大学——来自美国商务部的报告》，赵中建、卓泽林译，上海科技教育出版社 2016 年版，第 47 页。

② Henry Etzkowitz. “Anatomy of the Entrepreneurial University”, *Social Science Information*, Vol.52, No.3 (2013), pp.486-511.

一、创业型大学的内涵

从概念起源和理论基础来看，埃兹科维茨和克拉克被视为创业型大学理论的提出者和奠基者①，国内外学者也大多遵循着克拉克和埃兹科维茨的视角进行研究并衍生出两种主要的研究路径。随着创业型大学概念的传播和演化，也有其他学者从更多角度对创业型大学进行研究。

表 4–1 创业型大学的相关界定

年份	作者	定义
1983	埃兹科维茨	那些考虑扩大资金来源的大学，其方式包括专利、合同式科研以及和私营企业建立伙伴关系。
1995	克利斯曼（James J.Chrisman）等	创业型大学涉及那些由大学教授、技术人员或学生创造的新的商业活动。
1997	埃兹科维茨	经常受益于政府鼓励政策的大学及其组成人员对通过运用自身掌握的知识获取更多财富的兴趣日益增强，这种兴趣和愿望又加速模糊了学术机构与公司的界限，公司这种组织对知识的兴趣总是与经济应用和价值回报紧密相连。
1998	克拉克	创业型大学努力追求创新性的经营；追求在组织性质上实现根本性的转变以求在未来占据更有利的地位；追求成为“独树一帜”的大学，以自己的方式成为重要的参与者。
	勒普克（Jochen Röpke）	创业型大学意味着三件事：首先，作为一个组织的大学本身变得有创业性；其次，大学的成员，包括教师、学生、其他雇员，在某种程度上成为企业家；最后，大学与环境的互动、大学与区域之间的“结构性耦合”（structural coupling）都遵循创业模式。
1999	苏博茨基（George Subotzky）	创业型大学的特点是大学与商业伙伴关系更紧密，大学教师有责任获得外部资金来源，在大学治理、领导和规划中更具管理精神（managerial ethos）。
2002	柯尔比（David Kirby）	作为任何创业文化的核心，创业型大学具有创新、识别和创造机会、团队合作、承担风险和应对挑战的能力。

① 付八军：《创业型大学本土化的内涵诠释》，《教育研究》2019 第 8 期。

续表

年份	作者	定义
2003	埃兹科维茨	正如大学培养个体学生并把他们送入社会，创业型大学则是一个天然的孵化器，为教师和学生启动新的经营活动提供智力方面、商业方面和其它协同支持等支持结构。
	雅各布（Merle Jacob）等	创业型大学基于商业化（为客户定制的继续教育课程、提供咨询服务、其它扩展活动）和商品化（专利、许可证、学生拥有的初创公司）。
2011	柯尔比和乌尔巴诺（David Urbano）等	创业型大学是一个天然孵化器，通过协调教学、科研和创业等关键职能为大学共同体（学者、学术、雇员）提供一个合适的环境，从而使他们可以探索、评估以及开发那些可以转化为社会和经济创业计划的想法。
2012	奥德斯（David B. Audretsch）等	大学的作用不仅仅是产生技术转让（专利、衍生产品和初创企业），它还为创业思维、创业行动、创业机构和创业资本的实现作出贡献并提供领导。
2014	梅洛（Michelle Bianchini de Melo）	创业型大学是指大学积极转化知识生产、创造经济和社会价值。因此，大学成功绩效的基础是积极主动地适应社会内部和外部变化。
2017	埃兹科维茨	创业型大学将大学的经济发展整合为一项教学和研究并行的一项学术职能。这种“知识资本化”才是大学新使命的核心，并把大学和知识用户更紧密地连接起来，同时使大学本身也成为经济主体。

资料来源：Maribel Guerrero，et al.“A Literature Review on Entrepreneurial Universities：An Institutional Approach”，*the 3rd Conference of Pre-communications to Congresses*，Autonomous University of Barcelona，2006，pp.1-28；Simone Boruck Klein，et al，“Entrepreneurial University，Conceptions and Evolution of Theoretical Models”，*Revista Pensamento Contemporâneo em Administração*，Vol. 14，núm. 4（2020），pp.20-35.

埃兹科维茨是最早提出“创业型大学”的学者。他以“大学—政府—企业”所构成的“三螺旋”为分析框架，重点研究了斯坦福大学、麻省理工学院和剑桥大学等研究型大学如何发挥自己的科研优势来为经济和社会发展服务。研究型大学本身具有优秀的研究团队和研究基地，再经过知识产权转移和学术商业要素重组等机制，就过渡到了创业型大学。在他看来，创业型大学涉及理念到实践行动的转化、知识的资本化、新实体机构的建立和风险管理。大学是一个包容性的机构，有能力周期性地革新自己并将教学和研究等不同功能整合在一起。同样，在新的发展环境下，大学也将创业功能融入大学的传统职能之中，其基本学术功能亦随之延伸到了政府创新和企业创新中。①

埃兹科维茨提出创业型大学的主要特征是新的“企业家精神”，将追求真理的传统学术抱负与谋取利益的雄心相结合，具体有五方面：(1) 核心特点：知识资本化；(2) 外部关系：大学、企业与公共权力之间相互依存；(3) 大学在制度上的独立性；(4) 内部组织：组织形式的多样化，以实现依赖和独立关系之间的平衡；(5) 整体观念：接受变化，不断进行反思。他将改革视为大学任务的“内部转换”，即改革是对现有大学任务进行修订，大学的传统职能和角色根据新目标被重新解释和扩展。②

克拉克是研究欧洲创业型大学的代表性学者。克拉克在解释“创业型大学”概念时特别强调，“entrepreneur”一词带有“事业”的含义，即需要耗费许多精力的一种执着的努力，大学这种面对未知风险却还进行努力的行为是“创业型大学”一种重要的组织特质。③ 所以，克拉克的“创业”更多的是指“创立事业”而非简单的“创立产业”。这种创立事业，是指大学敢于进行组织创新，敢于进行改革自己，是指大学发展上的一种旨在改革大学结构和方向的转型。④ 那么大学如何依靠创业行动转型呢？克拉克指出以下五个要素缺一不可：(1) 一个强有力的驾驭核心。这是指大学要加强整个学校和各级院系行政领导团体的权力，改善组织方法，加强大学设置自身战略重点的能力，使新的管理价值观和传统的学术价值观协调起来。(2) 一个拓宽的发展外围。这是指大学在保持传统的学系基础组织机构外，设立了众

---

① Henry Etzkowitz. “Anatomy of the Entrepreneurial University”, *Social Science Information*, Vol.52, No.3 (2013), pp.486-511.

② 朱俊华、杨锐：《创业型大学的身份困境——基于文献分析的视角》，《清华大学教育研究》2020 年第 6 期。

③ ［美］伯顿·克拉克：《建立创业型大学：组织上转型的途径》，王承绪译，人民教育出版社 2003 年版，第 2 页。

④ ［美］伯顿·克拉克：《建立创业型大学：组织上转型的途径》，王承绪译，人民教育出版社 2003 年版，第 3 页。

多外围机构，包括跨学科的研究中心、技术转化中心、校友联络中心等。这些中心作为新的组织单位具有巨大的创新性，也增强了大学和社会的联系。(3) 一个多元化的资助基地。这是指大学不仅仅只依赖政府的财政拨款，而是拓宽资金来源渠道，通过自己的研究和校友网络等增加收入。(4) 一个激活的学术心脏地带。这是指大学的学术核心——院系——要勇于革新，成为创业单位，制定新的计划，建立新的关系。(5) 一种一体化的创造文化。这是指大学要在传统的大学文化外培植起创业文化，尤其要在处于学术心脏地带的人员中树立起创业理念。克拉克的研究路径是将大学作为一个能动的组织主体，关注的是大学这一组织如何像企业那样进行创业、革新，以应对外界环境的变化。①

总而言之，在“创业型大学”(entrepreneurial university) 这一语汇中，事实上指称着两种不同的大学形态，第一种类型为克拉克关注的旨在应对环境变化而实施变革的“革新式”大学，以英国的沃里克大学为典型；第二种类型为埃兹科维茨关注的以知识转移和学术创业为特征的“引领式”大学，以美国的麻省理工学院为典型。这两种创业型大学虽然存在着很多共同特征，但仍存在诸多差别。② 二者也代表着欧洲和美国两种不同的创业型大学。

与埃兹科维茨和克拉克不同，西蒙·马金森 (Simon Marginson) 等对创业型大学的研究并未从典型的、成功的案例着手，而是在全球高等教育制度环境变化的前提下，描述了澳大利亚一批被迫作出回应的大学的真实反应。在自由主义经济理念、新公共管理理念和新治理理念的全球扩散中，大学不情愿地启动它们的改革进程，而且大多是受到政府自上而下的主导或驱动。因此，这些创业型大学改革的措施也具有治理理念所提倡的特色，譬如大学更重视与企业建立联系，关注消费者和市场需求，开拓资金来源等。同时，大学在模仿其它创业型大学的同时，又对原来的大学传统文化有着巨大

① 邹晓东、陈汉聪：《创业型大学：概念内涵、组织特征与实践路径》，《高等工程教育研究》2011 年第 3 期。

② 邹晓东、陈汉聪：《创业型大学：概念内涵、组织特征与实践路径》，《高等工程教育研究》2011 年第 3 期。

的路径依赖，从而表现出在移植企业管理模式和经验时的“排异反应”。这些积极和消极的结果共同构成了他们所观察到的创业型大学的特点：(1) 大学改革的直接动因是对财政拨款减少的反应，大学开始开拓资金来源；(2) 在开拓资金来源的过程中，大学体现出一种坦率的商业和企业精神，进而导致大学间生源、资源、声望等方面的竞争加剧。在竞争过程中，不同类型的大学既竞争又模仿，逐渐趋同，形成了“同形闭环”(isomorphistic closure) 现象；(3) 在大学转型过程中，大学的评价机制也发生改变，经济消费文化主导着学校的质量评价；(4) 在大学内部，大学的战略目标由强大的行政力量来控制，大学行政力量和学术力量充满斗争和矛盾，行政管理风格也呈现出鲜明的企业特征。① 这些大学是迫于改革的压力而采取一系列市场化措施，从其学术成员对改革的态度来看，他们对改革的措施和结果具有某种反对态度，大学改革并不是完全沿着新自由主义的市场政策开展开来，传统的学术理念和市场理念时而产生冲突，尤其在管理领域。马金森等对创业型大学的研究，从时间和类型上来讲，和克拉克的创业型大学更为相近，只不过他从更全面的制度环境和大学反应着手，对创业型大学的阐述更加全面。

二、创业型大学的职能

大学自中世纪建立以来，在漫长的历史发展中形成了三大基本职能：为保存和传播知识而进行的教学、为创造知识而进行的研究、为应用知识而进行的社会服务。② 可以说，所有类型的大学都包含着这三项基本职能。可见，大学拥有致力于教学、科研和服务经济发展事业的独特地位，其传统职能和新职能彼此加强，这使它在新经济中处于中心地位。③ 创业型大学功能的多

---

① 朱俊华、杨锐：《创业型大学的身份困境——基于文献分析的视角》，《清华大学教育研究》2020 年第 6 期。

② 欧阳光华、沈晓雨：《创业型大学的功能模型与组织建设》，《重庆高教研究》2021 年第 3 期。

③ [美] 亨利·埃兹科维茨：《麻省理工学院与创业科学的兴起》，王孙禹等译，清华大学出版社 2007 年版，第 208 页。

样性使其成为地区和国家经济发展的新引擎，这一特征在创业型大学身上体现得尤为明显。

学者彼得·舒尔特（Peter Schulte）指出，一所创业型大学必须承担两项任务：它必须培养未来的创业者，即能够自主创业的人并在所有学科领域培养学生的创业精神。其次，它必须以创业的方式运作，组织企业孵化器、科技园等，让学生参与这些组织并通过这些组织帮助学生和毕业生创办企业。① 创业型大学要完成这两项工作，则必须以其教学和研究职能（完成第一项任务）和创业职能（完成第二项任务）为基础。而创业职能从大学的服务职能发展而来，是大学服务职能的一种新的表现形式。它关注大学与外部社会和其他机构的联系，尤其是大学在推动经济发展中的重要作用。通过创业为社会经济发展服务，是创业型大学区别于传统大学的重要标志。

（一）创业教育

教学是大学合法性的基础之一。自大学建立以来，其目的就是要培养人才。单有研究而无教学，那便是科研机构。单有创业而无教学，该组织则只是企业。在创业型大学中，教学的目的就是要培养高素质、有技能、具备创新精神和创新能力的学生。具体而言，贴近创业的教学活动主要体现在以下方面：

首先，专业知识的教学体现应用性和实践性。传统的教学是以学科为主线，强调学生对专业知识的学习和积累。而创业型大学的专业知识以实践为导向，强调学生技能的培养并为学生提供终身学习机会。大学除了提供传统课程以外还要提供高质量的培训服务，特别是为公共和私营部门的员工服务。在专业知识学习外，创业知识对于创业成功尤为重要，这就是所谓的创业课程，该课程包括谈判技巧、时间管理、过程管理、项目管理、创新技巧、制定商业计划等要素。

其次，开展创业教育的核心是创业精神的培养。大学会激励学生们，

① Peter Schulte. "The Entrepreneurial University：A Strategy for Institutional Development", *Higher Education in Europe*，Vol. XXIX，No. 2 (July 2004)，pp.187-191.

使他们相信创业是一种真正的职业选择，这种创业精神使学生对创业保持高度敏感。创业教育并不是要所有的学生都要去创业，抑或熟练掌握上述创业技巧，但创业精神必须是创业教育的第一步。

最后，通过大量的创业实践活动来支持教学。为了使教学更加贴近实际，大学通常将那些成功的企业家融入教师队伍中。同时，学生有机会真正体验创业的优势、困难和问题。他们有机会掌握和运用创业技巧，即使他们中的大多数人在未来永远不会开展创业活动，他们也会获得以实践为导向的教育。① 大学内的创业基地、孵化园等都为学生们提供了将理念转化为实践的机会。

（二）应用研究

应用研究是创业型大学的最重要职能，因为大学的创业活动是以大学的科研产出和资本化为基础的。自 19 世纪初的洪堡改革以来，研究成为大学的第二项职能，但传统的研究注重的是探索纯粹的知识，这种探索只遵循学者的研究志趣，而不会考虑经济社会的需求，因此诸多“不食人间烟火”的研究并没有应用性并被束之高阁。为了更具创业精神和创新精神，大学研究需要走出象牙塔，超越其传统的活动范围，开展新的活动，紧密关注社会需求，这便是创业型大学的重要使命。

首先，创业型大学的研究更偏向于应用型研究。大学的研究及其成果，特别是在工程、自然科学和信息学领域，成为创新的源泉，为初创企业提供商业理念并切实地转化为商业价值。在知识的应用方面，大学会通过出版科学论文、书籍等来对知识进行传播和交流并通过专利和许可等手段来保护大学发明的研究成果和技术的知识产权。

其次，在研究方式上，创业型大学更加重视开展合作研究，与公共和私营部门合作，根据签署的合同开展研究。这不仅使研究更加具有指向性和应用性，同时可以扩大大学经费来源、增加大学收入。

---

① Peter Schulte. “The Entrepreneurial University：A Strategy for Institutional Development”, *Higher Education in Europe*，Vol. XXIX，No. 2（July 2004），pp.187-191.

最后，在研究内容上，创业型大学更强调跨学科研究。因为问题导向的研究本身就具有综合性，这就要求各个学科的学者开展合作，共同解决问题。①

（三）创业职能

创业型大学的核心职能，也是区别于其他类型大学的职能便是创业职能。大学的创业活动将教学和研究职能融合起来，以创造经济价值为目的。大学的创业活动十分广泛，而且教学职能和研究职能包含着创业互动。

在教学方面，大学会为其它机构提供课程服务，为企业员工进行培训，开办继续教育课程，创办老年大学和远程课程等。这种创业形式虽然简单，但尤其适合那些以教学为主且研究实力较弱的大学。

在研究方面，大学积极设立技术转让办公室，向新公司或现有公司转让知识和技术。除了出让技术，大学也会利用自己的科研成果组建公司，将科研产生的经济利益最大化。从这个意义上讲，大学已经成为一种经营性的组织机构。而为了孵化初创企业，大学也会参与或建立孵化器园区或科技园区，以进行研究、创建和开发新企业。②

创业型大学的职能虽然侧重创业，但也必须是以教学和研究为基础的，尤其是研究职能，因为大学创业的本质就是学术的资本转化，这种知识的溢价只有通过教学和研究才能实现。

第三节　创业型大学的办学模式

探讨创业型大学的办学模式，是一种困难的选择。因为直至目前，创业型大学是一种独立的大学形态的说法并不是十分严谨，创业型大学和教学

① 欧阳光华、沈晓雨：《创业型大学的功能模型与组织建设》，《重庆高教研究》2021年第3期。

② Shuiyun Liu，Peter C. van der Sijde，“Towards the Entrepreneurial University 2.0：Reaffirming the Responsibility of Universities in the Era of Accountability”，*Sustainability*，Vol.13（2021），pp.1-14.

型大学或研究型大学也不是并列关系。一所大学开展大量的创业活动，是否就可以被称为创业大学？大学为了满足社会环境的需要而进行了组织转型，是否就已经成为创业大学？这些问题都存在着争议。不仅如此，大学的创业活动因为学校的类型和学科重点不同亦有所区别。但不可否认的是，创业型大学引发了一系列大学内部的价值理念、组织结构和行为特征等变革，使得大学在千余年的漫长进程中首次呈现迥异于过去的特征：新兴的创业型大学以知识／学术资本化为本质特征，以加强和市场、企业的联系为外部表现，以创收盈利为直接目标，以面向公司化运营的强有力的行政改革为条件，以创业精神为大学文化。① 从这个角度而言，创业型大学的确有着区别于传统大学的自身模式。

一、在组织管理上，强调行政集权与效率、竞争

讨论创业型大学组织结构的先驱是克拉克，他的专著《建立创业型大学：组织上转型的途径》就是专门从组织转型的视角来定义创业型大学。在他的论述中，一个强有力的驾驭核心和一个激活的学术心脏地带阐明了大学内部治理结构，一个拓宽的发展外围和一个多元化的资助基地阐明了大学内部和外部的关系。而埃兹科维茨则从产业—大学—政府构成的“三螺旋”关系来探讨大学和外部形成的组织结构。

创业型大学的组织结构明显区别于其他类型大学：创业型大学不再是一种单纯的传播知识（教学）和创造知识（研究）的学术组织机构，而是一个复合的、复杂的经济组织。正如埃茨科威兹所言，创业型大学在精神实质上接近于私人部门中的公司。② 因此，创业型大学在组织结构和管理上都关注竞争、效率、效益，强调灵活地协调和外部环境的关系。创业型大学组织结构的核心是经济特性，教学、科研以及社会服务职能都与经济性融合。③ 为

① 朱俊华、杨锐：《革命抑或改良？——创业型大学对高等教育传统功能和理念的继承与发扬》，《大学与学科》2021 年第 2 期。

② 宣勇、张鹏：《论创业型大学的价值取向》，《教育研究》2012 年第 4 期。

③ 曹兴、陈思思：《大学职能演化与创业型大学：一个文献综述》，《科学决策》2012 年第 4 期。

了能够使学校的决策和战略更加具有经济性，在整个学校的组织架构上，一个强有力的行政核心就成为必须。这意味着，学校高层领导（大学校长）及中层领导（院长）将拥有更多的权力，从而对整个学校进行战略管理，并代表学校更加灵活地开展对外活动，而从前具有学术权威的教授群体的权力将被削弱。在创业型大学内，各学科和各事业单位之间形成相互交织的矩阵型组织结构，使大学的教学和科研人员处于有效的双重权威之下。①

在单位变革方面，在创业型大学中，技术转化办公室、资金筹措办公室等部门发挥着重要作用，积极将教师的学术成果转化为经济价值。正如埃兹科维茨所言，创业型大学具有极大的互动性，即大学和企业界、政府有着密切的关系。同时它也具有极大的独立性，即创业型大学被赋予极大的自主权，可以作出具有经济性的战略决策。而为了将独立性和互动性融合起来，创业型大学的组织结构就具有很大的混合性②，即行政机构和学术机构的互动和融合，也即克拉克所言的“强有力的驾驭核心”和“激活的学术地带”。

二、在人才培养上，强调应用型人才培养

人才培养是大学区别于专门的科研组织的特征之一。不同类型的大学人才培养目标是不同的，用什么方法为谁培养什么样的人，这是不同大学都需要回答的问题。关于创业型大学的人才培养，克拉克和埃兹科维茨论述的都不多，但后来的学者从创业教育的角度谈及了创业人才的培养。

首先，从培养目标上来讲，创业型大学就是要培养创业型人才。但是创业型人才并不是毕了业都要去创业的人，而是要培养学生的创新精神、创业意识，亦即一种创业潜质。③这种创业精神不仅是对创业保持敏感度，而且是一种创新精神，因此我们通常都会将创新创业一起提及。培养创业型人

---

① 曹兴、陈思思：《大学职能演化与创业型大学：一个文献综述》，《科学决策》2012 年第 4 期。

② Henry Etzkowitz. “Anatomy of the Entrepreneurial University”, *Social Science Information*, Vol.52, No.3 (2013), pp.486-511.

③ 付八军：《关于创业型大学研究的八个基本观点》，《黑龙江高教研究》2016 年第 9 期。

才，就是要培养具有创新精神和创业素养的人。除了创新创业意识，培养学生的社会服务意识同样重要。

其次，从培养手段来看，创业型大学不是按照学科体系向学生传授知识，而是面向社会需求制定专业与课程设置方案。创业型大学培养的是应用型人才，这要求大学的课程设置要激发师生的创新活力和创业激情，广泛组织创新创业教育和实践活动。[①] 创业型大学的课程设置强调实践性，不仅在专业知识学习上，在实习实践上更区别于传统大学。大学通过设置创业指导中心、举办创业大赛，建立科技园区和初创公司孵化基地等手段，为学生提供实实在在的实践机会，将理论知识转化为实践。

三、在组织协调上，强调与利益相关者的互动

传统的高等教育系统内，尤其是欧陆大学，和社会的互动较少，在高等教育认识论的理念下，大学成为独立于社会的"象牙塔"，这里的教学和科研都不以社会需求为导向，学者们根据自己的志趣进行研究。在府学关系上，政府在为大学提供几乎全部的财政支持时，也会按照学术自由的原则赋予大学充分的自主权，而大学的教学和科研也不需要考虑对政府和社会的回报。由于大学的财政来源于政府，因此大学和产业界的交流也并不多，大学在人才培养上不需考虑产业界对人才技能的需求，在科研上也不考虑对产业的促进作用。

随着知识成为创新越来越重要的一部分，大学作为一个知识生产和传播机构，在产业创新中扮演着越来越重要的角色。产业创新以前主要是产业或政府的任务，而现在大学也参与到产业和区域创新体系当中。大学需要在政府—产业—学术的三重螺旋关系中运作，包括与政府机构和私营行业的密切互动。

除了大学最高领导层与其他机构领域的同行接触的能力外，中层组织联系能力使大学能够识别外部组织与学术同行之间的利益结合点。系部和整

---

① 宣勇、张鹏：《论创业型大学的价值取向》，《教育研究》2012 年第 4 期。

个学校的教师群体和技术人员被赋予了评估研究成果并和外界积极开展合作的任务。这尤其体现在大学的技术转化办公室以及各种校友组织身上。① 在创业型大学中，这种和外部机构的协调沟通过程，相比于传统大学要频繁得多。因为这可以积极地开拓大学的资金来源，也可以使自己的研究得到应用。从产业界的角度来看，创业型大学积极地和产业界开展合作，为产业发展提供技术支持和人力资源，同时创业型大学甚至以自己的研究为基础创办产业，引领产业的发展。这种产教融合乃至自创产业的能力是传统研究型大学和教学型大学所欠缺甚至不具备的。从政府的角度来看，政府赋予了创业型大学更多的自主权，使得创业型大学享受的办学自主权明显多于其它更加依赖政府财政的大学。这种办学自主权赋予了大学更多的活动空间，使大学能够作出符合自身发展和区域经济发展的战略决策。

所以，这种政府—产业—大学互动的三螺旋模式明显区别于其它类型大学之于政府和产业界的关系。当然，这种政府—产业—大学的互动模式在不同国家的创业型大学中表现形式略有区别，而大学都在政府和产业关系中寻求平衡。

四、在社会服务上，强调以社会服务带动学术发展

创业活动是大学社会服务职能的延伸，开展创业活动是创业型大学区别于其他大学的显著特征。创业型大学致力于成为地区经济增长的引擎从而达到社会服务的目的，大学随之不再被视为孤立的知识孤岛，而是越来越多地通过商业活动与外部合作伙伴接触。

随着高等教育越来越多地与社会尤其是经济发展相联系，大学的研究和发展活动不再被认为是象牙塔中纯粹的学术活动，而是成为知识的三重或四重螺旋的一部分。学术创业或知识资本化极大地改变了研究、开发和生产模式，这反过来又在高等教育的知识生产中产生了新的组织和实践形式并带

① Henry Etzkowitz et al.“The Future of the University and the University of the Future：Evolution of Ivory Tower to Entrepreneurial Paradigm”，*Research Policy*，Vol. 29（2000），pp.313-330.

动学术发展。① 在传统大学中，大学的人才培养和研究都是以学科为导向的，但是在知识经济时代，大学的人才培养和研究要更多地关注社会需求。创业型大学正是积极了解社会需要的人才与产品类型，进而进行个性化的人才培养、课程制定以及研究活动。这是一种逆向性的学术任务生产过程。换句话说，社会需求决定着创业型大学知识产品的内容与规格。②

但是，关注社会需求而开展的创业活动一定要反哺大学的教学和研究，而且要满足大学的学术目标。如果单纯地将学术创收、商业运作、逐利动机等功利性的利益诉求视为创业型大学的组织特性，那么这就否认了创业型大学的社会意义。③ 真正的创业型大学，其社会服务活动应当以带动学术发展为基本要求，创业型大学在进行知识资本转化的过程中，不仅仅以获取社会资源为短期目标，同时也以推动学术发展为长期目标。④ 当大学可以平衡这两种目标并以创业目标为手段、以学术目标为办学本质时，这种大学才可以称为真正的创业型大学。而当创业活动损害或不能促进大学学术目标的发展，那么这种大学也只能归类为一种营利性的大学。

第四节　创业型大学的影响、问题与走向

自 20 世纪末期创业型大学兴起以来，创业型大学深刻改变了高等教育系统并对传统的大学理念造成冲击，对教育系统、经济和社会产生了深刻的影响。但是作为一种新兴的大学形态，创业型大学也面临着诸多争议和问题。

---

① Carla Mascarenhas，et al. “Entrepreneurial University：Towards a Better Understanding of Past Trends and Future Directions”，*Journal of Enterprising Communities*，Vol. 11，No. 3（2017），pp. 316-338.

② 宣勇、张鹏：《论创业型大学的价值取向》，《教育研究》2012 年第 4 期。

③ 付八军：《学术资本转化：创业型大学的组织特性》，《教育研究》2016 年第 2 期。

④ 宣勇、张鹏：《论创业型大学的价值取向》，《教育研究》2012 年第 4 期。

一、创业型大学产生的影响

埃兹科维茨指出，虽然不是所有类型大学都要转变成创业型大学，但是所有类型大学都开始出现创业型的特征，已经成为一种全球性的现象，这代表着“象牙塔”模式向企业家范式的演变，创业型大学模式将成为“大学的未来和未来的大学”。① 创业型大学是否能够成为未来大学统一的范式存在很大的不确定性，但是它的确对高等教育系统和经济发展产生了重大影响。

（一）丰富了大学的类型

从大学的职能来划分，创业型大学是不是一种独立的大学类型，在学术界仍是存在争议的，但是创业型大学的出现的确丰富和扩展了原有的大学形态。从出现时间来看，大学类型经历着教学型大学——研究型大学——创业型大学的发展路径。但是要注意的是，创业型大学不是研究型大学的递进，而是一种并列关系。未来的大学也许会增强创业属性，但不一定会完全转变为创业型大学，即使是研究型大学，其研究也不会只关注其应用属性而忽略那些具有价值的基础性研究，创业不是所有大学的终极目标。虽然创业型大学也大致分为克拉克的“革新式大学”和埃兹科维茨的“引领式大学”②，但与其它类型大学相比，创业型大学在组织目标、组织结构、组织文化、组织运行方式上还是有着独有的特征。

（二）改变和扩展了大学的职能

自 20 世纪末创业型大学建立以来，虽然只有短短的几十年发展历程，但是创业型大学还是深刻地改变和丰富了大学的职能。大学建立以来，它就是以人才培养为主要职能的机构，早期的神学、法学、医学、哲学四大学院都是为了政府和教会培养专业人才。第一次革命后，大学在原来人才培养的

① 朱俊华、杨锐：《革命抑或改良？——创业型大学对高等教育传统功能和理念的继承与发扬》，《大学与学科》2021 年第 2 期。

② 邹晓东、陈汉聪：《创业型大学：概念内涵、组织特征与实践路径》，《高等工程教育研究》2011 年第 3 期。

基础上增加了研究的职能，成为知识传播和创造的机构，研究型大学也在此时产生。随着威斯康星理念的普及，大学的服务职能成为大学的第三使命，而创业型大学的创业职能是对大学服务职能的扩展，而且将大学的教学职能和研究职能整合起来，使人才培养和科学研究都围绕着创业来开展，致力于培养应用型、具有创新创业意识的人才，而科学研究也以知识的应用为目的，强调知识成果的转化并对经济产生促进作用。

（三）促进了区域经济发展

大学的创业活动是大学服务社会职能的延伸，大学对于区域乃至国家经济的发展至关重要。在创业型大学中，进行知识应用的最终目的，就是促进经济和社会的发展，而且创业型大学将促进经济发展这一功能发挥到极致，成为区域经济发展的引擎。在这一意义上，埃兹科维茨提出的创业型大学"直接服务于经济和社会的发展"鲜明地体现了创业型大学的组织目标。① 具体而言，大学不仅为经济发展提供人力资本（毕业生），而且大学自身也参与到经济发展中。创业型大学会直接参与到区域的商业活动和社区发展之中，大学教师和学生为社区和企业提供直接的咨询服务，加深与地方政府、企业和其它利益相关者的合作，探索区域创新和经济发展的方法。大学建立企业孵化器，和企业共同培养人才，和企业共同建设基础设施和科研项目，将大学的实验室共享给其它利益相关者，通过种种措施解决区域经济发展面临的问题。这种合作可以降低各方的生产成本，达成合作共赢的局面。创业型大学不仅通过服务企业的方式，而且通过自己的研究成果来创建企业，引领区域经济的发展方向，容易形成集群发展模式，将地区某一产业做大做强。从麻省理工学院到斯坦福大学，它们的创业活动都引领着当地经济的发展。

① 邹晓东、陈汉聪：《创业型大学：概念内涵、组织特征与实践路径》，《高等工程教育研究》2011 年第 3 期。

二、创业型大学存在的问题

当代大学是一个进化悖论。如果仔细观察，大多数大学似乎都是一种惰性模式：官僚、效率低下、组织灵活性远远低于私营企业。[①]整个大学的发展史就是一部危机史，但在历史上大学面临重大变革的危急时刻，都或多或少表现出固守传统、惧怕变革的特征。[②]创业型大学作为一种新型的大学形态，带动了大学改革，但在转型过程中也面临诸多问题。

（一）概念和学校类型界定的模糊

长期以来，创业型大学一直都是一个尚存争议的概念，且“创业型大学”“创新型大学”“企业型大学”等概念经常交叉重叠使用。诸多“创业型大学”概念是从大学运行的实践考察中抽离出来的，因此根据不同类型大学运行方式总结出的“创业型大学”概念也各有不同。当前关于创业型大学的主流研究都遵循着学术资本主义、三螺旋理论和知识商业化理论等，但都忽视了环境因素的影响[③]，即制度环境对组织形态有着塑造功能。这体现在美国和欧洲的创业型大学呈现出不同的形态，因此对其理论的研究也呈现出埃兹科维茨和克拉克两种不同的路径。而随着创业型大学传播到其它国家，由于受到不同国家的经济、高等教育系统乃至当地文化的影响，创业型大学又体现出明显不同的特征：在美国，教师群体是大学创业活动的重要参与者；而在欧洲，大学更多地关注学生而非教师创业群体，因为欧洲大学的教师具有公务员身份，他们的研究经费和工资都附属在他们的学术职位上，因此其创业的动机并不强烈。在这种模式中，教授是创业过程的附属品，创业过程

---

① Carla Mascarenhas，et al.“Entrepreneurial University：Towards a Better Understanding of Past Trends and Future Directions”，*Journal of Enterprising Communities*，Vol. 11，No. 3（2017），pp. 316-338.

② 马培培：《争议中的创业型大学及其出路——大学理念的视角》，《现代教育管理》2015 年第 12 期。

③ Maribel Guerrero，et al.“A Literature Review on Entrepreneurial Universities：An Institutional Approach”，*The 3rd Conference of Pre-communications to Congresses*，Autonomous University of Barcelona，2006，pp.1-28.

主要掌握在管理者和学生手中。创业在欧洲学术界逐渐成为一种特殊的功能，而不是像美国那样在整个大学中广泛传播。① 而在新兴发展国家，其大学享受的自主权明显低于欧美国家，因此其创业活动受到诸多政策限制，而这种开展初级创业活动的大学在欧美是难以被称作“创业型大学”的。

（二）创业中浓厚的商业氛围

创业型大学具有明显的“面向市场”和“经济性”特征，这种浓厚的商业氛围也引发了人们对大学的批评。最先受到怀疑的就是大学的使命：创业型大学是否仍然以人才培养和知识创造为最终目的，还是以赚钱为第一要义？同样，“被激活的学术中心地带”也受到许多质疑，学术创业常被简化为部分学术团体醉心于开发学术资源而获利并以此提高学术声望，并非真正激活了教师的创新精神、创造能力与创业动力。② 创业活动很可能破坏学术工作，因为教师一方面必须消耗较多时间关注市场需求，甚至直接参与成果的试验与应用③，一方面在大学、政府和企业间来回奔波，这不可避免导致教师将更多时间精力投入到创业活动而忽视对学生的培养。此外，为了产生更大的经济效益，学者们的研究方向也可能过度受到市场的影响，这导致基础研究不足，进而影响到整个学科发展。在学科设置方面，创业型大学的学科设置更多以应用型为导向，这也导致使人们担心人文学科会进一步萎缩。在学科评估方面，原来的学科评估也由同行评审转移到第三方机构中，这些机构多以市场化运行，这进一步加剧了学科设置的市场化导向。同时，大学不仅仅扮演着促进经济发展的作用，还承担着文化传承的职能，而密集的金钱利益可能会影响大学，导致其失去作为社会独立批评者的角色④，也使得

---

① Henry Etzkowitz.“Anatomy of the Entrepreneurial University”, *Social Science Information*, Vol.52, No.3 (2013), pp.486-511.

② 朱俊华、杨锐：《革命抑或改良？——创业型大学对高等教育传统功能和理念的继承与发扬》，《大学与学科》2021 年第 2 期。

③ 宣勇、付八军：《创业型大学的文化冲突与融合——基于学术资本转化的维度》，《中国高教研究》2013 年第 9 期。

④ Simone Boruck Klein, et al.“Entrepreneurial University, Conceptions and Evolution of Theoretical Models”, *Revista Pensamento Contemporâneo em Administração*, Vol. 14, núm. 4 (2020), pp.20-35.

大学丧失人文关怀和教化作用。因此，也有批评人士认为，创业精神应该保留在一种特殊的高等教育机构中。

（三）学术成员和行政人员间的张力

当前，创业型大学越来越向企业管理模式靠近，它配备有高级的管理团队（校长及董事会）、制定战略规划、成本核算中心、更强的问责机制（外部评估）、开展对外合作的专业部门（资源办公室或者技术转化办公室等）。这些组织改革改变了大学传统的组织结构和决策机制。教授们的权力上移到行政人员手中，合议制原则也受到行政管理人员集权的挑战，这就削弱了学术群体在知识生产和人才培养方面的自主权，挑战了大学教授治校的传统，新旧组织文化产生强烈碰撞。① 克拉克指出了创业型大学的两个重要因素：被强化的领导核心（大学行政领导）以及被激活的学术中心地带（院系为主的学术团体）。但是，大学行政领导和学术团体这两个群体经常会产生不可调和的冲突。"被强化的领导核心"经常绕开固有学术文化而起作用，与之相悖甚至完全取代了原有的学术中心。大学的创业文化在与行政力量结成松散同盟的同时，也与学术力量形成了张力。②

（四）"求真"与"求利"的文化冲突

大学越来越被看作是经济发展的发动机，其经济合理性主题已经变得和它的文化合理性主题同等重要。因此，创业型大学提倡的是一种追求效率、效益、竞争性的商业文化。这种文化展示出了冒险精神、改革的决心、开放的心态以及坚定的意志，而这些与传统大学的画地为牢、畏惧变革以及犹豫懒散形成了鲜明对比，两者也不可避免产生矛盾。但是，这种创业精神是否有助于探索高深知识、追求科学真理？相比于能够赋予学者更多自由思考时间的传统学术自由，创业型大学中的竞争意识、效率优先意识给予学者更多的压力，使其难以常坐冷板凳进行研究。创业精神虽然有其积极的面

① Luis Antonio Orozco et al. *Management Challenge in the Entrepreneurial University and Academic Performance*，2018-06-06，https：//www.intechopen.com/chapters/57848.

② 朱俊华、杨锐：《革命抑或改良？——创业型大学对高等教育传统功能和理念的继承与发扬》，《大学与学科》2021 年第 2 期。

向，但也被众多学者批评过于功利，甚至有害于知识探索。这种“求真”与“求利”之间的冲突，体现了大学学术文化和商业文化的冲突，也是学术团体和企业所秉持的不同理念。因此，学术界和产业界的不同态度是更富有成效的合作的障碍之一。①

三、创业型大学的未来走向

在近代历史上，高等教育从未如此复杂地与经济、社会和环境联系在一起，社会环境的变化也要求大学发生变化并与之适应。创业型大学的出现，可以说是适应环境变化的产物，但同时也颠覆了很多传统大学理念，并和一些传统的大学理念产生冲突。② 在建设创业型大学时，需要考虑一些传统的大学精神。创业型大学的未来走向，也正是要结合新的时代使命，实现传统大学理念和创业理念的融合，消弭两者存在的矛盾与问题。

（一）保持学术发展与利益追逐的平衡

正如上文所述，创业型大学经常被诟病过度追求商业价值，追求知识的变现。这也使得部分人将创业型大学等同于营利性大学或者以盈利为目的的民办大学。对经济性和商业性的过度追逐也导致创业型大学受到传统保守的学术群体的批评，当然这种批评并不无道理。虽然创业型大学强调大学的创业活动要反哺大学的教学和科研，但是在现实运行中，教师群体和大学的确会因为追求知识的商业价值而忽略大学的学术活动，过度关注学术的应用属性，忽略对高深学问的探究。但是在知识社会，大学日益成为经济发展的引擎之一，其商业文化已经和它的学术文化此消彼长，共生共存。创业型大学内随着创新创业文化的扩散，组织的整体文化也会发生变化并体现出组织

① Carla Mascarenhas，et al. “Entrepreneurial University：Towards a Better Understanding of Past Trends and Future Directions”，*Journal of Enterprising Communities*，Vol. 11，No. 3（2017），pp. 316-338.

② Yuzhuo Cai，Ijaz Ahmad.*From an Entrepreneurial University to a Sustainable Entrepreneurial University：Conceptualization and Evidence in the Contexts of European University Reforms*，2021-07-12，https：//doi.org/10.1057/s41307-021-00243-z.

成员的共同经验。[①] 大学作为知识的生产者，科学研究的商业化已成为常态，当前的高等教育环境也已经不允许用认识论的观点将大学束缚在“象牙塔”中，大学创业成为必然。创业型大学作为新兴大学形态，应该承担起更高的历史使命，未来将追求真理和追求利益的目标结合在一起。这两个主题其实并不矛盾。虽然越来越多的自然和社会科学领域的商业价值取决于其潜在的应用价值，但是传统的学术奖励机制——同事的尊敬、诺贝尔奖或者其他享有盛誉的奖项的获得——仍旧是一种强有力的驱动。金钱的诱惑并没有完全取代对学术荣誉的追求。相反，二者是重叠的并且相互强化，大学在追求学术荣誉的同时也会为大学带来更多的资源。[②] 而且“求真”也是创业活动的基础，求真求实的育人和科研活动，是大学创业的根本，否则大学创业也成了无源之水、无本之木。而大学创业活动也会为大学其它学科的发展提供经济支持，提高大学的声望。因此，创造经济价值和促进学术发展相互成就，正如福莱特（Brian Follet）介绍沃里克大学的资金来源和学术发展时所说：“(在扩大融资范围时）我们并没有牺牲核心学术价值。实际上，看来与可能发生的事情正好相反。”[③]

（二）融合育人与创业的双重目标

自大学创立以来，育人就是大学最重要的任务。即使在洪堡强调大学科研职能的同时，他也没有忽略大学的育人功能，即大学要对学生个性和道德修养进行培养，培养“完人”。这种“完人”就是不仅具有智识能力，而且是有修养的人，是个性和谐、全面发展的人。为了实现培养“完人”的目标，大学要将教学和科研相统一、加强普通教育。[④] 洪堡的“完人”理念

---

① Juno Jasmine，Vijayakrishna Rapaka.“Challenges and Opportunities in Academic Entrepreneurship-A Theoretical Perspective”，*International Research Journal of Management Sociology & Humanity*，Vol.9，No.3（2018），pp.18-27.

② ［美］亨利·埃兹科维茨：《麻省理工学院与创业科学的兴起》，王孙禺等译，清华大学出版社 2007 年版，第 9 页。

③ ［美］伯顿·克拉克：《大学的持续变革：创业型大学新案例和新概念》，王承绪译，人民教育出版社 2008 年版，第 4 页。

④ 刘宝存：《洪堡大学理念述评》，《清华大学教育研究》2002 年第 1 期。

被认为大学的经典理念之一。当前，创业型大学过度关注人才培养的工具属性，致力于为企业培养实用性的人才，忽视对学生的道德修养养成，专业教育完全取代普通教育，忽视大学立德树人的使命。这就使我们思考，偏离了大学第一使命的大学还可以被称为大学吗？即使大学在其发展历程中不断衍生出诸多使命，但是它们都不能超越大学的第一使命。① 当然，创业型大学的确是为了满足市场需求而培养人才，创业型大学如果放弃按照社会需求培养人的模式，那么也就失去了创业型大学的特色。未来的关键在于，创业型大学要将专业教育和普通教育、按需育人和培养“完人”结合起来，强化大学教育的人文关怀和道德教化使命，这应该是所有类型大学包括创业型大学的人才培养目标。

（三）缓和学术自由和行政集权的张力

学术自由是经典的大学理念之一，是数百年来大学蓬勃发展的基石。学术自由是学者和学生们从教会以及后来的国家手中经过艰苦斗争所争取而来的重要权利。它包括教学上教师可以自由设计课程并有权表达自己的学术观点，在研究上学者在研究问题、研究方法（在符合科研伦理和法律法规的前提下）、研究成果的传播以及评估等方面享有自由。而创业理念要求学者按照市场需求进行研究，这种按照效益和成本核算的研究导向很可能破坏大学学术标准，由好奇心驱使的基础研究让位于由收益驱使的创业研究，使学者以学术自由换取经济自由。在管理上，创业型大学也存在着“激活的学术地带”和“强化的领导核心”的矛盾。未来，创业型大学应该继续融合学术自由的传统。在管理上，学校管理者要尊重学者的学术自由，不以绩效思维约束学术研究的方向。整个行政集团应该将管理重点放在为学者的创业活动提供支持和平台建设上，最大限度地实现学术成果转化，注重提高办学效率②，并通过整体管理来协调应用研究和基础研究的差距，使学校的创业活动反哺学校的学术目标。其实，在克拉克所观察的欧洲创业型大学中，“强

---

① 付八军：《纵论创业型大学建设》，浙江工商大学出版社 2014 年版，第 24 页。

② 宣勇、付八军：《创业型大学的文化冲突与融合——基于学术资本转化的维度》，《中国高教研究》2013 年第 9 期。

力的驾驭核心”和“激活的学术地带”并不是割裂的。他以英国沃里克大学的行政管理委员会为例，指出管理委员会已经将非专业性的校务委员会成员、经过选举产生的学术代表和高级行政官员融合在一起。[①] 这种行政领导和学术群体的协调不仅存在于创业大学的萌芽阶段，也必将是未来创业型大学的发展态势。

① ［美］伯顿 · 克拉克：《建立创业型大学：组织上转型的途径》，王承绪译，人民教育出版社 2003 年版，第 25 页。

第五章　虚拟大学的大学观和办学模式

“虚拟大学”（virtual university，VU）是互联网时代的产物，是人类适应数字化生存的创设。作为一种新兴的大学形态，虚拟大学的发展历史较为短暂，但是随着全球数字化浪潮的推进，特别是在新冠肺炎疫情的影响之下，虚拟大学的影响力将与日俱增。

第一节　虚拟大学的产生与发展

教育是媒介技术的一方实验田，虚拟大学的产生与发展就是“教育”与“媒介”交汇影响的有力见证。伴随每一种新的媒介技术的普及，教育人士总是很快成为其拥趸，大力提倡运用媒介将教育延伸到课堂外、校园外。[①] 虚拟大学的产生并非一蹴而就，而是建立在“教育”与“媒介”交互不断深入的基础之上。从以肢体和语言为媒介的同时空传播，到以文字、图片以及电子信息为媒介的异时空传播，再到以语言、文字、图片、图像等为综合媒介的同时空传播历程，实现了从个体对个体、群体对群体传播，到全时空的大众传播。[②] 媒介的每一次变革，均赋予了社会以崭新的想象空间，

---

① ［美］迈克尔·格雷厄姆·穆尔：《从无线电广播到虚拟大学：美国远程教育历史亲历者的反思》，肖俊洪译，《中国远程教育》2014 年第 1 期。

② 陈汝东：《未来传媒发展趋势：一种媒介史的视角》，《人民论坛·学术前沿》2017 年第 23 期。

也为教育提供了必不可少的基础载体。与媒介发展史相呼应，虚拟大学产生与发展的历史大致可划分为三个阶段：萌芽期（19 世纪中期至 20 世纪中期）、成型期（20 世纪中期至 20 世纪末）、扩展期（20 世纪末至今）。

一、萌芽期（19 世纪中期至 20 世纪中期）

虚拟大学的萌芽，最早可追溯至“远程教育”（或称“远距离教育”）（remote education/distance education）的早期形态，即 19 世纪出现的函授教育（correspondence education）。这一时期，信件、邮件、传真、广播、电视、音频与录像、电话会议等媒介得到普及并对高等教育改革产生了深刻影响。

19 世纪中期至 20 世纪初，邮件、传真、广播、电视等媒介涌现并逐渐普及，媒介技术的发展促进了高等教育有限的“开放”——突破空间与时间对教与学的限制，为更多的人提供发展机会。1840 年，英国速记发明家伊萨克·皮特曼（Issac Pitman）想到通过“邮件”为潜在的无限的受众提供教学，开创了远程（函授）教育的历史。①1856 年，柏林法语教师查尔斯·图桑（Charles Toussaint）与柏林现代语言学会成员古斯塔夫·朗舍德（Gustav Langschedt）开始考虑建立一所函授语言学校。②1872 年，与“虚拟大学”相对应的英文术语“virtual university”由约翰·亨利·纽曼（John Henry Newman）在《大学的理念》（*The Idea of A University*）一书中提出。③ 当时运用这一术语，主要是为了强调“大城市”所具有的类似于“大学”广泛的面对面知识交流的功能，即是将“大城市”类比于“虚拟”的大学。可见，“虚拟大学”最初的含义并非特指一类大学，而“虚拟”一词是伴随互联网的兴起与应用才被赋予新义。1877 年，托马斯·埃德森

① Diane Matthews. *The Origins of Distance Education and Its Use in the United States*，2021-09-06，https：//Thejournal.Com/Articles/1999/09/01/The-Origins-Of-Distance-Education-And-Its-Use-In-The-United-States.Aspx.

② Almotahida Education Group. *Started with Letters in the 19th Century*：*History of*“*Distance Learning*”，2020-05-15，https：//Www.Almotahidaeducation.Com/？P=3822.

③ 张力：《美国虚拟大学运行机制初探——以凤凰大学为例》，硕士学位论文，四川师范大学教育科学学院，2009 年，第 10 页。

（Thomas Edson）发明留声机，为视听设备用于语言学习奠定了基础。[①]1892年，芝加哥大学（University of Chicago）成立了第一个独立的函授教学系（Department of Correspondence Education），成为世界上第一所采用远程学习的大学。[②]

20世纪20年代之后，无线电广播开始成为第一种运用于教育的电子媒介，进一步塑造着新的高等教育形态。此后约20年，美国有十多所院校相继提供了学分广播课程。其中，有些课程通过商业电视台播出，有些课程通过大学专用频道播出。直至20世纪60年代，这些课程统一由公共广播公司（Corporation for Public Broadcasting）负责播出。[③]1938年，函授教育国际会议（The International Conference on Correspondence Education）举行第一次会议并在挪威奥斯陆设立了开放与远程教育国际委员会（International Council for Open and Remote Education）。[④]1946年，南非大学（University of South Africa，UNISA）成为世界上第一所专门通过远程教育（distance education）来实施教学的公立大学并运行至今。

综上，从19世纪中期至20世纪中期，媒介形态的日益丰富为高等教育变革创造了基本的条件。借助于媒介技术的力量，高等教育机构发展了“函授教学”的形式，形成了校园内外教育的“双模式”，满足了社会更多群体日益增长的学习需求，促进了社会生产力进一步发展与结构转型。

二、成型期（20世纪中期至20世纪末）

虚拟大学的成型，与“开放大学”（open university）与“网络教育”

---

① Almotahida Education Group. *Started with Letters in the 19th Century*：*History of*“*Distance Learning*”，2020-05-15，https：//www.almotahidaeducation.com/？ p=3822.

② Almotahida Education Group. *Started with Letters in the 19th Century*：*History of*“*Distance Learning*”，2020-05-15，https：//www.almotahidaeducation.com/？ p=3822.

③ ［美］迈克尔·格雷厄姆·穆尔：《从无线电广播到虚拟大学：美国远程教育历史亲历者的反思》，肖俊洪译，《中国远程教育》2014年第1期。

④ Almotahida Education Group. *Started with Letters in the 19th Century*：*History of*“*Distance Learning*”，2020-05-15，https：//www.almotahidaeducation.com/？ p=3822.

（online education）的发展密不可分。这一时期，卫星与计算机网络等媒介逐步普及，广播电视教育（radio and television education）日益成熟，对社会生活的诸多方面产生了变革性的影响，远程教育进一步发展成为高等教育版图中相对独立的、专门化的版块，“虚拟大学”形态逐渐清晰。

20 世纪六七十年代，卫星占据了新一轮媒介技术变革的中心位置，同时期“开放大学”诞生。1969 年，英国开放大学（The Open University，OU）创立，开创了远程教育规模化发展的先河①，推动远程教育从高等教育的边缘走向中心②。英国开放大学首任校长克劳瑟（Lord Crowther）在就职典礼上提出开放大学的四层内涵：“开放教育对象、开放教育时空、开放教育方法、开放教育观念”（open to people，places，methods and ideas）。③ 秉持上述理念，英国开放大学的本科教育不设门槛，施教范围不局限于校内，对媒介技术的运用十分广泛，强调在传授知识的同时“点燃”思维。④1971 年，太平洋盆地“和平网”（PEACENET）的创建，是有史以来第一次将卫星应用于远程教育⑤，进一步促进了高等教育与媒介技术的融合。

20 世纪 80 年代，在“函授教育”“广播电视教育”“开放大学”等概念并行发展的同时，“网络教育”（online education）随着计算机、互联网等的诞生与普及，开始呈现出流行的趋势。1982 年，西方行为科学研究所（The Western Behavioral Sciences Institute）使用“计算机会议”（Computer Conferencing）为企业高管提供远程教育课程，可视为“网络教育”的开

---

① Dennis Normile，“Schools Ponder New Global Landscape”，*Science*，1997，Vol.277（5324），p.311.

② Chris Curran，“ODL and Traditional Universities：Dichotomy or Convergence?”，*European Journal of Education*，1997，Vol.32（4），pp.335-346.

③ ［英］丹尼尔：《巨型大学、虚拟大学和知识媒体：我们能否同时拥有数量和质量?》，丁兴富译，《开放教育研究》1998 年第 5 期。

④ 易红郡、李慧迎：《从开放大学到未来学习平台——二战后英国开放教育的创新及启示》，《天津师范大学学报》（社会科学版）2018 年第 6 期。

⑤ Pat Hall.“Distance Education and Electronic Networking”，*Information Technology for Development*，1996，Vol.7（2），pp.75-89.

端。[①] 1983年，罗恩·戈登（Ron Gorgor）推出了"电子大学网络"（electronic university network），使得个人能够通过私人电脑获取网络课程。[②] 1985年，位于佛罗里达州的新东南大学（Nova Southeastern University）通过获批的网络研究生课程创建了第一个"电子教室"（electronic classroom）。[③] 1986年，美国国家科学基金会网络（The National Science Foundation Network，NSFNET）推出了第一个开放的计算机网络——互联网的前身，允许机构创建、分发电子信息。[④]

20世纪90年代至20世纪末，互联网开始走入千家万户，以互联网为基础的网络大学、网络课程不断增多，"虚拟大学"概念正式诞生。[⑤] 随着卫星、光缆、电视以及各种双向交互电子通信技术的发展和应用，互动式"现代远程教育系统"逐步成为国际教育发展的共同趋势。[⑥]1993年，琼斯国际大学（Jones International University）在科罗拉多百年纪念馆开放，成为第一所完全基于网络的（fully web-based）、经认证的大学。[⑦]1994年，创立于1982年的"CALCampus"引入首个仅基于网络（online-only）的课程，能够保障实时指导与参与。[⑧] 相较于早期的远程教育，"CALCampus"的创

① Evan Thompson. *History of Online Education*，2021-05-27，https：//thebestschools.org/magazine/online-education-history/.

② Evan Thompson. *History of Online Education*，2021-05-27，https：//thebestschools.org/magazine/online-education-history/.

③ Evan Thompson. *History of Online Education*，2021-05-27，https：//thebestschools.org/magazine/online-education-history/.

④ Evan Thompson. *History of Online Education*，2021-05-27，https：//thebestschools.org/magazine/online-education-history/.

⑤ Paul Bacsich & Theo Bastiaens & Sara Frank Bristow & Ilse Op de Beeck & Sally Reynolds & Bieke Schreurs. *Reviewing the Virtual Campus Phenomenon：The Rise of Large-scale E-Learning Initiatives Worldwide*，EuroPACE ivzw，2009，p.10.

⑥ 王留栓：《从世界现代远程教育看中国的虚拟大学》，《比较教育研究》2002年第3期。

⑦ Evan Thompson. *History of Online Education*，2021-05-27，https：//thebestschools.org/magazine/online-education-history/.

⑧ Evan Thompson. *History of Online Education*，2021-05-27，https：//thebestschools.org/magazine/online-education-history/.

新贡献在于使得远程学习者个体不再与教育者、同学等隔绝①，即创设了一种更加模拟现实的学习环境。1997 年，19 位美国州长联合创建了西部州长大学（Western Governors University，WGU），致力于支持更多的民众更易于获得与其日程灵活匹配的大学教育。②1998 年，加州虚拟大学（California Virtual University，CVU）开始运营，开设约 700 门课程，获得了 5 个加州大学校园、89 所国家认可的学院与大学的支持；1999 年，加州虚拟大学已开设 2000 门网络课程，涉及 100 余所被认可的公立与私立大学，但是由于资金的中断，其进行了重组并将部分服务交由加州虚拟校园（California Virtual Campus，CVC）。③1999 年，加州虚拟校园开始运营其网络课程项目。至 2003 年，加州虚拟校园已有超过 30 万名学生参加由 131 所学院与大学提供的 4700 门课程。④

综上，从 20 世纪中期至 20 世纪末，以计算机、互联网普及为主要表征的媒介技术变革，为“开放大学”与“网络教育”的诞生与发展提供了有力支撑。这种从原子到比特的飞跃势不可当、无法逆转⑤，甚至开创了一种“新生物文明”——“造化所生的自然王国和人类建造的人造国度正在融为一体。机器，正在生物化；而生物，正在工程化。”⑥尼古拉·尼葛洛庞帝（Nicholas Negroponte）就此提出了尤为生动的隐喻：“互联网变成我们看世界、看未来的视网膜，蜘蛛就是我们时代的图腾。”⑦在此基础上，虚拟大学

---

① Margaret Morabito. *Origins of CALCampus*，2021-05-27，http：//www.calcampus.com/calc.htm.

② Western Governors University. *Transforming Higher Education Is Our History and Our Future*，2021-08-15，https：//www.wgu.edu/about/story/history.html.

③ University of California. *Universitywide and Affiliated Institutions*，2004-07-07，https：//www.lib.berkeley.edu/uchistory/general_history/institutions/institutions_c.html#california_virtual.

④ University of California. *Universitywide and Affiliated Institutions*，2004-07-07，https：//www.lib.berkeley.edu/uchistory/general_history/institutions/institutions_c.html#california_virtual.

⑤ ［美］尼古拉·尼葛洛庞帝：《数字化生存》，胡泳等译，海南出版社 1997 年版，第 12 页。

⑥ ［美］凯文·凯利：《失控：机器、社会与经济的新生物学》，东西文库译，新星出版社 2010 年版，第 22 页。

⑦ 李河：《得乐园·失乐园——网络与文明的传说》，中国人民大学出版社 1997 年版，第 8 页。

强调从新的教学方法——知识媒介（knowledge media）的开放出发，以此实现进一步开放教育对象与开放教学时空的目标。① 在媒介技术变革的驱动下，高等教育更好地回应了社会发展需求，为政府或个体进行“教育生产性投资”创造了更多可能。

三、扩展期（20 世纪末至今）

虚拟大学的扩展，是以互联网的全面普及、各式新媒体的深度融合为基础。这一时期，媒介化社会发展成熟，网络成为社会各领域有效运转的载体之一，信息与通信技术（information and communication technologies，ICT）在高等教育领域得到广泛运用并呈现出前所未有的巨大潜力。在此背景下，虚拟大学逐步扩展为真正意义上的“大学”，淡化了由函授教育、远程教育、开放大学等存续而来的职业培训色彩，与传统大学的诸多方面达成深度互补。

1995 年，据联合国教科文组织（UNESCO）的统计显示：从全球范围来看，远程教育机构的学生人数占入学总人数 10% 以上的国家（地区）已达到 18 个，其中发展中国家 16 个（前五位分别是缅甸 60%、泰国 37%、斯里兰卡 32%、巴布亚新几内亚 31%、阿尔巴尼亚 31% 等）、发达国家 2 个（新西兰 18%、以色列 14%）。②

1996 年，据《索尔森认证远程学习项目指南》（*Thorson's Guide to Accredited Distance Learning Programs*）的数据显示，当时已有超过 160 所认证的学院或大学提供远程学习项目。③

2000 年，来自美国、加拿大、英国等国的 28 所虚拟大学（见表 5–1）

---

① ［英］丹尼尔：《巨型大学、虚拟大学和知识媒体：我们能否同时拥有数量和质量?》，丁兴富译，《开放教育研究》1998 年第 5 期。

② 王留栓：《从世界现代远程教育看中国的虚拟大学》，《比较教育研究》2002 年第 3 期。

③ Kumiko Aoki & Donna Pogroszewski. *Virtual University Reference Model：A Guide to Delivering Education and Support Services to the Distance Learner*，2021-09-20，https：//www.westga.edu/~distance/ojdla/fall13/aoki13.pdf.

达成转移课程学分协议，即签约的虚拟大学之间相互承认学生所修课程学分。虽然该协议在很大程度上是象征性的，但是从中体现的合作精神难能可贵——众多新兴虚拟大学的负责人通过对话，为虚拟大学进一步发展创造了更为广阔的平台，也为学习者网络学习成果的认证开辟了更多通道。①

表 5–1　签署 2000 年转移课程学分协议的虚拟大学列表

国别	虚拟大学
美国	科罗拉多电子社区学院、康涅狄格远程学习联合体、伊利诺伊虚拟大学、约翰国际大学、肯塔基虚拟大学共同体、马里兰在线、密歇根虚拟大学、明尼苏达虚拟大学、国家技术大学、新泽西虚拟大学、俄亥俄学习网络、俄克拉荷马在线学院、南达科他电子大学联盟、田纳西虚拟大学、缅因大学系统、美国开放大学、凤凰大学、田纳西大学、得克萨斯大学系统、西部州长大学、威斯康星学习网等
加拿大	阿萨巴斯卡大学
英国	电子大学
墨西哥	里吉奥满塔纳大学
智利	麦哲伦大学

资料来源：圳：《美、加、英国 28 所虚拟大学开展合作》，《世界教育信息》2001 年第 7 期。

2001 年，美国麻省理工学院（Massachusetts Institute of Technology，MIT）宣布：计划在未来十年内将该大学几乎所有的课程放置到互联网上供用户免费下载。②

2012 年，“慕课”元年到来，虚拟大学的发展达到新的高度。“慕课”（MOOCs），是“大规模网络公开课”（massive open online courses）的简称。“MOOC”一词最先指代的是斯蒂芬·唐斯（Stephen Downes）与乔治·西蒙斯（George Siemens）于 2008 年开发的课程——“连接主义与知识连接”（connectivism and connectivity knowledge）。③

① 圳：《美、加、英国 28 所虚拟大学开展合作》，《世界教育信息》2001 年第 7 期。

② 侯威、椰永华：《虚拟大学——高等教育的新发展》，《外国教育研究》2004 年第 8 期。

③ McGill Association of University Teachers. *A Brief History of MOOCs*，2021-08-15，https：//www.mcgill.ca/maut/news-current-affairs/moocs/history.

目前，全球已产生“Coursera”“Udacity”“EdX”等极具代表性的大型慕课平台：(1)“Coursera”：2012年，斯坦福大学教授安德鲁·吴（Andrew Ng）与达芙妮·科勒（Daphne Koller）创办了“Coursera”公司。作为一家创业公司，其与世界顶尖大学合作，运用技术使最好的教师能够教授成千上万名或更多的学生。当前，已有超过400万名学生注册参加“Coursera”课程。① (2)“Udacity”：2012年，塞巴斯蒂安·特伦（Sebastien Thrun）等人创立了“Udacity”公司。“Udacity”最初是一场在线学习的实验——斯坦福大学塞巴斯蒂安·特伦与彼得·诺维格（Peter Norvig）选择免费面向所有人在线提供其“人工智能导论”（Introduction to Artificial Intelligence）课程并吸引了来自190多个国家的16多万名学生参加。② 塞巴斯蒂安·特伦甚至判断，50年后可能只有10所（实体）机构在提供高等教育。③ (3)“EdX”：“EdX”是一家非营利性企业，由麻省理工学院开发的“MITX”平台发展而来，在哈佛大学加入后更名为“EdX”。④ 这一平台专门为通过网络进行的交互式学习而设计。⑤

同时，也有越来越多的国家、高等教育机构、企业等参与创办了更为多样化的特色慕课平台。据“网络学习者”机构（E-Student）2021年收集的数据显示：在产业前景方面，全球在线学习产业正以每年19%及以上的年增长率迅速发展。截至2021年底，该产业价值预计将逾2430亿美元。2020至2025年，全球慕课市场的预计年增长率为29%，将成为增长最快的教育市场。在学生规模方面，全球最大的10所教育机构已招收多达20%的在

① McGill Association of University Teachers. *A Brief History of MOOCs*，2021-08-15，https：//www.mcgill.ca/maut/news-current-affairs/moocs/history.

② Udacity. *About Us*，2021-08-15，https：//www.udacity.com/us.

③ McGill Association of University Teachers. *A Brief History of MOOCs*，2021-08-15，https：//www.mcgill.ca/maut/news-current-affairs/moocs/history.

④ McGill Association of University Teachers. *A Brief History of MOOCs*，2021-08-15，https：//www.mcgill.ca/maut/news-current-affairs/moocs/history.

⑤ Alvin Sherman Library. *Massive Online Open Courses*（*MOOC*）：Top MOOC Resources，2020-05-20，https：//nsufl.libguides.com/MOOC.

线学生，全球已有超过 300 万名的学生正在网上全面接受高等教育。在美国大学招生总人数连续 10 年减少的背景下，其在线大学生注册人数已连续 14 年增长。在学习层次方面，全球已有 50 个完全基于慕课平台的在线硕士学位项目，其中英国 79% 的慕课学习者已拥有学士或更高学位，美国参加完全在线的学位课程的研究生比例已从 2008 年的 6.1% 上升至 2016 年的 27.3%。①

综上，21 世纪以来，全球化的深入、数字技术媒介变革，使得不同国家与地区、不同个体之间建立起紧密的、打破时空局限的自然联结，人类社会发展步入了真正的“网络”时代。在此背景下，全球高等教育国际化趋势进一步增强，大学的“边界”进一步消解。高等教育的“在线”转型，不再仅仅是“锦上添花”，而是成为高等教育适应并引领时代发展的必然选择。“虚拟大学”成为当代高等教育数字化转型的集成性术语，反映了数字化时代大学发展的新兴样态。

第二节　虚拟大学的内涵与职能

与传统大学相比，虚拟大学的内涵更加体现包容性与开放性，这也恰好反映了数字化时代的鲜明特征，而虚拟大学的教学、科研、社会服务等三项职能之间具有更强的相关性。

一、虚拟大学的内涵

目前，不同机构或学者对虚拟大学进行了多种界定，但虚拟大学是一个相对新颖的概念，目前尚未形成统一的界定。依据界定的逻辑特征，可将其划分为如下四类：

---

① Sander Tamm. *100 Essential E-Learning Statistics for 2021*，2021-01-07，https：//e-student.org/e-learning-statistics/.

（一）虚拟大学的“功能论”

该界定着眼于虚拟大学所发挥的功能。库米可·奥奇（Kumiko Aoki）与多娜·波格罗泽夫斯基（Donna Pogroszewski）在 1998 年提出，“虚拟大学”是全部或主要通过网络通信技术为学习者提供学习内容与学习支持服务、为教师提供教学及科研所需资源或工具的高等教育机构。在这一界定基础上，他们构建了包含学生、教员、资源、管理等四大要素的虚拟大学参考模型：学生在虚拟大学参考模型中处于中心地位，可参与线上交互讨论、联系校友、加入在线兴趣小组或团队等；虚拟大学的教员主要从事在线学业辅导、教学传输、课业评价等活动；虚拟大学的资源主要涵盖线上各类文献、词典、数据库以及复制与传输等服务；虚拟大学的管理主要涉及在线制订课程目录、招生录取、报到注册、审核成绩与学位、发放奖学金、处理反馈意见等环节。虚拟大学上述功能的实现，是通过学生、教员、资源、管理等要素基于媒介技术而相互作用的过程，即虚拟大学的一个基本假设是所有的教育服务均在远端且要通过特定的传输系统或者凭借远程通信技术来完成提供。① 方德葵认为虚拟大学是采用现代网络和信息技术组成的一种产、学、研、用一体化的跨时空和组织边界的动态联盟体。② 欧盟基于企业经济的视角，提出虚拟大学是指一种基于 ICT 的分布式的学习与研究型企业。③ 张达明、陈世瑛认为，虚拟大学是运用虚拟技术创办在互联网上、不消耗或少消耗现实教育资源和能量并具有现实大学特征和功能的一种办学实体。④

---

① Kumiko Aoki & Donna Pogroszewski. *Virtual University Reference Model*：*A Guide to Delivering Education and Support Services to the Distance Learner*，2021-09-20，https：//www.westga.edu/~distance/ojdla/fall13/aoki13.pdf.

② 方德葵：《虚拟大学——现代远程教育理论与实践》，中国广播电视出版社 2003 年版，第 1 页。

③ European Commission Directorate-General for Education and Culture. *The* “*e*” *for Our Universities-Virtual Campus*：*Organisational Changes and Economic Models*，2021-09-20，http：//ec.europa.eu/education/archive/elearning/doc/workshops/virtual%20campuses/report_en.pdf.

④ 张达明、陈世瑛：《21 世纪办学新模式——虚拟大学》，《吉林教育科学》1997 年第 5 期。

2. 虚拟大学的"机制论"

该界定着眼于虚拟大学的运行机制。迈克尔·格雷厄姆·穆尔（Michael G. Moore）在 2014 年提出，虚拟大学不同于技术意义上的"虚拟"，而是能够不依托任何机构进行课程设计和传送，其是一个能够独立运行的系统——每次提供某一个项目（如教育产品或培训服务）所需的专门知识或技能，均由总部一个部门通过签约购买，即每一个项目所需的资源来自全国甚至可能是全球的不同供给方，然后根据不同情况灵活整合，完成"汇集和搭配"。在这个系统中，没有固定的员工与部门等，但设有一个由专家组成的理事机构，负责监督签约资源的规划和评估、课程和专业设计、技术、教学和学习者支持、培训和信息管理等工作。[①] 欧盟基于协作视角提出，虚拟大学（校园）是"高等教育机构在网络学习领域所开展的合作"，即"不同合作伙伴在分布式环境中基于 ICT 就支持学习与研究展开合作"。[②] "学习组织"（Learn.org）提出，虚拟大学是一类在线学习机构，通过互联网来提供课程、研讨会等，就读于虚拟大学的学习者通过加入在线论坛、聊天室以及基于网络的课程交互系统，能够实现与教授、同辈的互动（见表 5–2）。[③] 哈特维格·斯坦（Hartwig Stein）认为虚拟大学是一个组织，即拥有学习成果认证权的公共或私人机构，旨在为其客户提供教育服务与支持。虚拟大学这一组织的运作受工作团队、学生、通信媒介等要素的影响。其中，工作团队是由教师、电视制作人、技术专家、视觉教具制作人与教学设计师等组成并以民主的方式展开工作；学生所具备的差异化的知识、技能发展水平，以及其为学习概念、技能、态度而采取的行动，是工作团队在设计学习

---

① ［美］迈克尔·格雷厄姆·穆尔：《从无线电广播到虚拟大学：美国远程教育历史亲历者的反思》，肖俊洪译，《中国远程教育》2014 年第 1 期。

② European Commission Directorate-General for Education and Culture. *The "e" for Our Universities-Virtual Campus*：*Organisational Changes and Economic Models*，2021-09-20，http：//ec.europa.eu/education/archive/elearning/doc/workshops/virtual%20campuses/report_en.pdf.

③ Learn.org. *What Is a Virtual University*？，2021-08-15，https：//learn.org/articles/What_is_a_Virtual_University.html.

活动时关注的重点；通信媒介的选择与使用，以满足学生学习需求为先，需保障程序和服务器的正常运行，并使学生学会自主管理电脑和软件等。①

表 5–2 虚拟大学的学习条件与成果

先决条件	学习者一般应具有高中文凭或同等学力。
技术条件	学习者应首先检查其计算机系统与基于网络的软件应用程序是否满足技术要求（如宾夕法尼亚州立大学提供了计算机系统要求清单），或者是否还需要能够使用的打印机、完整的复式音卡、扬声器、麦克风等。
学习成果认证	学习者能够通过完全的在线学习获得证书或学位，具体包括文凭证书、副学士学位、学士学位、硕士学位、博士学位等。
	学习者能够通过在线学习接受继续教育、获得一定的学分等。

资料来源：Learn.org. *What Is a Virtual University*?，2021-08-15，https：//learn.org/articles/What_is_a_Virtual_University.html.

3. 虚拟大学的“环境论”

该界定是将虚拟大学作为一种“环境”加以考量。万·杜森（Van Dusen）等认为虚拟大学是新的、有力的教学与通信技术相融合所创造的教学、学习、研究环境的隐喻，这些技术包括但不限于互联网、万维网、计算机介导的通信、视频会议、多媒体、群件、视频点播、桌面出版、智能教学系统与虚拟现实等。② 欧盟从网络组织视角出发，将虚拟大学视为一种可增强或整合不同合作伙伴提供的学习与研究服务的环境。③ P. 布雷（Philip Brey）认为，虚拟大学是教育的计算机化和远程教育，其没有单纯的物理意义上的校园，而是由电子网络连接的包括电子邮箱、布告栏、视频会议和电

① Hartwig Stein. “A Model of Virtual University”，*Turkish Online Journal of Distance Education*，2000，Vol.1（2），pp.5-8.

② Gerald C.Van Dusen . *The Virtual Campus Technology and Reform in Higher Education*，2021-09-20，https：//files.eric.ed.gov/fulltext/ED412816.pdf.

③ European Commission Directorate-General for Education and Culture. *The “e” for Our Universities-Virtual Campus*：*Organisational Changes and Economic Models*，2021-09-20，http：//ec.europa.eu/education/archive/elearning/doc/workshops/virtual%20campuses/report_en.pdf.

子资源的共享环境。[①] 萨拉·萨利赫·库凯内（Sara Salehi Kukeneh）等提出虚拟大学概念历经三代发展——第一代虚拟大学是指开发、编辑、研究学习材料的环境，包括学习者网络界面、学习材料数据库、测试与评估系统、论坛、电子邮件系统等，第二代虚拟大学新增了具有结构化学习过程的电子学习平台，第三代虚拟大学是真实大学的虚拟环境模型，包括学习管理系统、学习内容管理系统、虚拟图书馆、计划工具、协作工具、课程开发工具、学习者评估工具等要素。[②]

4. 虚拟大学的“比较论”

该界定是通过将虚拟大学与传统大学进行比较而得出。约翰·丹尼尔（John Daniel）指出，虚拟大学是通过电子手段将现有大学联合成一种结构更灵活、拥有许多相对自治节点的新型的网络巨型大学。[③] 欧盟将虚拟大学仍视为现有大学或院系的一部分，强调其是“高等教育机构之间在网络学习领域的合作”，特别是指“几所大学联合开发课程”。[④] 马里亚姆·米尔扎哈尼（Maryam Mirzakhani）等在 2010 年归纳了虚拟大学相较于传统大学的优势与不足（见表 5–3）。[⑤] 侯威、椰永华认为，“虚拟大学”是一种基于网络的高等教育，其不受时空与地域限制，具有丰富的教育资源、灵活机动的教育方式和面向所有公民的开放性以及日趋低廉的费用，能够适应快速增长的世界范围内对高等教育的需求和现代社会对劳动者终身学习的要求。[⑥]

---

① ［荷］P. 布雷：《虚拟大学的伦理问题》，《国外社会科学》2007 年第 3 期。

② Sara Salehi Kukeneh & Asadollah Shahbahrami & Mehregan Mahdavi. *Personalized Virtual University*：*Applying Personalization in Virtual University*，2021-10-03，https：//ieeexplore.ieee.org/stamp/stamp.jsp？tp=&arnumber=6011232.

③ 丁兴富：《远程教育的微观理论》，《中国远程教育》2001 年第 2 期。

④ Paul Bacsich & Theo Bastiaens & Sara Frank Bristow & Ilse Op de Beeck & Sally Reynolds & Bieke Schreurs. *Reviewing the Virtual Campus Phenomenon*：*The Rise of Large-scale E-Learning Initiatives Worldwide*，EuroPACE ivzw，2009，p.16.

⑤ M. Mirzakhani & H. Ashrafzadeh & A. Ashrafzadeh. “The Virtual University：Advantages and Disadvantages”，*The 4th International Conference on Distance Learning and Education*，2010，pp.32-36.

⑥ 侯威、椰永华：《虚拟大学——高等教育的新发展》，《外国教育研究》2004 年第 8 期。

表 5–3 虚拟大学的优势与不足

优势	不足
· 教育者与学习者无须在线下的课堂碰面 / 由于消除通勤需求而节省时间 · 课堂没有明确的时间依赖性 · 拥有高质量课程演示（由于使用多媒体设备）/ 网络学习的课程文本更为有用（具有强时效性且运用多媒体呈现） · 支持大量的学习者参与课程 · 为学习者节省成本 / 减少学习者入学的障碍 · 非常有限的师资即能够关照到大量学习者 · 提供在不同专业与著名大学接受高等教育的机会 · 在网络学习中应用广泛的教育技术 · 更易于获得图书馆与其他教育类资源，从事更高效的研究 · 课程时间灵活，可个性化调整 · 学习者学习动力更强（即以自我为中心）/ 学习者具有更强的学习能力 / 学习者对学习过程有更多的控制 / 以学习者为中心 · 教育者提供更多的教育文本 · 享有平等的技术获取机会 · 保护学习者的隐私 · 在某些情况下，需要合法性框架（标准化） · 不被打断的课堂 · 创造力教育 · 教育者与学习者之间的持续合作	· 在实践教育领域并没有取得成功 · 课程展示方法相比传统大学要慢 · 以科学为导向，学习者在理解技术信息方面可能存在问题 · 缺乏快速反馈 · 由于缺少直面交流，学习者的期望通常不明确 · 缺乏对学习者需求与问题的关注 · 将学生视为客户 · 缺乏政府宏观政策支持 · 需掌握一些技术技能 · 虚拟互动导致社会隔绝 · 存在技术限制，即当离线或系统失灵，教与学将无法正常运转 · 难于监督学习者 · 学习者须支付更高的成本来使用更高速的互联网 · 虚拟大学学位的社会认可度低

资料来源：M. Mirzakhani & H. Ashrafzadeh & A. Ashrafzadeh，“The Virtual University：Advantages and Disadvantages”，*The 4th International Conference on Distance Learning and Education*，2010，pp.32-36.

综上，虚拟大学亦或称作“虚拟校园”（virtual campus），一般是指基于互联网创建并运行、以多种媒介技术为主要支撑、以学习者为中心的新型高等教育组织网络，其特征主要包括：（1）教育环境的虚拟性：虚拟大学最直观的特征即其整体架构的“虚拟性”，即通过运用互联网以及各种媒介技术，搭建高度还原现实情境的各种校园场馆与设施，以创造在线学习的最佳体验。（2）主体交互的网络性：大学教育最核心的主体仍然是师生。虚拟大学的创建无法完全取代教育者与学习者自身的角色职能，其改变的是教育者与学习者相互作用的方式——教育过程基于网络展开，教育者与学习者能够突破时空限制、随时随地参与在线互动，而教育者与学习者的数字素养水平直接关系着这种互动的效度。(3) 教育资源的丰富性：一方面，教育资源的形式丰富，讲究声、形、像俱全，能够对学习者产生较大的吸引力；另一方面，教育资源的内容丰富，更新迅捷、共享便捷，能够保证学习内容的时效性与多元性。(4) 运行机制的灵活性：虚拟大学在一定程度上摆脱了实体大学发展的诸多限制，享有更多的自治性与更大的灵活性，能够对社会需求特别是市场需求作出更为快速的回应。

二、虚拟大学的职能

虚拟大学的创建，旨在通过发挥互联网的巨大潜能，创造性解决高等教育发展进程中所面临的挑战。虚拟大学的职能，集中体现在以开放弥合高等教育与数字化时代的发展位差。相较于传统大学，虚拟大学的教学、科研、社会服务等三项职能之间具有更强的相关性，其职能的衍生与拓展均体现以网络技术为依托（见图 5–1）。

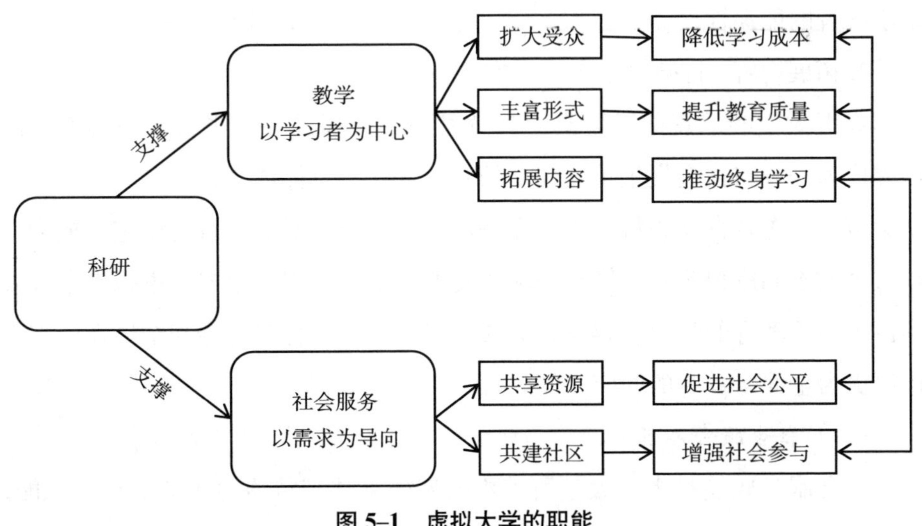

图 5–1　虚拟大学的职能

（一）教学职能

教学职能是虚拟大学自诞生以来所承担的最为核心的职能。相较于传统大学，虚拟大学教学更加凸显以学习者为中心并在教学对象数量及范围、教学内容、教学形式等方面均呈现新的特征。

1. 扩大受众：增加教育供给，降低学习成本

虚拟大学是知识社会的产物，亦是其重要推动力，能够支持高等教育进一步扩张规模。具体体现在：第一，突破传统高等教育的时空限制，支持更多的群体通过更为便捷、易得的在线平台随时随地享有高等教育资源与服务，实现自我发展的个性化、多元化诉求；第二，突破传统高等教育的门槛限制，通过提供多样化、个性化的学历与非学历教育进一步推动高等教育普及，也为更多的社会利益相关者投入发展高等教育创造契机。

2. 丰富形式：完善学习体验，提升教育质量

获得积极的“学习体验”（learning experience），既是现阶段学习的成果，也是持续学习的开端。虚拟大学通过充分挖掘互联网的潜在优势，能够为学习者创设较为新颖的学习体验，在一定程度上有助于教育质量的提高。具体体现在：第一，丰富学习资源的呈现形式，使之更为直观、生动、具有强吸引力；第二，丰富课堂的互动形式，增强教与学过程的交互性，充分调动学习者的能动性。

3. 拓展内容：打破大学边界，推动终身学习

虚拟大学的出现改变了高等教育发生与发展的各项条件，高等教育的边界成为一种与社会发生持续互动的开放存在。具体体现在：第一，虚拟大学突破了高等教育作为特定人群在特定时间段所接受的教育的限定，成为面向每个人不同成长阶段多样化需求的发展型学习组织；第二，虚拟大学极大丰富了高等教育的学习内容及其形式，促使高等教育对社会与个体发展需求作出更为全面与及时的回应。

（二）社会服务职能

社会服务职能是虚拟大学所承担的集中反映其特质与优势的重要职能。相较于传统大学，虚拟大学与社会之间有着更为天然、紧密的联系，社会需求是其产生与发展的直接动力。虚拟大学教育供给方与受众的多样性、课程类型与教学形式的丰富性、运营方式的灵活性等，亦有助于其对社会需求作

出有效回应，进而发挥好社会服务职能。

1. 共享资源：优化公共产品，促进社会公平

全球化与数字化的交织，使得国家之间、地区之间、个体之间形成了一种前所未有的联结。联结，意味着共享与共担、共进与共生。虚拟大学，依托于联结万千个体的互联网发展教育数字公共产品，打破优质教育资源封闭圈，开放学习疆域，推动了更大范围的教育公平的实现。具体体现在：第一，就供给方而言，虚拟大学为优质高等教育资源实现合理分配、发挥最大效能提供技术路径；第二，就需求方而言，虚拟大学为不同国家、地区、社区的个体享有同等优质的高等教育资源创造可能空间。例如，非洲最大的开放远程教育机构“南非大学”（University of South Africa，UNISA）作为一所不分种族、肤色或信仰为所有人提供受教育机会的大学，招收了近三分之一的南非学生①，在推动社会公平进程中发挥着重要作用。

2. 共建社区：发展网络社区，增强社会参与

20 世纪初，威斯康星大学（The University of Wisconsin）在其所在州的每一个地区都设立了推广教学地区中心等，用以向社会推广技术和知识，促使大学与州融为一体、整个州成为大学的校园。② 进入 21 世纪，虚拟大学提供社会服务可以不再通过创建实体性的机构，而是通过发展开放而包容的网络学习社区来实现。这样的社区，能够赋予参与者以极大的自主性，增强其社会参与。具体体现在：第一，网络学习社区去除了传统社区的地域标签，面向广泛的国际社会与多元的文化系统，来自世界各地的参与者可平等加入、对话讨论、贡献智慧，即每一位参与者通过在线学习均可能成为该学习社区的积极建设者；第二，网络学习社区的人员结构异质多样、灵活多变，参与者可不受年龄、学校、社会角色等的框定投入到学习之中，在开放的学习氛围中提升社会参与的效能感。

---

① UNISA. *The Leading ODL University*，2021-08-10，https：//www.unisa.ac.za/sites/corporate/default/About.

② 刘宝存：《威斯康星理念与大学的社会服务职能》，《理工高教研究》2003 年第 5 期。

（三）科研职能

科研职能是虚拟大学教学职能与社会服务职能有效发挥的必要支撑，伴随虚拟大学发展的深入其重要性日益凸显。面对教学规模、内容、形式的创新要求以及社会服务需求的复杂情境，虚拟大学一方面需开展覆盖各学科与专业的普遍性研究，特别是在强调跨界合作的研究领域发挥独特优势；另一方面应加强有关虚拟学习或数字素养等的专项研究，从而更好地推动自身建设。如：牛津大学继续教育学部（The Department for Continuing Education of Oxford University）建设了活跃的跨学科研究社区，鼓励从事跨学科的顶级研究，重点关注人文和社会科学，在推动大学与社会、产业、职业紧密衔接方面发挥着重要作用。① 英国开放大学则明确将扩大高等教育机会与开展卓越研究相结合并将研究与知识交流作为创立原则的基础。作为英国最大的大学，其科研活动支撑其为近 17 万名学习者提供教学、为世界各地的学习者提供高质量免费开放教育资源。②

第三节　虚拟大学的办学模式

虚拟大学职能的发挥是通过不同的办学模式来实现。关于“虚拟大学”的办学模式，学界存在多种提法：(1)“学习联邦”（The Commonwealth of Learning，COL）在 2001 年提出三种办学模式：新的虚拟教育机构、机构联盟、政府—教育联盟。③ (2) 唐纳德·汉娜（Donald Hannah）在 1998 年提出七种办学模式：扩展的传统大学、营利性的以成人为中心的大学、远程教育 / 基于技术的大学、企业大学、大学 / 行业战略联盟、(授予) 学位 / 证书

① The Department for Continuing Education of Oxford University. *Our Mission*，2021-08-10，https：//www.conted.ox.ac.uk/about/our-mission.

② The Open University. *Research at the OU*，2021-09-20，https：//www.open.ac.uk/research/.

③ Susan D’Antoni. *The Virtual University*：*Models and Messages*；*Lessons from Case Studies*，2021-07-20，http：//www.iiep.unesco.org/en/publication/virtual-university-models-and-messages-lessons-case-studies.

的基于能力的大学、全球跨国大学等。[①] 本研究将虚拟大学的办学模式主要概括为依附型、联合型、独立型、融合型等四种类型。每种办学模式特征不同、并行发展，是虚拟大学创新发展的积极尝试。

一、虚拟大学“依附型”办学模式

虚拟大学“依附型”办学模式是指其依附于传统大学实体结构与资源而办学。一方面，一些传统大学在长期发展过程中积累了丰富的办学经验、拥有优良的教学设施、享有良好的声誉，可为创建虚拟大学奠定坚实基础；[②] 另一方面，时代与社会发展的新需求，促使传统大学寻求改革、转型与创新，创建虚拟大学即传统大学实现改革、转型与创新的有效路径之一。采用“依附型”办学模式的虚拟大学具体又可分为两类：(1) 由传统大学统筹全校资源打造的覆盖全校的数字化系统，如传统大学的“虚拟校园”“数字校园”“智慧校园”等；(2) 由传统大学部分院系专设的数字化教育版块，如传统大学的继续教育学院、网络教育学院或其他学院的数字化课程与教学服务等。

“依附型”办学模式主要特征包括：一是其附属于一所或多所传统大学，为传统大学更好地发挥功能提供支持；二是其不完全具备大学的形态要件，而是更多地指向于具体的在线课程、网络教学、数字化服务等；三是其创建与运行的方式灵活、高效。

牛津大学（University of Oxford）是享誉全球的顶尖高等教育学府。在创建虚拟大学过程中，牛津大学亦走在世界前列，其“Canvas”平台和继续教育学部就是典型的“依附型”办学模式。

1. 牛津大学“Canvas”平台

“Canvas”平台是指大学的虚拟学习环境（virtual learning environment,

---

① Susan D’Antoni. *The Virtual University*：*Models and Messages*；*Lessons from Case Studies*, 2021-07-20，http：//www.iiep.unesco.org/en/publication/virtual-university-models-and-messages-lessons-case-studies.

② 侯威、郴永华：《虚拟大学——高等教育的新发展》，《外国教育研究》2004 年第 8 期。

VLE)[①]。作为一种提供高质量、包容性的数字教育的工具，“Canvas”平台被诸多世界一流大学所采用。牛津大学的“Canvas”平台功能强大、成效显著，反映了牛津大学致力于将虚拟空间打造为与物理空间一样高水准的雄心。牛津大学引进“Canvas”平台创建虚拟学习环境，不仅实现了技术更新，更重要的是反映教育理念的革新：

（1）通过数字技术促使牛津大学的教育更为卓越。牛津大学的卓越教育建立在一套核心教育原则之上：能够通过教程提供具有智力刺激性的对话；能够通过各学院创建小型的学术社区；能够进行以研究为主导的教学；能够为学生超越学科灵活选择个性化的课程提供支持等。[②]数字技术的运用，并非取代上述原则，而是促进其落实——就基本层面而言，数字技术的运用能够发挥省时流媒体资源（time-saving streaming resources）与数字集成（digital integrations）的巨大优势。就更高层次而言，数字空间能够提供增强或替代学习与协作的机会，数字教室可以成为一个全球性的教室，为跨学科、跨文化、跨地域的学习创造条件。[③]“Canvas”平台的使用，不仅仅强调技术层面的操作，更看重师生数字素养的培养与终身学习能力的发展。

（2）通过数字技术提升教育体验。“Canvas”平台具有直观性、简洁性、易用性。相较于之前搭设的虚拟学习环境——导航与接口繁琐且笨重，“Canvas”平台充分发挥数字化的优势，实现在操纵系统与移动设备之间的无缝对接，支持师生更多、更好地参与教育活动，随时随地访问教育资源空间。[④]“Canvas”平台的使用，真正体现了教育与技术深度融合的巨大优势。

（3）通过数字技术为所有人创造发展空间。牛津大学强调“Canvas”平台需要为所有师生以及所有教学与学习支持者提供数字空间，创造更大的教

---

① University of Oxford. *Canvas*，2021-08-10，https：//www.ctl.ox.ac.uk/canvas-oxford.

② Kate Lindsay. *Breaking Down the Barriers*，*Breaking Down the Vision...*，2021-08-10，https：//www.ctl.ox.ac.uk/article/breaking-down-the-barriers-breaking-down-the-vision...#/.

③ Kate Lindsay. *Breaking Down the Barriers*，*Breaking Down the Vision...*，2021-08-10，https：//www.ctl.ox.ac.uk/article/breaking-down-the-barriers-breaking-down-the-vision...#/.

④ Kate Lindsay. *Breaking Down the Barriers*，*Breaking Down the Vision...*，2021-08-10，https：//www.ctl.ox.ac.uk/article/breaking-down-the-barriers-breaking-down-the-vision...#/.

育灵活性、可及性、包容性；通过研究辅助功能插件，为残疾人、有特定学习困难的人以及有访问需求的人群提供专门支持，为需要心理健康咨询或是缺乏时间灵活性的人士提供在线无障碍服务。[①] 长远来看，牛津大学为缩小性别、族裔出身和社会经济背景方面的差距，须向有需要的群体提供更多的名额，而"资助一个本科生就读的成本是其应支付学费的两倍"[②]，高质量的虚拟学习环境建设无疑将为这一矛盾的解决提供新的思路。

2. 牛津大学继续教育学部

牛津大学继续教育学部（The Department for Continuing Education of Oxford University），可作为虚拟大学"依附型"办学模式的又一类范例。

牛津大学继续教育学部的历史与英国19世纪后半期的"大学推广运动"（The University Extension Movement）紧密联系。当时，英国社会急速发展，对高等教育的需求与高等教育实际供给能力之间形成了巨大的缺口，旨在将高等教育送到英国普通民众当中的"大学推广运动"应运而生。[③] 牛津大学挟裹其中，于1878年发起"牛津推广"运动（Oxford Extension）——牛津大学的导师前往全国各地城镇，就广泛的主题开展讲座，为劳工男子与妇女提供受教育机会。[④]1919年，伴随第一次世界大战的终结，成人教育的地位再次被提升——成人教育关乎国家福利与安全[⑤]，牛津大学继续教育学部为更多的学习者提供了学习与发展的机会。140余年来，牛津大学继续教育学部的历史可谓英国成人教育发展史的缩影。

当前，全球化与数字化的深入发展，为牛津大学继续教育学部的发展

---

① Kate Lindsay. *Breaking Down the Barriers*, *Breaking Down the Vision*..., 2021-08-10, https://www.ctl.ox.ac.uk/article/breaking-down-the-barriers-breaking-down-the-vision...#/.

② Kate Lindsay. *Breaking Down the Barriers*, *Breaking Down the Vision*..., 2021-08-10, https://www.ctl.ox.ac.uk/article/breaking-down-the-barriers-breaking-down-the-vision...#/.

③ 易红郡、李慧迎：《19世纪英国大学推广运动中的开放教育资源探究》，《大学教育科学》2018年第5期。

④ The Department for Continuing Education of Oxford University. *The History of Continuing Education at Oxford*, 2021-08-10, https://www.conted.ox.ac.uk/about/our-history.

⑤ The Department for Continuing Education of Oxford University. *The History of Continuing Education at Oxford*, 2021-08-10, https://www.conted.ox.ac.uk/about/our-history.

创造了新的契机，其发展呈现如下特征：(1) 学习对象的广泛性：牛津大学继续教育学部面向全日制之外的学生、面向全社会更广泛的受众、面向全世界的学习者。据统计，牛津大学继续教育学部每年为来自世界 160 多个国家的超过 15000 名学习者（18 岁到 98 岁不等）提供 1000 多门课程（见表 5–4）。① (2) 学习内容的前沿性：一方面，牛津大学继续教育学部建设了活跃的跨学科研究社区，鼓励从事跨学科的顶级研究，重点关注人文和社会科学并且在推动大学与社会、产业、职业紧密衔接方面发挥着重要作用。另一方面，牛津大学继续教育学部与世界一流的研究型大学、海外政府、国际公共机构、非政府组织、国际企业以及牛津大学的学术部门、博物馆与图书馆就开发新的课程和方案密切合作。② (3) 学习成果的有效性：牛津大学继续教育学部将致力于增加基础证书（Foundation Certificates）的数量，为具备潜力的学生升入牛津大学或其他大学的二年级进行全日制学习提供通道。③

表 5–4　牛津大学继续教育学部课程分类

课程类别	课程特点
日间与周末活动（Day and Weekend Events）	·采用混合教学、在线实时教学、面对面教学等三种形式。
灵活短期在线课程（Flexible Short Online Courses）	·学生与导师在基于文本的在线论坛中互动，论坛不采用实时直播的形式，因此学生可随时访问课程并接受个性化指导。 ·可获得课程学分并通过“本科授予计划”（Undergraduate Award Programme）进行转换。
周课程（Weekly Classes）	·包括线下与线上两种形式。对于线上课程——“Weekly Oxford Worldwide”，是通过实时会议参加并可通过在线平台参加讨论和问答。

① The Department for Continuing Education of Oxford University. *Our Mission*，2021-08-10，https：//www.conted.ox.ac.uk/about/our-mission.

② The Department for Continuing Education of Oxford University. *Our Mission*，2021-08-10，https：//www.conted.ox.ac.uk/about/our-mission.

③ The Department for Continuing Education of Oxford University. *Our Mission*，2021-08-10，https：//www.conted.ox.ac.uk/about/our-mission.

续表

课程类别	课程特点
暑期学校（Summer Schools）	·可从100多门为期一周的入门课程中选择或聚焦某一主题选择时间更长的、更为专业的课程。 ·其中的许多课程可获得学分。
本科证书、文凭与高级文凭（Undergraduate Certificates，Diplomas and Advanced Diplomas）	·证书包括：英国文学、历史、考古学、艺术史等。 ·文凭包括：英国考古学、创意写作、英国社会与当地史、艺术史等。 ·高级文凭包括：英国考古学、当地史（在线形式）、IT系统分析与设计（在线形式）等。
研究生证书、文凭、硕士和博士证书（Postgraduate Certificates，Diplomas，Master's and DPhils）	·在一系列学科领域提供多种非全日制研究生学习选择。 ·其中大多数课程采用混合教学形式。
持续专业发展（培训课程）（Continuing Professional Development）	·主题广泛，涉及"业务与管理""计算与数学""外交研究""教育""环境与可持续性""历史环境""医疗与健康科学""哲学与伦理学""心理学与心理咨询""技术与人工职能"等。 ·提供定制课程服务。

资料来源：The Department for Continuing Education of Oxford University. *Courses*，2021-08-10，https：//www.conted.ox.ac.uk/about/courses.

二、虚拟大学"联合型"办学模式

虚拟大学"联合型"办学模式是指其联合传统大学或传统大学之外的其他社会实体机构而办学。虚拟大学自产生之初，即具有鲜明的需求导向。寻求与社会各行业、各部门的合作，是虚拟大学对社会需求作出有效回应的直接方式。采用"联合型"办学模式的虚拟大学具体又可分为两类：(1) 教育系统内部联合体，即两所或多所国内外教育机构的联合；(2) 跨界联合体，即教育、政府、企业等的联合。"联合型"办学模式主要特征包括：一是联合的双方具有相对独立且平等的运营权限，不存在依附关系；二是具备较为完整的大学形态要件。

美国西部州长大学（Western Governors University，WGU），是虚拟大

学“联合型”（跨界联合）办学模式的范例。

美国西部州长大学创建于 1997 年，当时美国西部各州州长在会上尝试为一个日益引人关注的问题寻求答案：如何确保更多的民众能够更好地享有与其日程相协调的大学教育？这次会议的召开，标志着美国西部州长大学的创立拉开序幕。1998 年，美国西部州长大学开始运行，开设了信息技术、工商、教育领域的协士、学士和硕士等三个学位课程与其他证书课程。美国西部州长大学由教育家、企业家、州长等组成的董事会来进行联合管理，具体包括 4 个州长、两所州立大学的校长与几个企业的领导人，另外咨询委员会中也包括了一些企业主管人员。① 美国西部州长大学的特点主要包括：(1) 具有灵活的学习架构，实现多维交付，能够为个性化学习创造条件，也能适应不断变化的劳动力需求。(2) 拥有积极的、不断发展的多元性、公平性、包容性的教育环境，创建重视每个人并鼓励开放、尊重对话的社区，以助力师生成长。(3) 注重对学生发展的评估并将其作为自身运营成功与否的标准。(4) 开创基于能力的教育——美国西部州长大学仍然是唯一大规模提供基于能力的学位的机构。所谓“基于能力的教育”，即注重衡量学习者收获的技能，而不是在教室里度过的时间，学习者的学习进度可根据自身的能力灵活调整。②

三、虚拟大学“独立型”办学模式

虚拟大学“独立型”办学模式是指其作为一个相对独立的高等教育组织而办学。采用“独立型”办学模式的虚拟大学又可分为公立或私立、非营利或营利等类型。“独立型”办学模式主要特征包括：一是具备自主、完善的运行机制与治理体系；二是具备基本完整的大学形态要件。

美国凤凰城大学（University of Phoenix，UPX），是虚拟大学“独立型”办学模式的范例。

① 耿益群：《美国“西部州长大学”办学特点分析》，《比较教育研究》2003 年第 12 期。

② Western Governors University. *WGU's Story*，2021-08-18，https：//www.wgu.edu/about/story.html.

凤凰城大学，是美国最大的以营利为目的的高等学府，也是美国最大的大学系统之一。其总部设在亚利桑那州凤凰城，归阿波罗教育集团所有，主要面向成人提供在线课程。凤凰城大学的创立与发展对美国教育系统产生了重要影响——20 世纪 90 年代末，其直接刺激了营利性的中学后学校的崛起。①

凤凰城大学由约翰·斯伯林（John Sperling）于 1976 年创建。约翰·斯伯林自身的成长经历促使他不断思考如何为工作的成年人创办一所专门的大学。约翰·斯伯林当时规定，报名者至少 23 岁，同时具有工作经验和一定的大学学分，之后又进一步放宽条件——允许任何拥有高中文凭或同等学力的人入学。②1977 年，凤凰城大学只有 8 名学生。两年后，其在加利福尼亚州圣何塞市开设了一个校园。1989 年，凤凰城大学创建了第一个以计算机为基础的教育教学系统并开始提供在线课程，由此成为全美第一个提供网络教学的大学。1994 年，其在母公司阿波罗教育集团上市的背景下急速扩张。2000 年，凤凰城大学的招生人数已超过 10 万人。③ 除了在线学习项目之外，凤凰城大学还在全球运营着 200 多个校园与学习中心，可授予副学士、学士、硕士、博士等学位。④ 但是，2010 年之后，凤凰城大学招生人数稳步下降。同时期，联邦贸易委员会开始调查其欺骗性商业和营销行为。目前，除了位于凤凰城的校区外，其余校区已关闭。⑤

凤凰城大学的办学主旨为：(1) 促进学习者有效学习知识、技能和价值观并在职场运用；(2) 培养学习者沟通能力、批判性思维、协作能力和信息

① Amy Tikkanen. *University of Phoenix*，2021-09-01，https：//www.britannica.com/topic/University-of-Phoenix.

② Amy Tikkanen. *University of Phoenix*，2021-09-01，https：//www.britannica.com/topic/University-of-Phoenix.

③ Amy Tikkanen. *University of Phoenix*，2021-09-01，https：//www.britannica.com/topic/University-of-Phoenix.

④ Amy Tikkanen. *University of Phoenix*，2021-09-01，https：//www.britannica.com/topic/University-of-Phoenix.

⑤ Amy Tikkanen. *University of Phoenix*，2021-09-01，https：//www.britannica.com/topic/University-of-Phoenix.

利用能力，推进终身学习，以增加其获得职业成功的机会；(3) 通过具有资质的教育者，打造学术与实践价值兼备的课堂；(4) 提供普通教育与基础教学服务，使学习者能够参加各种大学课程；(5) 利用技术创造有效的教学模式和手段，扩大学习资源的获取，加强协作和沟通，提高学习者学习水平；(6) 评估学习者学习效果并利用评估数据改进教学、课程、学习资源、咨询与服务等；(7) 培育创新精神；(8) 创造必要的财政资源支持大学的使命。①

凤凰城大学，作为一所独立运营的虚拟大学机构，其特点主要包括：(1) 以学习者为中心，满足学习者个性化学习需求；(2) 课程领域涵盖广泛，目前涉及会计、商务、网络安全、领导力、社会科学等24个门类；② (3) 全部采用网上授课的形式，不设置学期，其他教学服务或管理（如注册入学、缴纳学费、购买资料、教学研讨、考核评估、科研实验、毕业典礼等）也均在线上进行。

四、虚拟大学“融合型”办学模式

虚拟大学“融合型”办学模式是指其采用类似“项目制”的形式而办学。这样的“项目”通常由政府或其他较为权威的机构发起、由社会各方参与。“融合型”办学模式主要特征包括：一是组织实施更为灵活；二是高度开放性，有助于充分调配全球优质资源；三是运营成本较低，可凸显公共性。

“瑞士虚拟校园”（Swiss Virtual Campus，SVC）项目，是虚拟大学“融合型”办学模式的范例。

“瑞士虚拟校园”项目，是由瑞士联邦政府支持的、在瑞士高等教育机构（大学、应用科学大学、瑞士联邦理工学院等）发起的、基于互联网的学习计划，旨在促进高等教育与先进信息通信技术的进一步结合，提高学生学习过程质量，加强互动式教学，完善学分制度，开发高质量教材与教

① University of Phoenix. *University of Phoenix Mission and Purpose*，2021-09-03，https：//www.phoenix.edu/about_us/about_university_of_phoenix/mission_and_purpose.html.

② University of Phoenix. *University of Phoenix Mission and Purpose*，2021-09-03，https：//www.phoenix.edu/about_us/about_university_of_phoenix/mission_and_purpose.html.

学方法。该项目包括两个阶段——发起阶段（2000—2003 年）与巩固阶段（2004—2008 年），共开发了 112 门在线课程。[①] 该项目还专门设立了“能力中心”（competence centres）与专家指导委员会。[②]

“瑞士虚拟校园项目”的主要目标包括：(1) 提高学生学习过程的质量，加强互动式教学，将大学教学扩展为一系列可供线下与线上使用的课程，鼓励学生利用互联网信息与资源作为其真正学习的一部分；(2) 加强大学之间的合作并建立学分制度，以支持“瑞士虚拟校园项目”与终身学习的需要；(3) 开发高质量的教材和教学方法。专家指导委员会关于创建多语言模块并使用一套通用工具的建议将确保“瑞士虚拟校园项目”课程计划的最高质量。[③]

关于“瑞士虚拟校园项目”的具体实施，一般来说：每个项目都应开发一门可通过互联网学习的课程（包括教材、练习、研讨会等）并配有在线或直接的辅助和评估；课程目标与内容的设计，可由跨学科的专家团队提供支持；课程学分认证问题，须由大学作出说明；课程面向公众推出，需在参与该项目的合作伙伴对课程完成评估之后；课程模块的测试，需由参与该项目的合作伙伴委派项目协调专员通过建立适当的基础设施来完成。[④]

“瑞士虚拟校园项目”的特点集中体现在：其一，“瑞士虚拟校园项目”是指向于建设一系列可通过互联网独立学习的完整课程，而非仅仅是用信息通信技术来加强已有的教学；其二，“瑞士虚拟校园项目”具有较大的自主性，因此也非常适用于推广到瑞士之外的地区。[⑤]

---

① Swiss Virtual Campus. *The SVC at a Glance*, 2021-09-03, http://virtualcampus.ch/display3a8c.html.

② Swiss Virtual Campus. *The SVC at a Glance*, 2021-09-03, http://virtualcampus.ch/display3a8c.html.

③ Swiss Virtual Campus. *The SVC at a Glance*, 2021-09-03, http://virtualcampus.ch/display3a8c.html.

④ Swiss Virtual Campus. *The SVC at a Glance*, 2021-09-03, http://virtualcampus.ch/display3a8c.html.

⑤ Swiss Virtual Campus. *The SVC at a Glance*, 2021-09-03, http://virtualcampus.ch/display3a8c.html.

第四节　虚拟大学的影响、问题与走向

罗纳德·巴内特（Ronald Barnett）曾指出，“我们已遗失了大学在现代所具有的明确意义……我们需要新的词汇与新的使命感……重建大学”①。创建虚拟大学，无疑是具有变革性意义的尝试。从20世纪末诞生到现在，短短几十年间，虚拟大学从理念走向实践，成为当代高等教育转型发展的重要方向，也引发了大众对“教育”与“媒介”、“人”与“技术”、“知识”与“社会”等多组概念的深入思考。

一、虚拟大学产生的影响

通过虚拟大学，教与学、师与生的关系得以重塑，课堂、教室与校园的边界得以延展，知识、社会、媒介的力量得以融合。

（一）重塑教与学、师与生之关系

在微观层面，虚拟大学所产生的最为直观、也是最为根本的影响是改变了高等教育“教”与“学”、“师”与“生”之间的关系：其一，增强了教与学的自主性。在传统大学中，教师的教学与学生的学习发生在同一个时空，每堂课的时间与内容均受到既定的教学计划或课程安排的约束。虚拟大学打破了这种时空限制，促使教学转变为一种可创造、可共享、可存续的网络资源，学习转变为学生自发性的、持续性的自我求知选择。其二，增进了师与生的交互性。尽管在教育改革中常提及“以学生为中心”“以学生为主体”“翻转课堂”等概念，但在教育实践中却难以完全实现。在传统大学中，讲台的设立仍可作为一种单向的知识传授与接收的隐喻。虚拟大学彻底改变了教学发生的场域，教与学均是通过在线平台来完成，教师与学生都是在线平台的使用者与建设者。在技术支持下，协作学习、异构分组、混合教学等

① Ronald Barnett. *Realizing the University in an Age of Supercomplexity*，2021-09-20，https：//philpapers.org/rec/BARRTU-2.

教育模式可轻松实现，教师与学生基于在线平台的交流也更加具有开放性与平等性。

（二）延展课堂、教室与校园之边界

在中观层面，虚拟大学改变了课堂、教室与校园的边界：其一，促使课堂从书本走向生活。传统大学的课堂仍大多使用纸质教材与书面材料，可能导致学习内容与进度具有一定的滞后性。虚拟大学在线提供的课程资源，在内容方面体现出较强的时效性，同时借助于多媒体技术，其展现形式也更加直观、丰富，学习者利用智能便携设备随时随地即可访问课程资源，学习的发生已不局限于课堂，而与生活融为一体。其二，促使教室从有限空间发展为极具包容性的学习社区。传统大学的教室有较为严格的人数限制，而虚拟大学自诞生起就定位于面向更多的人提供其所需要的、优质的高等教育，由此打造了一个无边界的学习社区——无论年龄、性别、种族等因素，人人均可通过互联网参与特定课程的学习，每门课程不会因人数的增多而影响学习体验。其三，促使校园从当地的校园转变为全球的校园。传统大学的校园是一种物理存在，甚至有的校园建筑成为大学以及当地文化的重要表征。虚拟大学是将实体性的校园“建造”在网上（新建或制作传统大学校园的 VR 版本），这样全球各地的人通过互联网即可足不出户参观、领略国际大学校园的风采并在线利用各种校园资源，实现多元文化的碰撞与交融。

（三）促成知识、媒介与社会之融合

在宏观层面，虚拟大学促进了知识、媒介与社会的融合：对于传统大学而言，知识是核心，媒介是创造、传授、应用知识的手段，社会是知识与媒介发挥作用的场域，知识、媒介、社会三者之间相互关联但是界限分明。虚拟大学的产生，本身即是“知识”“媒介”“社会”走向融合的产物，同时虚拟大学的发展也进一步促进了三者的融合。这种融合具体体现在：其一，“社会的大学”与“大学的社会”的转置。大学是社会的子系统，然而伴随虚拟大学的出现，似乎可以看到互联网的虚拟性无所不包——一所虚拟大学已可以成为面向全球开放的大型学习社区，以灵活、迅捷的方式对社会与个体发展需求作出回应。在数字化时代，虚拟大学应该且能够发挥更为复杂、多元的系统功能。其二，“知识即媒介”与“媒介即知识”的转置。在传统大学教育环境中，知识是既定呈现的、相对静止的存在，是作为思想交流与传播的介质。在虚拟大学教育环境中，媒介本身体现了知识性，媒介成为知识的有机组成。其三，“社会化媒介”与“媒介化社会”的转置。在互联网出现之前，媒介更多的是作为连接起社会方方面面的讯息工具，即所谓的大众媒介。互联网以及各式新媒体的出现，使得媒介逐渐成为社会发展的构筑力量，媒介与社会结构深度契合，媒介化社会形成。传统大学多使用社会化媒介来完善教育教学，虚拟大学则体现媒介化社会的本质特征，以媒介为基础构筑发展力量。

二、虚拟大学面临的问题与挑战

作为一类新兴的大学，虚拟大学发展仍需克服诸多障碍，这些障碍主要包括教育质量的参差不齐、“数字鸿沟”所衍生的新的教育不平等、知识商品化与公共性价值的矛盾、媒介技术的误用与滥用等方面。

（一）质量门槛：学习成果认证及转化的屏障

如何促进学习成果的认证及转化，仍是虚拟大学亟待解决的发展性难题。虚拟大学提供学分、证书、学位等不同类别的课程，普遍重视对学习者的学习成果评估并将其作为衡量自身质量的重要维度。当前，不乏虚拟大学以“质量”闻名，但就整体而言，虚拟大学的社会认可度仍有待提升，虚拟大学的学习成果仍缺乏转化路径，这与发展虚拟大学的高涨呼声形成了鲜明反差。其原因主要在于：其一，对虚拟大学的认识偏差，将虚拟大学片面理解为远程教育或成人教育，而后者在历史上几乎徘徊于体面的高等教育的边缘①。实际上，虚拟大学是一种新型的高等教育组织网络，远程教育仅能够反映其历史发展的某个阶段，成人教育也只是其发展的部分内容。其二，虚拟大学与传统大学教育体系的对接机制匮乏，缺乏不同类别学习成果

① ［美］迈克尔·格雷厄姆·穆尔：《从无线电广播到虚拟大学：美国远程教育历史亲历者的反思》，肖俊洪译，《中国远程教育》2014 年第 1 期。

认证与转化的整合性框架。促进虚拟大学学习成果认证及转化的关键是提升虚拟学习的质量，而虚拟学习质量的提升有赖于虚拟大学内部治理的完善（如环境、课程、教学、师资、管理服务等），也需虚拟大学向外寻求与传统大学教育体系的合作，完善质量评估标准与衔接转化机制，提高学习成果认证效力与适用性等。在这一方面，英联邦小国虚拟大学跨国资历框架（Transnational Qualincations Fmmework for the Virtual University for Small States of the Commonwealth）与欧洲终身学习资历框架、各参与国的国家资历框架进行了衔接①，具有示范性意义。

（二）数字鸿沟：新的教育不平等的演化

“数字鸿沟”（digital divide），是虚拟大学发展进程中须直面的现实困境。作为一个笼统的标签或比喻，“数字鸿沟”用来说明人们对信息传播技术，特别是互联网的采纳和使用上存在的差距。② 当前，互联网被普遍认为具有促进发展的潜力，但“数字鸿沟”有可能成为各个国家间以及各国家内部发展不平衡的新根源③——全球近90%的互联网用户都在发达国家，非洲与阿拉伯国家的互联网用户数量仅占全球1%。④ 因此，在某种程度上，“接入互联网才是数字鸿沟的开始”⑤。

尽管虚拟大学承载包容与共享的精神，但互联网仍是其发展不可或缺的基础，数字化水平的高低对其发展有着直接影响，否则虚拟大学也可能加

① Ronald Barnett. *Realizing the University in an Age of Supercomplexity*，2021-09-20，https：//philpapers.org/rec/BARRTU-2. 张伟远、段承贵、傅璇卿：《虚拟大学的资历和学分的跨国认可：英联邦32个小国的创新实践》，《中国远程教育》2014年第3期。

② 金兼斌：《数字鸿沟的概念辨析》，《新闻与传播研究》2003年第1期。

③ 胡鞍钢、周绍杰：《新的全球贫富差距：日益扩大的“数字鸿沟”》，《中国社会科学》2002年第3期。

④ Susan D' Antoni. *The Virtual University*：*Models and Messages*；*Lessons from Case Studies*，2021-07-20，http：//www.iiep.unesco.org/en/publication/virtual-university-models-and-messages-lessons-case-studies.

⑤ Susan D' Antoni. *The Virtual University*：*Models and Messages*；*Lessons from Case Studies*，2021-07-20，http：//www.iiep.unesco.org/en/publication/virtual-university-models-and-messages-lessons-case-studies.

剧已有的“数字鸿沟”，缔造新的不平等。这种“不平等”具体体现在：(1) 相较于发达国家，发展中国家高等教育需求大幅增长，创建虚拟大学的热忱也随之高涨，但是却缺少必要的资金与基础设施等条件；(2) 虚拟大学作为多元文化的汇集地，在课程设计与教学实施中可能难以关照到文化、语言、习俗等多方面的差异，导致课堂出现“边缘人”或“失语者”等；(3) 教育者数字素养水平的差异，导致课程设计与教学实施的效果的差距；(4) 学习者数字素养水平的差异，导致在线学习效果的差距。

（三）知识商品化：全球市场对知识公共性价值的侵蚀

知识商品化是在虚拟大学发展过程中日益显性的问题。知识从文化符号转变为社会经济发展引擎，是知识型社会的发展趋势，然而知识的“商品化”倾向可能对大学基本功能的发挥带来干扰。虚拟大学的特性，决定了其本身的高度开放性与多元化——公立与私立并存、大学与企业并存……其中，不乏以营利为目的的虚拟大学采用商业运作的模式，将知识作为商品，将学习者作为消费者[①]，不断拓展教育业务，逐渐占领庞大的国际市场。然而，利益驱动与风险总是相伴而生——美国凤凰城大学就曾因联邦贸易委员会调查其欺骗性商业和营销行为[②]而发展延缓。一些虚拟大学逐利性的办学定位及其背后不断膨胀的高等教育在线学习市场，虽然在极大程度上满足了学习者的学习需求，但将知识的价值完全交由市场来衡量，即损害了大学的知识“滤化”功能，进而也削弱了知识的“公共性”产出。

（四）技术之魅：“虚拟性”的偏离与异化

祛除媒介技术之“魅”，是虚拟大学实现深入、长远发展所需关注的一项议题。媒介技术，特别是新兴媒介技术，易于通过满足个体感官或心理需求而产生一种强大的吸引力。虚拟大学是基于网络媒介而创建，相较于传统

---

① Susan D’Antoni. *The Virtual University*：*Models and Messages*；*Lessons from Case Studies*，2021-07-20，http：//www.iiep.unesco.org/en/publication/virtual-university-models-and-messages-lessons-case-studies.

② University of Phoenix. *Mission and Purpose*，2021-09-03，https：//www.phoenix.edu/about_us/about_university_of_phoenix/mission_and_purpose.html.

大学，其在课程设计、教学模式、资源获取等方面具有独特的优势。然而，虚拟大学及其引发的一系列在线教育实践也暴露了新媒介影响下“虚拟性”偏离与异化的风险，具体体现在如下两方面：其一，网络媒介在高等教育教学实践中的形式化应用，即教育供给方并未充分理解并挖掘网络媒介的优势，只是将其用来点缀课堂。迈克尔·格雷厄姆·穆尔（Michael Grahame Moore）就曾深刻地指出这一问题所在：“随后出现的技术……登上教育这个舞台的时候都是在一开始受到热情欢迎，被寄予厚望，但接踵而至的却是失望。……之所以出现这种失败，是因为大量教师没能改革传统课堂的教学方法，管理者没能重新组织机构资源以促进教学方法的改进……这种现象同样见诸今天的大规模在线公开课程：人们把课堂教学方法搬到这些课程上，与此同时却在原来的大学机构框架下控制课程的制作和教学的开展。”①其二，网络媒介在高等教育教学实践中的过度滥用，即教育主体过分依赖于网络媒介，将教育内容的呈现、教育目标的达成等完全托付于网络媒介，使教育成为技术的附庸。即便是对于真正的虚拟大学而言，并非所有的教育功能均能够或适合通过在线平台来实现——一方面是由于网络技术的发展仍未达到完全的智能化水平；另一方面更为根本的原因在于，教育是人与人之间的交往实践，媒介的使用仍无法完全替代教育中人的作用。

三、虚拟大学的未来走向

虚拟大学，是一类新生事物，从理念到实践，仍处于摸索探求的阶段。回顾虚拟大学的发展历程并结合当前的现实情境，对虚拟大学可能的发展趋势作出三点初步判断：其一，在规模方面，虚拟大学的数量与种类进一步扩充；其二，在质量方面，虚拟大学的质量标准与传统教育系统进一步对接；其三，在公平方面，虚拟大学的公共性维度进一步凸显。

---

① ［美］迈克尔·格雷厄姆·穆尔：《从无线电广播到虚拟大学：美国远程教育历史亲历者的反思》，肖俊洪译，《中国远程教育》2014 年第 1 期。

（一）虚拟大学的数量与种类进一步扩充

技术创新与全球化是虚拟大学这一概念优先考虑的两个关键动态。[①] 一方面，媒介技术的变革周期将进一步缩短，媒介形态与功能也将进一步丰富，从而为虚拟大学的发展提供重要支撑。另一方面，全球化的复杂演进客观上促进了国家之间、地区之间、人与人之间的联结，这种联结意味着竞争与合作的深入，意味着开放与共享的必然。在此背景下，高等教育转型需求被进一步激发——如何让更多的人共同享有更好的教育？虚拟大学的发展对此作出了回应，而2020年全球新冠肺炎疫情的爆发也客观上成为虚拟大学扩大发展的强劲推力。综上，在数字化与全球化交织的时代，虚拟大学拥有前所未有的广阔发展空间，虚拟大学的数量与种类将进一步扩充。

（二）虚拟大学的质量标准与传统教育系统进一步对接

质量问题是高等教育以及其他众多领域均持续关注的发展性问题。当前，受到传统观念的影响或对新事物认识的局限性，社会对虚拟大学办学质量的整体认可度并不高，这与发展虚拟大学的高涨呼声形成了较为鲜明的对比。虚拟大学质量问题的解决，不仅需依靠虚拟环境、课程、教学、师资、治理机制等方面的内部完善，更需向外寻求与传统教育系统的进一步对接。通过对接，虚拟大学可进一步提升自身的教育能力，对学习者学习成果的认证也将更具效力，从而为学习者进入其他教育系统深造创造衔接条件，或为其进入职场提供具有含金量的能力证明。综上，虚拟大学是高等教育系统的有机组成，具有独特的发展模式，但是不能脱离大系统而存在。为此，虚拟大学的质量标准将与传统教育系统进一步对接，以进一步提升其学习成果的社会认可度与适用性。

（三）虚拟大学的公共性维度进一步凸显

虚拟大学的特性，决定了其本身的高度开放性与多元化——公立与私立并存、大学与企业并存。其中，以营利为目的的虚拟大学采用商业运作的

---

① Kevin Robbins & Frank Webster. *The Virtual University? Knowledge, Markets, and Management*, Oxford: Oxford University Press, 2003, pp.3-19.

模式，不断拓展教育业务，逐渐占领了庞大的国际市场。然而，利益驱动与风险总是相伴而生——美国凤凰城大学就曾因联邦贸易委员会调查其欺骗性商业和营销行为[①]而发展延缓。因此，当前对虚拟大学公共性的强化对于其稳健发展仍具有重要的现实意义。同时，结合更为宏大的社会发展情境来看，“数字鸿沟”日益加深——从国家到学校甚至到家庭，推崇共享的数字化时代却缔造了新的不平等。所以，虚拟大学公共性价值的凸显也将有助于推动社会公平与共同利益的实现。综上，虚拟大学的开放性与多元化，是其发展的活力所在。虚拟大学对公共性的维护与凸显，强调以开放与共享铸就数字化时代的共同利益，对其本身乃至社会的可持续发展具有重要意义。

① University of Phoenix. *Mission and Purpose*，2021-09-03，https：//www.phoenix.edu/about_us/about_university_of_phoenix/mission_and_purpose.html.

第六章　全球性大学的大学观和办学模式

20世纪90年代以来，全球化的浪潮席卷而来，师生流动、课程国际化等迅猛发展。以美国一流大学为代表的大学在全球不同的国家和地区设立跨国校区，其办学宗旨和办学行动均体现出全球性，一种新的高等教育国际化形式正悄然形成，以此产生的新大学形态便是全球性大学。全球性大学激励师生对全球问题开展研究并积极提升课程的全球性，推动师生来源的国际化和国际流动，倡导全球范围内开展学术合作与交流，将国际化融入教学、科研、服务和文化传承等大学职能之中。

第一节　全球性大学的产生与发展

全球性大学作为二战以后，特别是21世纪以来大学发展的一种创新形式，其产生是全球、国家、城市和大学等多种因素综合影响的产物，其发展主要经历了萌芽期、孕育期和形成期。

一、全球性大学的产生背景

全球性大学的产生与全球化进程紧密相关，正是在全球化浪潮的推动下，全球性大学才能孕育而生。由于全球性大学涉及多个利益主体，除了全球化浪潮之外，国家、城市和大学在全球性大学的产生过程中都发挥了不可替代的作用。

（一）全球化浪潮的推动

20 世纪 80 年代末、90 年代初，世界开始进入全球化时代，全球的政治、经济、社会等各个领域在全球化浪潮的冲击之下发生了巨大的变化。在政治方面，随着冷战的结束，世界格局由两极对峙向多极化转变，各国之间的政治对话与合作开始变得密切，国与国之间相互依存的局面开始变得普遍。受历史等因素的影响，发达国家处于优势地位，而发展中国家在国际政治舞台上处于不利地位。在经济方面，全球化的经济竞争导致全球出现了环境、气候、人口、资源等诸多共性问题，对于这些全球性问题没有任何一个国家可以独善其身。与此同时，经济全球化让原来封闭、传统的国家开始接受多元文化的洗刷和冲击，经济全球化愈发要求各国用全球视角去解决面临的全球共性问题。在社会方面，世界各国人民的社会联系变得愈发紧密，各国的生活方式和价值观念出现一体化和全球化的趋向。在全球化浪潮的推动之下，高等教育同样面临着全球化变革所带来的压力：高等教育需要为全球化浪潮下的政治进步、经济社会发展等提供智力支撑。同时，为适应全球化浪潮，大学也需要培养具有国际视野的国际化人才，加强与其他大学的国际合作。因此，在全球化浪潮的影响下，为积极应对全球化浪潮所带来的挑战，培养具有全球视野、善于跨文化交流的国际化人才成为大学的新使命，全球性大学正是在这样的背景下逐渐成形并发展壮大起来。

（二）国家高等教育政策的推动

全球化使得国与国之间的经济依赖性增强，高等教育竞争和全球人才竞争进入白热化阶段，各国为了在国际竞争中抢占先机并掌握绝对的主动权，将培养具有国际交往能力和国际竞争力的人才视为实现国家发展战略的重要保障。只有培养和吸引足够多具备跨文化领导力的国际化人才，一个国家才能在国际竞争中占据主动。全球化背景下，美国、日本、韩国、德国、俄罗斯、中国等国家主动引领高等教育改革，力图在全球化浪潮中赢得先机。① 美

① 王英杰等：《世界一流大学建设五人谈》，《华东师范大学学报》（教育科学版）2016 年第 3 期。

国设立了“世界一流”资助项目，为学生发展提供资助，让更多美国人通过在一流大学上学获得全球化时代所需的知识、技能。日本政府于 2014 年启动“全球顶尖大学项目”，以建设世界一流大学为目标，重点资助引领全球化、达到世界水平的大学。韩国政府于 2008 年提出了世界一流大学建设计划，集中力量将一批大学建设成为世界一流大学，以提升韩国大学的国际竞争力。德国政府于 2005 年启动了“卓越大学”计划，通过人才培养资助和跨学科资助等方式提升德国大学的全球影响力和全球声誉。俄罗斯政府于 2012 年提出“5—100”计划，提出在 2020 年前有 5 所大学进入世界前 100 名的目标。中国政府于 2015 年提出“双一流”的建设方案，“双一流”建设极大提升了中国大学的国际竞争力和国际化水平。除了各国付诸上述行动以应对全球化给高等教育带来的挑战，欧美国家还积极地在海外建设分校，例如英国通过在海外建设分校，已经成为世界上举足轻重的教育输出国。同时，东南亚地区和中东地区的一些国家将自身打造为国际教育中心，积极引进海外分校，如东南亚地区的马来西亚和新加坡、中东地区的卡塔尔和阿联酋等。

（三）城市国际化建设目标的推动

国际大都市作为近现代城市高度发展成熟的产物，其国际性的彰显离不开当地大学国际化的推动，因为国际大都市离不开人才、技术、信息和资金的聚集，而人才特别是国际化人才培养需要高等教育，特别是一流大学作为支撑。在国际大都市建设过程中，全球性大学已经成为助推城市国际化发展水平的不可或缺要素。与此同时，国际大都市也为当地大学的国际化进程孕育了文化基因。从全球视角来看，全球各地的国际大都市为高校提供了关键性成长、发展空间和资源，同时也依靠高校人才培养和知识以实现可持续发展。因此，国际大都市的城市国际化与大学国际化相互作用、相互影响，而引进全球性大学（包括其海外分校），对于城市的国际化建设目标来说有着重要意义，真正实现了城市发展与高等教育发展的“双赢”局面。例如，纽约大学阿布扎比分校和纽约大学上海分校的发展分别得到了阿布扎比和上海两所城市的全力支持，因为这两座城市都是以建设国际大都市作为城市发展的目标，而国际大都市的人才支撑和智力支持、创新能力和多元文化的发展都需要世界一流大学积极参与其中。因此，本地城市的国际化建设目标成为全球性大学产生的重要推动因素。

（四）大学的推动

20 世纪 80 年代末至 90 年代初以来，西方国家的高等教育实现了由精英型向大众化再到普及化的转变，随着国家对高等教育财政投入的减少，西方国家的大学开始将目光从国内转移到了全球，通过开展高等教育的全球竞争，筹措办学资金。在全球化浪潮的影响下，众多世界一流大学以培养具有国际视野和全球胜任力的国际化人才为目标，积极拓宽办学实体，加强与海外高校、科研机构的合作，兴办海外分校，教育国际化成为全球化时代高等教育发展的主流趋势。在这一进程中，全球性大学作为当代新的大学形态孕育而生。

二、全球性大学的发展阶段

全球性大学是二战以后高等教育国际化发展的产物。根据全球性大学的办学动机、全球战略目标及相应的行动，可将全球性大学的发展阶段分为萌芽期、孕育期和形成期。

（一）萌芽期

全球性大学的萌芽期主要是指 20 世纪 50 年代中期到 80 年代末期。1955 年，约翰·霍普金斯大学在意大利创建了海外校区，这是世界上第一所公认的有实质意义的海外分校。一流研究型大学海外分校的出现，在一定程度上激发了全球性大学的萌芽。在 1957 年苏联成功发射人造卫星的压力之下，美国联邦政府慢慢意识到美国教育与苏联教育存在的差距并在 1958 年出台了《国防教育法》，该法案也成为美国联邦政府干预高等教育的标志性举措之一。《国防教育法》使得联邦政府对大学的科研资助大幅提高。为了服务《国防教育法》中关于培养外语人才、区域研究人才等战略需求，美国的一些大学出于教育援助和国际合作的考量，向海外输出反映、传播美国意识形态的课程。同时，美国的一些大学在校内设置了关于国际化人才培养的课程，如外语类课程、区域研究课程、跨文化研究课程和国际教育课程等。不过，在这个时期正是美苏两国争霸“激战正酣”的时期，大学的国际化战略主要是出于外交、国防、政治等方面的考量，大学的国际化人才培养更多由政府作为主导，而且大学的外语课程、区域研究课程等所占比例仍然较小，数量和影响力均有限。当时的大学也未从全球的视角出发提出或制定全球性大学的建设目标，大学所制定的发展纲要中没有国际化发展的专门内容，也没有“向外扩张”的积极战略，更多是与海外大学的单一合作。因而，此时海外分校的出现更多的是全球性大学的萌芽状态，它仅仅是个案。这时期海外分校的规模与数量相对来说都比较小，更多聚焦于地方优秀人才的培养而不是实行大学的全球整体发展战略。

（二）孕育期

全球性大学的孕育期主要是指20世纪80年代至20世纪90年代末期。进入80年代，受第二次石油危机和新自由主义等因素的影响，以美国大学为代表的西方国家大学面临财政收入减少的经济危机。为解决这一经济危机，西方国家的大学开始与发展中国家展开合作。一方面，发展中国家的高等教育无法满足民众日益增长的高等教育需求；另一方面，发达国家的大学不管是规模还是质量都处于世界领先地位。在这个背景下，与发达国家开展合作办学成为发展中国家发展高等教育的有效手段。联合办学、学分互认、特许课程等成为发展中国家与发达国家进行合作办学的重要表现形式。20世纪80年代末，随着信息技术等各项科技的飞速发展，人类真正迎来了全球化时代。在这个时期，美国等发达国家的大学开设了有关国际理解、国际问题等具有国际视野的课程，同时激励学生到海外进行研学，为90年代国际化人才培养的迅猛发展奠定了扎实基础。在办学实体层面，80年代末期的大学开始寻求在海外创建学习中心，但这些时期的海外学习中心规模不是很大。进入到20世纪90年代初期，随着冷战的结束，世界各国大学的海外分校进入了蓬勃发展期。但这时期海外分校的发展处于较为不成熟的状态，在海外分校快速增长的同时，也有不少海外分校快速消亡。在全球化时代到来的背景下，不少国家和政府开始出台宽松的政策，鼓励其他国家知名大学到本土开设海外分校，将自身打造为区域教育中心，这些为全球性大学的形成孕育了条件。

（三）形成期

全球性大学的形成期主要是指 21 世纪初至今。21 世纪初以来，全球性大学进入初创和成形阶段，大学海外校区的建设热潮此起彼伏，蓬勃兴起，全球性大学作为兼具“全球性”和“本土性”的新型大学形态得以确立。在这个时期，全球性大学的显著特征主要体现在以下方面：有清晰的全球战略目标；有浓厚的国际化氛围并将国际化的要素融入学校的各环节，包括国际化课程、国际化研究、国际化管理；旨在培养具有全球胜任力的国际化人才和全球公民；在全球各地创建分校区、学习中心等海外学习网络；始终将全球化作为大学发展的行动指南。21 世纪初以来，全球性大学的建设内容主要是海外分校的建设，但 21 世纪的全球性大学海外分校与 21 世纪之前，尤其是 20 世纪 90 年代之前的海外分校在驱动力、创办主体等方面有着本质的区别①（如表 6–1 所示）。

表 6–1　20 世纪 90 年代前后海外分校的异同

内容	90 年代之前	90 年代之后
课程设计	课程设计和实施与母校相同	以母校课程为主，融入本地特色课程
学位授予	授予母校学位	授予母校学位，或者同时授予分校和母校学位
驱动力	政治、外交、国防利益驱动	全球化竞争驱动
创办主体	政府主导举办	大学主导，政府支持
属性	政府创办的公立大学，带有强烈的殖民地色彩性质	民办公助大学立足本地、全球视野的独立自助大学
母校关系	分校与母校名称相同，课程和管理几乎是母校的复制	以课程为联系纽带，行政管理本地化，自主性高

资料来源：郦妍：《教育对外开放背景下的全球性大学研究》，博士学位论文，华东师范大学国际与比较教育研究所，2017 年，第 60—61 页。

① 郦妍：《教育对外开放背景下的全球性大学研究》，博士学位论文，华东师范大学国际与比较教育研究所，2017 年，第 60 页。

总体而言，全球性大学自21世纪形成以来便兼具了多重属性：(1) 国际属性与民族属性的结合；(2) 跨文化属性，全球性大学里有着多元文化；(3) 跨国界属性，全球性大学突破了国界的限制；(4) 大学独立自主与社会服务的统一平衡。

第二节　全球性大学的内涵与职能

全球性大学（global university）是指一种跨国的学术联合体与高等教育共同体，是由位于不同地区和国家的两所及以上的大学组成的，颁发同一种学位文凭的大学系统。在该大学系统中，包括母体高校和海外分校（或称为海外校区、门户校园）。全球性大学是母体高校与海外分校构成的高等教育有机体，在人才培养、科学研究、社会服务和文化传承四个方面有着相应的职能。

一、全球性大学的内涵

耶鲁大学前校长里查德·莱文（Richard C. Levin）指出了全球性大学的四个特点：一是能将国际化的内容融入科研和教学之中；二是与世界不同国家和地区的大学建立合作关系；三是能够容纳足够多的留学生；四是在全球范围内通过先进网络技术提供优质的高等教育。①

布里斯托大学校长埃里克·托马斯（Eric Thomas）认为世界级大学必须是全球性的大学，如果做不到全球化，就很难自诩为“世界级大学”。全球性大学应具备的特征包括：得到国际认可的清晰品牌；研究、教学、学术人才、设施、领导层和管理等全方位出色；创新性的全球研究；国际化的课程和面向全球的分布式教育；国际化的学生和教职员工；对全球议题和政策制定发挥影响；与全球企业紧密互动；有数量众多的访问学者。②

---

① 刘军：《全球性大学要做到四点》，《新华每日电讯》2004年11月2日。

② ［英］埃里克·托马斯、融汐：《2015什么样的院校才算得上全球性大学?》，《博览观察》，2015年第2期。

美国纽约理工大学校长爱德华·居伊利亚诺（Edward Guiliano）认为，全球性大学是一种新型的大学形式。全球性大学在全球各地设有校区或分校，该大学的学生可以在其中任何一所分校学习，分校的课程教学和学位颁发均是统一的。①

莫尔曼（Kathryn Mohrman）等人以研究型大学为例，指出了全球性大学的八个特征：(1）跨越国界的大学使命，教学和科研的全球视角；(2）在所有学科中使用科学的方法；(3）教师追求国际化、跨学科的团队合作；(4）大学财政来源的多元化；(5）大学与社会、政府的良好合作关系；(6）面向全球录取学生，招聘管理人员和教师；(7）大学内部有跨学科的研究平台；(8）大学参与非政府组织活动，通过国际合作，促进师生的国际流动。②

叶建文在其硕士论文中提出了我国目前对全球性大学的理解：第一种是国际层面的全球性大学，例如联合国大学（United Nations University）与和平大学（University for Peace）；第二种是大学层面的全球性大学，例如纽约大学、耶鲁大学等世界一流大学为应对全球化浪潮的冲击，都提出了建设全球性大学的发展目标；第三种是网络技术层面的全球性大学，即借助互联网技术，通过远程教学和互联网课程让大学的课程教学虚拟化。总的来说，全球性大学，有着较为特别的世界多校园（校区）联动发展的特点。③

综上，对于全球性大学的内涵，可从不同的视角加以阐释。基于系统和要素的关系，全球性大学可以被视为一个兼具跨国性和全球性的多元巨型大学系统，该系统由分布在全球不同地区的校区构成，这些校区作为独立的教育实体，共享课程和师资等资源并且开展常态化合作，共同应对可能发生的外部竞争。因此，全球性大学的校区既是独立的教育实体，同时又是全球

① 转引自李谦《全球性大学：高等教育发展的新趋势——以纽约大学为例》，《世界教育信息》，2013 年第 8 期。

② Kathryn Mohrman，Wanhua Ma，David Baker. “The Research University in Transition：The Emerging Global Model”，*Higher Education Policy*，2008，Vol.21，No.2，pp.5-27.

③ 叶建文：《大学之全球理念研究——以联合国大学为例》，硕士学位论文，汕头大学高等教育研究所，第 50 页。

性大学系统中的一个要素。各要素（校区）之间并不是完全割裂而存在，而是有机联合、紧密关联，构成了具有联动效应的联合系统。郦妍认为，还可以从空间的视角对全球性大学的内涵进行阐述。① 她指出，母校和分校共同构成了全球性大学，且全球性大学不受国别和区域的限制，分校与母校共享学术资源和学术声誉，分校在母校的支持下得以发展。全球性大学既立足于全球性的战略目标，又考虑到不同地区和城市经济、政治、文化的适切性。全球性大学施行统一的治理模式、遵守一致的学术规范、授予一致的课程，颁发一致的学位。在全球性大学中，通常会有一所母校和若干所分校（校区）。母校一般来说是世界一流大学，具有较高层次的学术科研水平以及世界领先的国际化水平和管理水平。每所分校可以颁发母校的学位，同时分校和母校均被视为全球性大学的门户校园。因而，全球性大学又可被称之为全球多校区大学。具体而言，全球性大学通过创建全球品牌、提升全球声誉，实践全球发展的学校战略目标。

另外，还可以从全球性大学的特征来理解全球性大学的内涵。全球性大学的“全球性”表现在战略目标和组织机构的全球性、人才培养理念的全球性、品牌声誉的全球性、校区的全球性、师生的全球性、课程教学的全球性、办学资金的全球性。

（一）战略目标和组织机构的全球性

全球性大学战略目标的全球性体现在它将国际化和全球性作为大学开展一切活动的核心与指南并将其作为全球性大学的发展愿景写入战略目标之中，意图将全球性的元素和视角与大学的教学、科研和社会服务相融合。例如，诺丁汉大学将建设成为全球性大学写入学校全球发展战略目标中，真正实现“全球化思考，本地化行动”②。纽约大学也提出将自身建设成为全球性大学，实现从纽约的大学向全球性的大学转变。为了保障全球性大学战略目标的实现，全球性大学在组织机构等方面也做到了“全球性”。为

① 郦妍：《教育对外开放背景下的全球性大学研究》，博士学位论文，华东师范大学国际与比较教育研究所，2017 年，第 63 页。

② 诺丁汉大学：《2020 年全球战略》，2017 年 1 月 15 日，见 http：//www.nottingham.ac.uk。

推动大学的国际化和全球性，全球性大学专门设置了负责全球化的校长助理或副校长职位，同时在全球性大学内部新设专门的机构或部门来协调全球化战略目标的实施与行动落地。以纽约大学为例，学校设有负责全球协作网络的副校长助理职位，同时设有全球项目办公室和全球服务办公室等机构。①

（二）人才培养理念的全球性

全球性大学将培养具有国际视野和全球意识的世界公民作为人才培养的重要价值理念。其中，全球意识和国际视野指的是对全球的政治、文化、经济及其所面临的挑战有着清晰客观的认识。全球性大学通过全球范围内开展教学、科研、社会服务等，培养学生的全球性思维，塑造学生的全球世界观，最终将学生培养成为具有全球胜任力的国际化人才。例如，芝加哥大学在校园生活、课程设置、招生等方面为学生培养国际视野和全球意识创造了条件。芝加哥大学在世界不同地方建立了 7 个“全球校区和中心”（global campuses & centers），以支持学生到国外开展研究和课程学习的需求。这 7 个全球校区和中心分别是：香港的弗朗西斯和玫瑰园校区、北京中心、德里中心、巴黎中心、伦敦“展位”（London Booth）、埃及“芝加哥之家”（Chicago House）、孟加拉国芝加哥研究组织（U Chicago Research Bangladesh）②。

（三）品牌声誉的全球性

全球性范畴的声誉已超越了原有的毕业生质量概念，而是将大学的影响力扩大为物质文化、精神文化、制度文化的新型“全球定位”，交织为一副全球与本土、多样与特色、外显与隐性并存的“全球性”声誉。③ 全球性大学通过各个校区的协同发展，形成提高学校品牌声誉的强大合力，彰显出

---

① NYU. *Global Grants for Collaborative Research*，2016-10-31，http：//www.nyu.edu.

② UCHICAGOGlobal. *UChicago in the World*，2021-09-06，https：//global.uchicago.edu/page/uchicago-world.

③ 刘康宁：《如何认识与评价世界一流大学的“全球性”潜在特征》，《江苏高教》2019 年第 9 期。

全球性大学的综合优势。具体来说，全球性大学的各个分校均有较大的自主权，且这些分校之间在科研合作、课程跨校区选修、师生流动等方面存在着密切联系，同时这些分校之间相互影响、相互依存，在人才培养和学术科研等方面汇聚成一股强大的力量。尽管大学排行榜仍然存在不少缺陷，但不可否认的是，大学排行榜已经成为衡量大学品牌声誉、检验办学质量的重要手段之一，全球性大学亦不例外。以 ARWU 排名为例，纽约大学 2003 年名列全球第 55 名，2021 年名列全球第 27 名①，全球排名的提升一定程度上来说是纽约大学将自身打造为全球性大学所带来的良性反应和积极回馈。

（四）校区的全球性

相比其他特征，校区的全球性可以说是全球性大学的重要特征之一。为了实现全球性大学的发展目标，世界一流大学将目光从国内转移到国外，充分利用全球各地的办学资源，将世界作为学生的课堂，拓宽办学的校园实体，创建若干个门户校园，从而扩大其全球影响力和国际化水平。数据统计，截至 2021 年，世界大学的海外分校已经有 232 所。哈佛大学在美国之外有超过 20 个办事处和中心，这些办事处和中心是哈佛大学实现全球使命的重要推动力。它们将哈佛大学的教师和学生与所在地的学术机构、政府组织、企业和社区联系起来。② 理查德·布瑞德利（Richard Bradley）在其专著《哈佛，谁说了算》中也指出："时任校长劳伦斯·萨默斯（Lawrence Summers）将领导一个或许是全球最伟大的智力集团，而且这个智力集团的背后有着一个全球最强大的品牌在支持着他们。就像一个拥有许多国外子公司的企业一样，哈佛大学的基地遍布全球——它在亚洲、欧洲和南美以及中东都有办事机构并与这些地区的大学联合办学。" ③

---

① Shanghai Ranking. *Global Ranking*，2021-09-06，http：//www.shanghairanking.com/.

② Harvard University. *Locations Abroad*，2021-09-06，http：//worldwide.harvard.edu/harvard-world.

③ ［美］理查德·布瑞德利：《哈佛，谁说了算》，梁志坚译，北京大学出版社 2014 年版，第 131 页。

（五）师生的全球性

全球性大学师生的全球性主要体现在两个方面：一方面是师生来源的全球性，即全球性大学的师生来自全球各地；另一方面是师生流动的全球性，即全球性大学通过遍布全球的校区和中心，促进教师和学生的全球流动，教师和学生可以选择到全球性大学的任意校区或者中心开展研究和学习，以增进教师和学生的国际经验。例如，为了支持和发展学生的国际经验，哥伦比亚大学建立了专门针对“哥伦比亚全球中心”的网络体系，这一体系包括了九大哥伦比亚全球中心。①“所谓哥伦比亚全球中心，是为各个学科的教职员工和学生设计的，旨在与海外大学、政府机构和其他海外组织合作开展国际项目的全球网络。”②此外，纽约大学的学生有机会到纽约大学的任意门户校园和中心学习并在全球校园网络中选修4300多门课程，从而保证了学生国际经验的获得。

（六）课程教学的全球性

全球性大学在建设多校区的基础上，推动母校的课程向分校流动，使得全球性大学的课程教学也随之变得“全球性”。课程教学的全球性既反映在课程教学主题的全球性，又反映在课程教学的“本土性”。对于前者来说，全球性大学对于世界共同面临的问题、危机与挑战，激励母校和分校共同开展联合研究并提升全球性大学为世界作出积极贡献的能力。对于后者来说，由于全球性大学的校区遍布世界各地，可能会面临文化冲突和“水土不服”等情况。为解决这个问题，全球性大学要求分校的课程教学应立足于各地的法律和文化等，对源于母校的课程进行本地化调整，从而做到全球性与本土性的协调统一。以位于孟买的哥伦比亚全球中心为例，该中心除了承担“哥伦比亚海外经验计划”之外，还与哥伦比亚梅尔曼公共卫生学院（Mailman School of Public Health）一起举办暑期实习课程，保障哥伦比亚大学学生在

---

① Columbia University. *Columbia Global Centers*，2021-02-24，https：//globalcenters.columbia.edu/content/about-cgc.

② Aisha Labi．“Columbia University to Open Network of International Collaborative-Research Centers”，*Chronicle of Higher Education*，Vol.55，No.30（2009），pp. 55.

印度的实习。另外，该中心还与位于北京的哥伦比亚全球中心合作承办了为期六周的夏季媒体实践强化课程。① 位于伊斯坦布尔的哥伦比亚全球中心让哥伦比亚大学商学院的近 40 名学生参加了 Chazen Institute 的“全球浸入计划”（Global Immersion Program），以探索近年来土耳其的创业领域如何发展和演变。②

二、全球性大学的职能

通常来说，大学的基本职能包括了人才培养、科学研究、社会服务和文化传承创新四大职能。由于全球性大学是大学在 21 世纪发展的新样态，因而全球性大学亦具备大学的基本职能，只是因全球性大学内涵的特殊性，其职能的表现形式与其它形态的大学不太一样。

（一）培养具有全球视野的国际化人才

全球性大学在人才培养的过程中，已经超出了传统的校园层面，而是将全球作为学校课堂的组成部分，在全球不同的国家和地区成立分校、研究中心和办事处等机构。在这些机构的支持下，全球性大学的学生可以在全球各地开展自己的研究、进行不同国家语言等课程的学习，从而将学生培养成具有全球视野的国际化人才。例如，宾夕法尼亚大学将“让世界走向宾夕法尼亚大学，让宾夕法尼亚大学走向世界”（Bring the World to Penn and Penn to the World）的理念作为其全球倡议战略框架的核心支柱之一。宾夕法尼亚大学利用现有服务和资源，增强支持机制并扩大宾夕法尼亚大学的机构影响力，同时将该理念作为全球议程制定、创新变革思想的催化剂。③ 宾夕法尼亚大学致力于成为一所全球性的研究型大学。截至 2018 年，宾夕法尼亚大

---

① Columbia University. *Mumbai Columbia Global Centers*，2021-09-01，https：//cu-global-centers.site.drupaldisttest.cc.columbia.edu/content/mumbai-education.

② Columbia University. *Istanbul Columbia Global Centers*，2021-09-01，https：//cu-global-centers.site.drupaldisttest.cc.columbia.edu/content/istanbul-education.

③ PennGlobal. *Strategic Framework for Penn's Global Initiatives 2018-2023*，2021-09-02，https：//global.upenn.edu/global-initiatives/strategic-framework-penns-global-initiatives-2018-2023.

学与全球 200 多个大学或学院建立了合作关系并在全球拥有 60 多个研究中心。[①] 平均每年有超过 2700 名宾夕法尼亚大学的学生在国外学习学分课程，超过 1400 名宾夕法尼亚大学教师在国外 170 多个国家和地区开展工作。[②] 宾夕法尼亚大学通过全球主要国家和地区为学生提供全球经验，以培养学生的全球视野和解决全球问题的能力。纽约大学为学生提供了跨校区的全球交流与流动，从而为学生进行跨文化的沟通提供了机会和条件。莫纳什大学南非校区有来自马来西亚校区和澳大利亚校区的学生，从而使得南非校区的学生群体变得多元化，增加了学生接触不同文化的机会，有助于学生个体的跨文化心态成熟与跨文化策略和能力的培养。

（二）生产创造跨区域的国际性知识

全球性大学利用多校区、多研究中心的全球协作网络优势，鼓励师生到全球不同的校区，扎根于多个国家和地区，深入了解不同国家的风土人情并将其作为研究的对象，从而生产创造出跨区域的国际性知识。加州大学洛杉矶分校将自身定位为 21 世纪的“全球大学”（21st-century global university），致力于通过国际合作伙伴关系履行其开展国际性研究的使命。加州大学洛杉矶分校与 46 个国家和地区的 191 所高校、研究中心、企业等机构建立了国际伙伴关系并在亚洲和欧洲设有办事处，在世界各地举办“全球论坛”（Global Forums），以支持学生的国际研究经验。[③] 芝加哥大学在世界不同地方建立了 7 个“全球校区和中心”。以巴黎中心为例，该中心是芝加哥大学在欧洲“教学社区”的总部，研究生可以在该中心从事人文科学、社会科学、自然科学等各学科研究工作。学生到巴黎中心之后，还将获得通过短途旅行开展研究的机会。普林斯顿大学在海外设立了“普林斯顿雅典中心”“普林斯顿中国中心”“姆帕拉研究中心”，以支持教师在海外开展研究工作。[④]

---

① PennGlobal. *Penn Schools*，*Centers & Programs*，2021-09-02，https：//global.upenn.edu/global-initiatives/penn-schools-centers-programs.

② PennGlobal. *Where We Are*，2021-09-02，https：//global.upenn.edu/map.

③ UCLA Global. *Global Events*，2021-09-03，https：//global.ucla.edu/forums#globalevents.

④ Princeton University. *International Princeton*，2021-09-03，https：//international.princeton.edu/princeton-world.

芝加哥大学有超过 1/4 的教师在美国之外开展研究工作，涉及的地区包括非洲和中东、南极洲、亚太、欧洲和美洲，这些地区的“全球校区和中心”为教师在海外开展研究提供了平台。

（三）服务国家和地方发展战略

全球性大学也有为社会服务的职能，但对其而言主要指为国家和地方发展战略服务。为国家发展战略服务主要包括两个方面：一是为全球性大学输出国（母国）提升国际影响力和文化软实力的政治外交战略所服务；二是为全球性大学输入国丰富办学形式、提升办学质量等教育战略所服务。为地方发展战略服务主要是指为全球性大学输入国即分校所在的城市和地区所服务，全球性大学与这些城市和地区形成了相互依存和协同发展的关系。这些城市和地区可以为全球性大学提供门户校园发展所需的基础设施等办学资源，还会为门户校园创造比较好的发展氛围与环境。同时，全球性大学的门户校园可以服务地方的经济发展，帮助地方吸引和培养高水平的国际化人才，实现人才的聚集。莫纳什大学非洲校区发起成立莫纳什大学非洲中心，为解决艾滋病、贫穷、犯罪和暴力等与非洲密切相关的棘手问题服务。① 莫纳什大学南非校区和莫纳什大学非洲中心在为非洲服务的同时，一定程度上也提升了莫纳什大学在非洲的本地声誉。

（四）搭建多元文化沟通的桥梁

全球性大学的跨区域性、跨国性使得它在运营管理的过程中，需要处理好跨文化融合的问题，搭建多元文化沟通的桥梁，传承引领和谐共生的文化。在宏观层面，全球性大学的分校成为一座跨文化的桥梁，有助于增进分校输入国对输出国的了解，也有助于增进来分校留学的国际学生对分校输入国的了解，全球性大学的分校也让它所在的城市成为多元文化和谐共生的发生地。在微观层面，一是全球性大学可以促进学生之间的跨文化理解融合。在全球性大学的母校和分校里，有来自不同国家、不同文化习俗的学生，全

---

① 郦妍：《教育对外开放背景下的全球性大学研究》，博士学位论文，华东师范大学国际与比较教育研究所，2017 年，第 144 页。

球性大学为学生营造包容、开放、自由的校园文化氛围，为文化背景不同、风俗习惯不同的学生增进跨文化的沟通和理解。二是全球性大学可以促进教师和学生之间的跨文化理解融合。由于全球性大学有着较大比例的国际教师和国际学生，这就导致教师和学生在文化认知等方面的不同和冲突，全球性大学通过鼓励师生平等对话等举措，有助于消除师生之间因为文化和风俗习惯所造成的心理隔阂。三是全球性大学可以促进分校母国管理人员和本土管理人员的跨文化理解与融合。通过加强跨文化方面的沟通，全球性大学解决了管理人员之间存在的文化冲突问题。

第三节　全球性大学的办学模式

基于海外分校的特征，学者莱恩·维比克（Line Verbik）等将海外分校分为了三种模式[①]。由于海外分校是全球性大学的重要组成部分，同时也是全球性大学的标志性组成要素，因而，海外分校的模式对于全球性大学的办学模式分类有一定的借鉴意义。此外，赵倩在其博士论文中指出，由于东道国的高等教育体系以及政治、文化背景的不同，英国的全球性大学在不同地区开展的跨国高等教育项目在内部质量保障上有着差异性[②]。基于莱恩·维比克和赵倩的观点，可将全球性大学的办学模式划分为：分校没有内部质量保障权的母体高校独资模式；分校有较少内部质量保障权的东道主提供设施模式；分校有较多内部质量保障权的外部机构投资模式。

一、分校没有内部质量保障权的母体高校独资模式

母体高校独资模式指全球性大学海外分校的办学资金主要由母体高校提供，其优势是母体高校对分校有绝对的管理控制权，没有其它外在的要

① Line Verbik，C.Merkley. *The International Branch Campus*：*Models And Trends*，2006-06-01，http：//www.obhe.ac.uk/documents/view_details？id=34.

② 赵倩：《治理理论视角下英国跨国高等教育质量保障研究》，博士学位论文，浙江大学教育学院，2020 年，第 149 页。

求，教学质量、课程质量也能得到保证。其劣势是进入东道国高等教育市场的难度较大，资金投入较多，可能需要承担全部风险。采用母体高校独资模式的全球性大学及其分校有澳大利亚的莫纳什大学（南非分校）、英国的谢菲尔德大学（希腊分校）等。

以澳大利亚莫纳什大学南非分校为例，莫纳什大学选择在南非建设分校的原因有：南非是金砖国家，南非的经济水平位居世界前列且南非的政治稳定，可以为国际学生营造安全的求学环境。南非选择莫纳什大学开设海外分校的原因在于：莫纳什大学是世界高水平大学，它到南非开设分校可以一定程度满足南非对高等教育日益增长的需求。另外，莫纳什大学南非分校可以帮助非洲国家减缓人才外流的问题。之所以莫纳什大学南非分校被归类为全球性大学办学的母体高校独资模式，是因为南非的教育支出少，高等教育支出仅占政府支出的2.7%①，这使得在南非开设的海外分校无法获得南非政府所提供的财政支持。另外，南非的基础设施薄弱，难以支持海外分校的发展。因此，莫纳什大学南非分校采取的独资独营模式符合南非政府各方面的要求。

英国的谢菲尔德大学希腊分校，又被称为谢菲尔德大学国际学院，该学院的战略是在欧洲东南部成为高等教育的领先提供者，以满足东欧和东南欧国家2亿多人的高等教育需求②。谢菲尔德大学对希腊分校（国际学院）有着极大的控制权，谢菲尔德大学将国际学院作为第六个学院而不是传统意义上的合作办学，国际学院运行的法规和政策与谢菲尔德大学的其他五个学院均是一致的。在国际学院中，谢菲尔德大学无论在机构层面还是项目层面的质量保障都几乎有着完全的治理权。

总体而言，母体高校独资模式由于是全球性大学的母体高校提供办学所需的资金，因而母体高校对海外分校（海外校区、门户校园）的质量保障有着绝对的控制权，海外分校的质量保障也完全依赖母体高校的模式。

---

① 廖菁菁：《高等教育海外分校研究：动因、类型与挑战》，《比较教育研究》2019年第2期。

② 赵倩：《治理理论视角下英国跨国高等教育质量保障研究》，博士学位论文，浙江大学教育学院，2020年，第166页。

二、分校有较少内部质量保障权的东道主提供设施模式

东道主提供设施模式指全球性大学海外分校的办学设施主要由东道国来直接提供。该模式的优势是，在东道国提供的校园等基础上，海外分校可以得到快速建立，海外分校的投资规模也相对较小且容易进入东道国的高等教育市场。而劣势是不利于全球性大学对海外分校的内部质量进行控制和管理，而且需面临海外分校租金上涨等带来的风险。采取东道主提供设施模式的全球性大学及其分校有卡内基梅隆大学（卡塔尔分校）、米德尔塞克斯大学（阿联酋分校）、赫瑞—瓦特大学（迪拜分校）等。

以米德尔塞克斯大学（阿联酋分校）为例，米德尔塞克斯大学之所以会选择阿联酋的迪拜创建海外分校，原因在于阿联酋为米德尔塞克斯大学提供包括图书馆、会议室等教学设施以及财政支持。阿联酋引入米德尔塞克斯大学的动机在于阿联酋的公立高等教育资源有限，无法满足目前民众对高质量高等教育的需求。但由于母体高校对该分校缺乏足够的质量保障和监督管理，将可能导致母体高校的名誉受损。

赫瑞—瓦特大学是第一个在迪拜国际学术城设立分校的大学，赫瑞—瓦特大学迪拜分校的本科、硕士和博士学位课程满足了阿联酋就业市场的需求。尽管不像母体高校独资模式中母体高校对分校办学质量保障权的强有力控制，但是在东道主提供设施模式下，母体高校对分校还是有着较大的控制权。例如，赫瑞—瓦特大学全权负责迪拜分校的办学质量，遵循统一的战略，即迪拜分校的质量保障就是赫瑞—瓦特大学的内部质量保障。然而，受经济、政治、文化等因素的影响，赫瑞—瓦特大学的迪拜分校在内部质量保障方面有着一定的自主权，例如，英国大学的学生代表制度在迪拜就无法得到真正实施。

综上所述，在东道主提供设施模式中，东道国试图将全球性大学母体高校的教育资源“原汁原味”地引入到分校，给予分校和学生充分的自由权，学生可以获得完全的外国高等教育经历，东道国承诺不对分校的内部质量保障进行干预。但受到东道国国情等因素的影响，此模式中的全球性大学

海外分校仍然有着少量的内部质量保障权。

三、分校有较多内部质量保障权的外部机构投资模式

外部机构投资模式主要指的是全球性大学海外分校的办学资金主要由私营公司等机构或东道国政府提供。外部机构投资模式的优势是可以减轻海外分校输出国（大学）的办学负担和办学风险，让海外分校的办学资金来源多元化，同时也让海外分校进入东道国高等教育市场难度变得相对较小。采取外部机构投资模式的全球性大学及其分校有墨尔本皇家理工大学（越南分校）、卡内基梅隆大学（澳大利亚分校）、新南威尔士大学（新加坡分校）、诺丁汉大学（马来西亚分校）、宁波诺丁汉大学（中外合作办学机构）、西交利物浦大学（中外合作办学机构）等。

以宁波诺丁汉大学为例，该校是中国第一座具有独立法人资格的中外合作办学机构。中国政府对宁波诺丁汉大学给予了很大的支持。在学校 6 亿元总投资中，浙江省政府投资了 5000 万元，宁波市政府投入了 1 亿元，其余部分由浙江万里学院承担。① 可以看出，宁波诺丁汉大学的办学资金既有私营机构的支持，又有中国政府的资助。这种“外部机构投资模式”较大程度地减轻了诺丁汉大学的办学资金投入，减少了诺丁汉大学所需要承担的风险。另外，对于东道国——中国来说，宁波诺丁汉大学的毕业生为中国的社会和经济发展作出了贡献，从而达成了双赢的局面。

西交利物浦大学由西安交通大学与利物浦大学合作成立，授予利物浦大学和西交利物浦大学的学位。西交利物浦大学既秉承了英国高等教育系统高品质的质量意识，又充分发挥了中国教育体系注重基础的优势，相对来说有着较强的自主创造性。西交利物浦大学的质量保障权主要掌握在西交利物浦大学本身，同时也受到利物浦大学的监督。

归纳而言，由于《中外合作办学条例》规定所有在中国开办跨国高等教

---

① 中国教育网：《浙江万里学院 / 宁波诺丁汉大学》，2004-07-01，ttp：//www.chinaedunet.com/news/news/20047/types39/1151547.asp.

育的机构必须与中国本土的大学或者其他高等教育机构合作，这使得宁波诺丁汉大学与西交利物浦大学在办学资格、办学模式和人才培养等方面都会受到中国的影响和制约。因而，在外部机构投资模式中，东道国不仅想要引进优质的外国高等教育资源，更要吸收外国先进的高等教育办学经验，从而探索出符合东道国国情的高等教育新模式。在外部机构投资模式中，全球性大学的海外分校办学独立性更强，在内部质量保障中也有着更大的空间和自主权。

综上所述，由于海外分校所处的国家和地区不同，因而同一所全球性大学可能会有多种办学模式而不是单一的。例如，作为全球性大学的卡内基梅大学，其澳大利亚分校采取的办学模式是“外部机构投资模式”，而在卡塔尔的分校采取的办学模式则是“东道主提供设施模式”。对于同一个国家，它可能存在多种全球性大学办学模式，例如新加坡引入的新南威尔士大学采用“外部机构投资模式”，而引入的 SP Jain 全球管理学院采用“东道主提供设施模式”。此外，也可能仅仅存在一种全球性大学办学模式，例如中国与马来西亚仅接受“外部机构投资模式”，该模式可以让海外分校的办学资金来源变得多元化。所以，全球性大学的办学模式并不能一概而论，它受到东道国政治、经济、文化等诸多因素的影响。需要说明的是，以上主要基于海外分校的模式特征对全球性大学的办学模式进行分类存在一定局限性，因为全球性大学的“全球性”特征所包含的要素较多，海外分校或海外校区只是其中的关键要素，并不能说明海外分校的模式就完全等同于全球性大学的办学模式。

第四节 全球性大学的影响、问题与走向

卡洛斯·阿尔伯特·托里斯（Carlos Alberto Torres）认为：“21 世纪大学意识到，它们必须以全球世界观来教育学生，使学生了解历史、价值观、自然资源、社会结构、人口趋势和动力的多样性。”① 全球性大学正是这样的

① ［美］卡洛斯·阿尔伯托·托里斯：《新自由主义常识与全球性大学：高等教育中的知识商品化》，《北京大学教育评论》2014 年第 1 期。

大学，自它诞生以来，便成了新的学术话语、新的大学观和大学样态、新的高等教育国际化形式。全球性大学的出现在很多方面均带来了变革性的影响。然而，由于全球性大学的历史算不上悠久，与传统大学形态相比，发展不算成熟，还存在诸多问题，需要对其存在的问题加以厘清并把握好其未来发展的可能走向。

一、全球性大学的影响

全球性大学的出现，是对以往大学观的继承与创新，它作为高等教育国际化的新形式，拓宽了高等教育国际化理论与实践的边界，对全球高等教育带来双重影响。

（一）延展出新的大学观

克拉克·科尔（Clark Kerr）在《大学的功用》（*The Uses of the University*）一书中提出了多元巨型大学观，他认为大学兼具教学、科研和社会服务等多种职能。① 多元巨型大学观颠覆了纽曼的古典大学观和弗莱克斯纳的现代大学观。全球性大学是在“多元巨型大学”的基础上产生的，与之相比多了跨国性和国际化，全球性大学拥有“多元巨型大学”的所有特征。可以说，全球性大学作为新的大学术语，是对克拉克·科尔多元巨型大学观的继承和发展，充分体现出全球化时代大学的发展趋势，也更为贴切地体现出多元巨型大学在当今社会新的变化形态。

（二）拓宽高等教育国际化的边界

全球性大学作为20世纪初以来诞生的新大学样态，拓宽了高等教育国际化的边界，是高等教育国际化的一种新的发展形式和态势。一方面，全球性大学不等同于海外分校，尽管全球性大学与海外分校的关系密切。事实上，海外分校出现的历史要比全球性大学的历史更为悠久。在传统的高等教育国际化要素中，有师生的国际化、大学的国际化、城市和国家高等教育的国际化。对于大学的国际化，或立足于国内，考察大学如何在国家内部推动

---

① ［美］克拉克·科尔：《大学的功用》，陈学飞译，江西教育出版社1993年版，第2页。

国际化；或立足于国外，考察海外分校的运行模式等，而全球性大学将国内与国外紧密联系起来，全球性大学系统既包括母体高校（往往是一所），又包括海外分校（往往很多所）。既有全球视角和全球战略的考虑，同时又有本土实践的现实关照。因而，全球性大学不仅丰富了大学的样态，也拓宽了高等教育国际化的边界，成为推动高等教育国际化理论和实践发展的新对象。

（三）对全球高等教育带来双重影响

全球性大学对全球高等教育的双重影响体现在积极影响和消极影响两个方面。积极影响表现为，全球性大学的蓬勃发展不仅使母体高校得到发展，而且海外分校也会得到发展。随着发达国家和发展中国家的全球性大学互相到对方国家开办海外分校，发达国家和发展中国家高等教育水平的差距将进一步缩小。对于发展中国家而言，发达国家的全球性大学海外分校建立，有利于引进国际优质高等教育资源，提升本国的高等教育能力建设，为本国高等教育带来先进的教育理念和教育方法。对于发达国家而言，加强全球性大学海外分校建设，有助于提升本国高等教育的国际化水平，扩大大学的国际影响力，通过获取经济利益还能弥补本国高等教育办学经费的不足。消极影响表现为，发达国家创立的全球性大学海外分校可能会“稀释”全球性大学母体高校的国际声誉，而发展中国家的全球性大学海外分校可能面临资金、生源和师资等问题。

二、全球性大学存在的问题

尽管全球性大学的发展更多出于经济利益和学术利益，但是全球性大学也难免会受到政治外交利益的影响，所以全球性大学很难避免国家尤其是发达国家意识形态的渗透，出现对发展中国家的“文化殖民”现象。另外，办学资金是区分全球性大学办学模式的重要标准，办学资金不足是长期以来困扰全球性大学的问题。与此同时，全球性大学学生的国际经验和国际课程还存在着不足，亟待完善；对于全球性大学建设，不同利益主体存在认知的差异和障碍，全球性大学包容的国际化理念也因此面临着严峻的挑战。

（一）全球性大学较难避免意识形态的渗透

全球性大学并不是欧美国家的“专利”，印度、中国等发展中国家的大学也开始在海外设立校区，开启全球性大学的建设步伐。然而，从全球性大学的比例来看，欧美国家仍然占主导地位。欧美的全球性大学将培养“全球领导者”和“全球公民”作为其人才培养的价值理念，但是深入分析其价值理念，不难发现其价值理念有着明显的政治性倾向，其为全球培养国际化人才的气魄本质上体现了为欧美国家和政府培养国际化人才的倾向，且国际化人才培养成为欧美国家增强软实力、扩大其国际影响力、进行文化殖民的重要手段。哈佛大学教授约瑟夫·奈（Joseph Nye）1990年在《注定领导世界：美国权力性质的变迁》提出了软实力的理论。约瑟夫·奈认为，如果一个国家将自己的利益价值观塑造成与国际规范、制度或规则相适应的观念，这个国家的行为就会拥有很强的吸引力。① 欧美国家正是这样做的，其全球性大学将培养“全球公民”和“世界公民”作为人才培养的价值理念，旨在增强欧美国家对其他国家民众的吸引，让这些国家的民众对欧美国家心生向往。

约瑟夫·奈强调，软实力来源于一个国家的文化、政治观念和外交政策的吸引力。② 欧美的全球性大学是重要的软实力资源生产者和平台，欧美的全球性大学通过建设海外分校培养国际化人才，通过高等教育输出本国的意识形态，意图将本国的价值观变为人类共同的价值观，通过国际化人才培养“化人”。柯志聘也认为，进入21世纪后，随着高等教育国际化趋势增强，英国、美国、澳大利亚等西方发达国家开始将教育输出作为国家政治、文化和经济战略的重要组成部分，特别是对发展中国家实施“软实力”影响的重要抓手。③ 综合来看，通过教育软实力的发挥，西方国家实现了不用军

---

① ［美］约瑟夫·奈：《注定领导世界：美国权力性质的变迁》，刘华译，中国人民大学出版社2012年版，第32页。

② 刘淑华、刘庆：《后“9·11”时代美国教育外交战略及其对中国的启示》，《高等教育研究》2021年第2期。

③ 柯志骋：《海外分校发展趋向思辨——基于〈国际高等教育〉的文献分析》，《教育导刊》2020年第8期。

事手段或少用军事手段，就可以通过教育作为媒介的文化输出间接影响和控制其他国家。因而，西方国家建设海外分校，以培养它们所倡导的“全球公民”并不是为了实现“美美与共，天下大同”，而是让西方国家成为居高临下的世界领导者，对其他国家进行文化和政治输出。在这种情况下，全球性大学可以说是西方国家对发展中国家进行意识形态渗透的手段之一。

（二）全球性大学缺乏足够多的资金支持

结合前文所述，在全球性大学的办学模式之中，较为常见的是母体高校独资模式和外部机构投资模式，这两种模式造成了全球性大学的海外分校资金来源的不独立。国外全球性大学海外分校的关闭，其主要原因便是办学资金链断裂。由此可见，办学资金在全球性大学发展的过程中扮演着重要角色。以美国为例，它的全球性大学发展也面临着资金不足的困扰。20 世纪 90 年代，日本国内曾掀起建设美国大学分校的热潮，但后来大部分被迫关闭，原因就在于办学资金不足的问题。

为美国全球性大学提供多渠道的资助，一直以来都是美国国际化教育的重要特色。美国的联邦政府、州政府、社会组织和高校都通过各种计划和项目为全球性大学的国际化人才培养提供财政经费支持。当前，美国全球性大学得到的政府资助由不同的联邦政府部门管理和负责。国际开发署负责为来自发展中国家的学生和教师提供资助；教育部通过《高等教育法》第六章为全球性大学的国际化人才培养提供资助；国务院主要管理全球性大学参与的富布莱特计划中学生和教师的国际交流计划。为了对美国全球性大学的国际化人才培养的资助进行统一管理，《国际教育法》曾提出建立一个国际教育合作中心，以协调联邦政府和各机构对国际教育的投资，然而《国际教育法》并未获得拨款，美国当前还没有一个部门可以统筹管理与全球性大学国际化人才培养相关的各项资助资金。与此同时，美国联邦政府对国际教育的预算不断下降，国际教育经费所占教育经费的比例也非常低，这对美国全球性大学培养国际化人才、建设海外分校来说无疑是不小的挑战。在资金短缺的情况下，全球性大学只能依靠自己的力量寻求推进国际化人才培养的外部资金。政府在各个全球性大学的国际化人才培养项目，例如国家资源中心，如果因为资金的短缺，将可能会面临被中止的风险。尽管美国全球性大学有很大一部分办学资金是来自于校友捐赠和基金会资金，但政府的经费投入始终是美国全球性大学办学经费的重要组成部分，仅靠美国全球性大学自筹经费，难以支撑其美国全球性大学规模庞大的国际化人才培养。与此同时，在争取联邦政府资金的过程中，美国全球性大学可能因为联邦政府在资金和法律等层面的话语权过大，导致美国全球性大学在国际化人才培养中失去了能动性和自主性。

（三）全球性大学的学生国际经验机会和国际课程覆盖面不足

部分全球性大学（母体高校）的学生增进国际经验的机会相对有限，学生国际经验存在不足。以美国的全球性大学为例，国际经验主要包括了出国留学、国际实习、国际服务和海外研究四个部分。尽管出国留学是美国全球性大学（母体高校）国际化人才培养的首要任务，但仅有 1/5 的大学为本科生和研究生设定了海外留学的目标，本科生覆盖面是 33%，研究生覆盖面是 10%。除了出国留学之外，学生参与国际实习、国际服务和海外研究的人数增长缓慢。只有 1/4 的美国大学表示参与度有所增加，有 1/3 的美国大学表示参与度没有变化。① 尽管美国联邦政府提出了推动学生国际经验的项目与政策，不少美国全球性大学（母体高校）也指出了学生国际经验的重要性，但从实施情况来看，真正获得国际经验的学生与联邦政府和全球性大学所提出的目标和期望仍有明显差距，从侧面也反映出美国全球性大学（母体高校）学生出国留学的热情程度不高。

此外，一些全球性大学（母体高校）国际化人才培养的外语教育课程整体水平不高且外语语种过于集中。尽管联邦政府对美国全球性大学的外语教育进行政策鼓励，但美国全球性大学（母体高校）对外语学习的重视程度不高。数据统计，仅有 46% 的美国全球性大学对本科生毕业有外语要求。在这些大学中，17% 的大学对所有学生有外语要求，29% 的大学对部

① 阚芳：《美国研究型大学课程国际化发展研究》，硕士学位论文，沈阳师范大学教育科学学院，2017 年，第 33 页。

分学生有外语要求。另外，美国全球性大学（母体高校）的外语教育课程中，语种相对较为集中，更多集中为西班牙语和法语。数据统计，在美国的高校，超过92%的高校提供西班牙语和71%的高校提供法语。虽然小布什（George Walker Bush）总统曾在2006年便提出了“旗舰语言计划”，但只有教授汉语和阿拉伯语的高校数量有所增加，分别增加了15%和10%①，但对于培养全球公民的美国全球性大学（母体高校）国际化人才培养的理念和目标来说，显然是不够的。

再者，全球性大学国际化人才培养课程的学科领域较为集中，不同学科领域的国际化课程存在失衡。在美国全球性大学的母体高校，国际化课程更多集中于社会科学、工商管理、人文科学等领域，在STEM（科学、技术、工程和数学）学科领域提供国际化课程的高校仅有5%。而在全球性大学的海外分校，国际化课程更多集中在低成本、收效快的工程和技术以及商业和社会科学等领域。数据统计显示，专业课程比例较大的课程类别有经济类、电子信息类、生物医药及工程类、管理类等，文化教育类、法律宗教类和政治类等专业较少。究其原因，是因为全球性大学海外分校的这些课程设置主要是为了满足东道国消费者需求和劳动力市场需求。

（四）全球性大学建设存在认知差异与障碍

尽管全球性大学并不是21世纪才产生，已经有几十年的历史，但是在漫长的世界高等教育历史长河中，全球性大学仍然算是比较新兴的大学形态。对于全球性大学，民众之间和国家之间对全球性大学存在着认知观念的差异。民众往往对全球性的认知与对海外分校的认知之间存在着显著差距，对海外分校办学、合作办学的质量和营利性存在着固化的认知和观念。不少民众仍然认为开展合作办学的全球性大学分校，主要是为了营利而不是培养高水平的国际化人才，办学质量不是很高。国家之间对于全球性大学海外分校的主导权等问题也存在着认知障碍。全球性大学的海外分校不同于其他的

---

① 阙芳：《美国研究型大学课程国际化发展研究》，硕士学位论文，沈阳师范大学教育科学学院，2017年，第32页。

大学形态，它具有双重身份，它既是母国全球性大学系统的一个重要组成要素，与母校有着千丝万缕的联系，同时它在输入国又是一所本地独立的大学。此外，地方政府官员对全球性大学也存在着认识障碍，担忧全球性大学的海外分校会对教育主权造成侵蚀，对地方成熟的高等教育体系造成冲击。

（五）全球性大学多元、包容的人才培养理念面临挑战

全球性大学始终将培养包容和理解多元文化、具有跨文化沟通能力的人才作为国际化人才培养的重要价值理念，然而这种理念当前却面临着严峻的挑战。以美国为例，其社会撕裂和贫富差距分化日益严重，矛盾和冲突难以完全消弭，仇恨和排外情绪在社会弥漫，针对亚裔和非洲裔等少数族裔的暴力事件持续飙升，中美对抗的不断升级，种族歧视问题的长期存在，无疑对全球性大学加强国际合作，拓宽办学实体，建设全球协作网络，创造多元、多样的国际化社区，培养尊重理解多元文化的国际化人才带来了层层无形阻碍。

三、全球性大学的走向

与传统大学形态相比，全球性大学还属于新生事物且仍然不断在发展与变化中，其未来走向主要表现流动趋势、办学模式和发展目标这三个方面。

（一）全球性大学的流动趋势："走出去"与"引进来"并举

以往全球性大学的流动趋势，更多是发达国家的全球性大学到发展中国家开设海外分校或者校区，呈现发达国家"走出去"的态势。在全球性大学海外分校的数量排名中，位居前列的也主要是美国、英国和澳大利亚等发达国家。然而，随着高等教育市场化与全球化的迅猛发展，全球性大学的建设也被一些发展中国家提上日程，并且发展中国家的全球性大学开始尝试到发达国家创建分校或校区，全球性大学从以往的发达国家"走出去"的趋势转向发达国家"引进来"。例如，中国大陆浙江大学在英国设立浙江大学帝国理工联合学院，中国台湾的铭传大学在美国密歇根设立校区；印度马尼帕尔大学在阿联酋设立校区；印度 SP Jain 全球管理学院在新加坡设立校区。

（二）全球性大学的办学模式："独立"走向"联合"

鉴于公共高等教育经费增长有限，全球性大学的"母体高校独资模式"因为能支配的办学资金相对来说比较有限，所面临的资金风险也较大，这样使得全球性大学的办学模式发生了变化，即由"独立"走向"联合"。在资助方式方面，由东道国（商业公司或者政府）提供基础设施、办学场地乃至办学资金；在经营方式方面，由于全球性大学的利益相关者日趋多元，经营方式也发生了相应的变化。全球性大学（海外分校）独立运营的方式未来将被联合经营的方式所代替，宁波诺丁汉大学和上海纽约大学都是这种全球性大学联合办学模式的案例。联合经营的优势是可以减轻全球性大学母体高校的经济负担，还能更好地服务全球性大学海外分校本地的经济社会发展。由此可见，"联合"的资助模式和经营模式将成为未来全球性大学的主流办学趋势。

（三）全球性大学的发展目标：数量扩张与质量发展并重

最近几年，不少世界一流大学都立志将学校打造成为全球性大学，积极加强与国外政府和国外高校的联系与合作，尤其是高度重视办学实体的拓宽，努力提升大学在海外的分校（校区、中心）数量。因此，未来海外分校和海外中心的数量扩张是必然的趋势，但是全球性大学的办学质量，特别是全球性大学海外分校的质量将成为未来全球性大学激烈竞争的焦点。在供给层面，全球性大学将对海外分校的学术质量高度重视以提升其国际竞争力和国际认可度。在需求层面，东道国也会充分考量全球性大学的学术声誉和办学质量，往往世界排名靠前的全球性大学成功开设海外分校的概率较高。在质量保障层面，美国、英国、澳大利亚等国家非常重视全球性大学跨国活动的质量认证与质量保障。因此，数量与质量并重将成为未来全球性大学的发展目标。

第七章　都市大学的大学观和办学模式

都市大学出现于20世纪90年代，因其地理位置和独特的社会服务职能而区别于其他大学类型。它以“与都市共生”为使命，从都市层面以及都市地区的重要基本单元——社区层面，重新审视大学的各项职能活动，形成了其独特的大学定位、发展理念与职能模式。

第一节　都市大学的产生与发展

在20世纪90年代“都市大学”概念被提出之前，这一大学理念经历过几十年的酝酿期，最终在美国社会本位的高等教育理念与美国都市发展困境的双重推力下降生，自此已有30余年的发展历史。在这30余年中，都市大学作为一种高等教育哲学观，其服务社会的定位与职能、社会发展推动者的角色并未经历太大的变化，但其运行模式及服务方式先后经历了探索、迷茫与巩固期三个阶段。如今，都市大学已成为一个概念清晰、模式与特色鲜明的大学类型，获得了稳固的合法地位。

一、都市大学的孕育背景

任何一种新理念的提出或新型组织的成立都离不开其所处的时代背景与社会环境，尤其是受到时代理念的影响与现实问题的驱动，“都市大学”这一概念也不例外。都市大学萌芽于20世纪五六十年代，到80年代末和

90 年代初在高等教育领域获得相应的声誉和地位。[①]1990 年，美国 49 位大学校长联合签署了《都市大学宣言》，宣布一种新的大学类型正式获得合法性[②]，这是美国“高等教育为公共服务”的理念根基与都市地区问题亟待解决的现实需求共同推动的结果。

美国社会本位的高等教育价值观由来已久。早在 1862 年，美国《莫里尔法》就开创了高等教育服务社会的先河。进入 20 世纪，“为公共服务”不仅是美国高等教育界的呼声，更是全美国的呼声，强调以服务社会为首要任务的社会本位高等教育价值观呼之欲出。1912 年“威斯康星思想”的提出标志着社会本位高等教育价值观的最终确立。[③] 这一理念对美国高等教育的影响持久且深刻。二战后，为解决大量退伍士兵的安置问题，美国国会通过《退伍军人权利法案》，使战争中断深造机会的美国公民有机会接受适当的教育。在此影响下，美国高等教育的规模迅速扩张。当时，除了社区学院以外的所有学术机构都被迫归入以下两种广受认可的机构类别中：侧重本科教学的文理学院以及侧重研究的研究型大学——根据卡内基基金会的分类标准，这两类机构具有远高于其他机构的声望。然而，在当时成立的机构中，有许多新成立的机构并不属于这两类中的任意一种——不同于提供本科博雅教育的文理学院，这些机构提供广泛的专业教育和研究生阶段的教育，教职员也比文理学院的水平更高，其中一些甚至是一流学者；也不同于坐落在远离人口聚集区的研究型大学，这些机构往往位于人口聚集的都市地区，同时他们的办学资源与条件也难以匹敌研究型大学的水平。[④] 仅在 20 世纪 60 年代就成立了 40 余所这样定位模糊的机构[⑤]，到 20 世纪 90 年代，这样的机构共有

① 王晓华：《大学服务职能拓展的世界性努力——美国和中国个案研究》，《比较教育研究》2002 年第 1 期。

② 曹东：《都市大学：美国高等教育的一种新模式》，《辽宁高等教育研究》1998 年第 4 期。

③ 丛培元、李志义、陈晓晖、朱泓：《美国高等教育价值观的历史嬗变与启示》，《中国大学教学》2016 年第 5 期。

④ Daniel M. Johnson & David Bell. *Metropolitan Universities*：*An Emerging Model in American Higher Education. Denton*，Tex.：U of North Texas，1995，p.xiii.

⑤ Daniel M. Johnson & David Bell. *Metropolitan Universities*：*An Emerging Model in American Higher Education. Denton*，Tex.：U of North Texas，1995，p.7.

150—200所。[①] 这些机构成为美国高等教育中重要但并未得到充分认可且目标模糊的一股力量。他们不知道自己的使命是什么，没有足够关注社会真正需要什么，没有思考自己能为社会提供什么，因此这股力量始终没有在美国社会中很好地发挥自己的作用与价值。

与此同时，美国的都市地区正在快速发展。早在1920年，美国人口普查结果就显示，有超过一半的美国人口生活在城镇，其中超过60万人口的城市有12个，超过100万人口的城市有3个[②]，美国人口居住形式初步呈现都市化的特点。20世纪20年代以来美国机动车辆的快速发展扩大了城市的边界，它使人们不再聚集在城市的中心区域，而是到郊区、卫星城甚至城镇边缘居住。城市的范围越来越大，城市功能与人口分布也愈加分散。根据1960年"都市地区"的标准——拥有至少一个5万人的中心城市和周围郊区的人口密度和交通网络等特征，这一阶段的美国城市正在向"都市"过渡。二战后，美国城市的重塑势头强劲，大量退伍士兵涌入城市，给城市的房地产、医疗、教育等各个产业带来了生机，同时进一步扩大了城市规模。20世纪50年代，政府采取了一系列措施支持城市的周边与外围发展，包括为城市周边地区的发展提供抵押贷款、建立高速公路连接市中心与郊区、在郊区建立新的大学、将社区周围的私立学院变为公立学院等，而伴随着郊区的快速发展，城市的部分地区由于未获得相应的资源与政策支持，也在迅速衰落。[③]

随着美国都市地区的迅速发展，其面临的社会问题也逐渐显露：种族主义、都市贫民、青少年犯罪、基础设施老化、交通方式不充足且不均、公民意识下降等。有些学者和政策制定者认为，拥有数百万相对富裕、以白人为主的新居民的郊区吸收了大量经济与人才资源，导致相对落后地区缺乏发展

---

① Daniel M. Johnson & David Bell. *Metropolitan Universities*：*An Emerging Model in American Higher Education. Denton*，Tex.：U of North Texas，1995，p.xiii.

② 袁丽、康健：《美国都市大学改革及其意义》，《外国教育研究》2005年第6期。

③ Daniel M. Johnson & David Bell. *Metropolitan Universities*：*An Emerging Model in American Higher Education. Denton*，Tex.：U of North Texas，1995，p.19.

资源，是产生都市地区这些问题的主要原因。然而，在一些发展较早且发展水平也较高的中心城市也存在这些问题。这表明都市地区的发展危机与矛盾不完全是资源竞争的结果，也是都市地区种族、文化、政治、经济等内部发展危机及美国人生活传统中的矛盾的外在表现。①

即便都市地区获得了快速发展，但人们在很长一段时间内还是将“城市”而非“都市”作为审视社会问题的基本单位。20世纪60年代，美国联邦政府广泛关注到城市危机并首次尝试专门解决城市问题，城市大学被视为化解城市危机的路径之一。在随后的20余年中，美国先后成立了州立大学和赠地学院协会（National Association of State Universities and Land-Grant Colleges）、城市事务部（Urban Affairs Division）等机构，以应对城市化进程对大学的教学、研究、服务工作提出的新要求并希望能够解决城市危机。然而，这些举措并未取得预期效果，原因在于他们只将“城市”——即都市地区的地理中心——作为问题的核心，而忽视了城市边缘、郊区等其他区域的问题。在美国的许多城市已发展为都市的背景下，城市问题与都市的整体发展密切相关，城市问题也必须在都市地区功能的广阔背景下才能得到解决。② 自此，人们开始将“都市”作为审视社会问题的单位，解决都市问题也被提上日程。

在20世纪80年代，针对都市地区严峻的社会问题，在社会本位高等教育价值观的引导下，美国越来越多的学者提出，大学应走出象牙塔，积极主动地为大学所处的周围环境解决问题。“在地方层面，美国有一种呼声，要求人们为美国的城市做些什么，就像上世纪州立大学为美国农村做的贡献那样……类似的大学与城市之间的关系是必要的。”③ 这一时期，“都市大学”

① Daniel M. Johnson & David Bell. *Metropolitan Universities*：*An Emerging Model in American Higher Education. Denton*，Tex.：U of North Texas，1995，p.20.

② John W. Bardo. “University and City：From Urban to Metropolitan”，*Metropolitan Universities*，1990，Vol.1（1），pp.36-43.

③ Andrew Young. “Public Expectations of Higher Education Beyond 1984”，*American Association of State College and Universities Studies*，1985，No.2，pp.3-11.

的理念初具雏形，这种理念要求此类大学打破“以自我为中心”的态度，反对“象牙塔”式的学术至上主义，反对排斥社会问题的办学方针；主张此类大学应打破与社区长期相互隔离的状态，构建起与社区各界紧密联系的关系，使用自身资源与当地社区合作，帮助社区解决社会问题，谋求社区与大学的共同发展。[①] 这种理念的提出并非要求建立新的大学，而是帮助现有的定位模糊且具有地理优势的一种大学明确其自身的职能与使命，使其更好地发挥自身潜能，同时帮助都市地区解决社会问题。

经过南缅因大学、马里兰大学巴尔的摩分校、莱特州立大学等几所大学的积极倡导，都市大学的理念逐渐得到了许多大学的响应。1990 年，49 所地方性州立综合大学的校长联合签署了《都市大学宣言》（*Declaration of Metropolitan Universities*），宣称他们将奉行一种新的大学模式，这种模式使他们所处的机构有机会响应公众对高等教育的预期。简而言之，就是既沿袭了高等教育在教学、研究与专业服务方面的职能，也承担了改善都市地区人口生活质量的额外责任。[②] 自此，都市大学得到全方位的界定，一种新型大学理念正式诞生。

二、都市大学的发展历程

在《都市大学宣言》签署后，由陶森州立大学和波士顿马萨诸塞大学联合出版的季刊《都市大学》（*Metropolitan Universities*）于 1990 年首次刊发，其目的是探讨与传播有关城市和都市大学的学术话题。1993 年，由美国州立大学和赠地学院协会及美国州立大学协会（American Association of State College and Universities）联合赞助的“城市和都市大学联盟”（Coalition of Urban and Metropolitan Universities）成立，这一机构关注到了当时缺乏代表性机构的都市大学群体的活动与诉求，聚焦州与地方层面（而非国家层面）的组织职能发展需要，以实现国家、州和地方各级成员机构的共同利益

① 袁丽、康健：《美国都市大学改革及其意义》，《外国教育研究》2005 年第 6 期。

② Daniel M. Johnson & David Bell. *Metropolitan Universities*：*An Emerging Model in American Higher Education. Denton*，Tex.：U of North Texas，1995，pp.29-30.

为目的，其成立标志着都市大学的性质及其重要性得到了高等教育界及社会的广泛认可。① 在学术期刊与专业协会的共同推动下，都市大学在全球范围内获得了愈发广泛的理念与实践影响力，英国、加拿大、德国、南非、孟加拉、菲律宾等国家都出现了都市大学这一类型的机构，“城市和都市大学联盟”也发展为有 106 个成员机构的全球性联盟组织。②

《都市大学》期刊与“城市和都市大学联盟”作为“都市大学”这一理念主张的主要学术刊物和专业协会组织，其涵盖的主题变化与活动发展可以反映都市大学的整体发展历程。据此，都市大学自 1990 年以来的发展历程大致可以分为三个阶段。在此需要澄清的是，都市大学的发展并非在 2000 年与 2007 年出现了陡然转向或界限鲜明的转型。事实上，都市大学在 30 余年过程中的发展变化是温和且界限模糊的——第二、三发展阶段仍然包括都市大学对其发展模式的探索，第一、三发展阶段都市大学都面临着来自环境变革的挑战。在此将 2000 年与 2007 年作为都市大学三个发展阶段的转变时间，是根据都市大学不同时间段发展主题的粗略划分确定的结果，以便凸显都市大学发展面临的主要挑战及都市大学理念与模式的变化和演进。

（一）20 世纪末：都市大学教育模式的探索期

都市大学这一概念以其服务社区、与大学所处的都市环境紧密联系的突出职能与独特定位为特色，然而众多学者在提出这一概念、多位校长在签署《都市大学宣言》时，对于这一理念的具体模式并没有清晰、全面的认知。因此 1990 年刊发的第一期《都市大学》由大学校长、教务长、学者、市长的文章共同构成，他们为这一概念贡献了各自视角的主张。期刊主编欧内斯特·林顿（Ernest A. Lynton）介绍说：“尽管都市大学群体内部存在诸多差异，但他们也具有一些共同特征，包括学生构成的多样性、学术与专业

① Ernest A. Lynton. “Student Life：From the Editor's Desk”, *Metropolitan Universities*, 1993, Vol.4（2）, pp.2-5.

② 截至 2021 年 6 月 25 日数据。106 个成员中非美国的大学仅有 5 所。

活动的多样性、支持者的多样性等。”① 不止在该期刊的第一期，在 20 世纪末的十年中，该期刊都聚焦在课程、学生生活、教师角色、大学筹款等内部运行的一个个微观话题，似乎在探索都市大学的职能边界及具体运行方式。其中，这些探索以对都市大学面临挑战的认识为基础，指向大学在各个维度更好地与社区联系、服务社会需求。

都市大学面临的挑战可以概括为以下几点：(1) 学生构成多样性的挑战。学生的种族和社会经济背景、年龄、职业抱负各不相同，这对都市大学教育模式、授课时间、课程内容与教学方式的灵活性要求很高。(2) 知识经济带来的挑战。知识经济的发展对知识的生产、应用与传播方式都带来了巨大改变，这对于与公众、社会、经济发展联系更紧密的都市大学的冲击更为严峻。(3) 研究生培养的挑战。由于都市地区对高技能人才需求的快速增长，都市大学提供研究生教育极为必要。然而，学生群体构成的多样性以及都市大学知识生产的实践性导向，为研究生教育的人才培养、研究开展等活动增添了难度。② (4) 机构使命的理想化。都市大学的使命是服务当地发展需求，解决其所处周围环境的问题。然而，都市大学的活动及影响由其所处的都市环境塑造与限定，无法超出其所处的都市地区的种族构成、社会阶层、经济功能等背景发挥作用。加之联邦政府与州政府缺乏对都市大学的相应支持，在不同利益群体的诉求出现矛盾时，都市大学能发挥的作用微乎其微。③ (5) 合法性挑战。都市大学不同于传统的研究型大学或文理学院，因此它们若想争取公众的支持以获得资源，就需要向公众详细地呈现其活动内容与成果。此外，都市大学没有成功的机构经验可以模仿，它们必须在各方面勇于创新并通过自身群体对这一模式巩固与强化，才能在理念与模式众多

① Ernest A. Lynton. “Identity and Culture：From the Editor's Desk”, *Metropolitan Universities*, 1990, Vol.1 (1), pp.3-8.

② Daniel M.Johnson & David Bell. *Metropolitan Universities：An Emerging Model in American Higher Education. Denton*, Tex.：U of North Texas, 1995, pp.xiv-xviii.

③ Daniel M. Johnson & David Bell. *Metropolitan Universities：An Emerging Model in American Higher Education. Denton*, Tex.：U of North Texas, 1995, pp.21-22.

的高等教育领域立足。虽然机构职能的主张得到了认可，但实践模式缺乏合法性基础是都市大学发展初期面临的最大挑战。①

对此，大学的管理者及学者们提出应对挑战的方式，这些方式具有共同的目标指向，即更好地服务社区需求。例如，针对都市大学服务社区的关键职能定位不同于以往大学生产知识的根本任务，学者队伍的主要任务、学术活动及学术价值都需重新界定。有学者提出，可以将现代大学的学术活动分为四种类型：整合的学术（scholarship of integration）、实践的学术（scholarship of practice）、发现的学术（scholarship of discovery）、教学的学术（scholarship of teaching）。② 在新型分类标准的基础上，都市大学也需采用新的评价与激励方法来记录和评估教师多样化的教学活动和非传统的学术活动及专业服务。③ 在课程方面，都市大学需识别并解决课程问题，使毕业生的技能、能力与社会的需求相匹配，毕竟企业对大学毕业生的技能期待很丰富，但又难以准确描述合格毕业生的技能标准，识别都市环境所需的人才标准并据此创建课程的工作就需要都市大学来完成。④ 此外，学者们对都市大学国际化活动的必要性给予了肯定并指出尤其应保障学生在国际维度上的发展与受益，而教师团队在加强国际学术联系方面具有关键作用。都市大学不仅具有本土使命，还有为国家甚至国际社区提供富有活力的国际资源的国际使命。⑤

都市大学对其与社区互动模式的探索尤为突出。社区指代的范围很广泛，可以指都市大学附近的整体环境，也可以指该环境所包含的某些特定

---

① Daniel M. Johnson & David Bell. *Metropolitan Universities*：*An Emerging Model in American Higher Education. Denton*，Tex.：U of North Texas，1995，p.25.

② R. Eugene Rice. “The New American Scholar”，*Metropolitan Universities*，1990，Vol.1（4），pp.7-18.

③ Roger Soder. “On Lemmings in Higher Education-The Relentless and Destructive Pursuit of Research University Status”，*Metropolitan Universities*，1990，Vol.1（4），pp.19-28.

④ Lois Cronholm. “Curriculum-Overview”，*Metropolitan Universities*，1991，Vol.2（2），pp.4-6.

⑤ John W. Shumaker. “Assessment II and International Dimension-Overview”，*Metropolitan Universities*，1993，Vol.4（1），pp.57-62.

要素或集合体，如行业、学校教育系统、政府、不同种族群体等。都市大学与 K–12 学校的联系是彼此在社区合作中最重要的联系，对此不同学者提出了关于如何加强大学与 K–12 阶段学校联系的方法，如欧内斯特·博伊尔（Ernest L. Boyer）敦促都市大学更多关注儿童发展的早期阶段，凯蒂·海库克（Kati Haycock）提出大学需从影响少数学生和教师的小项目来帮助当地学校①，这些发现与建议成为都市大学构建与学校合作关系的经验。都市大学在社区中第二重要的作用就是促进公共健康，它能通过广泛的健康项目直接改善社区生活的基本条件。影响都市地区的两大公共卫生问题是高伤害发生率和高艾滋病增长率，由于地方层面的预防举措效果最佳，都市大学在解决这两个问题中扮演重要角色。为此，都市大学需应对制度壁垒——构建起学术机构与卫生科学中心的有效共生关系，同时不断更新当地卫生行业的管理与行政人员的知识。② 此外，学者们还对构建大学—社区合作关系、开展跨部门合作、构建学习社区等方面的理论构思与实践经验进行了阐述与梳理，以帮助都市大学明确职责和实践方向。

（二）21 世纪初—2007 年：都市大学服务环境的迷茫期

"城市和都市大学联盟" 成立的动因之一是高等教育界缺乏对都市大学使命的全面理解。在该联盟成立的第一个十年内，经过联盟不懈的传播与扩散，越来越多的学者与机构了解了都市大学的理念、定位与运营模式，联盟的成员也扩展到近 60 名。③ 在联盟的努力推动与宣传下，都市大学的理念宣传与模式探索卓有成效。然而，在 21 世纪初的前几年，美国乃至世界范围内的都市地区发展动荡。在这一背景下，都市大学及其组织协会虽然了解并认可都市大学的职能定位，但对于在 21 世纪的众多挑战下如何发挥都市

① Nevin Brown. "Metropolitan Universities and the Schools-Overview", *Metropolitan Universities*, 1994, Vol.5 (2), pp.5-6.

② David A. Bell. "Public Health-Overview", *Metropolitan Universities*, 1995, Vol.6 (2), pp.5-10.

③ Heather E. Kimmel. "Highlights of the 1999 Coalition Meeting-Overview", *Metropolitan Universities*, 1999, Vol.10 (4), pp.7-13.

大学的独特作用，使其更好地服务都市地区的经济与社会发展，都市大学的相关组织机构似乎并未探明该问题的答案。

2003年城市和都市大学联盟年度会议的主题是“城市大学：城市议程中的合作伙伴”。该议题指出，即使是最小的都市地区也面临着下列典型的都市挑战：经济稳定性，充足的就业机会，与教育、健康、安全、文化相关的有质量的公共系统与服务，等等。①2004年的联盟会议上，与会人员主要探讨了两个主题，即美国的恐怖袭击事件与即将到来的大选对都市大学发展的影响及对其职能的诉求。受到美国恐怖袭击事件的触动，人们认识到包括都市大学在内的所有高等教育机构都应做好应对重大、意外恐怖袭击的应急规划。面对美国联邦政府新出台的《不让一个孩子掉队》法案，与会者提出，都市大学未来需要应对联邦、州政府的教育改革对都市大学提出的更多、更高的标准和要求以及政府对都市大学相对匮乏的资金支持之间的矛盾。②2005年的联盟会议主题为“城市和都会大学与明天的经济”，与会人员探讨了经济的重大变化将如何影响大学以及都市大学如何成功地将新的经济挑战转化为实现和提高其使命和成就的机遇。当时，城市、国家与国际层面的经济发展都在面临巨大的结构性转型，技术发展和全球化趋势对经济格局的影响是深刻且难以预测的。与会者在会议期间反复强调以下问题，以明晰都市大学在未来经济社会环境下的定位与走向：技术发展和全球化趋势对经济发展与都市大学有何影响？如何让校园和周边社区参与到确保和维持经济基础的努力中来，以实现都市大学的使命？如何让学生参与学习，帮助他们面对数字化和全球化经济环境的挑战？③

---

① Barbara Holland.“Metropolitan Universities：Partners in the Urban Agenda-From the Editor”，*Metropolitan Universities*，2003，Vol.14（4），pp.3-5.

② David A. Caputo.“Urban and Metropolitan America：The New Realities-Facing the New Realities：The CUMU Conference at 10 Years”，*Metropolitan Universities*，2004，Vol.15（4），pp.3-8.

③ James E. Lyons，Sr..“Urban and Metropolitan Universities in Tomorrow's Economy：An Overview of the 11th Annual International CUMU Conference”，*Metropolitan Universities*，2005，Vol.16（4），pp.5-10.

经历了前期的讨论与摸索，城市和都市大学联盟逐渐明晰了都市大学的未来定位与发展方向。2007 年，《都市大学》期刊先后刊发了“都市大学的当代挑战”（Contemporary Challenges for Metropolitan Universities）与“都市大学的未来愿景”（Visions for the Future of Urban Universities）主题的论文，描述了都市大学在为准大学生做准备、质量保障与评估、校园安全文化、服务社区等方面工作的现实挑战并描绘出都市大学的未来特征：坚信都市大学的潜力；具有创新吸引力；对服务的承诺；坚信多样性和社会公平的益处；认可通识教育和专业准备；支持学生和教师的成功；重视意向性、反思性与知情选择；依赖合作；致力于社会和经济发展。① 同年 10 月，城市和都市大学联盟召开了第 13 届年会，以“都市大学与社区参与”为主题探讨了都市大学社区参与的最佳实践与面临的问题。会议探讨了若干关键问题，包括：都市大学的愿景如何与它所服务的环境（安全、经济、教育等方面）结合起来并发挥作用？如何深化社区参与对学生学习和社区的影响？如何改变学术文化以支持社区参与？② 虽然此前《都市大学》也围绕社区探讨过有关社区互动、都市大学与社区关系、基于社区的研究等相关话题，但这些话题的分布较零散，都市大学也尚未明确以“社区参与”为重要手段的服务社区方式。而自 2007 年起，《都市大学》几乎每年都会刊发讨论“社区参与”相关专题的文章，社区参与也被视为都市大学的重要职能与活动，社区参与的程度与强度差异使都市大学与传统大学相区分。③ 可以说，21 世纪初期，经过都市大学的经验分享与联盟对都市大学定位及服务方式的反复商讨，“社区参与”成为都市大学紧密联系环境并服务当地发展的重要乃至核心手段。

---

① Nancy Chism. “Visions for the Future of Urban Universities”, *Metropolitan Universities*, 2007, Vol.18 (3), pp.5-10.

② Robert L. Caret. “Overview of the 2007 Conference of the Coalition of Urban and Metropolitan Universities: ‘Metropolitan Universities and Community Engagement’”, *Metropolitan Universities*, 2008, Vol.19 (1), pp.5-10.

③ Daniel M. Johnson & David Bell, *Metropolitan Universities: An Emerging Model in American Higher Education. Denton*, Tex.: U of North Texas, 1995, p.206.

（三）2007年至今：都市大学面向社区的发展期

2007年前后，随着都市大学与联盟将“社区参与”作为都市大学立足及发挥职能的根本性道路，都市大学的理念与定位再次得到重申与扩散，其办学模式也愈发明晰。

2010年，城市和都市大学联盟发布了其面向21世纪的宣言，重新审视了都市大学的机构使命。该宣言指出，都市大学是美国城市复兴的主力军，它们刺激和培育新经济企业、培养劳动力、丰富美国城市的文化生活，它们与政府、社区组织、医疗保健系统、公立学校、非营利性民间团体和其他机构合作，以满足城市居民的需求，提供重要服务并加强所在城市的社会结构①，再次明确了都市大学服务社区的职能以及都市大学对都市发展重要且不可替代的作用。同年，在城市和都市大学联盟第16届年会上，与会人员就都市大学作为帮助都市地区成功的重要伙伴角色进行了丰富的讨论，其中都市地区的经济发展、基础设施发展和人的发展是都市大学对都市地区的支持重点。②2012年，在第18届年会上，与会人员就都市大学如何构建社区合作关系展开经验分享与讨论，其讨论的对象包括：社区环境、非传统教育的基础设施、健康与公共卫生项目、与社区服务密切相关的学生及教师、有关社区的研究成果等。③2015年的年会讨论了都市大学的优势：为学生提供丰富的教育经验、支持大学教师和社区成员成长、有助于建立和加强社区，简言之就是对大学内外的多个利益相关者都有正向影响。④2016年的年会同样聚焦社区参与主题，重点探讨了都市大学在未来面临住房危机、粮食不安

---

① Coalition of Urban and Metropolitan Universities. *21st Century Declaration of the Coalition of Urban and Metropolitan Universities*，2021-06-29，https：//www.cumuonline.org/about-cumu/history/.

② John D. Welty. “Aligning the Metropolitan University with Business，Government，and the Nonprofit Sectors”，*Metropolitan Universities*，2011，Vol.21（3），pp.5-9.

③ David W. Rausch. “Working Together Works：Partnering for Progress 2012 CUMU National Conference in Chattanooga”，*Metropolitan Universities*，2013，Vol.24（1），pp.5-10.

④ Joseph A. Allen，Kelly A. Prange，Sara Woods，B.J. Reed，Deborah Smith-Howell. “Love of Place：The Metropolitan University Advantage：2015 CUMU National Conference in Omaha”，*Metropolitan Universities*，2016，Vol.27（1），pp.2-9.

全问题、种族危机等挑战下，如何通过社区参与回应都市地区的需求与问题。①2017 年《都市大学》期刊也有一期内容集中探讨了未来社会中都市大学的学生培养工作面临的挑战：未来社会学生的数量越来越多，学生的构成也将越来越复杂，同时都市大学面临资源紧缩的现实困境，这种情况下该如何更好地满足学生的需求？②

总而言之，城市和都市大学联盟及《都市大学》期刊围绕参与方式的问题，从社区参与的不同方面举办了一系列会议、分享了众多经验，进一步巩固了“社区参与”这一都市大学发展路径。同时，都市大学通过理念重申与实践分享的自我强化手段进一步提升了都市大学的合法性与影响力，都市大学服务社区的使命及其“社区参与”的实践方式得到越来越广泛的认可。

2018 年，城市和都市大学联盟与民主合作组织就“高等教育锚定使命”（Higher Education’s Anchor Mission）达成合作关系。“锚定使命”（anchor mission）最初由民主合作组织于 2010 年提出，是指致力于与社区合作、有意应用机构的经济资源和人力资本使双方长期互惠互利的活动追求，其中学院和大学被视为能够为邻近社区带来巨大利益的主要机构。③民主合作组织就“高等教育锚定使命”与城市和都市大学联盟达成合作关系，体现出前者对都市大学作为社区发展主要推动力的认可；这一使命还能够同时满足都市大学、社区以及国家的利益诉求：对都市大学而言，将经济资本与人力资本投放于合适的领域将会改善其教学、研究、师生体验，使机构成为更具包容性、更成功的社会的参与者、贡献者；对社区而言，经济的不稳定性、都市贫困率、社会不平等问题在过去的几十年内虽有改善，但依旧严峻，社区发展局面的扭转需要大学的参与及贡献，社区的成功也是都市大学获得成功的

---

① Mary Ann Villarreal. “Charting the Future of Metropolitan Universities：The 2016 CUMU Annual Conference”, *Metropolitan Universities*，2017，Vol.28（2），pp.3-6.

② Metropolitan Universities. *Student Peer Mentoring*，2021-06-29，http：//journals.iupui.edu/index.php/muj/issue/view/1250.

③ Democracy Collaborative. *Higher Education’s Anchor Mission*：*Measuring place-based engagement*，2021-06-29，https：//democracycollaborative.org/learn/publication/higher-educations-anchor-mission-measuring-place-based-engagement.

重要前提；对国家而言，国家是由一个个都市、社区构成的，当都市与社区的现状得到改善，整个国家也将焕然一新。①2019 年，有 31 个城市和都市大学联盟的成员加入了在此使命倡议下的“锚学习网络”（Anchor Learning Network）计划，参与成员将探索在多个领域推进锚定使命的机会——招聘、劳动力发展、小型企业和创新中心、采购、供应商多样性、经济适用房和社区投资，同时还将通过锚定工作促进种族平等。②

在经历过教育模式的探索期及服务环境的迷茫期后，都市大学选择了“社区参与”的服务社会方式，并通过联盟会议与期刊对都市大学实践的宣传扩散使这一理念和实践方式在高等教育领域“立足”，目前也已构建了合作关系以进一步扩大这种理念与实践的影响力。在经历了 30 余年的发展后，都市大学这一理念及其模式在高等教育领域获得了稳固的合法地位。

第二节　都市大学的内涵与职能

虽然都市大学在 30 余年的发展过程中经历了模式与路径的探索迷茫期，但其“服务社会”尤其是“服务都市地区发展”的根本追求从未改变。这一价值追求在“都市大学”概念提出之时便确立了，这使都市大学不仅是一类大学的统称，也成为一种新的高等教育哲学立场，同时还为其明确了自身的职能与定位。

一、都市大学的内涵

对一个概念的把握首先要从“它是什么”入手。都市大学是出现于美

① Barbara Holland，Andrew Seligsohn，Ted Howard. “Voices from the Field：2017 CUMU Annual Conference Opening Plenary Remarks”，*Metropolitan Universities*，2018，Vol.29（2），pp.5-18.

② Coalition of Urban and Metropolitan Universities. *Anchor Learning Network*，2021-06-29，https：//www.cumuonline.org/cumu-and-the-democracy-collaborative-partner-to-launch-anchor-learning-network/.

国的一种新型大学类型，这种机构位于都市地区，致力于响应周边地区的知识需求，并致力于在校园、社区和商业之间建立活跃的联系。这种机构在教学、研究和专业服务方面延续了大学的传统观念与职能，同时，承担了更广泛的责任，即通过人员和资金来改善都市地区的生活质量。① 对其内涵的把握可以从指向（orientation）和位置（location）两个角度加以明确：都市大学在目标和行动中体现出对满足当地教育需求的承诺，同时它位于都市地区。②

抛开机构实体来看，都市大学是一种新的高等教育哲学立场，这一立场强调机构与它们所处的都市地区建立共生关系，都市大学这一概念及随后被纳入这一概念的大学因这种积极的哲学立场得到美国社会的广泛认可。③ 在都市大学这一概念的初期，其更多地被视为一种哲学立场，而非一种具体、制度化的机构蓝图。其原因在于，一方面，都市大学的概念很新，学者及公众尚未形成对这一哲学立场指导下的机构形成清晰、具体的制度化认知，也难以将其与现有大学完全对应；另一方面，都市大学的规模、重点以及他们提供知识和服务的方式可以是多种多样的，无须限定一种统一的机构模式，其相似点在于有着相同的哲学立场与组织承诺，即与周边都市地区建立共生关系，响应周边地区的需求、解决周边地区发展面临的问题。④

就都市大学所处的位置而言，正如其名称所限定的，它必须位于都市地区。美国 1940 年的人口调查首次使用“都市地区”（metropolitan area）概念来描述那些明显成为迅速发展的地理实体，被这样定义的地区有 140 多个。1960 年的人口统计中，“标准都市统计地区”（standard metropolitan

---

① Daniel M. Johnson & David Bell. *Metropolitan Universities*：*An Emerging Model in American Higher Education. Denton*，Tex.：U of North Texas，1995，pp.xi，29-30.

② Daniel M. Johnson & David Bell. *Metropolitan Universities*：*An Emerging Model in American Higher Education. Denton*，Tex.：U of North Texas，1995，p.21.

③ Daniel M. Johnson & David Bell. *Metropolitan Universities*：*An Emerging Model in American Higher Education. Denton*，Tex.：U of North Texas，1995，p.xi.

④ Daniel M. Johnson& and David Bell，*Metropolitan Universities*：*An Emerging Model in American Higher Education. Denton*，Tex.：U of North Texas，1995，p.xxi.

statistical area）概念被引入，指的是至少一个 5 万人的中心城市和周围郊区的人口密度以及交通网络等特征，用来描述都市地区的人口和社区所固有的各种类型的数字关系。在都市大学这一概念提出的 20 世纪 90 年代，都市地区指中心城市超过 35 万人口的市郊区集合体。① 事实上，都市地区的人口标准并非界定都市大学的重点，而是人口数量、交通网络、地理空间达到一定程度的都市地区具有复杂性、机遇性、冲突性和混乱性的特点，这种动态的紧张关系孕育了都市大学并决定了都市大学的使命与职能，也塑造了它们的选择和未来。②

除了从“它是什么”的角度对都市大学进行界定，还应从“它不是什么”的角度对都市大学与其他类似概念进行区分，以明确这一概念的边界所在。都市大学（metropolitan university）与城市大学（urban university）在名称上相似，很容易造成混淆。“城市”这一概念的出现早于“都市”，前者指核心城市或中心城市地区，而后者包括中心城市及外部郊区的更广泛的地理空间，囊括了过去“城市”概念不包含的外围地理空间及边缘群体。虽然“都市”这一概念的提出并非为了取代“城市”，但“都市”的出现使人们衡量某一区域问题时选取的地理单位从“城市”更多地变为“都市”，关注到了更广泛的地理空间与社会需求。同时，“都市大学”的出现并非改变或取缔“城市大学”的使命、职能，而是在更广泛的地理空间内思考并解决此前城市大学需回应的中心城市地区的挑战。在“都市”与“都市大学”概念提出之前，城市大学的主要活动与职能包括：保障少数民族和非传统学生的入学机会、服务经济社会发展、满足普通与专业教育的需要、开展基础与应用研究以服务当地需求。在都市地区的背景下，这些任务依旧重要，同时“都市大学”也需解决都市郊区少数民族的入学问题、郊区的贫困问题、郊区与卫星城发展变缓的问题、都市外围地区对高技能人才的需求问题等。解决这

---

① Daniel M. Johnson & David Bell，*Metropolitan Universities*：*An Emerging Model in American Higher Education. Denton*，Tex.：U of North Texas，1995，p.220.

② Blaine A. Brownell，“Metropolitan Universities：Past，Present，and Future”，*Metropolitan Universities*，1993，Vol.4（3），pp.13-21.

些问题不是传统“城市大学”的职责范围，但却是“都市大学”的职责范围。[①]简言之，“都市”是“城市”的升级版，在“城市”的地理空间上有所拓展，面临的问题也比“城市”问题数量更多、结构更复杂、问题之间的联系更密切；“都市大学”也是“城市大学”的升级版，二者服务当地发展需求的职能相同，但“都市大学”面临比“城市大学”更复杂的社会环境与社会问题。

致力于改善当地经济与社会发展、服务当地学生智力增长的高等教育机构还有社区学院。社区学院与都市大学的职能同样具有相似性，但二者的差异也较明显，更准确地说是二者的差距——社区学院为区域内公立和私立机构提供专业知识、专业服务的能力都远不如都市大学。社区学院的主要功能是人才培养，其主要活动包括学历教育、职业技术教育、成人教育与终身教育、面向社区的文化教育等。[②]与兼具人才培养、知识生产、社会服务职能的四年制都市大学相比，社区学院在职能范围及各职能的服务能力上都逊色于都市大学。

二、都市大学的职能

都市大学的职能自这一概念提出之时便通过《都市大学宣言》确定了。都市大学具有教学、研究、专业服务三大职能，这些职能围绕都市地区的需求展开，职能活动的开展致力于响应社区的需求，以期最终能够对都市地区产生影响，解决都市问题。就大学与知识的关系而言，创造、解释、传播和应用知识是都市大学的基本职能[③]，大学并未在这四个方面有所偏废，这也表明都市大学对教学（知识的传播）、研究（知识的创造与解释）、专业服务

---

① John W. Bardo. “University and City：From Urban to Metropolitan”, *Metropolitan Universities*，1990，Vol.1（1），pp.36-43.

② 苏湘晋：《社区学院：高等教育多层次办学的一种有益模式》，《山西大学学报》（哲学社会科学版）1999 年第 1 期。

③ Metropolitan Universities. “Declaration of Metropolitan Universities”, *Metropolitan Universities*，1995，Vol.6（3），p.6.

（知识的应用）三项职能给予了同等程度的重视。

在教学活动方面，都市大学的教学需发挥以下作用：（1）教育学生成为知情（informed）和有效（effective）的公民并使其成为能够胜任专业和职业的实践者；（2）满足都市地区不同学生群体的多样化需求，这些群体包括少数民族群体、目前获得的教育服务匮乏的群体、各年龄段的成年人和受地域限制无法接受高等教育的人群；（3）将学术性知识与实际应用和经验相结合，采用最先进的技术和教学手段服务学生的学习实践。

在研究方面，都市大学的研究需将基础调查与实际应用联系起来，建立起跨学科的合作关系，在达到学术标准、追求卓越学术水平的同时，生产的知识能够解决复杂的都市地区问题。

在专业服务方面，都市大学的专业服务必须：（1）与公立和私立企业建立创新性的合作伙伴关系，确保双方机构的智力资源能够合力互助；（2）与中小学建立密切联系，以最大限度地提升都市地区教育系统的效率；（3）为都市地区的文化生活和总体生活质量作出最大限度的贡献。①

位于都市地区并服务于都市地区决定了都市大学具有以下特点：（1）大多数学生来自都市地区，学生的年龄、种族、信仰、社会经济背景、学历背景与工作背景等方面具有较大差异；（2）机构使命包括教学、研究与专业服务三方面，其中教学包括本科与研究生层次、覆盖多个专业领域并均以实践为导向，研究成果注重在都市地区的应用；（3）与地区的互动性很强，致力于为都市地区的经济发展、社会健康和文化活力作出贡献，通过与都市地区的社区及利益相关者的合作，消除他们发展的社会、经济、文化、政治障碍；（4）以都市地区为导向，希望在满足地区需要的同时，帮助国家追求卓越。② 这意味着，都市大学活动的开展与职能的发挥都要围绕都市地区的需求展开，其教学、研究、服务活动要优先考虑当地的公私伙伴关系、教育对

---

① Metropolitan Universities. “Declaration of Metropolitan Universities”, *Metropolitan Universities*, 1995, Vol.6 (3), p.6.

② Metropolitan Universities. “Metropolitan Universities: Who Are We?”, *Metropolitan Universities*, 1995, Vol.6 (3), p.5.

象及公众的需求，为解决当地问题提供熟练的专业知识、为重要的地方机构培训专业人员、开发并应用新技术，这些活动成为都市大学的工作重点。

然而，复杂的都市环境与都市问题使得都市大学难以通过一己之力解决所有问题。例如，投资模式的转变、贫困与犯罪的发生都将重新定义都市问题的严重性；教师、社区居民、私立学校、政府等不同利益群体的诉求与期望不同，这为都市大学站在谁的立场解决问题带来了困难；在全球化的背景下，都市地区的通讯、技术、生产、服务等活动不可避免地将与全球环境联系起来，都市大学也需应对都市范围以外的社会变革与挑战。① 从这个角度来看，都市大学作为一种大学类型，其人才培养模式、知识生产方式与社会服务方式受环境的影响较大，这类机构对合法性的诉求要求它们快速根据都市地区乃至全球环境的变化，调整、改革、创新自身的运行模式及服务方式。为了获得来自都市地区不同利益群体的支持，响应它们的需要，都市大学还扮演着推动者、传播者，或沟通不同社区、文化的桥梁的角色，是解决都市问题过程中的推动力与关键因素。

此外，社区参与作为区分都市大学与其他大学类型的重要活动，全面涉及了都市大学的三项职能。都市大学的社区参与活动具有不同于其他大学类型的三个特质：其一，都市大学与社区的互动对双方都有促进作用。建立对双方都有利的关系和活动是都市大学的任务，随着大学与社区联系的不断加强，这些互动的成果刺激了新项目合作的达成。其二，这种互动受到制度选择和战略的引导。都市大学拥有丰富的资源和众多可能的发展方向，社区发展也充满无限可能与机会，在大学与社区发生互动的过程中，机构选择及社会需要占据主导和引导地位。其三，价值和重要性支撑着互动的发生。大学重视与社区的互动并激励大学内部人员参与互动，社区发展也欢迎并鼓励大学的参与，双方参与互动过程都依赖其对互动价值及互动重要性的认可。②

① Daniel M. Johnson & David Bell，*Metropolitan Universities*：*An Emerging Model in American Higher Education. Denton*，Tex.：U of North Texas，1995，pp.21-22.

② Daniel M. Johnson & David Bell，*Metropolitan Universities*：*An Emerging Model in American Higher Education. Denton*，Tex.：U of North Texas，1995，p.232.

第三节　都市大学的办学模式

《都市大学》期刊的首任主编欧内斯特·林顿（Ernest A. Lynton）说过，都市大学是“metropolitan universities”而非“metropolitan university”，这是因为都市大学没有单一的发展模式、计划活动与组织架构。① 截至2021年6月，城市和都市大学联盟的成员机构共有106个。这些大学在性质、类型、规模、所在地区等方面均存在差异，各自面临的都市地区挑战及其选择服务都市的方式也各不相同，很难将它们的办学模式归纳为一种或几种明确的类型。

对此，结合在某一都市地区的都市大学数量，本节选取了美国规模与影响都较大的几大都市地区——宾夕法尼亚州的费城市、加利福尼亚州的洛杉矶市、马里兰州的巴尔的摩市、纽约州的纽约市、伊利诺伊州的芝加哥市，梳理了处在这些地区的都市大学的相关资料，对“都市大学如何与都市地区建立共生关系”这一关键问题进行了探讨，作为对都市大学办学模式的回答。根据相关文献对办学模式问题的分析维度②③，本节将从大学定位与发展理念、人才培养模式、学术研究模式、社会服务方式等四个方面展开。

一、大学定位与发展理念

对都市大学自身定位与发展理念的阐释，离不开其对共生关系概念的理解及共生关系的打造。“共生”概念最早产生于生态学领域，是指共生单元之间在一定的共生环境中按某种共生模式形成的生态关系④，后发展为描绘教育、商业、心理等领域不同主体之间形成互利共生关系的理论。任何一

---

① Ernest A. Lynton，“Identity and Culture：From the Editor's Desk”，*Metropolitan Universities*，1990，Vol.1（1），pp.3-8.

② 赵方：《英美和国内典型城市型大学对都市大学办学模式的启示》，《北京联合大学学报》2021年第2期。

③ 肖引：《城市大学提升核心竞争力的路径选择》，《西南交通大学学报》（社会科学版）2016年第2期。

④ 袁纯清：《共生理论：兼论小型经济》，经济科学出版社1998年版，第9页。

个共生系统都包括三大要素：共生单元、共生关系与共生环境。[①] 在都市地区的共生系统中，共生单元包括都市地区的受教育群体、公立与私营机构（在此包括非政府组织）以及都市大学；共生环境由都市地区政府部门的管理规定与社会风气影响的都市文化精神共同塑造；共生关系包括两方面，即共生单元之间的互动交流，以及各共生单元与外部环境（也就是共生环境）之间的互动交流。在这一共生系统背景下，都市大学与环境之间的共生关系主要体现在两方面，分别是都市大学与都市地区受教育群体的互相支持以及都市大学与当地公立和私立机构的彼此成就，都市大学对其自身的定位也基于这两种共生关系而来。

都市大学对其自身的定位可以用两个身份来概括：地区发展的服务者和地区问题的解决者。许多都市大学都在其使命声明中表示，大学的重要使命就是解决当地发展过程中不同领域出现的众多问题，对地区发展作出贡献。例如，费城社区学院宣称自己的使命是“为费城服务”并“解决城市内外广泛的经济、文化和政治问题”[②]，德雷塞尔大学（Drexel University）的愿景是“解决社会的最大问题”；[③] 巴尔的摩大学（University of Baltimore）的校长库尔特·施莫克（Kurt L. Schmoke）表示，近 100 年来，巴尔的摩大学一直是这座城市生活不可或缺的一部分，巴尔的摩都市区有经济、文化乃至根深蒂固的系统问题，而巴尔的摩大学的价值就是为这些问题提供解决方案，让整个都市区变得更好；[④] 德保罗大学（Depaul University）的定位是“一个充满活力的公民机构和教育社区，支持广泛而多元化的社区的福祉及发展”[⑤]。许

① 赵敏、蔺海沣：《校本教研共同体建构：从“共存”走向“共生”》，《教育研究》2016 年第 12 期。

② Community College of Philadelphia. *Mission and Goals*，2021-07-3，https：//www.ccp.edu/about-us/mission-and-goals.

③ Drexel University. *University Civic Engagement*，2021-07-03，https：//drexel.edu/about/civic-engagement/.

④ University of Baltimore. *UBalt Takes on City Challenges*，2021-07-03，http：//www.ubalt.edu/about-ub/ub-and-city-challenges.cfm.

⑤ Depaul university. *University Mission Statement*，2021-07-03，https：//offices.depaul.edu/mission-ministry/about/Pages/mission.aspx.

多都市大学认识到，不论是确保都市地区各群体获得高等教育机会、为学生提供灵活务实的教学，还是积极致力于社会转型以改善社区及都市面貌，都市大学都与都市地区有着千丝万缕的联系。当然，这一联系并非是都市大学向都市地区的单方面“服务”，正如约翰·霍普金斯大学的观点——“大学的健康和福祉与其所在城市的物质、社会和经济福利密不可分”①，都市地区的整体发展对都市大学而言也是有益的：除了都市地区的经济发展能为都市大学带来更多经费与基础设施支持以及都市地区人口素质的提升能为都市大学输入更高质量的人才外，都市地区还扮演着“实验室”的角色，都市大学能够在周边社区这个真实的“实验室”中生产或检验知识，这对其口碑、声誉及影响力而言都有积极影响。

在这一定位下，都市大学秉持“服务公众利益”的办学目标，通过支持多元性、包容性、公平性的师生政策服务当地人口以及合作、参与的路径方式提供专业知识或专业服务，履行其职责与使命。在办学目标方面，多所都市大学都将“响应性”作为重要的价值追求之一，即“服务学生、社区和社会的需求”。在办学路径方面，宾夕法尼亚大学、科平州立大学（Coppin State University）等多所都市大学提到注重大学多元环境的构成与尊重氛围的打造，在招收学生与招聘研究人员方面关注不同种族、肤色、宗教信仰、性别、年龄、国籍、残疾状况、婚姻状况等群体的权益，保障其中代表性不足的群体的相关利益并通过提供奖学金、助学金、贷款等资助经济贫困学生。费城社区学院、加州大学洛杉矶分校、摩根州立大学（Morgan State University）、佩斯大学（Pace University）等多所大学将人才培养视为其服务社区的间接途径，即通过提供创新、独特、注重实践的高质量教育，把学生培养成为知识渊博、能够积极参与都市文化生活、满足不断变化的商业社会发展需求的高素质人才，为未来的都市地区乃至世界发展作出贡献。这是都市大学基于共生关系的第一条办学路径。其第二条办学路径是深度参与

---

① Johns Hopkins University. *Hopkins in the Community*，2021-07-03，https：//www.jhu.edu/about/community/.

社区与都市地区发展，通过与社区构建教育、安全、健康、商业、社会服务、慈善等领域的合作关系，使都市大学的师生在服务当地发展的同时获得自身发展。其中学生提供公共服务的方式包括参与志愿者项目、社区服务项目等，教师提供公共服务的方式因大学的优势、特色而定：对于专业服务能力较强的大学，如德雷塞尔大学、马里兰巴尔的摩大学（University of Maryland，Baltimore），它们可提供商业实践支持当地和区域经济发展，或通过出色的临床护理实践提升当地医疗健康水平；对于具有较强研究能力的大学而言，如宾夕法尼亚大学、约翰·霍普金斯大学，则可通过研究或学术项目来解决都市地区的社会问题。

二、人才培养模式

都市大学在人才培养全过程中有两个鲜明特色，其一是设置了多种类型的学习项目与学位项目，以满足社区内不同利益群体的学习需求；其二是在人才培养过程中奉行“服务性学习”模式，将服务过程与知识学习相融合，同时提升学生的知识水平与服务能力、意识。

（一）项目设置：满足不同利益群体的需求

在都市大学与社区构成的共生系统中，社区人口是与都市大学同样重要的共生主体。多所都市大学也在其使命或愿景中声明，社区内多元的人口构成是他们服务的对象。正如都市大学宣称的那样，它们为不同背景的群体设置了多种类型的学习项目，以满足他们多元的学习要求与差异化的学习条件。

对于已经步入职场但仍有增加技能或提升学位需要的人们，都市大学向其提供了范围广泛的证书课程、专业培训、职业发展课程、学位教育等项目。这些项目具有以下特点：

（1）覆盖的专业范围广泛。许多都市大学提供的证书课程或专业培训都涵盖广泛的专业或领域，如佩斯大学提供的证书与技能发展课程涵盖职业与专业发展、施工管理、平面设计与网页开发、人力资源、领导与管理、项目管理等领域①，德保罗大学的相关课程涵盖艺术、教育、金融、卫生保健、人力资源与培训、法律、营销、社会科学等领域②。当然，并非所有都市大学提供的继续教育课程或项目都如以上两所大学一样涵盖如此丰富的专业领域，但可以确定的是，各大学结合自身的院系设置、师资水平与学科特色，开设了不同领域的课程与项目，尽其所能满足不同行业人员继续深造的需要。

（2）对处于不同职业发展阶段个体的需求进行区分。如德雷塞尔大学面向处于职业发展早期、中期和成熟期的人员，开设了不同技能层次的课程。对处于职业发展早期的人员，其提供的课程注重基本工作技能的提升以及职业发展规划意识的形成；对发展中期的人员，课程旨在提升中层管理人员的管理水平及专业技能；对经验丰富的员工，课程则强调系统管理思维与管理方法以及增强其推动变革的能力。③

（3）研究型大学与非研究型大学开设的证书课程、专业培训课程的受众与课程的学术层次不同。研究型大学的分类标准与都市大学并不冲突，前者依据大学的学术研究能力进行划分，后者依据大学的价值观及其与社区的关系进行划分，因此有的大学既是研究型大学，也是都市大学，如约翰·霍普金斯大学、宾夕法尼亚大学、加州大学系统等。对于研究型大学，它们开设的证书课程与专业培训比社区学院、综合性大学具有更强的学术性，面向具有更高文凭需求的受众。例如，约翰·霍普金斯大学开设了一系列硕士后证书（post-master’s certificate）课程，以满足拥有硕士或博士学位学生继续深入或广泛学习学科相关知识的诉求。这些课程更多指向提升学生的实践水平与应用能力——怀廷工程学院开设的课程多数为基础应用学科或工程应用学科的课程，如应用物理、应用生物医学工程、计算机科学、网络安全硕士

---

① Pace University. *Find Your Program*，2021-07-04，https：//www.pace.edu/find-your-program/continuing-education？search_api_fulltext=&field_study_goal%5B3076%5D=3076&op=%E6%B8%85%E9%99%A4%E8%BF%87%E6%BB%A4%E5%99%A8.

② DePaul University. *Continue and Professional Education*，2021-07-04，https：//grad.depaul.edu/portal/cpe.

③ Drexel University. *Workforce Bootcamps*，2021-07-04，https：//drexel.edu/goodwin/academics/continuing-professional-education/skills-hub/workforce-bootcamps/.

后证书项目；教育学院开设的课程则明确提出了对学生毕业能力的预期，如要求学生能在教育环境中实施、管理和实践应用行为分析（应用行为分析硕士后课程）①，或能应用基于证据的策略和方法在各种环境中进行教学（卫生领域循证教学硕士后课程）②。

除此之外，都市大学还向社区里的特殊群体提供相应的教育项目。例如，加州大学洛杉矶分校向加州监狱里的人群提供学位教育项目——该大学是加州唯一一所为这类群体提供教育的大学。在监狱中服刑的学生每学期修读两门课程。如果刑满释放但尚未取得学位的学生想继续学习，则他们在出狱后将自动注册为加州大学洛杉矶分校的学生。③ 此外，巴尔的摩大学、加州大学北岭分校（California State University，Northridge）与圣马科斯分校（California State University，San Marcos）、约翰·霍普金斯大学、东北伊利诺伊大学（Northeastern Illinois University）等都市大学欢迎在役或退伍军人就读，部分大学还设置了专门的退伍军人办公室来解决这一群体在申请入学、经济补助及其他福利保障方面遇到的问题。

（二）培养过程：融合服务与学习的“服务性学习”方式

服务性学习是一种体验教育的形式，在这一过程中学生参与到活动中来，这些活动能够同时满足人的需求与社区需求，并通过结构化、有目的的设计促进学生学习与发展。服务性学习将服务目标与学习目标相结合，以使活动对服务的接受者和提供者都产生影响。④ 从大学教育的视角来看，它是

---

① Johns Hopkins University. *Applied Behavior Analysis*，*Post-Master's Certificate*：*Learning Outcomes*，2021-07-04，https：//e-catalogue.jhu.edu/education/programs/post-masters-certificates/applied-behavior-analysis-post-masters-certificate/#learningoutcomestext.

② Johns Hopkins University. *Evidence-Based Teaching in the Health Professions*，*Post-Master's Certificate*：*Learning Outcomes*，2021-07-04，https：//e-catalogue.jhu.edu/education/programs/post-masters-certificates/evidence-based-teaching-health-professions-post-masters-certificate/#learningoutcomestext.

③ Cal State LA. *Center for Engagement*，*Service*，*and the Public Good*，2021-07-04，https：//www.calstatela.edu/engagement/prison-graduation-initiative.

④ Barbara Jacoby. *Service learning in Today'S Higher Education*. San Francisco：Jossey-Bass，1996，p.5.

一种教育体验方法；从学生学习发展的视角来看，它是一种学习方式；从社会服务的视角来看，它是一种服务活动。[①] 可以说，服务性学习很好地将服务与学习过程相整合，既能够促进学生将专业知识转化为实践经验，也能够提供社会服务、促进社会进步，与都市大学培养学生、服务社会的理念相统一，成为都市大学培养学生的重要方式。

都市大学以“服务性学习”为特色的人才培养过程体现在两个层面。第一个是项目层面，即设置城市服务的学位项目。这些学位项目能够让学生更深入地学习、理解、研究城市发展的相关主题并为将来成为都市的直接服务者做准备。以纽约大学为例，其开设了有关城市研究、城市服务的本科和研究生专业学位项目，本科学位项目包括都市研究、城市规划与城市研究专业等，研究生学位包括公共政策、城市基础设施系统等专业。[②] 例如，其中的“都市研究”本科项目就以纽约市和其他全球都市中心作为实验室，帮助学生了解城市和区域发展过程、城市生活的主要机构、城市社会运动、城市文化动态以及全球城市化的社会环境后果，该项目的学生还需完成至少130小时、共计4学分的实习实践活动。[③] 在芝加哥洛约拉大学（Loyola University Chicago），同样类型的“社会工作”学士学位项目还为毕业生制定了能力标准，这些能力包括应用社会工作伦理原则来指导专业实践、运用批判性思维来告知和传达专业判断、在实践中尊重多样性和差异性、促进人权和经济均衡、有能力开展研究性实践和实践性研究、应用人类行为和社会环境的知识、参与政策实践等。[④]

第二个是课程层面。如果说项目层面的服务性学习具有更强的系统性、整体性，服务与学习的融合渗透在培养理念、课程设置、实习要求等方方面

---

① 陆根书、李丽洁、陈晨：《服务学习与学生发展》，《中国高教研究》2019 年第 3 期。

② New York University. *Enroll & Learn*，2021-07-04，https：//www.nyu.edu/academics/scholarly-strengths/urban-initiative/enroll-learn.html.

③ New York University. *Metropolitan Studies*，2021-07-04，https：//as.nyu.edu/metropolitanstudies/about-us.html.

④ Loyola University Chicago. *BSW Program Outcomes*，2021-07-04，https：//www.luc.edu/socialwork/academics/undergrad/bswprogramoutcomes/.

面的话，那么课程层面的服务性学习则更为微观和直接，能够在短时间内让学生将理论与实践联系起来。加州大学洛杉矶分校开设了一个 Civic U 课程，目的是增强地区选民对政府系统设计和实际运作的理解，从而创建信息充分互通、活跃的社区。课程的主题包括：社区中的哪些主体拥有权力并可以对洛杉矶市政厅产生影响，市政厅的预算流程如何以及为何如此运作，市政厅如何开发和使用数据，洛杉矶市的选举制度，等等。① 宾夕法尼亚大学每年有约 65 门基于学术的社区服务课程（Academically Based Community Service courses）让全校师生参与解决现实社会中的问题。这一课程将服务与研究、教学和学习相结合，通过与地区的多主体进行协作，一方面预期改善都市地区发展面临的结构性问题，另一方面强调教师和学生对服务体验的反思，帮助学生成为积极参与社会、有创造力、有贡献的公民。②

三、学术研究模式

早在都市大学这一概念提出不久，有学者就认识到，知识领域不是从生产的地方到应用的地方、从学者到实践者、从教师到学生、从专家到平民的单向通道。它处处反馈，不断增强，需要以生态的方式认识并思考知识——知识是一个复杂、多面、多连接的系统，通过这个系统，发现、聚合、合成、传播、应用以各种各样的方式相互连接和相互作用的知识。③ 对于研究，有学者指出，为了平衡大学的教学、研究与服务职能，大学应在组织制度上进行变革以创造跨学科研究的包容度，还应拓展学术的定义——不仅包括知识的生产，而且知识的理解、整合、应用都属于学术范围。④ 这一

---

① Cal State LA. *Civic University in Downtown LA*，2021-07-04，https：//www.calstatela.edu/dtla/civic-university-downtown-la.

② University of Pennsylvania. *About ABCS*，2021-07-04，https：//www.nettercenter.upenn.edu/what-we-do/abcs-courses/about-abcs.

③ Daniel M. Johnson & David Bell，*Metropolitan Universities*：*An Emerging Model in American Higher Education. Denton*，Tex.：U of North Texas，1995，pp.88-89.

④ Daniel M. Johnson & David Bell，*Metropolitan Universities*：*An Emerging Model in American Higher Education. Denton*，Tex.：U of North Texas，1995，p.101.

理念与都市大学开展学术研究活动的理念不谋而合。虽然学术研究的地位与价值在都市大学中不如其在研究型大学中那么突出，但从《都市大学宣言》可以看出，都市大学理念并未弱化知识的作用，在某种程度上甚至可以视为通过构建更开阔的“学术—知识观”强化了知识在都市大学中的重要作用。将知识的生产、理解、整合、应用都纳入学术范围，可以视作都市大学的学术观。基于此，结合知识生产模式 II 与知识生产模式 III 的特性①②，都市大学的学术生产模式可以视为二者的结合，强调知识的效用、知识生产的跨学科性与参与主体多元性。

（一）研究目的的应用取向：解决都市地区实际问题

不同于以基础研究、理论研究见长的传统研究型大学，都市大学往往在应用研究、实践研究领域表现出色，如约翰·霍普金斯大学的医学、公共卫生、国际关系等应用性专业位居世界前列，宾夕法尼亚大学的商学、工商管理、医学等领域表现突出。这与都市大学应用取向的研究目的密切相关——其研究大多指向解决都市地区的现实问题。例如，德保罗大学将其自身视为知识的孵化器和存储库，并且扮演在师生之间、大学与社会之间转移这些知识的角色。该大学的研究与创新生态系统鼓励教师将他们的研究应用于所服务社区的实际问题，进而影响芝加哥乃至世界。③

许多都市大学都加入了 MetroLab Network 的国际合作组织，也表明了其为都市地区问题服务的研究目的。该组织是 40 位美国市长和大学领导于 2015 年联合发起的，专注于公民研究和创新，倡导以数据和技术为导向的研究与创新能带来更有效、更有针对性、适应性和创造性的政府和社区服

---

① 李志峰、高慧、张忠家：《知识生产模式的现代转型与大学科学研究的模式创新》，《教育研究》2014 年第 3 期。

② 黄瑶、马永红、王铭：《知识生产模式Ⅲ促进超学科快速发展的特征研究》，《清华大学教育研究》2016 年第 6 期。

③ DePaul University. *Research*，*Creative Activities & Innovation—Mission & Vision*，2021-07-05，https：//academics.depaul.edu/research-creative-activities-innovation/Pages/mission-vision.aspx.

务，旨在最终改善社会服务、出行选择、城市空间、公共卫生等。① 孟菲斯大学（University of Memphis）、纽约大学、宾夕法尼亚大学、匹兹堡大学、波特兰州立大学（Portland State University）等多所都市大学是该组织的合作伙伴。该组织的大学与都市合作开展研究、开发、规划项目，以应对都市地区的挑战，包括收入、健康和机会不平等、环境的可持续性与韧性、基础设施老化等问题。②

（二）研究制度的跨学科取向：针对主题或问题建立研究所或中心

吉本斯提出的知识生产模式II提倡超越学科界限，注重科研对社会的贡献度，促使不同领域的学者在跨学科或多学科环境中共同生产知识。③ 而传统的以学科或专业为基础形成的“内生性”的大学科研组织，因为其目标和利益的一致性而导致学科壁垒的形成，制约了学科间的联系与合作。④ 跨学科科研组织的建立有助于打破学科壁垒，比传统的知识生产组织具有更大的优势。都市大学生产的知识要求其在制度上破除传统以学科或专业为界限的知识生产组织形式，构建更有助于解决实际问题的组织制度。因此，都市大学构建了针对主题或问题的研究所与研究中心，这类研究机构不以学科为边界进行区分，反而根据不同主题或问题的需要实现了学科知识的融合，对生产服务现实社会的实用性知识很有帮助。包括天普大学（Temple University）、摩根州立大学、纽约大学、德保罗大学在内的多所都市大学都成立了这样的研究所或研究中心，以更好地展开针对某一主题或问题的研究。

以纽约大学为例。该大学以众多的跨学科研究所和研究中心为显著特色，它们不仅是纽约大学学术研究的主要实体，也是该大学文化环境的重要

① MetroLab Network. *About MetroLab Network*，2021-07-05，https：//metrolabnetwork.org/what-we-do/.

② MetroLab Network. *Projects*，2021-07-05，https：//metrolabnetwork.org/projects/.

③ 王占军：《学术研究模式变革中的学科文化形成——基于美国佛罗里达大学的实地研究》，《复旦教育论坛》2020 年第 2 期。

④ 李志峰、高慧、张忠家：《知识生产模式的现代转型与大学科学研究的模式创新》，《教育研究》2014 年第 3 期。

组成。“城市科学与进步中心”是其中具有代表性的一个。该中心的使命是为复杂的都市问题开发新颖的数据和技术驱动的解决方案，体现了其服务都市的应用取向的研究目的；其跨学科研究团队汇集了物理和自然科学、计算机和数据科学、社会科学、工程以及政策、设计和金融等专业领域的专家①，在人员构成上保障了跨学科研究开展的可能，同时每位学者拥有丰富的学科背景与研究经验，进一步保障了跨学科研究的质量；在学者的所属单位上，多数学者在不止一个学院或中心交叉任职，这也降低了制度屏障，为学者们开展广阔的跨学科研究提供了可能②③。当然，并非所有都市大学的跨学科研究机构的理念、人员、制度设置都与纽约大学的该研究中心一致，但是都市大学跨学科研究机构的理念与制度设置服务于问题导向的知识生产模式是相同的。

（三）研究过程的多元取向：与都市地区的不同主体合作

对于都市问题，感受最深刻、了解最真切的是都市地区的不同主体。在知识生产模式 III 中，公民社会作为利益相关群体，其在研究过程中的地位与价值愈发凸显。④ 一方面，实践人员所拥有的实践知识也被视为有价值的，科研知识与实践知识的边界正在模糊，因此实践人员也成为能够生产有价值知识的重要主体；另一方面，公众社会能够反映大众利益，公众参与到知识生产过程中可以保障知识的公益性、情境性，最大化知识的价值。为挖掘实践人员知识的价值，也为了使大学生产的知识与都市、社区的真实需求相匹配，都市大学在知识生产过程中强调多主体的参与和贡献。

对于不同领域的知识生产过程，都市大学合作的主体对象也有差异。

---

① New York University. *Center for Urban Science + Progress*，2021-07-05，https：//cusp.nyu.edu/.

② New York University. *Center for Urban Science + Progress*：*Researchers*，2021-07-05，https：//cusp.nyu.edu/people/researchers/.

③ New York University. *Center for Urban Science + Progress*：*Faulty*，2021-07-05，https：//cusp.nyu.edu/people/faculty/.

④ 黄瑶、马永红、王铭：《知识生产模式Ⅲ促进超学科快速发展的特征研究》，《清华大学教育研究》2016 年第 6 期。

例如在商业领域，为了创造具有商业价值的知识或发掘研究成果的商业价值，宾夕法尼亚大学设立了 Pennovation 中心，这里将研究人员、创新者和企业家联合起来，以实现研究发现的商业化过程。① 在社区服务领域，为了对社区、都市区域的问题提供解决方案，芝加哥洛约拉大学设立了城市研究与学习中心，该中心联合洛约拉大学的教职员工与学生、社区、非营利组织、民间团体和政府机构，在知识层面上将大学知识与社区知识联系起来，有效地为解决社区问题贡献新知识。② 为确保研究直接为社区服务，在洛约拉大学，由社区工作人员、大学的教职工及学生构成的研究团队开展以行动为导向的研究；研究内容由团队成员共同商议得出，而非仅由大学的研究人员单方面提出，具有社区需求导向；③ 研究过程融合了所有团队成员的视角，形成了不同利益群体之间的补充，人员还可以相互学习④。在大学—社区研究伙伴关系中，从权利的角度来看，大学的研究人员与社区的实践人员在主题选定、话语分量中具有同等地位；从时间与资源分配的角度来看，大学的研究人员贡献了理论资本，社区实践人员贡献了实践经验资本，在合作过程中付出相同的时间，这进一步保障了二者同等的权力地位与知识产出的质量。当然，这一合作模式也并非所有都市大学的统一模式。

四、社会服务方式

从大学产出形式的角度，可将都市大学提供的社会服务划分为三种类型：知识成果贡献、经济贡献以及除去这两种类型的其他产出贡献。

---

① University of Pennsylvania. *Pennovation Center*，2021-07-05，https：//www.pennovation.upenn.edu/pennovation-center.

② Loyola University Chicago. *Center for Urban Research and Learning*：*Mission*，2021-07-05，见 https：//www.luc.edu/curl/Mission.shtml.

③ Loyola University Chicago. *Center for Urban Research and Learning*：*How CURL Works*，2021-07-05，https：//www.luc.edu/curl/how%20curl%20works.shtml.

④ Loyola University Chicago. *Collaborative University-Community Research Teams*，2021-07-05，https：//www.luc.edu/media/lucedu/curl/pdfs/Collaborative%20University%20Community%20Research%20Teams%20Nyden.pdf.

（一）生产或传递知识成果

都市大学通过贡献知识来服务社区、都市地区的方式最为直接并与大学的研究活动相关。都市大学通过发布与都市问题相关的研究成果或针对都市现象的调查报告，帮助政府、社区管理人员及其他利益相关者全面了解该问题的成因、全貌及可能的解决方法。例如，芝加哥洛约拉大学探究了HIV 或 AIDS 患者面临的都市区居住危机并提出应为艾滋病患者提供稳定住房这一关键性政策手段；① 它还与社区、都市地区的相应伙伴合作，正在探究社区中有色人种的老年人面临的经济、健康、数字社会等问题并对政府提供相应的政策建议②。再如陶森大学的区域经济研究所，它是马里兰州经济发展所依赖的重要研究机构，致力于为马里兰州和整个都市地区的公立和私立机构与非营利组织提供经济与政策分析服务，以支持其决策需要。其发布的报告包括提高马里兰州高中毕业率的经济影响、通过增加自行车通勤来改善巴尔的摩市的工作机会、劳动力发展的公私合作伙伴关系，等等。③ 虽然上述两个例子的研究机构都是以问题为导向的研究中心，但洛约拉大学的机构有更强的跨学科性，其所属学科边界不明显，而陶森大学的研究机构则以经济学为中心和基础。两所大学的差异再次印证了都市大学没有统一模式的传统。

除了知识生产外，知识的传递也具有一定的社会效益，能使了解这些知识的群体获益。根据马里兰巴尔的摩大学对社区参与的界定，在社区参与的 6 种方式中，有两种方式与知识的传递有关。一种是“教育”，即大学师生提供信息以帮助受问题影响的人更好地理解和应对问题，例如医学院提供

① Loyola University Chicago. *HIV Housing Helps End Homelessness and HIV/AIDS in the United States*，2021-07-06，https：//loyolacurl.squarespace.com/research-publications/2016/9/12/hiv-housing-helps-end-homelessness-and-hivaids-in-the-united-states.

② Loyola University Chicago. *Disrupt Disparities*：*Challenges & Solutions for 50+ Illinoisans of Color*，2021-07-06，https：//loyolacurl.squarespace.com/projects/2021/2/9/disrupt-disparities-challenges-amp-solutions-for-50-illinoisans-of-color.

③ Towson University. *Regional Economic Studies Institute*，2021-07-06，https：//www.towson.edu/campus/partnerships-research/economic-studies/.

免费课程帮助社区居民了解健康知识。第二种是“政策制定和宣传”，即大学师生通过影响政策或法规制定来解决影响社区的问题，例如学生游说市议会为无家可归的公民增加资源或向大学施压以建立免费诊所。① 在这一过程中，都市大学的师生向都市地区的利益相关者传递了他们的主张，试图改善社区问题，这一过程也可视为都市大学服务社会的方式之一。

（二）发挥经济价值

都市大学作为都市地区影响力最大的购买者、招聘者之一，其对地区经济发展能够作出直接贡献。马里兰巴尔的摩大学是巴尔的摩都市区最大的雇主之一，每年花费大量资金购买其运作所需的商品与服务。该大学支持其所在都市与社区经济发展的方式有三：其一，通过向社区求职人员进行培训、开展咨询或将其推荐给某些招聘机构，来支持社区居民的就业；其二，用自身购买力支持当地产业，这包括向大学内的教职工与学生推荐当地企业的产品，对当地的小规模企业提供培训、技术援助、营销支持及其他资源等，帮助其销售，而当地企业雇佣的是当地人口并为当地经济做贡献，因此大学的这种支持方式构成一种良性循环，在壮大当地企业的同时贡献当地经济发展；② 其三，向符合资助条件的大学教职工提供 16000 美元的购房补助，这既能够促进巴尔的摩目标社区的振兴与稳定，也为员工提供了福利保障③。约翰·霍普金斯大学也于2015年启动了 Hopkins Local 计划，承诺增加与少数族裔或女性创办企业的合同，向附近需要就业机会的社区提供更多岗位，与本地供应商建立更密切的联系。④

除了以购买者的身份对地区经济发展作出直接贡献外，都市大学还

① University of Maryland，Baltimore. *Office of Community Engagement*：*Community Engagement Resources*，2021-07-06，https：//www.umaryland.edu/oce/community-engagement-resources/.

② University of Maryland，Baltimore. *Office of Community Engagement—Community Wealth Building*，2021-07-06，https：//www.umaryland.edu/oce/community-wealth-building/.

③ University of Maryland，Baltimore. *Live Near Your Work*，2021-07-06，https：//www.umaryland.edu/live-near-your-work/.

④ John Hopkins University. *Hopkins in the Community*，2021-07-06，https：//www.jhu.edu/about/community/.

通过孵化创业公司间接地助力当地经济。加州大学洛杉矶分校建立了LA BIOSPACE培训计划，为创业者提供设施、资源、培训和知识，帮助他们将其科学发现转化为能够创造就业机会的企业；① 约翰·霍普金斯大学的科技风险投资公司是该大学的知识产权管理中心，也是大学的商业化部门，帮助该大学的学者与学生将他们的发明、发现转化为能够造福社会的产品与服务，如新的癌症治疗方法、移动健康平台以及检测和预防因糖尿病导致的失明的设备等。截至2021年7月，该机构拥有跨多个学科的1800多项发明，并孕育了170多个创业公司；② 德保罗大学将跨学科合作、创新和创业作为大学为芝加哥及其他地区创造基于研究的知识和经济价值的基础，其创建的科尔曼创业中心就为师生、校友及社区成员提供了一个实现创新创业的跨学科平台，这一平台为创业者提供资源、创业大赛及博览会等，帮助其提升创业能力与创业成功的可能性。③

（三）改善居民生活质量

在都市大学对社会作出的贡献中，有一些活动难以明确区分其成果类型，例如都市大学的师生参与都市或社区的志愿活动或直接向社区居民提供医疗保健服务。这些活动的产出难以用量化结果加以衡量，其参与主体多元并且与活动所涉猎的专业领域相关，因此也难以从此角度进行归类，但是这类活动通常具有一个共性，就是能够提升都市地区居民的生活质量。这类活动被归入都市大学对社会作出的其他贡献里。在这一类活动中，值得一提的是都市大学与都市教育系统的合作以及对其贡献。由于都市大学在其发展初期，与当地教育系统的关系就是其最为重要的社区关系之一，在其发展过程中，都市大学发展起了能够提升各学段学生教育获得感和学业成就的一系列活动，例如关注儿童的学前状况、帮助社区加强儿童的学习准备、改善学校

① CAL State LA. *BioSpace*，2021-07-06，https：//labiospace.calstatela.edu/.

② John Hopkins University. *Technology Ventures*，2021-07-06，https：//ventures.jhu.edu/#cta.

③ DePaul University. *Collaboration*，*Innovation & Entrepreneurship*，2021-07-06，https：//academics.depaul.edu/research-creative-activities-innovation/research-in-practice/Pages/collaboration-innovation-entrepreneurship.aspx.

系统的问责制、推动更好的测评、做好与两年制社区学院的衔接等。①

正如前文提到的，都市大学没有统一的模式，在其与学校构建联系、服务本地教育系统方面亦是如此。此处列举马里兰州的科平大学联系当地教育系统并提供相应服务活动的两种方式。其一，该大学通过在当地基础教育阶段开展创新实践来服务学生。科平大学于2003年推出“城市教育走廊”改革，旨在尝试与开发使学生获得学业成功的新方法，其具体目标是增加追求并获得大学学位或进入劳动力市场的本地儿童数量。该项目尝试的一种方法已被证实能够有效提升学生的学业水平，即从儿童进入幼儿园前开始到大学之前的每个阶段都进行有效和不间断的学业准备活动。② 其二，科平大学运营着一所公立特许学校，该学校接受来自不同社区、具有不同收入和不同种族背景的儿童③，这也可以视为大学回馈社区、为社区居民及儿童提供高质量生活的一种有效方式。除此之外，都市大学还可以通过激励师生参与当地学校的志愿服务活动、与当地机构合作向学校提供创新综合课程或引入新型实践项目、设置大学开放日供K–12阶段学生参观观摩等方式④ 服务当地学校系统，丰富学生的学习体验。

第四节　都市大学的影响、问题与走向

都市大学能够在30余年的发展过程中获得坚实的合法地位与广泛的认可，离不开其贡献社会的价值追求及对解决都市问题的现实贡献。当然，都市大学的理念与实践也只经历了30年的尝试与检验，可以算一种年轻的高

---

① Daniel M. Johnson& David Bell，*Metropolitan Universities*：*An Emerging Model in American Higher Education. Denton*，Tex.：U of North Texas，1995，pp.166-238.

② Coppin State University. *Urban Education Corridor*，2021-07-06，https：//www.coppin.edu/schoolofeducation/uec.

③ Coppin State University. *Our Charter School*，2021-07-06，https：//www.coppin.edu/info/202453/.

④ University of Maryland，Baltimore. *Office of Community Engagement—Community Partnerships*，2021-07-06，https：//www.umaryland.edu/oce/community-partnerships/.

等教育哲学观与实践路径，仍然存在一些问题与现实挑战。

一、都市大学产生的影响

自《都市大学宣言》签署以来，都市大学作为一种高等教育哲学观已有 30 余年的历程，以城市和都市大学联盟为代表的专业协会也发展为有 106 个成员机构的全球性联盟组织，都市大学的理念得到了广泛的传播与认可，成为一种世界性的高等教育哲学观与大学类型。在实践层面，都市大学更是产生了广泛的、积极的影响，这些影响可以归纳为社会与大学两个层面的影响。

在社会层面，都市大学对都市地区的发展作出巨大贡献。其一，都市大学为其周边社区与都市地区培养了大量人才，这些人才兼具专业能力与社会责任感，是服务社区、解决都市问题的重要力量。都市大学在人才培养过程中注重培养学生的社会服务意识与服务能力，将服务性实践、服务性学习融合进教育项目或课程中，使学生有充分的机会接触社区、了解社区并发展服务社区的能力与态度。正如马里兰州大学系统的名誉校长罗伯特·卡雷特（Robert Caret）所说，“我们有义务确保我们的社会有它所需要的毕业生——受过教育、有文化和智力基础、有使他们成为民主社会中开明和进步的成员和领导人所必需的视角……教育不仅仅为了创造个人的成功机会，更是为了激励受教育者认识到自己的社会和公共责任。”① 这一主张反映出都市大学在人才培养过程中的共同追求，也成为都市大学为社区与都市发展贡献人才力量的坚实基础。其二，都市大学通过提供社会服务直接促进了社区发展，提升了社区居民的生活质量。都市大学直接向社区、都市区的居民提供教育、医疗、法律等领域的服务与援助，惠及不同种族、经济、学历等背景的各类人群，直接帮助他们解决了由知识与技能短缺所带来的生活问题，提高了社区居民的生活质量。除此之外，都市大学与社区构建合作伙伴关系可以视为

① Robert L. Caret. “Social Responsibility and Civic Readiness as Critical Higher Education Outcomes”, *Metropolitan Universities*, 2019, Vol.30 (4), pp.9-16.

促进地方发展的“催化剂”，能够加强地方行动并提高地方行动的透明度。同时，调动大学与社区的知识、技能和资产还有助于以民主的方式找到应对挑战的解决方案，进而构建可持续的社会与生态发展系统。① 其三，都市大学带动和刺激了都市地区的经济发展。作为当地重要的消费实体与劳动力“供应商”，都市大学师生的消费、志愿服务活动、知识成果转化等行为都为当地的经济发展带来了直接或间接的影响。例如，约翰·霍普金斯大学的教职员工、学生和管理人员以各种形式对都市地区的发展作出贡献，其为巴尔的摩市的经济产出作出了近 50 亿美元的贡献。②

在机构层面，都市大学群体在招生、教育项目与课程设置、研究机构的设立、与社区合作关系的构建、基于社区的研究等方面进行了众多有意义的尝试，尽管未形成都市大学特定的教育、研究与服务模式，但这些经验也为其他大学更好地服务社区与都市发展提供了经验教训与启发，并且这些经验至今仍通过城市和都市大学联盟、《都市大学》期刊的平台进行传播。例如，在城市和都市大学联盟于 2019 年举办的第 25 届年会上，与会者针对如何应对经济疲软、劳动力不足、大学入学机会不公平、城市健康问题等挑战展开经验分享。一些学者展示了一个成功的项目如何兼顾两个任务——既能让学生在高中阶段为大学严谨的学术学习做好准备，也能让他们在高中阶段完成大学课程的部分学分，以减少完成大学学位的时间和金钱成本；③ 来自德雷塞尔大学的学者以及来自企业的管理者分享了他们从基于合约的食品供应关系，到以社区为中心、以贡献城市经济为使命的合作关系的发展经验，包括这一合作关系的概念框架、发展过程、执行办法与支持政策以及这一合

① Walter Lepore，Budd L. Hall & Rajesh Tandon. “The Knowledge for Change Consortium：A Decolonising Approach to International Collaboration in Capacity-Building in Community-Based Participatory Research”，*Canadian Journal of Development Studies*，2021，Vol.42（3），pp.347-370.

② John Hopkins University. *Hopkins in the Community*，2021-07-08，https：//www.jhu.edu/about/community/.

③ Isabelle Cherney，et al.. “Early College High School/Dual Enrollment 2.0”，*Metropolitan Universities*，2020，Vol.31（2），pp.18-32.

作关系适用于私立大学的局限性。[①] 在 2020 年新冠疫情、美国黑人被警察枪击事件的影响下，《都市大学》在文章中呼吁大学思考在全球健康与经济危机、美国种族歧视严重的背景下，大学在社区、国家与国际层面的定位、角色是什么，需要作出哪些努力来改善这些问题。[②]

可以说，都市大学是服务社区、响应社会的实践推行者与理念呼吁者，其通过不断思考如何更好地响应社会需求、反思自身在促进大学创新与推动社会发展过程中的角色，将“大学与社区 / 社会共生”的理念传播得更响亮、更远。

二、都市大学存在的问题、挑战与未来走向

都市大学作为一种只发展了 30 年的教育理念与实践，仍然存在一定的问题与挑战。

第一个问题与挑战来自于都市大学过于理想化的使命愿景。在都市大学这种新型大学确立之初，这类大学的使命是响应周边地区的知识需求，与社区、商业主体建立广泛的联系，改善都市地区的生活质量。[③]2010 年，城市和都市大学联盟重申了都市大学面向 21 世纪的使命，即满足城市居民的需求，提供重要服务并加强所在城市的社会结构，刺激和培育新经济企业、培养劳动力、丰富美国城市的文化生活。[④] 然而，都市地区社会问题的根源在社会，其本质是不同利益群体之间的竞争与博弈、根深蒂固的风俗习惯与文化模式、不合理的结构与制度问题，对此都市大学能够产生影响的领域与

---

① Jennifer Britton，et al.，“From Transactional to Transformational”，*Metropolitan Universities*，2020，Vol.31（2），pp.92-110.

② Nyeema Watson，Jennifer Johnson Kebea. “All In：The Urban Mission：The 2019 Annual CUMU Conference”，*Metropolitan Universities*，2020，Vol.31（2），pp.3-6.

③ Daniel M. Johnson & David Bell. *Metropolitan Universities*：*An Emerging Model in American Higher Education. Denton*，Tex.：U of North Texas，1995，pp.xi，29-30.

④ Coalition of Urban and Metropolitan Universities. *21st Century Declaration of the Coalition of Urban and Metropolitan Universities*，2021-06-29，https：//www.cumuonline.org/about-cumu/history/.

程度都是有限的，更不用说彻底解决范围广泛、彼此互联且严峻的众多社会问题。当然，大学作为培养与发展个体、生产知识的机构，其在受到社会文化、精神、风气影响的同时也能够对文化起到反作用，发挥文化创新与引领的作用。然而，这一过程是漫长且艰难的，经过大学、院系、课程、教学等各层次以及大学领导者、管理者、教师、服务者、学生等各主体的共同努力，大学才会对社会文化与社会风气产生潜移默化的影响。这需要长久及坚定信念的支撑以及多主体、充分资源的支持才能得以实现，然而这些条件并不容易满足。换言之，都市大学可以视为打着“服务都市”旗号的研究型大学、综合类大学或社区学院等类型机构，毕竟除了“与都市共生”的理念不同于其他类型大学，在实践中它们开展教学、研究、服务的方式以及这些活动产生的实际影响与那些具有强烈社会责任感的其他类型大学并没有太大不同。

都市大学的第二个问题与挑战是其“表里不一”的办学路径——在理念层面强调服务社区、都市的需求，然而其实践行为却暴露了商业化的本质，其中某些行为甚至与社区、都市需求背道而驰。宾夕法尼亚大学、天普大学等学校的学生构成都表明这些大学本质上是贵族群体的代表。一些都市大学也参与了教育私有化的过程，这些大学的代表是公共决策委员会的成员，他们参与制定撤资、市场化的相关程序并使其合法化，与特许学校及教育私有化行业的其他部门合作，协助设计新自由主义模式下的学区政策，他们并没有对那些摧毁社区的政策提出抗议，有时甚至还从中获益——在教师与家长的抗议声中，德保罗大学获得了 5000 万美元公共拨款用于修建新体育场，而芝加哥公立系统学校的预算因此被削减。[①] 这些大学利用都市大学的头衔获得社区居民的认可与声誉，却在“都市大学”的外衣下实施逐利行为，这有损于都市大学自身的名声与合法性。然而，从现实的角度来看，任何主体的行为都具有逐利性，都市大学与都市地区实现长久“共生”的基础

---

① Pauline Lipman.“Urban Education as Racialized State Violence”, *Metropolitan Universities*, 2019，Vol.30（2），pp.8-19.

是共同利益。倘若大学难以从都市地区的发展中真实获益或收益甚微（包括社会声誉），那么“共生”的目标就是空中楼阁，都市大学在学术声誉主导的世界大学排名体系、经济利益等因素的驱使下将很容易遗忘甚至抛弃这一理念。

都市大学的第三个问题与挑战是其参与社区、服务社区的难度较大。这一难度来自于两个方面。其一，学术知识与实践知识体系存在差异，二者的融合与知识生产过程具有难度。在很多地区，社会实践与学术界属于两个脱节的圈子，实践知识与学术知识背后的世界观与知识生产方式也存在差异，这种差异在某些情形下会使得其中某种知识体系对问题更具解释力。然而许多实践者与大学研究者在此之前缺乏共同开展研究的合作经历，他们不习惯于对方对知识创造、验证、使用和传播的不同认知，这对合作研究、合作服务的过程与结果都会产生不利影响。其二，知识通常被视为一种权力工具，大学知识与社区知识互动的过程将为不同利益群体的权力重新赋值。在都市大学与社区或都市合作的过程中，知识是霸权阶级用来维持现状的控制性工具，还是社会群体用来扭转权力关系的变革性工具，将成为一个变数，而都市大学的研究人员所提供的主导性知识（dominant knowledge）是否将遭受实践者提供的替代性知识（alternative knowledge）的挑战与质疑也将是研究者需面对的问题。①这两个困难都可以视为都市大学所代表的学术权力与社区所代表的非学术权力在互动过程中产生的摩擦，到底在哪种情境下应遵从哪种逻辑、维护哪个群体的利益、如何维护它们的利益，都是都市大学需面对并解决的难题。

第一个问题蕴含于都市大学的理念本身，第二个问题需通过变革大学的评价理念与制度进行扭转，第三个问题随着情境、问题、参与人员的变化有不同的答案与解决办法，这三个问题都难以解决。从城市和都市大学联盟

---

① Walter Lepore，Budd L. Hall & Rajesh Tandon.“The Knowledge for Change Consortium：A Decolonising Approach to International Collaboration in Capacity-Building in Community-Based Participatory Research”，*Canadian Journal of Development Studies*，2021，Vol.42（3），pp.347-370.

所开展的会议、活动以及《都市大学》期刊发表的学术文章来看，都市大学延续了 2007 年以来面向社区的发展路径，而讨论的话题依旧围绕都市地区面临的传统问题，如经济发展动力不足、城市健康问题、社会不平等与种族矛盾突出以及对新冠疫情等突发事件对都市区带来的挑战进行识别，上述问题并未在此阶段引起联盟与期刊的特别重视。当然，在可以预见的未来，这些问题与争议并不会从根本上撼动都市大学的合法性——其“与都市地区共生”的理念主张所勾勒的图景依旧诱人，但这些问题的存在将使都市大学遭受越来越多的质疑，阻碍都市大学进一步扩大其影响力。随着时间的推移，一个不再能扩大其影响力的理念与这一理念下零散的办学模式将走向没落。倘若没有一个现实的理念与坚实的利益基础做支撑，都市大学这个概念或将成为历史。

第八章　产业大学的大学观和办学模式

自20世纪在美国首次正式产生以来，随着科学技术的进步和工业需求的提升，产业大学（corporate university，又译企业大学）[①] 在美国本土及全球多国迅速发展，承担着跟踪产业前沿、升级产业模式，开展企业内外部培训与教育，提升员工竞争力等多项使命。尽管产业大学没有形成一个固定的定义，但其与传统大学最大的区别在于其与企业和产业的高度关联和紧密依存。绝大多数产业大学的主办方并非公立或私立的高等院校，而是企业和雇主本身，其办学宗旨在于让企业雇员或从事相应产业链的人员（如客户、供应商、技术合作部门等）了解企业本身、获得技能提升以及在其他专业技术方面接受培训，其根本目的是为了加强企业自身的竞争力。尽管随着时代的变迁，产业大学的形态也日趋丰富，甚至有部分产业大学试图通过与传统高校合作办学的方式为其学员授予学位，但无论经历何种变化，“公司”“企业”“产业”等行业属性始终是产业大学运营办学的核心标签。

第一节　产业大学的产生与发展

产业大学最早兴起于西方国家。尽管一些学者认为，英国在19世纪后

① 产业大学的英文对应是“Corporate University”“Corporate Academy”或“Enterprise University”，在国内学术界往往也被译作“企业大学”。本章统一采用“产业大学”的译法以保持连贯。

半叶因受工业革命影响而产生的讲习所运动是西方产业大学的原型，并影响美国厂办院校及后来产业大学于20世纪的兴起和发展，然而产业大学真正以制度化形式正式建立并得到快速发展是第二次世界大战之后。

一、产业大学的发展阶段

总体而言，西方产业大学的发展可以分为三个阶段。

首先是20世纪10—50年代的萌芽阶段。① 这一阶段许多美国企业家已经相继提出建立产业大学的想法，这类想法虽然并没有引起所有企业的广泛关注，但从一定程度上推进了当时美国社会正在兴起的“在职学习运动”潮流并产生了相应影响，一些早期企业此时便成立了相关专业管理和技术中心，成为后来正式建立的产业大学的雏形。② 二战后，面对新技术和国内国外商业形式的快速变化，美国企业一方面走在世界前列，但同时也面临着亟待加大员工培训的现实需求。产业大学在这一背景下应运而生，其发展起因，尤其在美国，直接源于行业对既有正规高等教育质量的不满以及社会对终身教育的追求。③ 例如美国著名社会活动家乔纳森·特纳（Jonathan Baldwin Turner）就曾经认为，普通高等教育不适用于产业阶级且落后于社会现实。他将普通高等教育界的从业者比喻为专业阶级，将行业产业领域的从业者比喻为产业阶级，他甚至用非常犀利的语言来比喻高等教育与产业阶级之间的发展关系：“专业阶级在巨大的专业大船旁拖着一个独木舟，邀请我国产业阶级搭船同行，但问题在于产业阶级根本不想与之同行。”④ 也有学者认为，企业发展需要随着市场和技术的不断变化而作出调整和变革，需要将人才培养战略和企业商务目标进行高度融合统一，也需要企业文化与创新

---

① 刘春雷等：《高等教育视野中的企业大学研究》，光明日报出版社2019年版，第29页。

② 高鑫：《中美企业大学运营模式比较研究》，博士学位论文，首都师范大学教育学院，2013年，第12页。

③ Jeanne Meister. *Corporate Universities*：*Lessons in Building a World-class Work Force*，New York：McGraw-Hill，1998，p.3.

④ 崔高鹏：《论特纳的产业大学计划及其历史意义》，《教育学报》2010年第6期。

文化的融合，从而使自身具备比较性优势。① 而另有一些学者认为，产业大学的发展不仅仅拓宽了行业教育的范围，更在相当大的程度上塑造了其他方面的教育，如社区学院和普通高等教育，因为产业大学建立的动因在于企业认为从社区学院或大学毕业的学生并不具备企业需要的足够能力，于是不得不由企业单独另起炉灶来弥补正规高等教育的不足。②

第二阶段是 20 世纪 60 年代至 80 年代的建立与发展阶段。1961 年成立的美国通用电气的科罗顿维尔中心（GE’s Crotonville）、麦当劳汉堡大学（McDonald’s Hamburger University）等机构被不少学者视为美国成立最早的一批产业大学。③ 自其诞生数十年来，麦当劳汉堡大学已培训了数万名员工并在全球拥有十余个国际培训中心。④ 麦当劳汉堡大学第一届毕业生仅有 14 名，而后该校迅速发展，每年的毕业生高达数千名之多。它将自己的使命定义为打造一个组织文化中心，为创造更高的价值链引入持续性教育，并将有关管理和行业技术知识转化为业务价值，其提供的课程内容包括餐厅操作、领导技能、客户服务、商业程序等课程。⑤ 在美国，自麦当劳汉堡大学成立之后，许多大型企业纷纷效法，建立属于自己旗下的产业大学。20 世纪 60 年代以来，每过十年都有大量的产业大学依托其企业的平台和品牌不断兴起，如 70 年代的迪士尼大学、80 年代的摩托罗拉大学等。总体而言，产业大学在美国发展势头迅猛，在 20 世纪 80 年代已成为普遍现象。

第三阶段是 90 年代以来至今的多样化发展阶段。到 90 年代时，产业大学已成为商界人士进修的必须场所。“每投入 1 美元的培训费，就会产生 30

---

① 张莹：《企业大学的工程人才培养战略研究》，博士学位论文，浙江工业大学经贸管理学院，2015 年，第 9 页。

② Daniel James Rowley，Michael G. Dolence & Herman D. Lujan. *Strategic Choices for the Academy*，San Francisco：Jossey-Bass，1998，p.11.

③ Jeanne Meister. *Corporate Universities*：*Lessons in Building a World-class Work Force*，New York：McGraw-Hill，1998，p.210.

④ Peter Jarvis. *Universities and Corporate Universities*，Sterling VA：Stylus Publishing Inc，2001，p.112.

⑤ McDonald’s University. *Hamburger Education*：*Inside McDonald’s University*，2021-06-05，https：//www.uopeople.edu/blog/hamburger-education-inside-mcdonalds-university/ university/.

美元的价值”，这是摩托罗拉及其产业大学的著名格言，也成为后来无数公司企业和产业大学的座右铭。① 在 20 世纪 90 年代中期，全美境内的产业大学就已高达 1000 余所，涉及产业价值 50 余亿美元。② 例如，总部在伊利诺伊州的摩托罗拉大学如今已发展成为拥有 14 个全球分校、每年教育经费在 1.2 亿美元规模的大型产业大学，设有质量学院、领导力和管理学院、营销学院、供应链学院和工程学院等五大学院，涉及的教育领域包括质量项目咨询、领导人系列培训、各类管理项目、销售管理训练、供应链管理、生产管理、仓储物流以及工程技术人员的知识和能力认证等多个方面。③

进入 21 世纪之后，美国产业大学则更多地面向社会服务。④ 也正是在这一阶段，产业大学在美国兴起之后迅速在世界各大洲不少主要国家大批兴起，如今已遍布亚洲、美洲、欧洲甚至非洲的不少国家，如日本、韩国、新加坡、澳大利亚、印度、加拿大、英国、德国、南非等国家。⑤⑥ 在英国，产业大学兴盛于 1992 年大规模的多科技术学院升级为正规大学的背景之下，当时大批多科技术学院（polytechnics）被授予大学地位，英国境内大学的总体数量迅速翻了两翻。⑦ 英国产业大学的兴起也是由于知识更新和产业转型应运而生。在德国，奔驰公司（Daimler-Benz）于 1998 年成立了本土第

---

① 刘远征：《国外企业大学及其办学特色》，《企业改革与管理》2009 年第 6 期。

② Peter Jarvis. *Universities and Corporate Universities*，Sterling VA：Stylus Publishing Inc，2001，p.113.

③ MBA 智库百科：《摩托罗拉大学》，2021 年 6 月 5 日，见 https：//wiki.mbalib.com/wiki/%E6%91%A9%E6%89%98%E7%BD%97%E6%8B%89%E5%A4%A7%E5%AD%A6。

④ 高鑫：《中美企业大学运营模式比较研究》，博士学位论文，首都师范大学教育学院，2013 年，第 13 页。

⑤ Erica McWilliam，Alison Green，Nancy Hunt，Martin Bridgstock & Brad Young. “Inviting Conversations? Dialogic Difficulties in the Corporate University”，*Higher Education Research and Development*，Vol. 19，No. 2（2000），pp. 237-253.

⑥ 陈东莲、朱宾、肖飞：《日本产业大学创新发展职业教育经验对我国的借鉴》，《教育与职业》2016 年第 7 期。

⑦ Eddie Blass. “What's in a Name? A Comparative Study of the Traditional Public University and the Corporate University”，*Human Resource Development International*，Vol. 4，No. 2（2001），pp. 153-172.

一家产业大学，随后其他德国公司大批跟进。法国电信（France Telecom）、加拿大塞拉系统公司（Sierra Systems）以及我国民众耳熟能详的诺基亚、爱立信等通信巨头等大型企业都是产业大学的典型代表。在印度，许多大型国有企业会在其内部设置类似产业大学的培训大园区，如马德里广告通信学院、孟买环球技术学院中心普纳的塔塔管理培训中心等。在澳大利亚，最大的零售机构科尔斯美雅集团（The Coles Myer Group）与维多利亚州的迪金大学（Deakin University）合作共同创办了其产业大学科尔斯学院，是为澳大利亚第一所产业大学，并以提供充分整合的培训教育和发展项目以使全体科尔斯成员充分释放其潜能为办学使命。①

此外，部分著名企业还将其产业大学建到了业务所在的其他国家。仅以在华为例，许多著名的世界五百强跨国公司自 20 世纪 90 年代以来均在中国依托其在华分部设立了相关产业大学。如在北京有摩托罗拉大学中国校区、西门子管理学院、爱立信中国学院、诺基亚学院、可口可乐管理学院、惠普商学院、惠普信息技术管理学院、安捷伦科技大学、博士伦大学、微软渠道伙伴学院、苏黎世企业大学等，涉及电子、通信、食品饮料、信息技术、医药、生物科技、眼镜护理、金融等多个行业；在上海则有包括思科网络技术学院、通用电气中国教育培训中心、阿尔卡特朗讯大学、敦豪航空物流管理学院、正大企业大学、麦当劳中国汉堡大学等，涉及互联网、通讯电子、物流、食品饮料等各类行业；在广州则有宝洁大学、安利大学、保诚大学等产业大学，分别依托于宝洁中国有限公司、安利集团、英国保成集团亚洲总部等跨国公司，分属日化、保健品、保险等不同行业。②

然而值得注意的是，在欧洲，并非所有国家都热衷于办产业大学，产业大学的出现与企业推广经营所处的政治经济文化环境相关。在法国、英国、德国，欧洲产业大学蓬勃发展，但在其他一些欧洲国家和北欧国家，产业大学的数量和规模则相对不那么耀眼。之所以产生这样的现状，是因为一

① ［美］马克·艾伦等：《企业大学手册》，饶晓芸译，江苏人民出版社2013年版，第234页。

② 王世英：《企业大学做什么》，经济科学出版社 2011 年版，第 170 页。

些欧洲的企业并不十分热衷于将自己的产品或服务标准化。①

二、产业大学发展的总体路径

经历了三个发展阶段的西方产业大学在每一个阶段的教育内容和教育方式都有自己的特征。第一个阶段的产业大学通常会提供特定的培训模块，就像迪士尼公司的内部培训中心一样；第二个阶段的产业大学将其扩展到更广泛的教育及人力资源的开发框架，试图嵌入基于工作的学习模式，例如摩托罗拉大学；而第三个阶段的产业大学开始采用虚拟大学的形式并将产业大学这一概念视为一个过程，它们的运行与发展已从开设培训中心转型为一种学习型流程，其发展重点已从单纯关注组织形态更多地转向兼顾组织形态和个人成长。② 在办学手段方面，产业大学刚刚兴起之时，信息技术在全球也处于崭露头角的初级阶段，因此产业大学一度也与“砖头、粉笔、教员、黑板、挂图、投影仪、透明胶片（后发展成为 PPT）、出勤记录、评估表”等意象工具共生共存。③

另有一些学者认为，产业大学在各发展阶段过程中经历了由封闭系统阶段走向开放系统的转型。所谓封闭系统阶段，是指产业大学的主要目的是进行内部短期快速培训而非广泛的人才交流。这一时期市场环境相对稳定，新技术的迭代速度相对缓慢，从而使得企业得以采取相对稳定的宏观发展战略，因此通过用标准化的模式培训技术人才便足以在一定时期内支撑企业发展所需的人才供给。而在技术变革突飞猛进、新科技迭代加速的突破时期，企业不得不以更加开放性的姿态和心态来面对整个行业、产业链和竞争对手，以实现产业链的全球布局，因此在这一阶段，企业及其产业大学则必须通过选择开放合作包容进取的理念来实现与外界广泛的信息交换和人员交

---

① ［美］马克·艾伦等：《企业大学手册》，饶晓芸译，江苏人民出版社2013年版，第223页。

② John Walton. *Strategy Human Resource Development*，Harlow：Pearson Education，1999，p.35.

③ Ave Rio. *Corporate U*：*The History and the Future*，2021-03-30，https：//www.chieflearningofficer.com/2018/05/03/corporate-u-the-history-and-the-future/.

流。① 此时，产业大学往往不仅注重对内开展人员培训与专业化提升，也承担起相应比例的外部服务工作，谋求有利于公司发展的宏观商业生态和创新生态体系。

以摩托罗拉大学为例，20 世纪 70 年代该产业大学正式成立之前便先建立了其雏形——领导培训中心、教育研究中心、技术教育中心，随后在 80 年代经历质量与转折阶段，即员工的培训费用达到薪金的 1.5 倍，因而公司决定正式成立摩托罗拉大学以全面实现产业人才的培训和升级业务。也正是在这一时期，摩托罗拉公司将其业务拓展至美国以外（如新加坡）。到 90 年代，摩托罗拉大学经历了全球化与整合阶段，不仅建立了素质能力中心，相继进入日本、韩国、中国与拉丁美洲市场，更采用新技术建立了远程技术中心并建立相应学院体系。进入 21 世纪之后，该大学秉持为摩托罗拉公司服务的理念建立了全球信息中心，建立了学习领导力、学习与业绩组织并将其组织结构重整为五大学院。②

总体而言，产业大学的发展与兴盛，从宏观角度看待是与近现代的产业革命及技术发展密切相关，其标志性事件往往也是由产业革命所引领，如通用电气公司在电力工业与汽车制造业成为新兴产业时创办了其产业大学，而摩托罗拉公司则在电子信息工业技术蓬勃发展实现突破之际顺时顺势成立了摩托罗拉大学并将之发展成为产业大学的典范之一。这样的趋势并不意外，它反映了科学技术促进产业革命，同时产业革命又进一步强化科学技术价值，并进而使得知识要素不断多元化、丰富化、密集化并成为产业和企业持续发展的根本动力。

---

① 张莹：《企业大学的工程人才培养战略研究》，博士学位论文，浙江工业大学经贸管理学院，2015 年，第 10 页。

② 中山大学企业管理研究所：《世界著名公司企业大学的最佳实践》，2021 年 7 月 30 日，见 http：//www.mp168.org/atdetail.asp？ id=188。

第二节 产业大学的内涵与职能

与传统高等教育机构聚焦于广泛专业的教学活动、科学研究和社会服务不同，产业大学由特定企业出资建立，其直接目的在于增强企业员工在岗技能、传播企业文化、提升核心竞争力，在服务对象、组织形态、服务特色、办学规模、知识生产模式等方面都具有鲜明的行业特色，因而具有较为独特的内涵与职能。

一、产业大学的内涵

产业大学本质上是全资拥有的培训、教育、学习和知识管理机构，隶属于特定公司企业，为公司内部、客户、价值链上下游的供应商等组织成员提供教育服务。① 不同学者对产业大学的定义不同，如弗纳斯纳（Anthony J. Fresina）将产业大学定义为基于实现组织目的的战略高度来预测并制定员工发展需要的学习计划和教育培训内容的战略机构②；梅斯特（Jeanne Meister）认为产业大学是企业为实现组织经营战略而采用的为员工、顾客和供应商提供培训和教育的方式③；艾伦（Mark Allen）认为产业大学是一种教育实体和战略工具，通过培养个人和组织的学习、知识及智慧管理等活动来协助母公司达成使命④；惠勒（Kevin Wheeler）认为真正的产业大学超越了培训和教育的范畴，而是为组织取得最基本的成功在人员和流程支持方面提供领导力

① Eddie Blass. "What's in a Name? A Comparative Study of the Traditional Public University and the Corporate University", *Human Resource Development International*, Vol. 4, No. 2 (2001), pp. 153-172.

② Anthony J. Fresina. "The Three Prototypes of Corporate Universities", *Corporate University Review*, Vol. 1, No. 1 (1997), pp. 1-4.

③ Jeanne Meister. *Corporate Universities: Lessons in Building a World-class Work Force*, New York: McGraw-Hill, 1998, p.97.

④ Mark Allen. *The Corporate University Handbook*, New York: American Management Association, 2002, p.10.

的专业机构①；比利特（Stephen Billett）则认为产业大学是企业内部的组织结构，以设计和改进员工个人及组织的业务水平、确保公司的学习和与企业战略目标相联系为目标，其学习成员通常来源于企业员工。②

与传统大学聚焦于科学研究和学位授予不同，产业大学的直接目的是增强受众的在岗技能并且具有非常明显的行业特色。比起学术型大学，产业大学中的学术自由程度相对有限。尽管许多产业大学会和学术型综合型大学开展合作办学，且产业大学所提供的课程门类也会归属于综合性大学的某些学科门类之下，但实践应用始终是产业大学的核心关注点。吉本斯（Michael Gibbons）等人曾将知识生产的过程划分为两种模式，第一种模式的知识生产被称为传统型知识生产，其生产过程以学科和认知情境为基础，主要基于科学准则和学科基本原理，因而所产生的知识具有渐进性和相当程度的同质性。而第二种知识生产模式则基于跨学科的社会应用情境，与经济发展的驱动紧密相关，它往往不一定遵循严格的科学演进规律，其发展和进步需要基于多学科多领域应用元素的整合，因此第二种模式产生的知识具有较大的异质性。在与研究型大学或综合性大学的合作中，产业大学总是要竭尽全力确保其开设课程具有足够的实用性和应用性，学术课堂中的高阶思维训练往往并非产业大学的关注点，因而其课程开发往往紧密结合企业的需求，同时在“学术内容”和“实践内容”之间取得一定的平衡。③ 而在绝大多数的产业大学课程体系中，抽象的理论知识往往占比非常小，实用性知识是课程体系的主要内容。例如，英国产业大学的主要活动包括多个层面，首先是在活动开始之前的预备阶段。英国产业大学的主要前期工作之一是通过分析技能缺项、就业趋势、社会心理态度和产业需求等方面分析市场需求与

① Kevin Wheeler. *The Corporate University Workbook*：*Launching the 21st Century Learning Organization*，San Francisco：Pfeiffer，2005，p.8.

② Stephen Billett.“Dispositions，Vocational Knowledge and Development：Resource and Consequences”，*Journal of Vocational Education Research*，No. 5（1997），pp. 1-26.

③ Eddie Blass.“What's in a Name? A Comparative Study of the Traditional Public University and the Corporate University”，*Human Resource Development International*，Vol. 4，No. 2（2001），pp. 153-172.

潜在学习用户，并通过广播、报纸、媒体等直接和间接宣传和销售手段主动推动学习者的需求。在招收学员之后，产业大学会为学习用户提供与产业相关的各类信息咨询及指导活动，保证学习用户获得所求的学习项目。在课程结束之后，产业大学会专门针对市场需求开发学习内容。①

二、产业大学的职能

产业大学的职能总体而言可归为26类相关活动，包括需求评估、设计培训项目、实施培训项目、设计管理与经理人开发项目、实施管理与经理人开发项目、评估技术选择、提供在线学习或混合学习项目、选定培训服务供应商、管理培训服务供应商关系、对内项目营销、对外项目营销、项目评估、产业大学评估、管理与大学的伙伴关系、培养经理人、实施导师制、开展职业生涯规划、进行战略性人员雇佣、开展新员工入职培训项目、开展继任计划、推进企业文化变革、推动战略变革、实行知识管理、开展知识产权管理、进行图书馆与电子信息收集，以及开展研发工作。然而也有学者强调，几乎没有任何一所产业大学的职能包括所有26项内容，而是根据企业的战略需求在不同方面开展选择不同的职能。②

与公立大学主要的办学资金来自于政府投资不同，尽管政府也是产业大学的利益相关者，但这种相关关系往往处于一种间接相关。然而，产业大学往往并不存在于一个特定的地方或者一个明显的大楼中，而是更多地作为一个企业的战略机构加以设置。“在产业大学，学生所学的内容不仅要能使自身获得进步，更重要的是要真正促进公司的整体利益。”③ 不同学者对产业大学特色和性质的描述不尽相同，在各种描述中可以看清产业大学的多元特性。如有的学者认为产业大学实现了从泥瓦砖浆到虚拟远程的蜕变，意指

---

① 王晨倩、孔令详：《英国产业大学研究的回顾与展望——基于国内文献的分析》，《河北大学成人教育学院学报》2016年第18期。

② Mark Allen. *The Next Corporate University*，San Francisco：Pfeiffer，2007，p.108.

③ Kathryn Tyler. *What a Corporate University Is and Is Not*，2012-05-22，https：//www.shrm.org/hr-today/news/hr-magazine/pages/0412tyler2.aspx.

产业大学不再拘泥于传统大学必须存在于特定的场所、片区和围墙的限定中。[①]另有学者认为，产业大学的学员受众已从部分企业员工逐步向所有企业员工迈进，意指产业大学的教育对象随着时代和市场需求的演变而不断扩大[②]，产业大学正在从以培训部门为特色的模块走向系统性的知识管理并随着产业间联系的日益紧密而不断寻求产业大学间的协作。[③]还有其他学者总结了产业大学的七大职能，包括教授公司文化、培育跨功能技术、利用信息技术开展培训、缩短生产周期时间、将培训本身业务化、对行业外人士传授本领域的行业经验，以及与传统大学就某些特定领域建立合作伙伴关系。[④]此外，一些产业大学目前还承担了为企业制定发展规划及为客户提供战略咨询服务的多样功能。随着时间的推移，产业大学的功能也从传统的培训员工变得日益丰富。表 8–1 比较了传统公立大学与产业大学在目标、结果、知识生产、所有权等不同方面的区别。

表 8–1　传统公立大学与产业大学的区别

	公立大学	产业大学
文化起源	植根于中世纪经典的办学理念，于 17—19 世纪成型，20 世纪急剧扩大	发展自小范围的部门内部培训，以提供新型服务、创新应用为原初动力
办学目标	提供自由专业的高深学问，以培养全人为目标	扩大企业的知识库，为企业增强竞争力，为创新提供催化剂

① Eddie Blass. "What's in a Name? A Comparative Study of the Traditional Public University and the Corporate University", *Human Resource Development International*, Vol. 4, No. 2 (2001), pp. 153-172.

② Eddie Blass. "What's in a Name? A Comparative Study of the Traditional Public University and the Corporate University", *Human Resource Development International*, Vol. 4, No. 2 (2001), pp. 153-172.

③ Eddie Blass. "What's in a Name? A Comparative Study of the Traditional Public University and the Corporate University", *Human Resource Development International*, Vol. 4, No. 2 (2001), pp. 153-172.

④ N Chase. "Lessons from the Corporate University", *Quality Magazine*, Vol. 37, No. 6 (1998), pp. 153-193.

续表

	公立大学	产业大学
办学结果	授予学位和资质，实现研究产出	增强企业视野，强化企业价值观和凝聚力
办学层次	本科、硕士、博士层次	从初级功能培训直至高级合作研究，无固定层次
规模	任何适龄学生	企业员工，部分项目需要学员具有一定工作经历
所有权	国家 / 政府是所有权人，对国家、社会负责	企业是所有权人，对企业负责
控制权	因学术自由理念，所有权人对其控制程度相对较低	所有权人对其控制程度因企业不同而不同，与行业目标紧密相关
知识生产	以学科为单位，基于科学公理，基础学科与应用性知识间界限分明，具有强同质性	具有强烈的跨学科性、社会性和经济性，往往不直接与基础学科相关，具有异质性

资料来源：Eddie Blass. “What’s in a Name? A Comparative Study of The Traditional Public University and The Corporate University”, *Human Resource Development International*, Vol. 4, No. 2 (2001), pp. 153-172.

之所以会用“大学”二字命名产业大学，美国学者珍妮·迈斯特(Jeanne C. Meister)的一段描述对此进行了解答：“产业大学模式源于公司企业对自身项目和培训内容的包装，企业人员希望通过大学这样的名号作为一种战略性雨伞，来将培训系统化，将设计、发展和运行作为公司的核心目标，并使得自己的培训模式能够得到大范围推广。更为重要的是，使用了‘大学’的名号，他们便可以为本身的事业赋予更为高大上的宏伟形象，从而给受众带来信心，确保参与者对企业培训效果和可能为受众带来的成功机遇感到信服。”① 由于大多数员工曾在学校的集体环境中长大并发现自己在学校中得以受到激励，因而“大学”二字可以使人们加深对终身学习的承诺，人们往往将“大学”与某种高水平、高价值的标志相联系，产业大学采

① Jeanne Meister. *Corporate Universities: Lessons in Building a World-class Work Force*, New York: McGraw-Hill, 1998, pp.34-35.

用这一名称可以凭借一种有意义的方式让员工实现个人发展，降低员工的流失率和离职率。① 此外，也有学者认为产业大学使用“大学”的字眼，是由于为了凸显大学本身是一个交换知识和能力的场所，其具有高度的国际通用性并且具有“伟大”和“高级教育”的意思，已显明在某一特定领域的雄心壮志，同时从行动层面来看，“大学”体现了一种动态的知识传播的理念并能实现从知识转移到知识创造的战略联系。② 另外也有学者认为之所以采用“大学”二字，是为了凸显产业大学在知识生产和知识传播方面的组织性。根据组织资本理论的有关观点，相较于个体单位而言，组织能够创造出的生产性资源和知识资源要更具优势，而这些资源都是组织赖以生存和发展的必备资源。③ 如内部师资网络资本、外部师资网络资本、内部知识流程资本、外部知识流程资本、有形知识、无形知识、能力体系层级等均是产业大学在实际发挥职能的过程中只有通过组织的形式才能切实发挥的真正资本，也是影响产业大学能力体系提升的核心要素。④

此外，产业大学与企业本身的培训部门也存在差别。尽管二者之间都以较为短期的培训为主要措施，但二者之间仍存在着理念、目的、工具使用以及成本使用等方面的不同。如企业开展某种培训往往是基于特定专项任务或员工的集中需求而展开，但产业大学的运转则与企业的战略目标紧紧相连。企业培训部门和产业大学都会采用远程和信息技术的方式，但培训部门利用科技是为了降低成本，产业大学利用科技则是从战略的角度出发来支持和强化学习活动的发生。企业培训部门开展培训，往往会通过外包的方式让第三方来实施开展，产业大学虽然也会借助第三方的力量，但其最终目的是

---

① Site Staff. *Corporate Universities*：*A Powerful Model for Learning*，2021-06-05，https：//www.chieflearningofficer.com/2002/11/01/corporate-universities-a-powerful-model-for-learning/.

② [美] 马克·艾伦等：《企业大学手册》，饶晓芸译，江苏人民出版社2013年版，第222页。

③ [英] 阿尔弗雷德·马歇尔：《经济学原理》，朱志泰、陈良璧译，北京出版社2012年版，第615页。

④ 陈蕴琦：《企业大学组织资本与能力体系研究》，博士学位论文，大连理工大学经济学院，2019年，第I页。

要与之建立一种长久的合作伙伴关系来使企业持续受益。企业高层往往会将部门培训视为一种应当尽量降低成本的额外工作，但却会将产业大学视为一种促使企业获得非对称竞争优势的基石。① 产业大学同时也弥补了传统培训项目主题分散、与企业战略目标契合度不高、循证实践无法被广泛分享等弊端。

产业大学持有的主要理念是一种“学习型社会”和“终身学习”的宣传理念，这种理念往往与高回报、高收入、强发展等结果性导向紧密相连，以有效吸引相关学员受众。例如，知名汽车制造商沃尔沃集团在其产业大学官方主页就鲜明主打了“学习文化”以及“为未来做好准备”等相关话语，以彰显其产业大学对于员工的潜在回报以及一种高投入高回报的理念。

“在沃尔沃集团，学习永无止境。我们对周围的世界感到好奇。我们具有创新精神，并以更好的方式来创建新的业务和解决方案。我们将变革和转型视为灵感和能量的源泉。我们思想开放并乐于分享我们的知识。在沃尔沃集团，您将融入我们的全球学习文化，我们每一个人的潜力都会得到释放。在这里，您可以更快地学习知识，甚至比世界发生变化的速度还要快。因此，请做好每天学习和成长的准备。沃尔沃集团每年为全球的员工和零售机构安排大约 50 万天的培训。员工是我们最大的财富，我们希望看到您的成长。沃尔沃集团从各方面支持您的学习和职业发展。” ②

有学者对西方许多产业大学的宣传话语体系进行过系统性分析，发现产业大学在营销内容和品牌宣传时，往往是从十大方面来向学员介绍自己，即“技能增长”“个人发展”“社会学习”“学习型市场”“学习型社团”“社会控制”“自我评价”“学习至上”“变革性教育”以及“结构性变化”。③ 另

---

① Site Staff. *Corporate Universities：A Powerful Model for Learning*，2021-06-05，https：//www.chieflearningofficer.com/2002/11/01/corporate-universities-a-powerful-model-for-learning/.

② Volvo Group：《沃尔沃集团企业大学》，2021 年 7 月 13 日，见 https：//www.volvogroup.com/cn/careers/career-development-opportunities/corporate-university.html。

③ Frank. *Coffield. Differing Visions of the Learning Society*，Bristol & ESRC：Policy Press，2000，pp.56-80.

有学者将产业大学与学习型组织相联系进行分析，认为产业大学具有学习型组织的五大特点，即系统性地解决问题、尝试使用创新方法开展试验、擅长从过去的经验中去总结学习、善于从其他人的最佳实践中开展循证学习以及得以在组织中快速有效地迁移知识。[①] 麦吉尔（Michael E. McGill ）与斯洛克姆（John W. Slocum）则认为，学习型组织的特点是对不同经验和实践持开放型态度，愿意尝试无惧失败并从失败中获得受益，并能通过持续尝试来促进组织的整体学习和进步。学习型组织具有结构性的弹性和可渗透性，认可采用奖励创新成果的进取性机制对提高组织学习有效性的重要作用。[②] 高（Swee Goh）和理查德（Gregory Richards）则认为学习型组织必须基于五项必备条件方能促进组织的整体学习，一是要有清晰的宗旨和使命，二是要有领导层坚定的意志和授权，三是要有恰当的试验和奖励机制，四是要有推进知识转移和成果转化的专项政策，五是要善于运用团队与小组合作的学习资源。这两位学者认为，学习型组织绝非一种随机抓取知识的实践模式，而是组织领导者有意识地创造组织内部的条件以使针对性的学习得以发生。[③] 马奎特（Tom McCarty）认为，学习型组织是一个包含学习系统、组织系统、人员系统、知识管理系统和技术支持系统的五要素模型的组织。[④] 产业大学正是这样的一种高度学习型的实体组织，将员工持续的技能增长置于优先地位，通过多层系统的设置与安排，对内部和外界不同的经验和实践保持高度开放的态度来促进企业技术的整体发展和在整个行业中的相对优势。正因为产业大学是高度仰赖持续性学习的组织，许多著名企业大学的高层领导都会

---

① David A. Garvin. “Building a learning organization”, *Harvard Business Review*, Vol. 75, No. 5（1993）, pp. 78-91.

② Michael E. McGill & John W. Slocum Jr.. “Unlearning the Organization”, *Organizational Dynamics*, Vol. 22, No. 2（1993）, pp. 67-79.

③ Swee Goh & Gregory Richards. “Benchmarking the Learning Capacity of Organizations”, *European Management Journal*, Vol. 15, No. 5（1997）, pp. 575-583.

④ Tom McCarty. *The Corporate University as a Strategic Lever：Integrating the Strategic Objective of the Firm with the Desired Outcomes of the Corporate University*, New York：American Management Association, 2002, pp.33-37.

高度参与产业大学的管理或办学工作。许多成功的产业大学的参与人往往包括公司的首席执行官和高级管理人员，他们参与产业大学的学习计划并推进有关工作的开展，如通用电气克劳顿管理学院的师资队伍中包括了50%以上的公司高层经管人员，其前董事长兼首席执行官杰克·韦尔奇（Jack Welch）、杰夫·伊梅尔特（Jeffrey R. Immelt）等人也包括在列，以达到通过以身作则来带动企业全体秉承学习型组织的实践理念。①

然而，值得一提的是，政府对于产业大学也并非完全不闻不问。对于知名度高、对行业发展潜力和专业人才培育具有重大作用的产业大学，政府也会通过特有方式支持此类产业大学的发展，以期为国家和社会培育更多高水平专业技能人才。例如，英国政府在21世纪初期就曾帮助不少产业大学大造声势，并确定了政府优先支持的几大重要领域的产业大学，包括信息通信技术、环境技术与服务、汽车工业、多媒体行业、批发与零售部门等。②英国政府甚至对不同行业所拥有的产业大学的数量进行了明确的规定并为之提供相应的经费。③在澳大利亚，联邦政府引入了一种赞助体系来创办产业大学园区，以满足诸如福特公司等大企业的员工培训需求。对于政府尤其注重的此类培训，澳大利亚政府甚至会以高比例的实际投资的形式支持有关培训。④而在新加坡，政府高度重视其国民和政府的专业知识和生产能力，并将终身学习视为维系和支持国民经济发展的重要国家战略，大力支持企业开展包括产业大学在内的有关培训计划。

第三节　产业大学的办学模式

产业大学的直接目的是弥合人才技能与市场需求之间的差距，与普通

① 高鑫：《中美企业大学运营模式比较研究》，博士学位论文，首都师范大学教育学院，2013年，第17页。

② 黄丹青：《英国产业大学的发展及其特色》，《中国电化教育》2001年第8期。

③ 黄丹青：《英国产业大学的发展及其特色》，《中国电化教育》2001年第8期。

④ ［美］马克·艾伦等：《企业大学手册》，饶晓芸译，江苏人民出版社2013年版，第232页。

高等教育专业模式和课程模式相对固定不同，由于产业行业的丰富多样，产业大学的课程内容及授课形式极其多样，不同产业大学主要针对的产业领域差异巨大，产业大学的办学模式也各不相同。总体而言，产业大学的办学模式分为外部模式和内部模式两种，外部模式主要讨论的是产业大学的办学主体及办学性质，内部办学模式侧重讨论产业大学内部开展办学的一般路径。

一、产业大学的外部办学模式

纵观全球产业大学的办学模式，外部办学模式包括企业独立办学、与传统大学合作办学以及“先独立后联合”的终身教育办学模式三种类型。

（一）企业独立办学模式

独立办学是产业大学运营最主要的模式，绝大多数的产业大学尽管会依托于其母公司并以其发展战略为办学依据，但一般都不与其他产业大学或传统大学联盟。少部分产业大学会选择联盟办学的模式，但并非最主要的模式。产业大学建立的原初动力旨在提升企业人员的产业应用能力和技术提升，因此绝大多数产业大学目前仍以企业内部办学为主要办学模式。

在这种办学模式下，企业为产业大学提供足够自给自足的办学经费和财政支持，而不需要太过依赖于外界的捐款或政府部门的投资。例如，摩托罗拉大学对自身的定位是“成为支持企业实现商业目标并产生相应变革和获得持续进步的催化剂，以使客户能获得基于最前沿技术的问题解决方案，促使公司成为客户最愿意选择的领域服务提供者和行业伙伴。”[①] 又如午时大学（Noontime University）的一些产业大学的教育对象是既无法脱产又无法专门利用大块时间去进行集中学习的企业员工，因此会将课程主要集中在每周固定几天的午饭时分，以充分便利员工在工作之暇有空学习。[②] 而日本把西方意义上的产业大学叫作“企业内大学”（corporate university），企业内大学也

---

① Peter Jarvis. *Universities and Corporate Universities*, Sterling VA: Stylus Publishing Inc, 2001, p.118.

② Peter Jarvis. *Universities and Corporate Universities*, Sterling VA: Stylus Publishing Inc, 2001, p.117.

属于企业独立办学的这种产业大学类型。“企业内大学”由各企业出资设立，主要也是为了企业管理层和员工的职业生涯发展而设立。较之以前的企业内培训，企业内大学的学习内容更为宽泛，学员甚至可以自主选择一些选修课程来提升自己的职业素养和综合素养且通常是免费的。

在不同国家，采用企业独立办学模式的产业大学一般都具有高度的自主权。课程体系和师资体系是产业大学运营的核心要素。在独立运营的模式下，课程体系往往以企业内部独立开发为主，但开发的过程中企业和产业大学会根据企业既定的组织目标量身定做，注重开发解决企业战略实施和发展问题的课程，强调理论与实践的结合，增进培训与教育效果。而师资体系则主要是一种内主外辅的格局状态，其中内部师资力量不乏企业的高层人员。①然而自给自足的办学模式有一个前提条件，企业必须通过这种大学的运营来提升受训者最直接的问题解决能力，从而帮助客户解决复杂的实际问题。因为这种模式的办学经费来源于企业，也意味着间接来源于客户的输血支持。往往那些看着非常有效，甚至包含较为丰富理论基础但却无法解决实际问题的课程，都不得不成为这类产业大学舍弃的类别。

（二）与传统大学合作办学模式

产业大学的第二种外部办学模式是与传统大学合作办学。尽管产业大学的核心目的是为了增强企业竞争力，但仍有一些产业大学选择与传统大学开展合作办学，主要分为两种情况。

第一种情况是对于一些实力仍然处于上升期且软硬件资源仍有待提升的中小规模企业而言，其办学模式往往并不囿于企业自己办学的模式之中，而是通过外包教育和培训或与传统大学开展合作的方式，来尽可能利用更多资源提升企业员工的竞争力。这一模式有利于增强企业充分利用传统大学的资源优势，如丰富的图书资料、领域广泛的师资力量、大量尚未转化的基础研究成果等。例如，可口可乐英国公司与当地的布拉德福德大学合作制订了

① 赵晓兰：《美国企业大学运营体系研究》，博士学位论文，宁波大学教师教育学院，2011年，第22页。

面向该企业在英国的所有初级销售商的商业管理学位计划，旨在让初级销售商在数年工作时间内通过额外学习获得相应的学位。① 值得一提的是，近年来产业大学在与传统大学开展合作的过程中，其合作伙伴往往并不局限于一所特定的大学，而是与若干高等院校形成联盟。例如，贝尔大西洋公司的产业大学与新英格兰地区 23 所大学形成联盟，通过合作办学为其学员提供通信技术领域的副学士学位，以使许多员工获得与传统大学学生同等的学历教育。②

第二种情况是通过合作来帮助传统院校更新课程体系，从而为企业招到更符合自身发展需求的未来毕业生奠定基础。如许多通信电子信息类的企业会通过产教融合的方式将通信技术的知识前沿和技术前端向传统院校进行输出，从而促进电子信息类专业更新其课程体系和教学计划，以使人才培养方案更面向产业需求和技术发展需求。尽管产教融合在西方国家已具有几十年的历史和实践，但大多数产教融合都聚焦于研发类的融合，而并非教学类的融合。③ 第二种产业大学与传统大学的合作模式，其终极目标恰恰是在产业界和高等教育界之间尽可能打造一种协同育人的理念和模式，以弥补行业与高等教育界间的技术和管理方面的认知差距，从而最终使学生在毕业时能够达到产业与行业的需求标准，进而促进行业的进一步发展。

（三）终身教育办学模式

产业大学的第三种外部办学模式为“先独立后联合”的终身教育办学模式，这种模式主要体现在韩国的社内大学（即西方意义上的产业大学）。与前两种模式有所差异的是，此类产业大学在课程设置上有层级区分，在一定层级之内产业大学的办学主体是企业，但超过一定层级之后的办学则由企

---

① Jo Hamiltion-Jones. “Supporting Tomorrow's Management：the Coca-Cola and Schwepps in-House Degrees Programme”，*Education + Training*，Vol. 42，No. 8（2000），pp. 461-469.

② 前瞻经济学人：《十张图带你了解国内外企业大学发展现状》，2021-04-26，https：//baijiahao.baidu.com/s？id=1653948937061247843&wfr=spider&for=pc。

③ Dorothy Wardale，& Linley Lord. “Bridging the Gap：the Challenges of Employing Entrepreneurial Processes within University Settings”，*Higher Education Research & Development*，Vol. 35，No. 5（2016），pp. 1068-1082.

业和传统大学联合开展。鉴于其课程期限相对较长，因而该类产业大学被法律明确定义为终身教育机构。根据韩国《终身教育法》第 32 条规定，总统令所规定的最低规模以上的企业（包括合作经营企业）法人经教育部长认可后，可设立相当于大专或大学毕业的同等学力、学位教育机构，但这种机构不属于高等教育机构，而被定义为终身教育机构。韩国社内大学在课程设置上有两年专科、两年专升本和四年本科三类，在这一阶段，社内大学完全独自运营而不与传统大学合作，其办学经费由企业自身负担，招生对象为本企业、上下级关系企业或产业链合作企业的社内职工，所需的学费等教育费用由雇佣方承担。然而，当职工在社内大学这一阶段毕业后，可以转入其他大学攻读硕士、博士课程，或参与由社内大学和其他大学联合开设的硕士、博士课程。例如，三星电子工业大学（SAMSUNG Institute of Technology）是三星电子公司于 1989 年成立的社内大学，在 2001 年正式获得了韩国教育人力资源部（教育部前身）的办学认可，成为韩国最早得到认证的社内大学。三星电子工业大学面向本社职员招生，由企业承担办学经费和学生学费。三星电子工业大学从 2001 年起开设专科课程，2004 年增加了四年制本科课程，面向高中及专科学历的企业社员招生，2005 年起允许以三年九学期（每学年三学期）的形式取得学士学位。2006 年，三星电子工业大学与成均馆大学开始联合培养硕士、博士。① 值得一提的是，韩国《终身教育法》明确规定社内大学不能独立承担研究生学位教育，只有与综合大学开展合作方能实现，因而韩国的此类产业大学属于“先独立后联合”的终身教育办学模式。

二、产业大学的内部办学模式

从国际视野看，产业大学的内部办学模式主要包括学院制办学模式和项目制办学模式两种类型。

---

① Samsung Semiconstory. *핵심인재 양성의 요람，삼성전자공과대학교*（SSIT）*졸업식*，2021-10-02，https：//www.samsungsemiconstory.com/kr/.

（一）学院制办学模式

产业大学的第一种内部办学模式是学院制办学。所谓学院制办学，是指企业根据其战略目标和业务需求，在企业大学内部设立实体或虚拟的不同学院，以面向企业内部员工或上下游供应链各环节的有关成员来提供针对不同业务和不同模块的教育和培训。例如，摩托罗拉大学设有质量学院、领导力和管理学院、营销学院、供应链学院和工程学院等五大学院，涉及的培训与教育领域包括质量项目咨询、领导者系列培训、销售管理训练、供应链管理、生产管理、仓储物流以及工程技术人员的知识和能力认证等多个方面，是学院制办学的典型代表。①

采纳这一办学模式的企业大学，其各内部学院自行负责有关课程的需求分析、内容开发、授课设计、培训实施等事宜，分别从不同的领域各自完善培训课程体系。这种办学模式的针对性往往很强，有助于帮助企业从基础层面厘清其与竞争对手之间的差异化服务和特色产品优势，是实现企业人力资源持续改进和增长的运作基础。

（二）项目制办学模式

产业大学的第二种内部办学模式是项目制办学。与学院制办学模式相比，项目制办学是一种更加灵活的内部办学模式，它以企业特定的专项项目为基础，成立特定项目培训小组来规划培训项目的具体内容，从项目开发、项目设计、课程设计、师资挖掘、培训实施与办学评估等所有环节都紧紧围绕特定项目的目标和需求，根据需求选择特定部门的人力资源或跨部门人力资源开展对内和对外培训。

无论是哪种内部办学模式，产业大学的办学活动都无法避开特定的环节与职能，如前文提及的评估培训与教育需求等 26 类相关活动。另外，需要说明的是，学院制模式和项目制模式与是否提供学历教育没有必然的对应关系，任何一种模式都可能提供学历教育或非学历教育。

---

① MBA 智库百科：《摩托罗拉大学》，2021 年 7 月 1 日，见 https：//wiki.mbalib.com/wiki/%E6%91%A9%E6%89%98%E7%BD%97%E6%8B%89%E5%A4%A7%E5%AD%A6。

此外，无论是哪种办学模式，产业大学的办学理念和管理理念与传统公立大学人才培养仍有不同。尽管近20年来，新自由主义、新管理主义等企业界的理念已在不同程度渗透至全球各国的公立大学体系，但相比之下，产业大学对于此类管理主义理念的运用和选择程度更深，几乎是建立在一种“公司管理主义”（corporate managerialism）的基础上，效率、生产力、最大化等是产业大学运行逻辑的关键词。① 这些关键词所体现的市场逻辑和利润追求的理念往往体现在产业大学的办学宗旨、课程体系、宣传话语等各类形式中。例如，许多产业大学的办学实践者都会将营销、品牌塑造、公司模式、追求成功等作为核心办学理念，与公立大学追求长远育人的理念大相径庭。②

在产业大学的运营模式方面，刘辉、潘娜以摩托罗拉大学为例提出了“七因素模型”，较为形象地刻画出了产业大学的运营全景和产业大学的重点关注对象，其七因素分别表示“宗旨”“使命”“产品”“客户”“核心能力”“资源管理”和“运作模式”。③ 所谓宗旨，是指产业大学通过商业咨询、培训、质量管理和领导力发展，为公司的顾客、员工、供应商、合作伙伴及其他潜在顾客提供最佳学习和发展方案并以建立更广泛的商业生态系统为目标；所谓“使命”，是指该产业大学通过突破性的绩效提高和稳定的财务数字，为顾客、员工、供应商、合作伙伴和其他潜在顾客提供一流的实践，从而实现产业链上各环节的共赢。一般而言，产业大学都会将自身定位为变革的代言人；关于“产品”，公司往往力求与所服务客户组织的战略目标密切配合，以改善客户组织的业绩。仍以摩托罗拉大学为例，摩托罗拉大学提供的业绩改善解决方案包含业务改进类项目、领导力培训项目、企业管理培训课程、营销人员培训课程、企业供应链管理培训、学位培训项目、大学生商

---

① Judy Szekeres. “General Staff Experiences in the Corporate University”, *Journal of Higher Education Policy and Management*, Vol. 28, No. 2 (2006), pp. 133-145.

② Site Staff. *Corporate Universities*：*A Powerful Model for Learning*, 2021-06-05, https：//www.chieflearningofficer.com/2002/11/01/corporate-universities-a-powerful-model-for-learning/.

③ 刘辉、潘娜：《企业大学的运营模式及发展趋势——摩托罗拉大学的管理实践启示》，《人力资源》2007年第12期。

务实践训练等；关于“核心竞争力”，摩托罗拉公司认为其核心竞争力存在于两个方面——产品本身和培训模式，它们提出要将培训和咨询与客户的组织目标和需求密切结合，并充分调动员工的积极性以改进业务质量，提高获得业绩成果的速度，培养关键可持久的客户关系能力；而关于“运作模式”，摩托罗拉大学声称按照“学院化设置，企业化运营”的特点加以运作，既对内服务于摩托罗拉公司的生产和运营，又对外服务于摩托罗拉公司的客户、供应商与合作伙伴。① 美国电话电报公司（AT&T）副总裁唐纳德·康诺福曾认为，摩托罗拉公司在实现产业大学与公司战略匹配度和紧密程度方面是行业的佼佼者。②

值得一提的是，尽管知识在产业大学的话语体系中也尤为重要，但这种重要性并非体现为知识对于人本身气质特性的塑造和影响，如公立教育体系中常说的全人发展，而是更多侧重于知识的市场性和功利性作用。正如一些学者专家所得出的研究结论，产业大学的成功取决于许多复杂现实的实践性因素，包括清晰的宏观目标和微观目标、明细的业务范围、清晰的客户群体、有效的实施模式、高效的治理结构和组织结构、强劲的品牌与合作网络。③ 宏观和微观目标在整个办学框架中处于顶层地位，指引着业务活动范围，基于这两者的实际需求设计课程体系和课程基础设施，涉及企业和产业大学中不同层级的人力资源。此类种种要素，均与面向市场、竞争以及新自由主义管理模式框架下的企业文化、公司文化和市场文化息息相关。尽管产业大学之间也会根据不同的需求实现不同形式的合作，但此类合作依然是为了特定的功利性目标而实施。相比之下，“人文主义”“情怀”“慢节奏”“融合”等概念在产业大学场域的话语体系中处于边缘地位。这样的事实看似与

---

① 刘辉、潘娜：《企业大学的运营模式及发展趋势——摩托罗拉大学的管理实践启示》，《人力资源》2007 年第 12 期。

② 赵晓兰：《美国企业大学运营体系研究》，博士学位论文，宁波大学教师教育学院，2011 年，第 33 页。

③ Philipp Kolo，Rainer Strack，Philippe Cavat，Roselinde Torres，& Vikram Bhalla. *Corporate Universities an Engine for Human Capital*，Boston：Boston Consulting Group，2013，p.6.

“大学”固有的气质不符，但却与产业和企业的气质高度一致。正如有学者认为的那样，产业大学本身并非企业的关键战略，但却是企业实现关键战略的重要工具，产业大学本身就应该配合公司和企业的各种战略，如人力资源战略、研发战略、营销战略等，需要对其进行正确的角色定位。①

第四节　产业大学的影响、问题与走向

产业大学的兴起与存在对公司主体、行业产业及国家和社会都产生了重要影响，但也在发展的进程中面临着一些挑战，并将随着行业的变局与技术的发展呈现出新的走向。

一、产业大学产生的影响

产业大学多年来在其产生与发展的进程中对企业和当地社会均产生了积极影响，不仅为企业的持续发展提供了重要的知识基础，同时也为促进区域经济发展作出了重要贡献。

首先，产业大学是企业基于特定市场竞争环境下的自身发展战略目标而建立的商业组织，通过在企业内部实施特定学习活动促进了个体和组织的专业成长。支持企业经营发展是产业大学办学的核心定位。与传统高等教育机构不同，产业大学提供的是带有企业性质、企业特征的自我教育体系，具有极强的战略导向性；是企业所拥有的学习机构，确保企业的人力培训及教育活动与业务目标直接相关。② 相较于传统高等教育体系中知识的隐性与学术性，产业大学所提供的知识具有更强的显性与实用性。以实用为导向是产业大学的独特属性，激发人力资本和释放人力潜力是产业大学的办学宗旨。产业大学的价值在于为企业提供复合型人才，吸引并留住优质人力资源，推动企业转

---

① 王世英：《企业大学做什么》，经济科学出版社 2011 年版，第 155 页。

② Heiko Hilse & Alexander T. Nicolai. “Strategic Learning in Germany's Largest Companies：Empirical Evidence on the Role of Corporate Universities Within Strategy Processes”，*The Journal of Management Development*，Vol. 23，No. 3/4（2003），pp. 133-145.

型及文化变革，满足企业对技术更新升级的需求。在产业大学的办学过程中，企业的战略目标得到了彰显，企业的业务范围得到了体现，企业的品牌和软实力得到了推广，企业的领导力得到了实现，产业大学对于企业不仅产生直接而明显的裨益和效果，更扮演着促进企业实现动态能力打造的重要功能。①

其次，产业大学在主动服务企业的同时，也极大地推动了社会生产力的整体提高，促进了区域国家经济发展。随着社会发展及市场竞争的加剧，产业大学客观上被赋予了更多使命和任务来推动企业和区域经济的增长使命。在许多国家和地区，以企业实体为代表的民营经济始终都是当地经济发展最主要的推动引擎，在吸纳就业、增加税收、技术创新以及推动经济可持续发展等方面发挥了不可替代的作用。民营经济能否健康快速地发展，在很大程度上决定着该区域的经济发展的整体质量和总体水平。产业大学的发展是中小型企业实现经济攻势和聚能赋能重要路径，产业大学质量的高低，以及能否分层次、分类别和精准化地开展教育教学培训，决定着企业领导者和员工能否真正转换观念，及时学习新技术，创造新业态，创出新价值和占据产业链的中高游，也决定着一个地区的企业是否能在特定的竞争背景下及时调整战略、力争主动。因而产业大学在某种程度上是推动区域和国家转型成为高端人才聚集和企业蓬勃发展新高地的助推器。

二、产业大学面临的挑战

产业大学在日趋激烈的行业竞争和技术变革中也面临着许多现实的挑战和问题。

首先，产业大学必须快速适应社会发展和技术发展的变化，从而使得其学习者能够真正以创新型方式获取和捕捉最前沿的知识。② 也正因如此，产业大学的名称往往受到许多业界人士的质疑。不少人士，尤其是美国企业

---

① 新经济：《企业大学是与非》，2021 年 10 月 31 日，见 http：//www.drcnet.com.cn/www/TrainInterview/TrainInterviewDetail.aspx？ interviewid=67。

② Eddie Blass. “What's in a Name? A Comparative Study of the Traditional Public University and the Corporate University”, *Human Resource Development International*, Vol. 4, No. 2 (2001), pp. 153-172.

界人士认为，用“大学”这样的字眼与产业大学加以联系不尽妥当，往往会让当代人看到产业大学字眼时感觉被拉回到数十年前，亦会让人误会产业大学是为了培养某种学术能力。① 另有人士认为，尽管“大学”二字可以为产业大学带来相当程度的品牌效应，但如果不加以精心规划，这种效应很有可能适得其反。例如，将部门培训用“大学”来命名或形容，如果质量和模式无法得到保障，则会沉重打击员工对于学习本身的关注，同时降低一个组织或者学员对持续进步和终身学习的积极态度。②

其次，产业大学的质量也成为许多业内人士的关切议题。由于产业大学涉及的行业领域纷繁复杂，因此很难就各行业各领域的产业大学形成特定的质量评价标准。尽管所有产业大学对外都声称自己将质量视为头等要务，但真正对产业大学开展质量评估是一件相当困难的事情。许多产业大学在聘请外援专家为员工开展指导和培训的过程中，往往把关不严，造成授课者与需求者之间的认知鸿沟，从而造成了授课者利用企业名声大做文章，而企业却并没有从授课者身上得到实际益处。③ 没有标准化的考核方式、突出以商业目的的授课方式、较少衡量受众质量感受都是产业大学发展过程中遇到的挑战。此外，难以获得认证，也是产业大学发展过程中面临的挑战之一。虽然一些产业大学都在其内部建立了相应的评估体系，如通用电气克劳顿学院的评估体系分为“反应”“知识”“行为”“绩效”等四个层面，但相应层面的具体评估主体仅限于产业大学内部人士，并无基于特定行业的统一标准或由行业权威部门加以认定。④ 又如，米高梅大酒店的产业大学奥兹大学为员

① Ave Rio. *The Future of the Corporate University*，2021-06-25，https：//www.chieflearningofficer.com/2018/05/03/future-corporate-university/.

② Site Staff. *Corporate Universities*：*A Powerful Model for Learning*，2021-06-05，https：//www.chieflearningofficer.com/2002/11/01/corporate-universities-a-powerful-model-for-learning/.

③ Site Staff. *Corporate Universities*：*A Powerful Model for Learning*，2021-06-05，https：//www.chieflearningofficer.com/2002/11/01/corporate-universities-a-powerful-model-for-learning/.

④ 高鑫：《中美企业大学运营模式比较研究》，博士学位论文，首都师范大学教育学院，2013 年，第 35 页。

工提供了声称达到博士学位的课程和所谓学位，尽管这个学位在米高梅集团内部非常著名，但并非是一种通过认证的正式学位，因而其吸引力和效力依然有限。① 因此一些学者认为，很少量的企业大学之所以可以最终通过合作办学等形式为其员工提供学位，是由于此类产业大学无法获得权威教育监管部门基于质量评估而颁发的认证。此外，由跨国公司建立的产业大学往往身处异域，面对与本土文化不尽相同甚至差别迥异的外国文化，产业大学也面临着处理文化差异，调适课程体系的现实问题。例如对于欧美跨国公司而言，亚洲的发展机遇比比皆是，但强劲发展之下的文化差异也为母公司及其产业大学带来了现实挑战。

再次，产业大学的组织形态能否在急剧变化的技术发展中以最高效的方式助力企业本身也受到了一些学者的关注。例如企业的运行几乎全部是基于项目的业务性质，其运营逻辑与以知识和行业经验提炼为主要宗旨的产业大学不同，二者之间仍然存在着明显的边界，不可避免地需要彼此之间的互相适应，尤其是产业大学对企业的适应。然而，企业面向实际的市场，往往同一时间会同时上马大批量业务，其相关部门往往无法及时与产业大学的相关课程研发部门进行及时对接，从而阻碍产业大学对企业诸多运转项目的跟进和总结，造成一定程度的专业错位现象。②

然而，不可否认的是，面对新技术的快速迭代与市场竞争的急剧加速，除了少数大型企业有能力掌握真正的前沿技术并引领整个行业的发展方向之外，更多的企业之间的竞争愈加依赖于彼此的无形资产优势。作为企业发展硬实力和软实力的战略机构，产业大学的地位和作用将会在日趋激烈的市场竞争中日益加强，功能将会随着需求的扩大而日益多元，甚至将成为企业创造资产的无形源泉。一些学者认为，不同发展阶段的企业建立产业大学的必要性往往并不相同，如以产品创新为目标的初创期企业的主要目标是产品开

---

① ［美］马克·艾伦等：《企业大学手册》，饶晓芸译，江苏人民出版社 2013 年版，第 5 页。

② Yelda ozge Dogan & Emrah Acar. “Corporate University 2.0：Challenges and Implications for Construction Firms”，*The 6th International Project and Construction Management Conference*（*IPCMC2020*），Istanbul Technical University，2020，p.9.

发和市场推广，因此没有建立产业大学的急迫性。而处于成长青年期的企业其产品往往已具有一定的市场，因而对员工进行产品认知方面的培训有助于提高企业的市场占有率，此时建立产业大学便具有了一定的必要性，但依然并非当务之急。以营利为目标的中年期被认为是企业建立产业大学的最佳时期，这一阶段企业的产品已经比较成熟，亟须通过建立产业大学来系统性地捕捉市场、技术前沿以及产业链各环节的相关信息，从而确保扩大规模和形成品牌效应。总体而言，创建产业大学的依据是基于企业自身发展的内生实质性需求以及企业运转的内在逻辑。

三、产业大学的未来走向

伴随着新技术带来的产业链变革，产业大学一方面数量会不断增多，另一方面功能也会在发展中不断更新，逐步从传统产业大学向新型产业大学迈进。

尽管有学者讨论过产业大学的整体数量是否会减少，但这种可能性被产业大学领域的许多专家学者否定，因为产业大学高度依赖于其母体企业，且这些企业无论在何种情境下都需要去捕捉市场和技术前沿的动态，因而产业大学的战略性作用始终存在。当然，随着经济形势的变动，一些公司企业可能会调整或削减其产业大学的结构和部门数量，但产业大学大规模减少的可能性几乎不存在。此外，学者们也普遍认为，对产业大学数量不变的预测也是保守和不准确的，因为随着产业的发展，既有企业的功能会更加多样，新兴企业也会不断涌现，因而产业大学的总体规模不会处于停滞不前的静止状态。①

传统的产业大学其组织定位往往是企业的支持性部门，多以组织学习或学习型组织建设者的功能定位而显现，以传统授课和行动性学习为主要教学手段。而新型产业大学将成为企业的战略性部门，更实质性地推进企业进化，兼顾企业的战略性任务和战术性任务，更加兼顾企业的学习、创新和基

① ［美］马克·艾伦等:《企业大学手册》，饶晓芸译，江苏人民出版社2013年版，第250页。

因管理，将兼具人才培养孵化功能、企业文化建设功能、核心团队提升打造功能、品牌功能、产业链整合功能、变革推动功能、创新功能及核心竞争力动态打造功能。① 在内容上，新型产业大学将从以提高员工专业技能为主旨逐步过渡到以培养核心职场能力为目标，在方法上将从通过习得与听授学习转向从实践与行动中学习，在受众方面则会从企业内部个体员工逐步转向员工、顾客及产品供应商等整个产业链分工。在教育媒介上，产业大学不仅将更少地依赖于传统的大楼等固定场所，将在现有利用信息技术手段的基础上，丰富充实信息化媒介和内容以使教育和培训手段更加先进和人性化。而在评估手段方面，由于行业属性的巨大差异，尽管不会有关于产业大学的统一评估方案，但各公司将会更加明晰关于产业大学及其各特定专项项目质量评估的标准和方案并加强效果评估，以证明产业大学的实质性价值。未来一段时期，产业大学的总体发展趋势包括地位作用不断提高、知识要素在生产实践中不断提高、教育培训对象不断扩展、服务对象由管理技术人员拓展至全产业链成员、开放性不断增强、知识生产服务水平在市场竞争的倒逼中不断提高等。②

此外，随着知识生产服务能力的提高，产业大学也会结合自身的优势和强项逐步适当提供市场服务以平衡过量的知识生产，其服务内容往往与母体企业核心业务、经营管理与战略决策相关，同时这种服务将不仅着眼于产业大学自身的营利性目的，而是着眼于为母体企业发展外部关系，整合市场资源等相关战略。③ 组织结构与生产时间的融合程度、知识内容与岗位需求的匹配程度、以技术生产创新的实践逻辑引领产业大学发展、知识生产服务的专业化、制度化水平等维度是评判产业大学的关键性指标，系统性、主动性、前瞻性、持续性等原则是产业大学紧扣时代发展和技术变革，实现突破的重要因素。

值得指出的是，一些实力雄厚的产业大学会加强与传统高等教育机构

---

① 张维智：《新型企业大学探索与构建》，经济科学出版社 2012 年版，第 71 页。

② 刘春雷等：《高等教育视野中的企业大学研究》，光明日报出版社 2019 年版，第 40 页。

③ 刘春雷等：《高等教育视野中的企业大学研究》，光明日报出版社 2019 年版，第 70 页。

的合作，努力获得教育主管部门的认可，从而为企业内部职员提供获得学位认可的机会。鉴于产业大学办学主体的企业属性，绝大多数产业大学本身并不是政府部门认可的高等教育机构，不能独自授予学生学历和学位。但不少产业大学已开始通过联合培养或共同办学的形式寻求与传统高等教育机构的各类合作，努力争取联合授予学位的办学资格，以满足企业内部许多工作业绩优异但却未曾接受过正式高等教育员工获得同等学历教育的愿望。

第九章　绿色大学的大学观和办学模式

“绿色大学”是高等教育因应环境污染、生态破坏、资源枯竭、人口膨胀等人类社会面临的共同挑战而形成的新观念，最初仅仅表现为因应环境污染问题的各种管理策略，后来逐渐延伸、扩展和提升至传播和培育所有人的可持续发展意识，将可持续发展的观念融入大学理念，把可持续发展目标和大学功能的实现统一起来的高等教育主张。大学不断从可持续发展的角度审视自身的使命和职能，一方面让大学更可持续地发展，另一方面让社会的发展更可持续。世界各地的许多大学广泛地从环境管理、教学、科研、文化建设和社会服务等方面拟定改进策略与行动方案，降低大学对环境、生态、社会和发展的负面影响，最终回馈社区乃至引领整个社会的进取方向。在较短的历史时期里，“绿色大学”的理念和实践得到了广泛的认同和支持，形成了独树一帜的高等教育观念和模式。虽然还面临着多方面的问题与挑战，但不可否认的是“绿色大学”代表了理解和衡量高等教育价值的新维度、新视角、新方向，体现了高等教育领域面对人类发展共同愿景的责任担当和职能使命。

第一节　绿色大学的产生与发展

20 世纪下半叶，工业革命以来经济快速增长带来的负面影响日益凸显，环境意识在世界范围内逐渐兴起，形成一股不可阻挡的“绿色思潮”，为可持续发展思想的形成提供了现实土壤。“绿色大学”发轫于“绿色思潮”的兴起，在国际宣言和具体实践的推动下逐渐产生和发展，成为高等教育中不可忽视的一种主张，反映了高等教育面向环境和可持续发展方向的变革行动。对大学应当承担的环境责任和行动的共识和大学投身可持续发展事业的热切愿望相呼应，在国际社会形成了反映大学共同承诺的多份国际宣言，也推动着更多的大学在具体层面上采取行动，投入“绿色大学”的实践中。

一、环境意识的形成和绿色大学的产生

从全球范围内来看，“绿色大学”实际上是高等教育界因应“绿色思潮”的发展而提出的新观点。用“绿色思潮”统摄一切与环境、生态、和平等为主流的思想、观念和理论滥觞于20世纪60年代，发展于70年代，在80年代达到高潮。20世纪60年代，一些有识之士意识到环境问题的重要性，1962年美国海洋生物学家卡逊（Rachel Carson）的名著《寂静的春天》，第一次就环境问题的严重性向全世界敲响了警钟；70年代公众的环境意识逐渐形成并动员起来。1972年，罗马俱乐部在《增长的极限》一书中对正处于高增长、高消费的“黄金时代”的西方世界发出了关于“人类困境”的天才预言，为斯德哥尔摩联合国人类环境会议提供了重要背景材料并在此后成为全人类的共识；80年代，世界范围内尤其是西方国家掀起了大规模的群众性抗议运动，主要表现在70年代中期以后由于工业污染事件引发的环境抗议运动和矛头指向冷战双方的与反战反核和平运动相结合的抗议行动。由此，生态环境问题从20世纪六七十年代鲜为人知，发展到80年代妇孺皆知、家喻户晓，成为各国政府制定大政方针时不可或缺的考虑因素。在这样的思想背景下，提升公众的环境保护意识，培养从事环境保护工作的各种专业人才成为刻不容缓的工作。

1968年，联合国教科文组织在巴黎召开“生物圈会议”，会议呼吁发展各级教育中与环境学习相关的课程材料，促进技术训练，激发全球环境意识，提出要在大学的环境中培养专门的环境人才。[①]1972年6月，联合国在

① 陈丽鸿：《中国生态文明教育理论与实践》，中央编译出版社2019年版，第18页。

瑞典斯德哥尔摩召开了第一次“人类环境会议”，这次会议提出了“只有一个地球”的口号，通过和采纳了《人类环境宣言》和《人类环境行动计划》，确认环境问题是与人类生存和发展息息相关的重大课题。在《人类环境宣言》第 19 项原则中，指出了相关教育在保护和改善环境方面的必要性。在《人类环境行动计划》的第 96 项建议中，强调了建立国际性环境教育计划的重要意义。① 根据会议的建议，1975 年 1 月联合国教科文组织和环境规划署联合发起了“国际环境教育计划”（IEEP），推动各国政府和各类组织机构将环境教育纳入正规与非正规的教育系统中，使受教育者获得对环境友好的知识、技能、态度及价值观。此后 20 年间，联合国教科文组织和联合国环境规划署先后共同或各自组织召开了多次具有重要历史意义的国际环境教育会议，推动环境广泛进入各级各类教育体系。

在“绿色思潮”的影响下，20 世纪 90 年代，英国高等教育中出现了“把环境观点纳入日常工作”的主张并且逐渐传播开来。② 英国“多科技术学院校长委员会”（Committee of Directors of Polytechnics）在 1990 年和 1991 年出版了两部关于这方面的报告。1992 年发表的报告书提出要从校园设计 / 美学特征、建筑物及其建筑材料、饮食供应、学校课程、能源、市场、纸张、对外联系、购物、循环利用、公共场所的维持、交通、废弃物管理等方面来进行绿色学校的建设。同时，在美国，一些大学 / 学院也开始思考并着手制定计划，减少或消除在学校运作过程中对环境造成的影响。③ 这些大学 / 学院包括加州大学洛杉矶分校、塔夫茨大学、罗彻斯特大学、堪萨斯大学、威斯康星大学麦迪逊分校、亨德利克学院、卡勒顿和圣奥勒夫学院等。除此之外，加拿大、英国、德国、澳大利亚等国家的许多大学也运用各种方式，

---

① 刘继和：《国际环境教育发展历程简顾——以重要国际环境教育会议为中心》，《环境教育》2000 年第 1 期。

② T. Alabaster & D.J. Blair. *Greening the University*；*Education for Sustainability*，London：Earthscan Publications，1996，pp.86-104.

③ D.J. Eagan & D.W.Orr（Eds）. *The Campus and Environmental Responsibility*：*New Directions for Higher Education*，San Francisco，Jossey-Bass Publishers，1992，pp. 3-125.

在社区参与、课程改革、校园绿化、关于可持续性的研究等方面开展降低大学环境影响的活动。大学的这些活动往往被称为“绿色行动”，而开展这些活动的大学则被称为“绿色大学”。

二、国际宣言的推动和绿色大学的发展

从历史上看，从 1972 年全球环境保护事业起步以来，在一系列关于环境与可持续发展问题的重要宣言和文件中，高等教育的地位和作用一直受到重视，如 1972 年的《斯德哥尔摩宣言》（*the Stockholm Declaration*）就包括了高等教育面向可持续发展的观点。此后，1977 年的《第比利斯宣言》（*the Tbilisi Declaration*）、1992 年的《21 世纪议程》（*Agenda 21*）、1997 年的《塞萨洛尼基宣言》（*the Thessaloniki Declaration*），2005 年的《联合国可持续发展教育十年计划》（*the United Nations Decade for Education for Sustainable Development*），2015 年的《联合国可持续发展目标》（*United Nations Sustainable Development Goals*）等重要文件，也都反复强调高等教育是“促进可持续发展”最重要的力量之一。另外，1998 年和 2009 年在巴黎召开的两届世界高等教育大会（The World Conference on Higher Education）等关于高等教育的国际性会议也都从不同层面和角度讨论了大学对可持续发展的贡献，强调了大学在环境保护、生态建设和社会可持续发展中的实践角色。

20 世纪 90 年代以来，经过广泛的实践，世界上的不同大学就环境、生态、发展三者之间的关系以及大学应当承担的环境责任和行动达成了一些共识并以共同宣言的形式表达出来。1990 年的《塔卢瓦尔宣言》（*The Talloires Declaration*）是第一个由大学作出的承认大学对环境和可持续发展责任的文件，由 20 所不同国家的大学校长在法国的塔卢瓦尔提出，1994 年作了修订。它指出：“大学的领导者必须推动、支持并动员内部和外部的资源，使大学能够应对这一急迫的挑战。”宣言提出，大学应提升环境可持续发展的意识、创建可持续性的大学文化、培养对环境负责的公民、培养人的环境素质、实现大学的生态化（practice institutional ecology）、全员参与、跨学科合作、强化中小学教育、扩展服务和国内国际联系、持续采取行动。会

后，成立了“为可持续的未来大学校长联合会”（University Presidents for a Sustainable Future），后来更名为“为可持续的未来大学领导者联合会”（University Leaders for a Sustainable Future，ULSF），作为宣言的执行机构。《塔卢瓦尔宣言》的提出为大学的绿色行动指出了主要的方向，影响非常深远。此后，持有类似共识的不同地域的大学，通过国际交流和会议，相继形成了 1991 年的《哈利法克斯宣言》（*The Halifax Declaration*）、1992 年的《21 世纪议程》（*Agenda 21*）、1993 年的《京都宣言》（*The Kyoto Declaration*）、1993 年的《斯旺西宣言》（*The Swansea Declaration*）、1993 年的《哥白尼宪章》（*The CRE-Copernicus Charter*）、1993 年的《为可持续发展的大学宪章》（*The University Charter for Sustainable Development*）、2001 年签署的《吕内堡宣言》（*the Lüneburg Declaration*）、2008 年的《G8 大学峰会札幌宣言》（*G8 University Summit Sapporo Sustainability Declaration*）、2014 年的《名古屋宣言》（*Nagoya Declaration on Higher Education for Sustainable Development*）等系列宣言，呼吁高等教育机构的领导者结合政府与民间的力量，发起和动员各方人士，主动实行环境行动计划，肩负起对当前和未来世代的重要责任与义务。①

尽管没有详细的统计，但在宏观层面上，以联合国的名义公布的各种宣言显然具有全世界范围内的政策引领作用；在中观层面上，《塔卢瓦尔宣言》《为可持续发展的大学宪章》等宣言的签署者亦遍及全球；在微观层面上，全世界范围内已经公布本机构的环境与可持续发展政策或承诺的高等教育机构更是难以计数。据不完全统计，在 21 世纪初，全世界有超过 1400 所高等教育机构都签署了环境和可持续发展的相关宣言。② 根据美国的非营利

① T. S. A. Wright. “Definitions and Frameworks for Environmental Sustainability in Higher Education”, *International Journal of Sustainability in Higher Education*, Vol.3, No.3 (2002), pp.105-120.

② Thomas Skou Grindsted. “Sustainable Universities: From Declarations on Sustainability in Higher Education to National Law”, *Environmental Economics*, Vol.2, No.2 (2011), pp.29-36.

组织“第二自然”统计，全世界有超过600所大学/学院正在实施关于环境和可持续发展的“绿色大学”行动。从签署宣言的情况来看，截至2021年9月，全球签署《塔卢瓦尔宣言》的高等教育机构也已达到520个。在亚洲，日本的东京大学、京都大学、北海道大学、名城大学、东海大学等，韩国的汉阳大学、延世大学等，印度的新德里大学、印度统计学院等，马来西亚的马来亚大学，菲律宾的马尼拉大学与卡加延州立大学等，泰国的清迈大学与朱拉隆功大学等，越南的国际关系学院，中国的清华大学、哈尔滨工业大学、广州大学、中山大学、西南石油学院、西南大学、复旦大学、中国人民大学、大连海事大学，以及中国香港的香港中文大学、香港浸会大学、香港大学等，中国台湾的暨南国际大学、中正大学、嘉义大学等，均先后在不同层面上采取行动建设“绿色大学”。总体上看，“绿色大学”已经成为世界高等教育领域中一个不可忽视的潮流。

第二节　绿色大学的内涵与职能

在可持续发展的理论体系中，教育被认为是可持续发展的必要支柱，对可持续发展具有不可替代的推动作用，而高等教育更在其中扮演着引领社会发展的角色。“绿色大学”的本质，就是在大学的各个层次、各个方面、各个环节体现面向可持续发展的理念，让大学成为社会实践和推动可持续发展理念的范例和样本。基于这样的认识，全世界的大学采取多种多样的行动，推动自身和社会的可持续发展，在环境影响、教育变革、科学研究、文化建设和社会服务等方面表现了大学应当承担的可持续发展责任和履行这种责任的强大能力。

一、绿色大学是面向可持续发展的大学

20世纪目睹了环境、生态、自然和人类发展之间的重要争议和转变。在经历了一个多世纪无节制的自然资源开发和变本加厉的生态环境破坏所支持的高速发展之后，人们一方面骄傲于快速工业化和科技革命带来的巨大成

就，另一方面也震惊于资源枯竭和环境退化展示的黑暗图景。自 1972 年斯德哥尔摩会议的环境觉醒之后，“生存或是灭亡”成为横亘于全人类面前的重大抉择。面对挑战，人类开始反思历史时期的发展模式的合理性，并且考虑如何创造未来的新的发展模式，从而保证生存的危机在人类文明史上不再重演。

历史上关于人类发展基础与发展模式的论争就如旅行者在歧路前的吵闹一样让人无所适从。直到 1987 年联合国世界环境与发展委员会发布《我们共同的未来》并提出“可持续发展”的概念之后，人类未来的发展道路才逐渐变得清晰起来。1992 年在巴西的里约热内卢，180 多个国家的元首共同签署了选择“可持续发展”道路的宣言——《21 世纪议程》，从而在政治上结束了对发展道路问题的争议。经过 2002 年的约翰内斯堡峰会和 2012 年的里约热内卢峰会，可持续发展已经被确立为世界各国人民的强烈共识和未来愿景。尽管可持续发展的定义、立场和观点广泛而多样，只是一个“信仰、价值和概念的群集”①，是一个松散的而非坚实的概念体系，但是可持续发展提倡公平、面向未来、推动变革、要求生态—经济—文化—社会统一协调和谐进步的核心理念构成了最广泛的人类共识并且引发着整个人类社会的深刻变化。

教育一直是环境与可持续发展事业的重要组成部分。从历史上看，可持续发展事业中这种重视教育力量的传统来源于 20 世纪四五十年代以来的环境保护、自然保全的工作实践，并在 1987 年《我们共同的未来》明确地表述了可持续发展的基本理念之后进一步凸现出来。从 1972 年环境保护事业起步以来，在一系列关于环境与可持续发展问题的重要宣言和文件中，“教育促进可持续发展”一直是主题之一并且得到反复的强调。全球可持续发展的纲领性文件《21 世纪议程》便指出“教育是推进可持续发展的关键”，把教育视为“人类最好的希望和寻求达到可持续发展最有效的途径”。

① Thomas N. Gladwin，James. J. Kennelly，& Tara-Shelomoth Krause. “Shifting Paradigms for Sustainable Development：Implications for Management Theory and Research”，*The Academy of Management Review*，Vol.20，No.4（1995），pp.874-907.

高等教育（大学教育）作为人类教育体系里最富有前瞻性、导向性和创造性的部分，又是“教育促进可持续发展”最重要的力量之一。例如，“可持续发展教育十年”行动计划就特别指出，“高等教育扮演着特殊的角色。大学必须要作为研究和学习可持续发展的场所，作为所在社区和国家的可持续发展倡导者和中坚力量而发挥作用。……高等教育也应当通过与教学紧密结合的可持续发展的采购、投资和设施建设，在（可持续发展）实践中充当表率。……高等教育应当强调体验的、探究式的、问题解决的、跨学科的教学方法和批判性思维”①。

“绿色大学”（green university）实际上代表了高等教育面向可持续发展方向的一次变革，反映了高等教育对于人类社会发展应负的重要责任，包括了大学以“可持续发展”为愿景开展的各类活动。“绿色大学”的内涵最初仅仅是为了保护环境而因应的各种管理策略，后来逐渐延伸至提升所有人员的可持续发展意识，将可持续发展的观念融入大学体系之中，充分发挥大学的功能。此外，大学不断地审视自己的内部环境管理与外部环境影响，拟定改进策略与行动方案，降低学校对于环境的冲击，最终回馈社区乃至整个社会，一方面让大学更可持续地发展，另一方面让社会的发展更可持续。

二、绿色大学是践行可持续发展的大学

“绿色大学”代表着世界上一类把可持续发展思想纳入自身体系的大学，这种纳入或结合的程度和形式是多种多样的。例如，英国“多科技术学院校长委员会”（Committee of Directors of Polytechnics）在1992年发表的报告书《走向绿色大学》（*College Going Green*），号召大学从校园设计 / 美学特征、建筑物及其建筑材料、饮食供应、学校课程、能源、市场、纸张、对外联系、购物、循环利用、公共场所的维持、交通、废弃物管理等多个方面采取行动，建设“绿色大学”。美国提倡可持续发展教育的非营利组织“第

① UNESCO. *UN Decade of Education for Sustainable Development*，2005-2014：The DESD at a Glance，2022-02-15，https：//unesdoc.unesco.org/ark：/48223/pf0000141629.

二自然”（Second Nature）则将大学的行动分为社区参与、课程改革、校园绿化、关于可持续性的研究四个方面。中国的清华大学则在中国首先提出建设“绿色大学”，认为绿色大学包含绿色教育、绿色科技、绿色校园三个方面，哈尔滨工业大学则强调“绿色规划”“绿色管理”“绿色人才”“绿色科技”“绿色校园”“校园绿色生活方式”等。

芬莱（Jessica Finlay）和梅西（Jennifer Massey）在生态城市理论的基础上提出了生态校园（Eco-campus）的概念并认为生态城市模式可以应用于大学，从而使之成为“可持续的大学”（sustainable universities）。她们指出，可持续发展是一个广泛而普遍的话题，而大学是教育、激励和示范可持续发展的理想场所，高等教育机构应该把这看作是一个成为绿色创新领袖的好机会。① 博卡圣塔（S. Boca Santa）和费尔切（E. Pfitscher）在分析了“绿色大学”（green university）、“生态大学”（ecological university）和“可持续的大学”（sustainable university）的相关文章后，发现出现频率最高的词是管理（management）、景观（landscape）、土地利用（land use）、可持续（sustainable）、课程（curriculum）、建筑（buildings）、教育（education）和研究（research）。由此，他们认为，“绿色大学”（可持续发展的大学）（green/sustainable universities）是涉及可持续发展教育的大学，其学科、课程和研究都应当围绕着这个主题展开，还应关注景观、土地利用和绿色建筑并进行系统的环境管理，以维持其效果，不断改进其功能。② 里贝罗（J. M. P. Ribeiro）等人提出了绿色校园的五大因素（green campus factor）：能源效率和可再生能源（energy efficiency & renewable energy）、水资源利用效率（hydro efficiency）、废弃物处理（waste management）、交通效率（transport

---

① Jessica Finlay，Jennifer Massey. “Eco-Campus：Applying the Ecocity Model to Develop Green University and College Campuses”，*International Journal of Sustainability in Higher Education*，Vol.13，No. 2（2012），pp.150-165.

② S. Boca Santa，E. Pfitscher. *Sustainable University*：*International Analysis of the Thematic on Scientific Literature*，2017-11-14，http：//sustenere.co/journals/index.php/rica/article/view/1338.

efficiency)、教育（education）。其中，教育部分包括环境教育课程项目、可持续发展学术讲座以及提高学生参与等。①

但是，具体来看，标榜“绿色”的大学并不一定认同所有这些方面，也不一定在所有方面都采取行动。甚至对“绿色大学”是否应当包括上述方面，应当包括哪些方面，都还有着较多的不同认识。另外，现代大学恐怕没有一所会完全无视这些所谓的“绿色”要求，但是什么样的大学才算是“绿色大学”，在哪些方面采取哪些行动，进行到哪些程度才称得上是“绿色大学”？也有许多不同认识。一般来说，学者们一致认为，“绿色大学”首先应当承担起自身的环境责任，即通过环境管理缩小大学对环境的负面影响。而“绿色大学”还应包含哪些其他方面，学者们的观点则不甚一致。

可持续发展与教育（高等教育）的一般性宣言、高等教育界对可持续发展的国际性或国家宣言、不同大学的具体政策和行动可以认为是“绿色大学”在宏观、中观和微观三个不同层面的表达，从中可以找到一些“绿色大学”的共通原则、主张或内容。从全世界范围来看，教育、研究、对外关系与合作、校园的可持续性是大学普遍表达的四个方面。② 怀特（T. S. A. Wright）更具体地归结为：可持续性的校园环境管理和运营、关于可持续发展的学术研究、大学与社区的联系、大学间的合作、大学与政府或非政府组织或企业的伙伴关系、大学内部的生态文明建设、跨学科的综合课程、大学的可持续发展道义责任等。这些方面有的只在某一层面被表达，在其他层面完全没有涉及；有的主要在某一层面被表达，而在其他层面有时有所涉及但较少讨论；有的则在所有层面都表现出来。③ 例如，只有大学的可持续发展

---

① J.M.P. Ribeiro，S.L.B. Santa，J.B. de Andrade Guerra. “Green Campuses and Sustainable Development”，*Encyclopedia of Sustainability in Higher Education*，Hamburg：Springer，2019，pp.799-806.

② L.Velazquez，N. Munguia，A. Platt，J. Taddei. “Sustainable University：What Can Be the Matter?”，*Journal of Cleaner Production*，Vol.14，No.9-11（2006），pp.810-819.

③ T. S. A. Wright. “Definitions and Frameworks for Environmental Sustainability in Higher Education”，*International Journal of Sustainability in Higher Education*，Vol.3，No.3（2002），pp. 105-120.

道义责任这一方面，在宏观、中观和微观层面上都得到了强调，但学者们具有较多共识的可持续性的校园环境管理和运营方面只在微观层面上得到了强调，宏观和中观层面很少涉及。①

观察世界上“绿色大学”的相关活动主题与计划，可以发现，大多数脱离不了清华大学提出的教学—科研—校园的三维模式，其中又以开展校园环境管理和发展教育计划最为常见。显然，在大学参与可持续发展的活动中，最基本的层面就是考虑大学的运营、管理和教育计划。毋庸置疑，大学是各种资源和能源的使用者和消费者，还依赖于各种各样的上游和下游的服务商为其提供服务，会对环境产生重要的影响。此外，对高深知识的传递（教学）是大学存在的重要基石，因此各类大学亦重视通过增设课程、调整内容、联系实际等方式，促进大学教学向可持续方向转变。但是，综合国际背景和具体行动，从大学的职能来看，若将“绿色大学”仅仅局限在运营管理和教育教学两个层面显然是不够的。对大学来说，维持现状“可持续地发展下去”并不困难，但要求更多地对社会和环境负起责任“可持续发展”就不是那么容易了。

基于现有研究来看，把大学的基本职能放到可持续发展的思想框架中来分析的话，“绿色大学”的职能至少应当表现在环境影响、教育变革、科学研究、文化建设和社会服务五个方面。第一，大学作为一个社会机构，具有重要的环境影响。在可持续发展思想的框架内，大学必然要正视自己的环境影响并且采取行动缩小环境影响，以此承担起更大的环境责任。第二，在过去的时代里，大学教育在某种程度上充当着不可持续性的贡献者。要使大学教育重新定向到可持续发展的方向上来，应当调整大学教育的目标、内容和形式，提倡在大学教育中培养拥有真正智慧的、负责任的“地球公民”，为可持续发展奠定人才基础。第三，科学研究是大学的重要职能之一。不过，由于科学技术的两面性，大学科研在增进社会可持续性的同时，其实也

① 黄宇：《可持续发展视野中的大学：绿色大学的理论与实践》，北京师范大学出版社 2012 年版，第 79—80、37—44 页。

在某些方面破坏着社会的可持续性。大学有必要强化面向可持续发展的科学研究，形成新的研究范式，以顺应可持续发展的要求。第四，大学本身就是一种文化现象，具有文化功能。大学文化集中表现在校园文化上并且通过校园文化影响乃至引领社会文化的发展。因此，大学应当建立并倡行全新的可持续发展文化取向，促进可持续发展思想广泛传播并得以确立。第五，大学社会服务职能的形成主要源于大学外部社会力量的推动。现代大学既不是与世隔绝的“象牙塔”也不是纯粹意义的“精神家园”。在可持续发展成为全社会共同强烈愿景的基础上，大学这一特定的社会组织逐渐走向社会的中心，其社会职能日益彰显。大学必然要发挥对可持续发展社会的文化、政治、经济的引导和支持作用，推动和纠正社会发展的方向。

三、绿色大学是示范可持续发展的大学

毋庸置疑，大学在可持续发展事业中扮演着重要的角色。“难以想象，如果没有大学（高等教育）作为可持续性的示范（model），为创建可持续的未来所需要的个体和社会的改变将何以发生。”① “现代社会中没有任何机构能够比学校 / 学院 / 大学更好地促使这种变化的发生。它们影响着明天的领导者；另外，通过校友关系，影响着今天的领导者。……它们得到广泛的尊重，它们的行动影响着公众；并且通过学术研究和发表观点，它们也在很大程度上左右着公众的视线。”② 因此，“绿色大学”在推动可持续发展的过程中发挥着重要的示范作用。

“绿色大学”展示了大学培养“可持续发展世代”的责任。促进公众参与可持续发展是大学需要承担的首要责任。各国及各种国际组织几乎都认识到，实施可持续发展，意味着一场深刻的变革，是世界观、价值观、道德观的变革，是人类行为方式的变革，是人类对于环境、经济、社会三者关系处

① A.D. Cortese. *Education for Sustainability*：*The Need for a New Human Perspective*，2022-02-17，https：//eric.ed.gov/？id=ED459069.

② David W. Orr.“Earth in Mind：On Education，Environment，and the Human Prospect”，*Colleges*，Vol.29，No.1（1994），pp.169-170.

理方法的变革。公众是否认识、愿意接受并积极参与，是实施这些变革的必要条件。而公众是否愿意参与、能否参与、参与的程度等都与教育密切相关。可持续发展是人民性最强、最需要民主参与的伟大事业①，教育活动是可持续发展从概念到行动的关键，是人类不断地从认识到参与的发展历程中的中介环节。教育不仅可以使可持续发展思想永续流传下去，而且能使当代人尤其是正在成长中的群体认识到可持续发展的重要意义，从而使其在今后的社会实践中成为可持续发展的参与者、维护者。② 在基础教育之上的大学作为“传启文化，服务人类”的重要堡垒，必须承担教育对可持续发展的责任。

“绿色大学”展示了大学改造“不可持续发展观”的义务。从历史上看，大学对传统发展观的形成和传承负有不可推卸的责任，因此也应当承担创造和普及可持续发展观的义务。传统的发展观认为，物质财富的无限增长是社会进步的唯一标志，而且这种增长所依赖的资源在数量上是不会枯竭的，即使由于短时期内资源的供给小于资源的需求，但在市场机制的作用下，这种短缺也会得到补充。因此，在这样的发展观指导下的经济活动往往是滥用环境资源，过度地消耗自然资源，经济活动产生的非自然废弃物任意排入环境，造成原生环境的严重破坏。在这种发展观指导下的发展模式被称为“不可持续的发展”。若以机器时代的开始为标志，不可持续的发展模式已延续了数百年。在这数百年中，大学也通过教学、科研和社会服务职能，在复制、传播、深化这一发展模式。而在新的进步的发展观出现之后，大学自然应当承担起“国家最进步力量的先驱”的职能，推动新的发展观的完善、发展、普及、传承。

“绿色大学”展示了大学支持可持续发展经济的作用。可持续发展的要求引发着新的经济革命，而在这场经济革命中，大学扮演着不可或缺的角色。这亦使大学不可避免地与可持续发展联系在一起。传统发展观下形成的

---

① 刘培哲：《可持续发展理论与中国 21 世纪议程》，气象出版社 2001 年版，第 10 页。

② 王洪才：《论可持续发展战略与大学价值反思》，《江苏高教》1998 年第 1 期。

旧经济形态必须向可持续发展的经济形态转变。从未来知识经济的形态来看，经济的各个环节都与大学有着密切的联系。可以说，从来没有一种经济形态像可持续发展经济这样与大学联系如此密切，需要大学的强有力支撑；从来没有一种经济形态如此强烈地要求大学给予其发展的动力，要求大学参与其中。在可持续发展的经济时代，大学由通过培养人才间接为经济和社会服务的“服务站”逐渐转变为直接推动经济发展的“发动机”，通过拥有生产知识和智力资本直接影响经济发展。在21世纪重要竞争方式的改变中，高等教育扮演的角色是具有决定意义的。近代以来，高等教育越来越走向社会的中心，大学在国家、社会生活中发挥越来越重要的作用。从这点上看，大学注定要担负起推动可持续发展的责任。

“绿色大学”展示了大学转向可持续发展教育观的需要。大学的教育观在不同时代有着不同的争论。在面向可持续发展的社会、科学、经济、政治背景下，应当怎样看待大学？有研究者认为，可持续发展的教育观可以涵盖整个高等教育的理念。①1994年开罗世界人口与发展大会指出，“可持续发展的中心是人”，“人的素质问题是可持续发展的重要问题”。② 可持续发展的教育观应当成为新时期高等教育（包括大学）的教育观。可持续发展教育观包括以人为本的新的教育价值观、教育发展观和教育质量观，是21世纪高等教育理念的提升。树立可持续发展教育观，必须按照其理念，确立以人为本的思想，重视人的价值和人的要求，促进人的全面发展。目前在对高等教育改革的讨论中，大学素质教育、人文精神培养、创新能力、个性发展等话题成为热点，许多人认为这些是21世纪大学发展的方向。这些恰恰是可持续发展大学教育观的反映，也是“绿色大学”示范作用的体现。

“绿色大学”展示了大学强化社会可持续性的能力。可持续发展极其重

---

① 刘振天：《提高质量：21世纪高等教育改革与发展的主旋律——99′中国南京“大学教育思想国际研讨会”综述》，《高等教育研究》2000年第1期。

② UN. *Report of the International Conference on Population and Development*，2022-02-17，https：//china.unfpa.org/en/publications/report-international-conference-population-and-development.

视公众参与，而大学在鼓励公众参与中扮演着重要的角色。但是，尽管参与的重要性在口头和文本上得到特殊的强调，但是在实践中人们仍然难以确定参与的性质和作用，而低层次的参与对于发展的作用极其有限。威廉（D. P. William）特别指出，“发展指的是提高人民使用资源以确定他们自己生活状态的能力。仅仅发动人们植树造林本身不能构成发展。但如果人民能因此提高其获得并控制诸如木材、薪柴等资源以及收入或培训与成长的机会，他们的参与就能产生效益并构成发展。不能只认为效能可随着参与而来。”① 陈昌曙认为，可持续发展不会由群众的常识自发产生②，只有对可持续发展有着深入理解的公民，才能真正参与可持续发展，而大学在这方面能够发挥不可替代的作用。另一方面，因为大学在社会中的地位十分重要，大学体现可持续观念的程度、对可持续发展的认识程度直接影响社会的可持续发展能力。1998 年 10 月，联合国教科文组织在巴黎召开的“世界高等教育大会”上进一步明确指出，“应保持、加强和进一步扩大高等教育的基本使命和重要作用，特别是促进整个社会的可持续发展和进步的使命”。显然，大学强，则社会强；大学具有强大的可持续性，则社会具有强大的可持续性。

第三节　绿色大学的办学模式

绿色大学办学模式的形成，也是大学领导者将绿色大学的教育观外化成一定办学体制和行为模式的过程。在理论路径层面，绿色大学形成了在可持续发展的不同维度上，运用管理、教育、研究和文化四种方法，在环境管理、教育教学、科学研究、社会服务和文化建设五个方面开展行动的理论模式。在实践行动层面，世界各国的绿色大学制定了富有特色的主题和计划，开展了丰富的项目和行动，展现了绿色大学在不同国家和地区的实践模式。

---

① D. P. William. *Blueprint 3：Measuring Sustainable Development*，London：Earthscan，1993，p.3.

② 陈昌曙：《保持技术哲学研究的生命力》，《中国自然辩证法研究会第五届全国代表大会文件》，2001 年，第 58—61 页。

由此，大学发挥着社会灯塔的作用，引领社会走向可持续发展。

一、绿色大学的理论路径

观察世界各国“绿色大学”的主题和计划，可以发现相关研究和实践涉及的维度相当广泛。大学的行政管理、校园规划、校园运营、社区服务、采购、交通、建筑、教学、研究等等，都可以成为大学参与可持续发展的渠道。通常，大学集中于某个方面来开展活动。而与国际一致的行动承诺，教育行政部门主导自上而下的推行机制，以环境管理为切入口带动全校性变革的基本策略，构成了一些地区“绿色大学”建设的主要模式。

其实，“绿色大学”的意义远远超越了具体的行动，超越了具体的大学。大学通过这些现实的行动，向社会发出强有力的信号，指出社会应当行进的方向。大学通过这些行动，“反映了大学对世界的批判和反思……使人更聪明、更明智，更深思慎行，更有德性，更负责任，更有批判性，并且能够终身学习。”① 大学正是以这种方式，履行它对社会的责任。因此，有必要把作为“社会轴心”的大学，放在可持续发展思想的洪炉中加以锻炼，从可持续发展的视角和框架来审视、反思和调适大学的各个方面。

若从可持续发展思想规引大学行动的意义来看，推动社会的可持续发展显然是当代大学的重要使命。正是基于这样的认识，全世界的大学才会采取各种各样的行动，产生绿色大学的实践。从这样的基点出发，“绿色大学”可以在由不同的可持续发展要素和不同的组织水平组成的平面上展开不同层次的行动，从而构成一个由可持续发展要素维度、组织维度和行动维度集合的三维模式。可持续发展要素维度反映了可持续发展的核心要件，包括生态 / 自然 / 环境、经济、社会、文化四个方面；组织维度反映了不同水平的组织形态，包括部门、机构、网络、社会四个方面；行动维度则反映了大学在不同方面和层次的“绿色行动”，包括环境管理、教育教学、科学研究、

---

① UNESCO. “Educating for a Sustainable Future：A Transdisciplinary Vision for Concerted Action”，International Conference on Environment and Society：Education and Public Awareness for Sustainability，Thessalonica，Greece，1997，p.18.

社会服务和文化建设五个方面。

由此可见，在面向可持续发展的“绿色大学”中，最基本的层面就是考虑大学的运营和管理。大学是各种资源和能源的使用者和消费者，还依赖于各种各样的上游和下游的服务商为其提供服务。这里的措施可以包括诸如节约能源，回收垃圾，实施环境评价和管理等。这些是第一层面的活动。在教育教学层面，大学需要把注意力转向它的核心，即育人，通过课程的目标、内容、形式和教学法的设置，培养“地球公民”，发展可持续发展的智慧。这些是第二水平的活动。在科学研究层面，大学通过反思研究目的、研究内容和研究范式，实践有利于可持续发展的科研活动。这是第三水平的活动。在社会服务层面，大学通过培训讲习、科技开发、兴办产业、开展咨询等活动，成为可持续发展经济的加油站和社会可持续发展的动力中心。这是第四层面的活动。在文化建设层面，大学可以把可持续发展的理念融入大学文化，纳入大学的办学目标和方针，依据可持续发展的指向制定大学的发展政策。无论在大学内部还是在大学所在的社会中，这样做会有效地树立大学的可持续发展形象，让大学在社会中扮演一个真正的先行者，一个文化的创造者。这是第五层面的活动。不同层面的活动都可以相互关联，相互结合，相互促进。基于此，绿色大学的模式应当至少包含以下四种方法，来对可持续发展的挑战作出有效回应。这四种方法既相互区别又相互联系，其中教育的方法应当是大学的核心，也只有把教育的方法作为核心，才能真正把四种方法有机地、完整地结合在一起，让大学成为“绿色大学”，成为可持续发展的鼓吹者、保护者、推动者、实践者。

（1）管理的方法。通过这种方法，大学致力于降低环境影响，至少不会成为可持续发展的自然基础的破坏者。绿色大学应当明智地使用资源，考虑它的每一个决定对环境的影响，根据垃圾减量、能源有效利用、减少对生命影响的原则作出决策；减少甚至不产生废弃物，并且为它所产生的废弃物承担责任；尽可能购买当地生产的产品，缩小自己的生态足迹；向那些运用更多环保技术的企业和公司采购产品，而不是那些污染和破坏宝贵的土地、水源的公司，以此促进可持续发展的工商业；尽可能改良现有的建筑，而不是热衷于建造新建筑；为野生动植物保留空间，让它们自由地生长；把“向自然学习”“欣赏自然”的思想纳入课程、实验室、大学文化和大学的物理环境中。在一所面向可持续发展的“绿色大学”里，大学的生态足迹不会“与时俱进”，而环境影响会因为校园内无处不在的环境行动对环境的改善而抵消。无论在财政上和学术上，绿色大学都是坚定的，能够在未来的岁月中持续为它的学生、社会和自然服务。①

（2）教育的方法。通过这种方法，大学可以让人和学科对可持续发展的挑战作出最积极、最适当的回应。面向可持续发展的大学教育重要的任务就是，培养一批能够建设一个可持续的世界的头脑。它要求对“建筑”当代的世界观的“建筑师”，如培根（Francis Bacon）、笛卡尔（René Descartes）、伽利略（Galileo Galilei）等，进行严厉的批判，重拾已经被教育抛弃太久的情绪、感觉、爱、美、忠诚、关心等；它要求挑战深埋在大学教育乃至所有教育中的人类中心主义，回归“生命之本性”；它要求建立一种智慧，使负责任的“地球公民”得以成长，从而真正地解放自然，也解放人类，为社会和我们的后代服务。可持续发展的挑战提醒人们，大学教育需要触角更敏锐，视野更开阔，行动更迅速，才能更好地满足社会的需要。当前面临的危机尽管外显为各种生态、环境的破坏，但实际上首要危机是一种头脑、观念和价值观上的危机。因此，最大的挑战是对那些以构造头脑、形成观念、培养价值观为己任的机构提出的挑战。这是对教育的挑战！可持续发展“应对的不仅是生态和技术的危机，更最终是教育和道德的危机”。大学作为培养年轻一代应对挑战的机构，应当对此作出积极和紧迫的回应。大学需要换一个角度来审视大学教育，或者多一个角度来审视大学教育。

（3）研究的方法。通过这种方法，大学可以改变人对世界、对科学的看法，并且为建设可持续发展提供有力的工具。科学研究已经成为现代大学的重要职能，“至少与教学同等重要”②，甚至已经“逐步由过去的从属地位

---

① David W. Orr. *Ecological Literacy*：*Education and Transition to a Postmodern World*，Albany：State University of New York Press，1992，p.128.

② ［英］罗素：《论教育》，靳建国译，东方出版社 1990 年版，第 190 页。

上升成直接影响其自身发展的全局性工作”①。在可持续发展的过程中，科学技术既是推动者，又是阻碍者。尽管可持续发展强调以人文的理性来约束科技的狂野，但在较量的过程中，人文的力量在节节败退。联合国教科文组织在 2015 年的报告《反思教育：向“全球共同利益”的理念转变》和 2021 年的报告《共同重新构想我们的未来：一种新的教育社会契约》，都强调要重新重视人文主义教育观。科学技术是第一生产力，是可持续发展的推动力，现代大学是科学技术发展的重要策源地，当然也是可持续发展的重要动力站。科学技术发展同时给可持续发展带来负效应，大学也是其中的贡献者，当然应当采取行动予以消除。而在消除科学技术的负效应的途径——改造现实的人，以变革生产关系方面，大学更是具有天然的优势。对于大学作为现代科学技术发展的重要中心而言，避免科技发展带来恶果的首要态度就是应当自觉地承担起自己的使命，“高度注视人类一般的实际发展过程”②，超越学科的界限，带着价值去看待科学，谨慎地从事研究工作，抵御市场的诱惑，担负起“高深学问的看护人”的责任。

（4）文化的方法。通过这种方法，大学开始把可持续发展纳入大学生活的方方面面并且建立起一种全新的组织文化，最终推进全社会的可持续发展。大学本身是文化发展的产物，它的诞生与人类历史的转折点密切相关。③同时，大学也是一种文化，有着自己的文化精神和品格，通过文化来教育人、培养人。大学的文化是具有历史性、继承性和保守性的，它表现的是一种长期的积淀和内在的品格。尽管不同的大学会有不同的文化，但大多谨守一些厚重的传统。但是，大学文化并不是老朽和守旧的堡垒。相反，它总是新思想、新理念的策源，是新科学、新知识的乐园，是社会文

---

① 聂社军、张红：《科学研究在大学教育中的地位和作用》，《湖北工程学院学报》2001 年第 21 期。

② ［德］费希特：《论学者的使命和人的使命》，梁志学、沈真译，商务印书馆 1984 年版，第 40 页。

③ 邴正、孟春：《追寻大学的理想——论校园文化建设与精神文明建设的关系》，《现代教育科学》2002 年第 1 期。

化的潮头，是领社会风尚之先的先锋。因此，大学文化在社会文化中具有强大的创新力量，它常常是先进文化的创造者、倡导者、引领者。在社会文化乃至社会经济、政治、科技方面发生重要转折和产生迫切需要时，往往由大学文化提供钥匙和出路。[①] 可持续发展的文化驱动者，无疑也将是大学。

二、绿色大学的实践行动

目前，在世界各地，越来越多的大学认识到大学为可持续发展需要承担的责任，采取行动开展绿色大学的建设。如前所述，基于《塔卢瓦尔宣言》作出相关承诺和采取行动的大学全世界已有 520 多所。联合国的国际大学联合会（International Association of Universities，IAU）基于1993年的《京都宣言》建立了“为可持续发展的高等教育和研究”（Higher Education and Research for Sustainable Development）项目，目前已有 735 所高等教育机构加入。此外，还有许多其他项目和行动。这些丰富的项目和行动，展现了“绿色大学”在不同国家和地区的实践模式。

从美国的情况来看，乔治·华盛顿大学从 1994 年即开始进行绿色大学建设。大学首先成立了绿色大学推动委员会并设立六大行动委员会，分别负责学术课程、研究、公共建设与设施、环境卫生、国际议题与对外发展六大任务。大学还与美国环境保护署（USEPA）建立伙伴关系，确定了绿色大学计划的七大指导原则，包括生态系统保护、环境公正、污染预防、加强科学与数据基础、伙伴关系、重构大学的环境管理与运作、环境责任等。密西根大学于 1999 年开展“可持续的密西根大学”行动计划并拟定了可持续的密西根大学议程，主要行动包括将可持续发展写入该校目前的理念与任务中，发布一个“可持续发展目标与任务宣言”，聘用专职的负责可持续行动的领导人，签署密西根大学版本的京都议定书（削减温室气体），设立由教学、研究、财务、设施规划、水电设备、工建管理、住宿、地面清洁与废弃

---

① 赵存生、方惠坚、郑惠坚：《大学文化研究与建设》，《中国图书评论》2002 年第 11 期。

物、采购与运输等领域成员组成的行动委员会等。布朗大学则以环境责任为绿色大学策略的指导原则，主要做法包括资源保护、更新与新建工程的环保、资源效率、决策的经济与环境成本。美国伊萨卡学院（Ithaca College）利用小区伙伴关系增强学校的可持续发展教育的发展，开设许多不同的附加课程（如可持续发展科学等）以提升知识，另外也发起校内期刊刊登学校计划的实施情形，使学校与学生可易于了解学校改变情形。学校的发展策略着重于跨越学校和小区的可持续发展，促进小区发展成具有科学基础的小区。北亚利桑那大学（Northern Arizona University）和埃默里大学（Emory University）也同样是把可持续性的思考结合于学校的课程中。加州大学系统（the University of California System）和加州州立大学系统（the California State University System）近年将"绿化"（Green）校园的策略加入学校的政策中，成为学校在进行所有计划前需遵守的必要条件。它们还通过了一项加强可持续性的政策，发展学校的洁净能源政策。同时，加州大学还设计了一个 10—15 年的校园可持续发展的长期计划，包括更新学院计划、校园硕士计划、公共建设更新计划和住屋计划等一揽子规划项目。① 虽然美国拒绝签署京都议定书，但许多大学却纷纷组织起来，往"低碳"方向规划与执行各种计划。截至 2007 年 6 月，美国共 284 所大学签署了"美国大学与学院校长的气候承诺"（American College and University Presidents Climate Commitment），在其中就特别强调推动冻结 CO_2 排放，宣示要在两年内检查温室气体的排放，并在学生教授职员组成的委员会监督下，设定减碳时间表及行动策略，行动则包括改换照明设备、汽车或飞机等交通工具的碳减量、食物的碳减量等。签署的高校包括知名的常春藤名校，譬如康乃尔大学（Cornell University）、宾州大学（University of Pennsylvania）以及小型学院、小区大学或公开大学等。目前已经有超过 800 所美国大学签署了前述的"美国大学与学院校长的气候承诺"。

① T. A. Calhoun. Six-Pack of Sustainability Lessons from the Past Year in Higher Education：A Report on Campus Sustainability Day III，Ann Arbor：Society for College and University Planning，2005，p.3.

在加拿大，滑铁卢大学自1990年3月就开始进行绿色校园（greening the campus）的建设工作，比美国的乔治·华盛顿大学更早。在当年6月，该大学便成立了废弃物管理的行动委员会，10月份由学生发起“绿色校园”活动并由该校的环境与资源科系开设校园绿色化的正式课程。滑铁卢大学的绿色大学五大指导原则为意识、效率、平等、合作、自然系统，强调着眼于社会、环境、生态与政治议题方面的全面可持续发展。另一所加拿大大学英属哥伦比亚大学（University of British Columbia，UBC）将可持续发展的观念纳入学校政策中并提出要将学生变成最优秀的全球公民，以促进文明与可持续发展社会的价值观为导向，开展杰出的研究为学校、加拿大与全世界服务。另外，该校利用学校的土地资源支持学院的活动并结合小区共同为环境发声，还成立了“英属哥伦比亚大学可持续性办公室”（The UBC Sustainability Office）管理学校的自然资源，专门为今日的社会和生态挑战示范切实的解决方案。现在正着手于面对可持续发展的挑战、可持续发展的协调者计划、英属哥伦比亚大学种子计划、绿建筑、能源与水规划管理等行动，这些行动也都陆续取得了成果。

在欧洲，英国剑桥大学（Cambridge University）将可持续发展的观念融入学校工程学部的活动，着重新技术的发展与学院课程教学方向的改变。学校也同时强调，学习应用科技知识解决问题虽很重要，但以可持续发展为观念的工程教育则更具远景。教学中除了融合更多学科的基础外，学生也需学习解决全球性的气候变迁与环境问题，并且更强调学生应具有价值判断的能力，并非只是技术上的解决问题。德国亚伦应用科学大学（Fachhochschule Aalen）的绿色大学策略则以对环境友善的运行方式（environmentally friendly operations）为核心，着重于用纸、加热、照明、用水与采购的可持续性。荷兰的阿姆斯特丹大学由联合国环境委员会（UNEP）的可持续产品开发工作组协助该大学将“绿色”融入研究与教学活动中，其主要的目标包括教育、研究、社区参与、大学运作、建筑等方面。瑞典的哥德堡大学则基于《哥白尼宪章》，确立了校园的环境无害化运行、培养环境意识、在决策中贯彻环境优先的原则、持续地评估和改进环境政策、与现行环境法规保持一致等作为大学可持续发展行动的目标。位于澳大利亚的悉尼科技大学成立了“可持续的未来研究所”，将任务定位为“与工业界、政府与社区，透过研究、咨询与教学创造一个可持续的未来”，其主要目标包括鼓励有关可持续发展方面的研究计划、提倡关于可持续发展方面的公共辩论、增进课程中关于可持续的未来的意识与知识。

从区域性整体推动绿色大学的做法上看，中国台湾地区的大学也具有一些鲜明的特点。1990 年，台湾教育行政部门专门成立了“环境保护小组”，2003 年开展可持续大学局部改造计划，2007 年又提出大专院校节能减碳政策。2008 年，台湾地区教育行政部门委托“中华教育学会”建立起绿色大学发展的基本数据，启动绿色大学前期计划，推广绿色大学的理念。2009 年初，在申报的 37 所大学中选出 13 所，定为“绿色大学示范校”，正式开始全面推动绿色大学工作。2013 年，中国台湾地区的 49 所大学成立“台湾绿色大学联盟”，并在 2016 年和香港、大陆的一些大学形成“海峡两岸暨港澳地区绿色大学联盟”。总的来说，中国台湾地区的绿色大学非常重视行政和制度支持并将此作为绿色大学创建的起点；重视创造和维护校园多样而丰富的生态环境，建设生态校园；以校园管理为重要内容，重视从资源回收、节水、节电、新能源应用、建筑物能效提高、校园空气质量控制、绿色采购、全校环境管理系统营建等方面入手，提倡节约资源和能源，打造低碳校园；非常重视“软件”建设，几乎所有的大学都会在全校性的通识教育课程中设立有关内容，让不同专业、不同年级的学生都能接受环境教育；积极开展各种专题活动，营造“绿色”的校园文化氛围，身体力行推行“绿色”理念。

第四节　绿色大学的影响、问题与走向

目前，国际高等教育界在不同方面采取了面向可持续发展的实际行动，形成了诸多大学可持续发展责任的共识和承诺，并开始关注大学自身可持续性的评测和排名，反映了“绿色大学”思潮的影响不断增强和广泛。未来绿

色大学的发展仍然面临许多来自内部和外部的挑战，大学还需要采取更多、更具体、更深入的行动，从而真正担负起对可持续发展的责任。

一、绿色大学的影响

如前所述，世界上越来越多的大学开始认识到自身的可持续发展责任，表达关怀人类未来的热切愿望，作出投身可持续发展事业的庄严承诺并在具体层面上采取实际行动，这些对高等教育社群产生了积极的影响。

首先，促使国际高等教育界在不同方面采取了面向可持续发展的实际行动并且产生了广泛而综合的效果。例如，在环境管理和节约能源方面，澳大利亚南昆士兰大学投资为各大校区配备节能减排的基础设施，在不削减高峰用电需求的情况下使大学的碳排放总量减少了 20%。在可持续发展课程与教学方面，瑞典隆德大学可持续发展研究中心提供独特的国际化、跨学科的可持续发展研究课程，还设立相关论坛以吸引全球优秀人才共同探讨环境问题。从 1997 年开始，隆德大学的环境和可持续发展研究研究生课程已经培养了来自 100 多个国家的 700 多名硕士生和 20 多名博士生。在可持续发展研究方面，英国卡迪夫大学坚持因地制宜的原则，尊重不同地区生态系统、社会、经济条件的差异性和复杂性，把研究团队融入当地社区，共同研究能源、食品、水资源、废弃物等资源问题，推出社区可持续转型的解决方案。在社会服务和文化建设方面，波士顿大学成立了可持续发展委员会，建立了可持续发展贷款基金并任命可持续发展经理来支持可持续发展项目，在节能、气候行动规划、绿色建筑设计、回收和减少废弃物、通信和外联、食品和运输等七个关键领域推行可持续发展项目。

其次，推动国际高等教育界形成了诸多大学可持续发展责任的共识和承诺。20 世纪 70 年代以来，国际高等教育界签署了多份跨国、跨校的环境和可持续发展宣言。这些宣言有些是国际性的，有些是区域性的，不仅呈现出数量的增长趋势，还与其他政治、学术和社会进程愈来愈紧密地结合起来。大多数大学环境与可持续发展的宣言都是所谓的软法律，它们影响了一些国家的立法[①]，例如《吕内堡宣言》可以直接被解读为支持德国联邦州一级大学立法的文件。此外，许多高等教育宣言也对主要的国际气候会议带来影响，如 2009 年联合国教科文组织可持续发展教育大会的《波恩宣言》。高等教育机构签署关于大学在可持续发展中作用宣言的行动，不仅在制定具体国家立法方面发挥了重要作用，也带来了研究领域和资金方面的直接影响。例如，美国大学协会关于绿色能源研究和培训的决议和 2008 年《高等教育可持续性法案》(*Higher Education Sustainability Act*) 的制定有着密切关联，直接带来了研究领域和研究资金的变化。在决议中，美国大学协会支持美国国家科学基金关于“建设可持续能源的未来”的报告并强调国家科学基金会“应继续将可持续能源技术和教育的创新作为重中之重”，其直接影响是美国国会在 2010 年即拨款 280 亿美元支持该领域的研究和教育。在欧洲，2005 年《格拉茨宣言：关于大学可持续发展的承诺》(*Graz Declaration on Committing Universities to Sustainable Development*) 是高等教育的博洛尼亚和里斯本进程的一部分，提出“以哥白尼宪章[②] 为抓手，将可持续性议题纳入博洛尼亚进程”。这直接影响了同年欧洲教育部长卑尔根会议的成果，强调将可持续发展作为加强欧洲高等教育社群的重要纽带并以此提升欧洲高等教育区的吸引力。由此，欧洲经济委员会把可持续发展、能源和气候确定为优先研究领域，而 2009 年参与博洛尼亚进程的 46 个欧洲国家的教育部长决定在未来十年将可持续性作为重要研究课题并为此提供公共资金的保障。[③]

再次，促进国际高等教育界关注大学自身可持续性的评测和排名。近

---

① Thomas Skou Grindsted. “Sustainable Universities：From Declarations on Sustainability in Higher Education to National Law”, *Environmental Economics*, Vol.2, No.2 (2011), pp.29-36.

② 1994 年于日内瓦由欧洲大学联合会（Association of Europe Universities）发起的“自然与工业大学协作研究欧洲计划”(CO-operation Programme in Europe for Research on Nature and Industry through Coordinated University Studies) 所制定。由于该项目缩写为 COPERNICUS (哥白尼)，所以又称“哥白尼宪章”。

③ I. Mulà, D. Tilbury. “A United Nations Decade of Education for Sustainable Development (2005–14)：What Difference Will It Make?”, *Journal of Education for Sustainable Development*, Vol.3, No.1 (2009), pp.87-97.

20 年来，大学排名之风在世界范围内方兴未艾。但是，在诸多的大学排名中，绝大多数关注的是大学的学术声望和教育水平，极少关注到大学的环境和可持续发展水平。在诸多的大学排名系统中，只有极少数系统对大学的可持续性进行评测。随着绿色大学行动的开展，大量研究开始关注大学可持续性的评测，在实践层面上也有许多大学在评测自身可持续性上提供了大量实例。托马休（Mitchell Thomashow）将大学的可持续性划分为基本层面（包括能源、事物、物质材料等）、社会层面（包括管治、投入、福利、服务等）和学习层面（包括课程、设计、校园美学等），在美国的一些小型学院开展工作。[①] 柯什（K. C. Koshy）等人[②]、霍尔德华兹（S. Holdsworth）等人[③]、米勒（Caroline L. Miller）[④] 则分别报道了在马来西亚、澳大利亚和新西兰的一些大学的案例。“人与星球大学联盟”（People & Planet University League）从 2007 年开始公布英国大学的环境和社会责任指数排名。印度尼西亚大学在 2010 年开发的大学绿色指数排名系统可能是世界上首个对大学的可持续性进行全球排名的系统，与世界上已有的其他大学排名系统大多关注研究和教育方面不同，这一排名系统主要关注的是大学的环境表现。同时，这一系统从可持续性三个维度的理论出发，建立定性和定量相结合的指标体系，力求全面刻画大学的可持续性，这也使得它与已有的调查、评分、排名和案例有所区别。2010 年该排名启动时有 35 个国家和地区 95 所大学参加，2020 年则有 83 个国家和地区的 911 所大学参加。

---

① Mitchell Thomashow. “The Nine Elements of a Sustainable Campus”, *Sustainability the Journal of Record*, Vol.7, No.3 (2014), pp.174-175.

② K. C. Koshy, N. M. Nor, S. Sibly, et al.. *An Indicator-Based Approach to Sustainability Monitoring and Mainstreaming at Universiti Sains Malaysia*; in *Sustainability Assessment Tools in Higher Education Institutions*, Springer International Publishing, 2013, pp.237-258.

③ Sarah Holdsworth, T. Caswell. *Protecting the Future: Stories of Sustainability from RMIT University*, Australia: CSIRO Publishing, 2004, pp.177-193.

④ Caroline L. Miller. *Implementing Sustainability: The New Zealand Experience*, Routledge, 2011, pp.163-188.

二、绿色大学的问题

目前绿色大学在发展过程中面临不少问题和挑战，突出表现为相关文件和宣言并未得到切实执行、大学的“绿化”面临内外部的多方挑战以及大学的保守性阻碍其转向可持续发展三个方面。

（一）相关文件和宣言并未得到切实执行

在“21 世纪议程”和“可持续发展教育十年”发布前后，在国际性的宏观层面、区域性的中观层面和大学内部的微观层面，都有大量关于大学促进可持续发展的宣言和文献发表。从一般性的角度来看，无论是发出宣言、接纳宣言、签署宣言或是在各自的机构中制定具体政策并实施有关计划，大学的行动都对促进可持续发展具有积极的意义。同时，如果能够将宏观和中观层面的宣言的主张转化成微观层面的具体措施并成功实施，那么其所具有的示范意义无疑是非凡而影响深远的。

但遗憾的是，几乎所有的宣言或宪章在现实中都没有得到全面有效的实施。或者说，几乎没有一所大学能够成功地将宣言或宪章的内容成功地纳入自身实践中去。例如，《塔卢瓦尔宣言》有众多的签署者，也有执行机构（ULSF），但仍有一部分签署该宣言的大学根本无意采取任何措施来实践宣言中提出的行动，而《哈利法克斯宣言》的大多数签署者并没有在他们的学校中推行宣言。《京都宣言》尽管得到国际大学联合会的支持，但没有要求签署，因此其实施情况不得而知。《为可持续发展的大学宪章》虽然签署者众多，但由于缺乏信息交流，实施情况鲜为人知。凡此种种，说明在中观层面上尽管高等教育界宣言不断，但大多流于形式。即使在微观层面上，情况也并不比在宏观和中观层面上更令人乐观。在一些大学曾经影响巨大而且很成功的项目现今已然终止或不复存在，现存的一些项目也面临着许多困难。

（二）大学的“绿化”面临内外部的多方挑战

从内部来看，大学的自由氛围和作风可能是在可持续发展方面行动迟缓的一个原因。因为每位教师都有权决定如何开展研究和教学，这让大学的管理者很难提出获得大多数人认可的改革方案。① 另一方面，教职员工和学生对绿色大学的理念缺乏认知也是一个重要的问题。袁学良等人从不同的利益相关者角度调查了教职工、学生和学生家长对可持续发展和绿色大学的认识，结果发现，这三类人群对绿色大学的了解程度还不如对全球变暖、温室效应、雾霾、沙尘暴等全球或地方层面的环境问题的认知水平。② 霍普金斯（Erin A. Hopkins）认为，大学教师普遍缺乏管理知识，可能会导致高等教育无法实现可持续发展。③ 另外，绿色大学往往需要较大的“硬件”投入和持续维护来保持其效果，如日常的磨损、操作失误的修缮、恶劣天气造成的损坏甚至野生动物的干扰。④ 阿里亚甘（Godwin Uche Aliagha）等人指出，绿色计划的实施与发展需要频繁的维护工作，因此需要高昂的成本来维持质量和性能，以确保有效性。⑤

从外部来看，财政问题是普遍存在的首要问题。芬莱和梅西指出，根据葡萄牙公立高等教育机构的领导、教师、员工、学生和有关部门的意见，财政资源的缺乏构成了绿色大学面临的主要障碍之一，初始资金投入不足导致一些设想无法落实。⑥ 伊德瑞斯（Nur Hidayah Idris）等人强调，由于绿

① Didac Ferrer-Balas，Heloise Buckland，Mireia de Mingo .“Explorations on the University’s Role in Society for Sustainable Development Through a Systems Transition Approach. Case-study of the Technical University of Catalonia（UPC）”，*Journal of Cleaner Production*，Vol.17，No.12（2009），pp.1075-1085.

② Xueliang Yuan，Jian Zuo & Donald Huisingh.“Green Universities in China：What Matters?”，*Journal of Cleaner Production*，No.61（2013），pp.36-45.

③ Erin A. Hopkins.“Barriers to Adoption of Campus Green Building Policies”，*Smart and Sustainable Built Environment*，Vol.5，No.4（2016），pp.340-351.

④ H. Mohd Isa，D. S. Sedhu，N. S. Lop，K. Rashid，O. Mohd Nor & M. Iffahd.“Strategies，Challenges and Solutions Towards the Implementation of Green Campus in Uitm Perak”，*Planning Malaysia*，Vol.19，No.16（2021），pp.60-71.

⑤ Godwin Uche Aliagha，Maizon Hashim，Afeez Olalekan Sanni & Kherun Nita Ali.“Review of Green Building Demand Factors for Malaysia”，*Journal of Technology*，*Energy and Policies*，Vol.3，No.11（2013），pp.471-478.

⑥ Jessica Finlay，Jennifer Massey.“Eco-campus：Applying the Ecocity Model to Develop Green University and College Campuses”，*Int J Sustain High Educ*，Vol.13，No.2（2012），pp.150-165.

色大学所使用的产品规范和绿色产品供应商的限制，建筑的成本将远远高于普通建筑，导致大学难以承受。同时，由于昂贵的成本，大学不得不分阶段实施绿色计划，还带来耗时较长的问题。① 同时，许多大学只关注科研、教学、社会服务和运营管理，因此忽视了可持续发展方面的指标。② 来自社会的压力对于绿色大学的实践有着深刻的影响。缺乏压力可能会导致学校没有行动力，如果政府、企业和各种社会机构能够与大学建立可持续发展的伙伴关系，带来的社会压力可以鼓励动员人们行动起来，加快绿色大学的建设进程。

（三）大学的保守性阻碍其转向可持续发展

一般认为，大学保守的组织结构和对可持续发展不充分的认识状况可能是阻碍“可持续发展大学”的主要问题，同时也派生出其他问题。作为保守的学术机构，大学在采取行动的时候总是相当谨慎的。“如果没有强有力的外部影响，大学（高等教育）并不会足够大，或足够快地改变自己的方向。”③ 从某种意义上说，大学也许是社会中最难变革的机构，其变化“就如同大洋中的巨型油轮掉头一样缓慢”。前哈佛大学校长博克（Derek Bok）曾论述道：“我们的大学在追求那些较容易的、与已有的学术和社会重点相一致的内容方面表现是优秀的。反过来，当社会需要并不是那么清楚地被认识到，或是没有充足的资金支持的时候，大学（高等教育）通常并不能尽快作出有效的反应，即使这些挑战极端重要。”④ 阿拉巴斯特（T. Alabaster）和布莱尔（D. J. Blair）指出，“令人惊讶的是，大学（高等教育机构）对绿色

---

① Nur Hidayah Idris，Zulhabri Ismail，Harwati Hashim. “Towards a Framework for Promoting Sustainable Construction in Malaysia”，*Jurnal Teknologi*，Vol.76，No.1（2015），pp.303-311.

② M. Z. Husaini & A. Jusoh. “The Review of Sustainability Model and Indicators for Higher Education Institutions in Malaysia”，*International Journal of Academic Research in Business and Social Sciences*，Vol.7，No.11（2017），pp.1170-1182.

③ Anthony Cortese. *Education for Sustainability*：*The Need for a New Human Perspective*，2022-02-17，https：//eric.ed.gov/？ id=ED459069.

④ Derek Bok. *Universities and the Future of America*，Durham：Duke University Press，1990，pp.104.

行动的反应滞后于其它部门（例如企业）。这使我们产生一个疑问，究竟大学（高等教育机构）能在多大程度上在这一趋势中扮演如它声称的那样的领导角色。”① 签署一份宣言或声明并不能证明大学就会比其他机构更接近可持续发展，大学还需要采取更多、更具体的行动，真正负起对可持续发展的责任。② 有些大学只是将这些行动、主张、口号当作是提升大学声望的一个手段，并不采取实质性的行动来实现“绿色”。一些大学把签署宣言当作是一个公关机会，而对全面引入可持续发展观念的努力漠不关心。

三、绿色大学的走向

2015 年 9 月，联合国发布了《2030 年可持续发展议程》，该议程提出了 17 个战略目标，169 个具体目标的“可持续发展目标”（Sustainable Development Goals，SDGs）。该议程承接并取代了 2000 年开始实施的“千年发展目标”（Millennium Development Goals，MDGs），致力于未来 15 年内在全球范围促进和平、包容的社会，创造更好的就业机会，应对严峻的环境挑战尤其是气候挑战，推动人类社会的可持续发展。从联合国发展规划署的解释来看，“千年发展目标”仅仅是列举了人类进入 21 世纪可能面临的一些严峻挑战，而“可持续发展目标”则涵盖了更广泛的发展主题，致力于“一个都不能少”的所有国家共同进步。自 2016 年正式生效以来，“可持续发展目标”获得了广泛认同，成为联合国全体成员国政策规划的重要参考。目前为止，以国际大学协会（IAU）、英联邦大学协会（ACU）、为了可持续未来的大学领袖联合会（ULSF）等为代表的相关组织已经对高等教育机构在“后 2015 时代”中、在可持续发展目标的框架内面临的挑战以及应当具有的地位和作用，在世界范围内进行了热烈的讨论。尽管讨论是多样而广泛的，但在高等教育政策和地区 / 国家的发展政策方面，仍然呈现出一些相互

---

① T. Alabaster & D. J. Blair.. Greening the University，in *Education for Sustainability*（J. Huckle and S. Stirling，eds），London：Earthscan Publications，1996，pp.86-104.

② Walter Leal Filho. “Dealing with Misconceptions on the Concept of Sustainability”，*International Journal of Sustainability in Higher Education*，Vol.1，No.1（2000），pp.9-19.

交叉的共识，可以窥见未来高等教育的“绿色”走向。

（一）强化“平等”的高等教育

和“千年发展目标”不同，“可持续发展目标”对高等教育的角色有着明确的定位。在“可持续发展目标”之前关于人类发展的全球议程中，没有一个提及高等教育，甚至“全民教育计划”（EFA）也没有。然而，有研究指出，目前在所有层次上，教育系统的不平等性已然凸显出来。特别是在正规教育的高级阶段，证据显示这一问题尤为突出。例如，在越南、印度尼西亚和菲律宾，高中后教育阶段的不平等现象并不鲜见。

“可持续发展目标”的第 4 个战略目标为：确保全纳公平的优质教育，推动全民终身教育。在此战略目标之下的具体目标 4.3 中提到，“到 2030 年，确保所有人（女性和男性）都能平等地得到足够的、优质的技术教育、职业教育和第三级教育，包括大学教育”。因此，在“可持续发展目标”的框架中，高等教育阶段的“平等”是一个首要任务。联合国教科文组织的专家指出，高等教育中的平等不能仅仅看作入学权利的平等，而应当从第三级教育阶段的总体高度上来看待平等问题，将平等目标贯彻在高等教育的入学、在学、毕业的全过程之中。目前高等教育的扩张反而加剧了阶层分化，保守的第一流的高等教育机构通常只允许经过苛刻选择的少数精英学生进入，同时有意无意地忽视或削弱其他人的需求。因此，应当对所有国家不同质量的高等教育机构的入学机会进行充分的监测，让那些来自不那么富裕的阶层的孩子能够平等地进入第一流的高等教育机构。

为了让政策目标和实际行动更好地保持一致，联合国教科文组织认为，应当认真地在方法论和技术层面思考如何开展后 2015 时代的教育监测问题。例如，EFA 提出的高等教育毛入学率（GER）这一指标，可以刻画教育系统的容量，但并不能准确地描述高等教育的可进入性。相应地，适龄人口的毛录取率（GIR）和特定年龄人口的最大入学率（MaxASER）也许是更好地监测高等教育可进入性的指标。习惯上，极差和比率是最常用的刻画教育平等程度的指标，但从数据连续、容易计算和理解的角度来看，也许比值比（odd ratio）和集中度指数（consentration index）是更好的指标。因此，在

“可持续发展目标”框架内，应当从教育平等的视角重新评价和设计监测高等教育的指标体系。

此外，还应当更准确、全面地廓清高等教育的范围，扩充现有的高等教育数据体系。例如，私立教育机构在许多国家已经成为高等教育的重要组成部分，但仍然缺乏质量控制的有效数据。如果缺乏数量庞大的私立高等教育机构的相关数据，高等教育的各项指标的可靠性、代表性、连续性显然将受到质疑。因此，应当在这一方面投入更多的力量，以准确地评估和定位高等教育的未来发展。

（二）采取“网络化”的共同行动

高等教育在推进可持续发展的过程中一直发挥着独特而不可缺少的作用。从 20 世纪 90 年代开始，高等教育机构便一直有意识地计划和参与可持续发展的相关活动。可以看到，大学愈来愈多地在国家、地区和国际层面上建立网络，相互支持，以共同面对未来。目前，高等教育界已经在全球层面上发布了 40 多个联合宣言，组成各个层次的联盟或网络组织，推进相关行动。

例如，目前《塔卢瓦尔宣言》有 520 所大学加入，哥白尼联盟（COPERNICUS-Alliance）有欧洲 37 国的 300 多所大学加入，“全球为可持续发展的高等教育伙伴”组织（Global Higher Education for Sustainability Partnership，GHESP）有 745 所大学加入，联合国大学的可持续发展教育区域中心（RCE）已建立了 146 个（其中中国 3 个）。在次区域层面，欧洲波罗的海沿岸的 14 个国家在 1991 年即成立了“波罗的海沿岸国家大学行动计划”（Baltic University Programme），促进大学的可持续发展教育和研究。在国家层面，一些国家的大学在可持续发展教育方面也建立了许多网络组织。例如，在英国，以环境友好的大学校园建设为中心，1996 年成立了“大学环境协会”（Environmental Association for Universities and Colleges，EAUC），参与者包括 200 多所英国大学，100 多个非政府组织和 30 多家企业。在美国，以减少温室气体排放为中心，2007 年成立了“美国大学校长气候承诺”组织（American College and University Presidents’ Climate Commitment,

ACUPCC），有665所大学签署了此承诺并开展行动。在亚洲和非洲，高等教育中的可持续发展教育项目和行动也在向网络化、联盟化发展。在日本，2007年设立了“高等教育可持续发展论坛”（HESD Forum）组织，约20余所大学参与其中。另外，以文部省为主导，以东京大学、北海道大学、茨城大学、京都大学、大阪大学5校为核心，2005年发起了“可持续发展科学综合研究”（IR3S）协同创新计划，开展气候变化、环境演变和循环社会建设方面的研究和教育活动；以环境省为主导，以日本8所大学为核心，联合亚太地区的18所高等教育机构在2007年成立了“促进高等教育机构的可持续发展教育和研究”（ProSPER.net）网络计划，推进共同行动。中国（含台湾和香港地区）的高校均有各自的绿色大学联合网络，并在2016年成立了海峡两岸暨港澳地区绿色大学联盟。而在联合国大学的推动下，“非洲可持续发展教育”（ESDA）自2008年启动，吸纳了8所非洲顶尖大学参与。

由此可见，从国际上看，因可持续发展相关的宣言而形成的大学网络（联盟）组织正在逐步增加，范围也从北美、西欧逐渐扩大到东亚、东南亚乃至非洲等地区。在后2015时代，高等教育面向可持续发展的行动将更多采取网络化、联盟化、共同化的形式。

（三）推动高等教育自身的变革与发展

联合国教科文组织指出，高等教育实际上是所有发展目标的重要支持因素。高等教育可以在所有层面和所有方面，为推动社会和经济发展提供支持。通过知识生产和人才培养，高等教育机构可以不局限于某一特定的部门，也不局限于某一特定的目标，而是跨领域地发挥作用。

要有效地发挥对可持续发展目标的支持作用，高等教育需要在地方、国家、区域和国际层面上参与应对可持续发展的挑战，不仅通过发展战略研究为好的政策提供参考，还应当通过亲身参与施行可持续发展目标关注领域的解决方案。例如，在南非，大学与乡村社区联动，帮助乡村女孩摆脱自卑，更好地融入社会。在一些小岛国家，大学帮助社区发展环境友好农业，既提升生活福祉又顾及自然保育的需求。

高等教育还需要在战略目标中纳入各方面利益相关者的要求，既要保证平等的可入性，又要保证高质量。一方面，高等教育机构应当满足不断增长的高中教育后阶段的教育需求；另一方面，还要注意让那些通常受到忽视的边缘群体（如失能人群）的教育需求，确保教育的全纳性。

高等教育还需要更好地与社会联结并将高深知识转化为有益于可持续发展的实际影响，提供符合市场需求的（包括应对可持续发展挑战）、具有高度可用性的人才是社会对高等教育的期望。澳大利亚的案例表明，加强高等教育课程之间的整合，加强课程与外部社会的对接有助于回应这一需求。同时，提升高等教育的国际化程度，也有助于应对跨区域的共同性的发展挑战。

从高等教育自身来看，必须面向可持续发展目标的框架进行必要的调整和变革。首先要强调教育和研究的“跨学科性”。许多研究者已经指出，在大学教育方面，需要认真审视现有的以学科为基础的专门化、部门化、割裂化的系统，重新考虑大学教育的组织方式。除了改订课程、开展环境友好行动、签署有关宣言等活动之外，大学还应当超越学科界限，在可持续发展的视野中审慎地考虑知识的价值和意义问题，在战略层面上重构大学教育。在研究方面，可持续发展问题的复杂性也已经证明了跨学科方法的重要性，必须针对存在的问题，消除学科壁垒，实现真正的综合研究。其次要强调“和而不同”与批判性思考的思维方式。不管是大学的教育或研究活动，还是寻求可持续发展的“现实解决方案”，都可能包含许多相互冲突、对立的思想和主张。已有的可持续发展研究表明，寻求平衡、折中甚至某种妥协（例如现实的环境、经济和社会问题），才是实现可持续发展的真实路径。从可持续发展的角度来看，大学是指引社会进步的灯塔，是推动社会—经济面向可持续发展的根本动力。完成大学的使命需要具有批判性的思考能力和独立的思考能力。因此，高等教育培养的人才，应当具备“和而不同”与批判性思考的能力，才能积极参与可持续发展进程。第三要强调功能整合的“全组织策略”。近代以来的高等教育机构非常复杂，相应运营成本很高，效率较低。因此，必须强化大学的环境审计，从环境要素整合、效率优先的角度对高等教育机构重新审视。同时，高等教育机构需要成为自我成长的“学习型组织”，在战略层面上进行组织变革，努力强化教师、学生和其他人员的能力，通过与各方利益相关者的沟通和目标整合来形成自身的行动战略。换言之，大学需要将相互分离的教育、研究、运营、社会服务功能整合在一起，形成“全组织策略”（whole institution approach），才能有效地推进可持续发展目标。

在全球化知识经济的时代，高等教育比以往更多地扮演着“发展的引擎”的角色。通过生产、转化和应用知识，设计、传播和实施政策，高等教育机构可以在地方、国家和国际层面很好地发挥作用，保持不同层次的发展目标与全球的可持续发展目标之间的一致性。从国际上讨论的不同声音中已经可以清楚地看到，在高级别的教育战略中，强大的高等教育部门是达成将来的可持续发展目标框架规定的发展目标不可缺少的部分。

第十章　服务型大学的大学观和办学模式

从16世纪末大学服务开始萌芽，到大学服务职能的正式产生，再到服务型大学的出现，是大学与社会日益互动的结果。服务型大学将服务作为学校整体战略，统领教学、科研等活动。这种大学观，以实用主义为理念，以服务为导向、以共赢为路径、以自身的知识智力成果满足社会需求为宗旨来获得生存和发展的资源支持。随着时代的发展，服务型大学已经形成了一整套成熟的实践做法和办学模式，但也存在提供服务不协调、服务差异导致的贫富分化等问题。面向未来，服务型大学要提升国际服务水平、突出公共导向、提高服务效率、着眼于服务的系统优化等，向实现提升社会福祉、为人类服务的更高目标迈进。

第一节　服务型大学的产生与发展

服务型大学是一种新型的大学发展观，这种大学观源起于大学服务职能，更是大学职能的继承和发展。服务型大学的产生是大学内部规律演变的必然结果，也是环境和社会需要催生下的产物。

一、服务型大学的萌芽

大学的社会服务职能最早在英国初见迹象，16世纪末随着新航路开辟的推动，英国的国际贸易扩大，资本主义工商业也得到了进一步发展。此时社会对大学有着为其提供新知识和人才的需求，但是当时的英国著名大学如牛津、剑桥等依然坚持着传统大学的学术逻辑和发展模式，对外部社会的变化反应迟钝，招致了当时社会一定阶层的不满。一些有识之士开始寻求应付迅速变化社会需求的道路，在当时出版的名为《根据福音正确地改革学习、中小学和大学》的小册子中，提出了打破牛津和剑桥等的观点。在他们看来在国内的每个大城镇都应该设立一所大学或学院，这样才有利于全体人民的利益。其他激进派甚至还认为，解决大学问题最简单的办法就是消灭牛津和剑桥等。①1582 年詹姆斯六世（James Stuart）不管当时已有的阿伯丁、格拉斯哥和圣安德鲁斯大学的反对，授予了关于在爱丁堡成立一所新大学的特许状。②1647 年被尊称为“教育改革的智能者”的哈特里布（Samuel Hartlib）则把希望寄托在了伦敦的另一所高等学校——格雷沙姆学院的彻底改造上。格雷沙姆学院就是在这种背景下建立起来的。格雷沙姆学院除了开设传统大学中的“七艺”学科外，还开设了一些与实际需要相关的课程，如物理、地理、航海等并以提供咨询和举办讲座的形式直接服务于社会，开高等学校社会服务之先河。但由于王室的干预等原因，在 1635 年前该校就开始走下坡路了，1666 年市政当局接管了该校校舍，成为英国皇家学会的会址。③

在格雷沙姆学院之后，英国高等教育史上高等学校直接服务于社会的第二个范例是苏格兰的格拉斯哥大学教授开办、用来向工人传播知识和技术的夜校讲习班。1799 年，格拉斯哥大学的安德森（John Anderson）在大学里开办了讲习班并亲自向工人讲授实验哲学；大学化学教授乔治·伯克贝克（George Birkbeck）在夜校讲习班向工人和工匠讲授基本的科学知识和原理。讲习班也因此得到了一些机械制造商的支持并于 1823 年发展成为英国历史

---

① ［英］奥尔德里奇：《简明英国教育史》，诸惠芳等译，人民教育出版社 1987 年版，第 147 页。

② ［英］奥尔德里奇：《简明英国教育史》，诸惠芳等译，人民教育出版社 1987 年版，第 148 页。

③ ［英］奥尔德里奇：《简明英国教育史》，诸惠芳等译，人民教育出版社 1987 年版，第 148—149 页。

上第一个技工讲习所——格拉斯哥技工讲习所，该讲习所的宗旨是“向工匠们传授有关工艺和制造业的科学原理”①。格拉斯哥讲习所的创办在当时英国产生了巨大反响，一批类似的讲习所先后在英国各主要城市出现，对英国技术教育和技术本身的发展起到了积极促进作用。② 这种技术知识传播形式的产生与当时英国工业革命高度相关，但是整体上看开办讲习班和讲习所等都属于个人事件，与格拉斯哥大学整体的相关度不大。

从 19 世纪中叶随着产业革命的深入和经济的迅猛发展，高等教育面向经济和实现大众化的改革呼声日益高涨。为了推动大学开放，英国掀起了大学推广运动。剑桥大学率先为普通市民开设校外扩展课程教育，随后牛津大学和其他大学相继跟进仿效。从 19 世纪 50 年代起，大批新型大学在英格兰北部、威尔士涌现。比如曼彻斯特作为当时英格兰北部经济、政治、宗教、文化中心，当地的纺织业大老板投资 9.7 万英镑创办了曼彻斯特大学学院。他强调学院开设实际的课程，通过数学、自然哲学、化学使学生受到初级工程师、机械师及其他实用科技工作人员的训练。③1873 年剑桥神学院的詹姆斯·斯图尔特（James Stuart）设想建立“一种巡回讲学大学”，从而成立了大学讲学推广伦敦学会，1878 年组成了牛津代表团。在两年之内剑桥管理会特别委员会开设了一百多门课程，总平均听课人数超过 1 万人次。1893—1894 年，据说由 6 万多名学生听取了推广科目。④ 在 1890—1891 年，牛津、剑桥和伦敦大学所安排的课程中，有专门针对商人、小学教师和手艺人的夜间班。这样大学为社会各阶层的人士提供了学习机会，这也使得大学意识到更广泛的社会责任。⑤19 世纪后半叶至 20 世纪初期，英格兰南部经

① 殷企平：《英国高等科技教育》，杭州大学出版社 1995 年版，第 19 页。

② 朱国仁：《从“象牙塔”到社会“服务站”——高等学校社会服务职能演变的历史考察》，《清华大学教育研究》1999 年第 1 期。

③ 张泰金：《英国的高等教育：历史·现状》，上海外国语出版社 1995 年版，第 33 页。

④ ［英］奥尔德里奇：《简明英国教育史》，诸惠芳等译，人民教育出版社 1987 年版，第 171 页。

⑤ ［英］奥尔德里奇：《简明英国教育史》，诸惠芳等译，人民教育出版社 1987 年版，第 171 页。

济发展较快，一些城市办起了由伦敦大学颁发文凭的大学学院，包括里定（1892 年）、诺丁汉（1881 年）、南安普顿（1902 年）、赫尔（1908 年）、莱斯特（1918 年）、埃克塞特（1922 年）等大学学院。① 这些学院一度为英国工商业的发展起到了直接促进作用。从20世纪30年代起英国经济开始衰退，高等教育被视为消费而不是用于投资的理想对象。随后在英国高等教育业界看来新大学达不到理想的标准，是为了数量牺牲了质量。当时的伦敦国王学院校长内斯特·巴克（Ernest Barker）甚至告诫，不要混淆了大学与工学院之间的区别。②

与此同时，19 世纪初期德国进行了一系列的教育改革，促进了大学与社会之间的联系，出现了社会服务的萌芽。正如克诺尔（Joachim H.Knoll）所言："自从威廉·冯·洪堡（Wilhelm von Humboldt）在柏林大学成立之时提出德国大学的办学思想以来，德国大学就成为同时进行研究和教学的场所。根据这种办学理念，大学为学生以后从事职业活动奠定基础，但绝不是简单地进行职业教育，它不同于专业学校，因为专业学校很明显是以一定范围内的职业教育为目标的。"③ 随着社会的发展，洪堡的传统也被认为是在某些方面越来越不适应现代化工业社会的发展，在外部环境的推动下德国大学也一步步开始投身推动经济发展的浪潮中。被洪堡排斥在大学之外的技术性高等教育，与大学教育的发展并驾齐驱。一批工业专门学校纷纷建立起来，在新建的大学中开始设立专门服务社会经济发展的学科专业，比如建筑、机械、矿山、冶金、电机等。④ 这类学校把培养专业技术人才，直接为经济发展服务作为自己的办学方向。此时，大学也开始了与工业界的合作。1840年，作为大学教授的李比希（Justus von Liebig）首次发明了人造肥料，很

---

① 张泰金：《英国的高等教育：历史·现状》，上海外国语出版社 1995 年版，第 35 页。

② ［英］奥尔德里奇：《简明英国教育史》，诸惠芳等译，人民教育出版社 1987 年版，第 174 页。

③ ［德］约阿希姆·H·克诺尔：《西德的教育》，王德峰译，人民教育出版社 1980 年版，第 95 页。

④ ［德］约阿希姆·H·克诺尔：《西德的教育》，王德峰译，人民教育出版社 1980 年版，第 102 页。

快被工厂大量生产并被用于农业生产。[①] 英国化学家白希（W.H.Perkin）教授评价德国的化学研究与工业界的关系时说，“化学之合成事业，凡有为之化学家，必使用多数之助手，使能达其目的。大学乃化学工场设立完备之研究机构。德国数十年前，以值此佳种，至今日工业界中，遂收雄冠世界之美果”[②]。1894年，哥廷根大学教授克莱（Felix Klein）希望在哥廷根大学创立一个物理工艺研究所，他在1894年写给德国炼铁同志会（Verein Deutscher Eisenhüttenleute）的干事史娄德（Schrodter）博士的信中说：“化学和工业的关系，已经是大学所知道的，我很愿意物理和数学也同样的和工业发生关系，并且希望工艺界也考量数理和工业发生关系以后，对于工业的良好影响，来扶助我实现这种主张。”[③] 第一次世界大战期间，德国政府无力顾及大学发展。1917年面对经费紧缺，在绝望中史托克（A. Stock）教授屡次撰文强调化学对于政治的重大意义，认为高等学校的化学课程和研究所的设备应该得到特别注意。德国化学工业界对他的呼吁积极响应并给以慷慨捐助：一方面给予各大学化学实验室拨以巨款，以辅助国家力所不及的科目；一方面资助化学系毕业生的膏火金（生活费），让他们充当助教，以求高深造就。[④] 化学工业界和化学家的合作，在解决大学科研经费短缺的同时，也解决了工业界的实践难题。这些做法引起了物理工艺家和五金工业界合作的兴趣，在短期内五金业界募捐了不少款项来奖励结合金工有关的科学。[⑤] 可见在德国，大学的社会服务职能开始得到发展并为德国技术的发展乃至国家的强盛发挥了积极作用。

综上，在欧洲早在17世纪的英国大学就已初现社会服务的端倪，到19世纪中后期已成为常见的高等教育现象。但是总体上看，欧洲大学社会服务

① 陆规亮编译：《德国教育之实况》，上海中国图书公司和记印行1916版，第130—131页。

② 陆规亮编译：《德国教育之实况》，上海中国图书公司和记印行1916版，第138页。

③ 北平中德学会编译：《五十年来的德国学术》（第三册），商务印书馆1938版，第723—724页。

④ 北平中德学会编译：《五十年来的德国学术》（第三册），商务印书馆1938版，第733页。

⑤ 北平中德学会编译：《五十年来的德国学术》（第三册），商务印书馆1938版，第734页。

的产生，大多是具有偶发性、个别性，尚未实现普遍意义的接受和认可，因此可以说这个时期是服务型大学的萌芽阶段。

二、服务型大学的产生

一般认为，美国是推进服务型大学产生的重要力量，这与美国大学社会服务职能的发展有着密切关系。美国独立后，当时美国的大学仍然按照欧洲封闭性体制运行，没有为独立后的经济社会发展服务，大学教授的主要课程仍然是古典内容，对学生只注意贵族心智的培养和性格的养成，这显然有悖于美国人民在开发新大陆中形成的对“即刻有用”知识的崇尚。[①]后来受英国、德国大学在社会服务方面的影响，美国大学也开始发展实用性较强的学科专业，如1782年哈佛大学、1798年达特茅斯大学等先后成立医学院。[②]曾任第三届总统的杰斐逊（Thomas Jefferson）在制定弗吉尼亚州立大学的规划时，就把农业科目列为教育科目，但后因缺少经济支持，规划没能实现。[③]第二次独立战争对美国的制造业产生了巨大影响，战时英国对美国港口的封锁导致了纺织品等短缺，这使得美国意识到教育面向社会服务的必要性。因此，战后美国成立了两所农科学校，一是1820年建立的加德纳职业学校，主要传授农业、化学、航海术之类科目，这些科目由学生选习，不采用班级授课，而是个别进行学习；另一个是1825年建立的伦塞勒学校，这所学校传授利于农业的博物学、地质学、物理学、化学等科目，采用实地习作等教学方法，同时还注重向农民指导使用科学知识，以改进他们的生产和生活。[④]

作为当时在伊利诺伊学院任教的植物学家、社会活动家的乔纳森·鲍德温·特纳（Jonathan Baldwin Turner）已经注意到美国大学存在的弊病以及社会发展需求和大学发展动向，正如当时有人批评道：“我们现在生活在

---

① 王英杰：《美国高等教育的发展与改革》，人民教育出版社2001年版，第7页。

② 滕大春：《美国教育史》（第二版），人民教育出版社2001年版，第211页。

③ 滕大春：《美国教育史》（第二版），人民教育出版社2001年版，第375页。

④ 滕大春：《美国教育史》（第二版），人民教育出版社2001年版，第376页。

一个不同的时代，一个需要实用知识的时代，但是大学却没有跟上这样的时代，进而不能满足州的需要，这个时代需要有实际技能的人，需要工程师去修建公路、铁路和矿山，此外还要进行科学种田。”①1848年在离开伊利诺伊学院到伊利诺伊州工会工作后，就开始倡导用联邦赠予公共土地的方式办大学。② 在他看来，所有文明的社会都会分成两个相互合作而非敌对的阶层：一是专业阶层（Professional class），这个阶层人数较少，专注于心智方面，他们的事业是教授纯粹的宗教、艺术、文学等；二是产业阶层（Industrial class），这个阶层人数较多，专注于工农方面，致力于某些体力劳动的事业，如农业、商业和手艺等。③ 而现实中，对这两个阶层的教育是不对等的，“专业阶层拥有小学、中学、大学和学院，有教授、设备，有着丰富的教学方法，从而为自己阶层的特殊需要提供训练……但哪里有大学、设备、教授等来适应产业阶层的事业呢?” ④ 所以在特纳的观念里，现实中的大学教育不适用于产业阶层，因而大学教育落后于社会现实需要。1850 年，特纳在伊利诺伊师范学院做了题为《为了产业阶层州立大学的计划》的演讲。在演讲中特纳提出了三项目标：一是建立面向农业、商业和其他技艺的专门学院；二是为了产业阶层的需要，设立一些职业类的课程；三是通过向这些学院赠予联邦政府掌握的公共土地予以发展。⑤ 特纳认为用土地赠予建立的学院不同于传统的大学，包括在财政经费、学校设施、教学科目、教学方法等方面建立起新型的大学观及其制度。在经费方面，通过赠予土地的收益进行维持；在设施方面，应该建立用于储存各种教学设备的仓库和实验场地及产业图书馆，能够满足适用于学校一般和特殊需求；在教学科目上，理应讲授所有种

---

① 王英杰：《美国高等教育的发展与改革》，人民教育出版社 2001 年版，第 7—8 页。

② 张斌贤、李子江主编：《美国高等教育变革》，教育科学出版社 2017 年，第 76 页。

③ Sol Cohen. *Education in the United States*：*A Documentary History*（*Volume 3*），New York：Random House，1974，p.1520.

④ Sol Cohen. *Education in the United States*：*A Documentary History*（*Volume 3*），New York：Random House，1974，p.1520.

⑤ John R. Campbell. *Reclaiming a Lost Heritage*：*Land Grant and Other Higher Education Initiatives for the Twenty-first Century*，Ames IA：Iowa State University Press，1995，p.8.

类的科学和研究科目，这些科目可能是由于某些职业义务要求学生掌握的，也可以是学生渴望掌握的；在教学方法上，夏天学生从事劳动、教授开展实验，冬天采用室内讲座等；在学制上，向所有人开放，且学习期间可以是3个月也可以是7年，学生的学费和生活费可以通过交钱或劳动的形式支付。①特纳主张，这类学院应该在联邦的各个州设立，从而利于社会的发展及人们的教育。

在随后的几年里，伊利诺伊州有影响的工业和农业组织逐渐接受了特纳的大学计划并向州议会申请实施。与此同时，特纳也开始为他所倡导的大学计划寻求法律支持。在整个19世纪50年代，特纳本人不断地与州议会和联邦官员通信，宣传他的计划，但这一计划进展并不顺利。直到1853年，伊利诺伊州工会第四届年会作出决议，以请求伊利诺伊州联邦议员向国会提出统一的建议，“向联邦的每个州划拨一定数量的土地，以便在联邦的每个州建立一所大学，用于开展产业阶层和他们的博雅教育及实用教育等”②。随后一个月，伊利诺伊州议会通过了特纳的大学计划。后来伊利诺伊州联邦议员向联邦议会提交过类似的在全国划拨联邦土地建立新型大学的议案，但在参议院和众议院都无果而终。虽然特纳的大学计划重重受阻，但并没有打击到特纳的工作热情。1857年，伊利诺伊州联邦议员莱曼·特朗布尔（Lyman Trumbull）给特纳建议，这项提案应该由“老州”（Old States）的联邦议员提交。因为“老州”没有从联邦的土地赠予中获得收益，基于此特纳将这一建议以及相关资料送给了作为“老州”的佛蒙特州联邦议员贾斯汀·莫雷尔（Justin Smith Morrill）。刚开始莫雷尔并不太愿意，但在特纳的劝说下，莫雷尔欣然同意了他的请求。③莫雷尔对特纳说：“我知道你是在农业教育事

---

① Sol Cohen. *Education in the United States*：*A Documentary History*（*Volume 3*），New York：Random House，1974，p.1522.

② John R. Campbell. *Reclaiming a Lost Heritage*：*Land Grant and Other Higher Education Initiatives for the Twenty-first Century*，Ames IA：Iowa State University Press，1995，pp.11-12.

③ John R. Campbell. *Reclaiming a Lost Heritage*：*Land Grant and Other Higher Education Initiatives for the Twenty-first Century*，Ames IA：Iowa State University Press，1995，p.10.

业上的一位伟大先驱，我有信心在这届会期中将这个议案变成法律。”① 于是在 1857 年 12 月，莫雷尔最终向联邦众议院提交了该议案，也就是人们常说的《莫雷尔法案》（也称“赠地学院法”）。该法案在反复争论之后，于 1862 年在美国联邦参众两院通过，同年 7 月 2 日正式由林肯（Abraham Lincoln）签署生效成为国家法律制度。

《莫雷尔法案》通过之时正值南北战争，当时各州的主要任务是战争和战备物资的供应，因为当时美国拥有大量没有利用的闲置土地，于是把土地作为资产划拨给各州开办学校之用，用土地收益办学并对战事和社会发展有所服务。美国政府以土地赠予作为大学创办的手段，不仅直接促成了一批大学的诞生，而且还孕育着一种全新的大学观。正如爱德华·埃迪（Edward D.Eddy）所言，《莫雷尔法案》掀起了一场教育革命，这场革命却不是朝夕之间可以完成的，而是一个长期的过程。② 按照《莫雷尔法案》规定，联邦政府依照每州参加国会的议员人数每人划拨 3 万英亩土地，并将这些赠地所得的收益在每州至少资助开办一所赠地学院，主要讲授农业、机械技艺和军事战略等方面的知识，为工农业的发展培养所需要的专门人才。该法实施后，联邦政府共划拨土地 1743 万英亩用于赠地学院的建设，其中有 28 个州单独设置了赠地学院。③19 世纪 80 年代初，赠地学院在校生数为 2000 多人，到 90 年代已经增加到 2.5 万人，1916 年此类院校拥有学生数已经增至 13 万人，占到当时美国大学学生总数的三分之一。④ 受益于《莫雷尔法案》，期间一大批州立大学发展了起来。例如非常著名的德克萨斯大学就是如此，当时德克萨斯州政府先后两批划拨给该校 230 万英亩土地，用土地收益办学。后来发现，这些土地下面有很多石油，该校后来就有了充足的经费并逐步发

---

① Mary Turner Carriel. *The Life of Jonathan Baldwin Turner*，Urbana：University of Illinois Press，1961，pp.78-79.

② Edward D. Eddy. *Colleges for our Land and Time*：*The Land-Grant Idea in American Education*，New York：Harper &Brothers，1957，p.46.

③ 都昌满编著：《从走近到走进：美国高等教育纵览》，上海交通大学出版社 2017 年版，第 11 页。

④ 刘海峰、史静寰主编：《高等教育史》，高等教育出版社 2010 年版，第 436 页。

展成为巨无霸式的大学体系。①

这些赠地学院的出现在联邦政府、各州政府及高等教育机构之间建立起了“复杂的伙伴关系”②，推动了“实用技艺”（如农业、机械、矿业等科目）的发展，这对美国乃至世界大学的发展产生了深刻影响。大学办学的目标不再以传统的古典学、神学等为重点，而是开始面向工农业发展实际，大学的发展着重服务于经济社会建设。从此在该类型大学里，传统的古典知识和课程由于远离社会实际而逐渐退居次位，社会实用性知识成为时尚，曾经备受歧视的工艺、农业等实用学科开始在大学中占有一席之地③，因而也被人们称为是“最能从根本上代表美国社会及知识生活特点”④。在办学实践中，更加重视理论与实践的结合，普遍设立农场、车间、实验站等机构。同时非常重视技术、经验和成果的推广，学院的成果及时由州的推广系统传到社会上，从而对社会实践产生影响。⑤这使得大学与社会发展的联系更加紧密，大学教育的职业性质和社会服务特性逐渐明显。

作为早期的赠地学院之一，威斯康星大学的办学实践成为大学服务社会的典范。威斯康星大学在查尔斯·范海斯（Charled R.Van Hise）校长的领导下，诞生了为社会服务的“威斯康星思想”，“对本州人民的作用就如同人的头脑对人的手、脚和眼睛的作用”⑥。范海斯对威斯康星大学进行社会服务改革，一方面在大学成立知识推广部，开展函授、学术讲座、辩论与公共研讨、提供一般信息与福利等活动，把知识的光辉和发展的机会带给全州人民；另一方面，提倡通过专家服务，使大学教师利用拥有的知识帮助州政府

① 都昌满编著：《从走近到走进：美国高等教育纵览》，上海交通大学出版社 2017 年版，第 5 页。

② John R. Thelin. *A History of Higher Education*，Baltimore：Johns Hopkins University Press，2004，p.76.

③ 刘海峰、史静寰主编：《高等教育史》，高等教育出版社 2010 年版，第 436 页。

④ Frederick Rudolph. *The American College and University*：*A History*，*Athens*，Ga.：University of Georgia Press，1990，p.264.

⑤ 张斌贤、李子江主编：《美国高等教育变革》，教育科学出版社 2017 年，第 105 页。

⑥ 王英杰：《美国高等教育的发展与改革》，人民教育出版社 2001 年版，第 12 页。

解决各种问题。[①] 威斯康星大学的教授们不仅参加州议会听证，而且还参加州议会委员会的法律起草工作；不仅要给州长和州部门提供咨询意见，而且被直接任命为州各部门的官员。同时范海斯雇佣有政府职务的教授，他认为“鞋子上沾满牛粪”的教授更是好教授。威斯康星大学把整个州作为大学校园，积极开展技术推广教育和函授教育。1904 年，威斯康星州的人口为 250 万，而每年到威斯康星大学学习的人数就有五六千[②]，威斯康星思想使得大学成为“任何人学习任何知识的场所”[③]。威斯康星大学对于农民而言，就像猪圈和农舍一样近在咫尺；对于工人来说就像工会大厅一样可以随时进出；对于制造商来说，大学的实验室随时为其开放。[④] 在威斯康星大学的直接服务和带动下，威斯康星州的经济得到了迅速发展，尤其是农牧业快速成长。在服务地方的同时，大学畜牧科学、生物科学和细菌科学等学科方向迅速跃入全美领先地位。

后来威斯康星思想在美国迅速广泛传播，对其他州立大学甚至私立大学产生了巨大的影响，从此社会服务逐渐成为美国大学的一个重要职能。服务型大学与大学的服务职能有所不同，大学的社会服务是同人才培养、科学研究、文化传承与创新等同的职能，在大学运行中与其他职能同等重要。而服务型大学则是将服务职能提升为学校的统领职能，用服务统领教学、科研等。从这个意义看，威斯康星大学在发展了社会服务职能的同时，成为标杆性的服务型大学。从此之后，大学的社会服务职能传播到世界各地，同时服务型大学也成为一种新型大学发展形态及大学发展观。

三、服务型大学的发展

从 20 世纪 70 年代以来，随着社会经济下行、通货膨胀和社会危机，西方一些大学开始出现财务危机。第二次世界大战先后有 61 个国家和地区、

① 刘宝存：《大学理念的传统与变革》，教育科学出版社 2004 年版，第 43 页。

② 王英杰：《美国高等教育的发展与改革》，人民教育出版社 2001 年版，第 11—12 页。

③ 刘海峰、史静寰主编：《高等教育史》，高等教育出版社 2010 年版，第 436 页。

④ 王英杰：《美国高等教育的发展与改革》，人民教育出版社 2001 年版，第 12—13 页。

20 亿以上的人口被卷入战争，战后由于世界经济整体不太理想，各国许多大学陷入了办学经费危机之中。以美国为例，加州大学伯克利分校所做的一份报告中提出，在 1968—1969 年美国全国私立学院和大学的负债额超过其有形资产价值的 26%，总数近 30 亿美元。学生数少于 500 人的学院中，有近 20% 的学校每年的赤字达到其经常性运行预算的 8% 或者更多。学生数在 500—1000 人的学校中，16% 的学校也是如此。① 后来出现的通货膨胀，导致学校图书馆藏书、期刊、教学与研究设施以及劳动成本急剧增加。② 与此同时，一系列社会问题也开始在大学中予以凸显，出现了历史上最严重的出生人口下滑，注册学生数下降的现象。③ 总之，大学面临着一系列危机，比如美国 1968—1972 年间，学生游行、不时发生的校园暴力与破坏活动，学校管理人员等在秩序方面表现出来的软弱和迟钝使得公众对高等教育失去了尊重和信心。④ 尽管如此，社会公众和政府还是对大学报以较高的期待，因为战后错综复杂的社会矛盾和问题，令政府和社会职能部门措手不及，急切地需要大学能够进行社会服务并化解社会中存在的问题。

后来随着世界范围内的高等教育大众化趋势，很多国家的大学人数开始快速增长，学生是高等教育经济成本分担的重要主体，学生将接受高等教育视为实现个人发展的重要投资方式，大学的办学质量以及提供的教育与管理服务，是广大学生选择大学的重要依据。这时学生就是大学名副其实的“顾客”，是大学教育服务的消费者，他们要求大学不仅仅保证他们的受教育权，而且还要更好地满足学生不同的发展要求和学习需要。这种学生消费者的身份特点就决定了学生对大学教育享有更为充分的选择权，而大学能否根

---

① ［美］乔治·凯勒：《大学战略与规划：美国高等教育管理革命》，别敦荣译，中国海洋大学出版社 2005 年版，第 11 页。

② ［美］乔治·凯勒：《大学战略与规划：美国高等教育管理革命》，别敦荣译，中国海洋大学出版社 2005 年版，第 11 页。

③ ［美］乔治·凯勒：《大学战略与规划：美国高等教育管理革命》，别敦荣译，中国海洋大学出版社 2005 年版，第 12—13 页。

④ ［美］乔治·凯勒：《大学战略与规划：美国高等教育管理革命》，别敦荣译，中国海洋大学出版社 2005 年版，第 11 页。

据学生的个性和特点，以更高的办学质量、更优质的服务满足学生的多元需求，是学生能否对大学进行考量的重要因素。与此同时，随着政府对大学投入的增加，社会公众对于公共经费的使用、大学提供的社会服务等问题诟病较多，认为大量公共资金支持的大学对于社会与经济发展并没有作出必要的服务和贡献，因而不值得支持。在此背景下，大学办学的压力与日俱增。外部的因素是促使变革的因素之一，但是促使变革的根本因素还是其内部因素。大学自身就有服务的特性，服务型大学的发展继承了大学的内在基因，如英国牛津大学原校长科林·卢卡斯（Colin Lucas）所言："大学总是与其所处社会之间存在一种服务关系。它们总是对社会需要作出反应，并且为了满足这些不断变化的需要而以各种重要的方式对自身进行调整。"① 正是在内外因素相互交织的情况下，世界范围内涌现了众多服务型大学。

第二节　服务型大学的内涵与职能

与传统高等教育机构聚焦于广泛专业的教学活动、科学研究和社会服务不同，服务型大学以社会需求和发展为导向，强调以服务职能主导或统领大学整体职能，以自身的知识智力成果最大限度满足顾客（学生、家长、用人单位和社会）为宗旨，以此获得生存和发展。服务型大学的出现与发展无意间揭示了大学人才培养与社会需求、大学学术与社会产业、科学知识与社会财富、大学机构与经济市场等之间的真实关系——服务，因此，服务型大学具有相对独特的内涵和职能。

一、服务型大学的内涵与特征

针对服务型大学，有学者从不同角度对其内涵和特征进行了界定和描述：

① ［英］科林·卢卡斯：《21 世纪的大学》，蒋凯译，《国家教育行政学院学报》2002 年第 5 期。

（一）服务型大学的内涵

奥斯陆大学阿瑞德·特捷达夫（Arild Tjeldvoll）认为服务型大学中的“服务”是“将基于知识的应用程序交付、安装和维护到客户，无论客户身在何处。”① 在他看来“服务型大学”最重要的特征在于“以市场为导向，生产在知识市场里有竞争力的产品”，服务型大学的生存主要看重大学在市场的竞争力。② 美国学者威廉姆·卡明斯（William K. Cummings）认为，服务型大学定位于专业学校，重点强调大学的“专业性”与知识的应用，有着专为客户量身定制的教育和培训计划，课程时间较短，其大部分教学可能在校外进行。③

我国学者王英杰认为，20 世纪的理想大学是研究型大学，21 世纪则呼唤新的大学模式即服务型大学。他认为，大学之所以存在，第一是要为学生服务，坚持人本主义的哲学理念，使学生获得全面发展；第二是要为社会经济发展服务，创造知识，管理知识流，引导社会和经济的发展。④

综上，对于服务型大学的内涵，可从不同的视角加以阐释。但对于服务型大学以实用主义为办学理念，指导其办学实践这一事实是毋庸置疑的。实用主义哲学集大成者杜威（John Dewey）认为，“没有教育即不能生活，所以我们可以说，教育即生活。”⑤ 同时他还指出，“学校即社会，学校应该成为一个雏形的社会。”⑥ 那么，教育就要解决社会现实生活中的问题，指引社会现实生活进入更好的状态，也就是说教育要为现实生活服务，能给社会发展带来最大推动作用的教育才是教育的终极使命和目的。

① Arild Tjeldvoll.“The Complex Relations Between University，Society and State：The Ethiopian Predicament in Establishing a Service University”，*Journal of African Higher Education*，Vol.3，No.1（2005），pp.51-57.

② Arild Tjeldvoll.“The Service University in the Global Marketplace”，*European Education*，Vol.30，No.4（1998），pp.5-19.

③ William K. Cummings.“The Service University in Comparative Perspective”，*Higher Education*，Vol.35，No.1（1998），pp.1-8.

④ 刘宝存：《大学理念的传统与变革》，教育科学出版社 2004 年版，第 125—126 页。

⑤ ［美］杜威：《杜威三大演讲》，刘伯明译，上海泰东图书局 1964 年版，第 114 页。

⑥ 赵祥麟、王承绪编译：《杜威教育论著选》，华东师范大学出版社 1981 年版，第 21 页。

（二）服务型大学的特征

服务型大学区别于具有服务职能的大学的关键在于它的一切活动，包括教学和科研都以社会需求为目标，将顾客利益放在学校工作的首位，具体而言有以下特点。

服务型大学具有明显的地方性。在知识经济时代来临之际，这些地方大学认识到必须主动改革以适应经济社会发展的新需要，在“以地方为中心”的理念指导下，致力于以“全州需求”为导向寓发展于服务之中，将自身命运与地区发展紧密捆绑，通过技术创新与转让，推动了地方经济结构调整，也提升了自身办学实力与影响力。①

服务型大学的专业设置具有较强的市场导向。诚如阿瑞德·特捷达夫所言，“服务型大学”的最重要特征在于“以市场为导向，生产在知识市场里有竞争力的产品”②。这类大学要不断根据市场和行业发展调整课程专业内容，及时将新技术、新工艺纳入课程体系，强调专业设置的职业性、应用性、实践性，不断设法满足与教学及研究服务购买者所订立的合约要求，获取非政府渠道的财政资源，从而获得学校发展的各种资金，促进学校自身的不断发展。例如：斯坦福大学与“硅谷”强强联合发挥了高新技术原创基地、高科技成果转化示范基地、科技企业孵化基地、创新人才和科技企业家培养基地的功能，不仅开创了世界科技园的先河，而且孵化了思科、惠普等诸多全球500强企业，成为具有世界影响力的电子工业基地。③

服务型大学的教学方式具有多样性特点。既有传统的课堂教学，又有现代化的远程教学；既有理论课程的学习，又有实践技能的训练；同时又特别注重学练同步化教学方式，学生可以即学即练、即练即学、循环学练，使

---

① 史雍真：《国内外高校服务社会的典型案例及其启示》，《东莞理工学院学报》2015年第4期。

② William K. Cummings. “The Service University in Comparative Perspective”, *Higher Education*, Vol.35, No.1 (1998), pp.1-8.

③ 董美玲：《中美高校与企业合作的动因、方式、成效和环境的比较研究》，《研究与发展管理》2012年第4期。

学生学练同步化，大大提高了学生的操作技能。此外，还需要多次去校外实训基地，在实践岗位上进行一线实习。这种多样化的教学方式可以拓展学生的视野，为学生提供实践操作的机会，增强学校发展的灵活性和适应性。①例如：威斯康星大学以服务社会经济发展为导向，在教学、科研的基础上，注重服务社会职能的发挥，通过开放教学不遗余力地为社会培养优秀公民，为全州公民提供各种专业的学习机会，在教学方式上十分具有开放性和多样性。

（三）服务型大学的服务面向

在服务领域上，服务型大学服务于政治、经济、文化等。服务经济，如通过与企业之间的科研合作，联合培养人才来发挥其人才培养、科研优势；服务政治，如利用其智力资源服务于地方政府，为政府事务发展提供政策咨询及相应的政治人才培训等；服务文化，如利用大学文化因子（教师文化、学校校风等）推动大学所处地域的物质文明和精神文明建设等。

在服务对象上，服务型大学服务于政府、企业、社区、个人等主体。服务型大学与地方政府之间合作，为政府建言献策，有助于政府解决地区治理的实际问题，大学和政府之间形成双向服务关系，大学成为政府的智囊库等。同时，服务型大学围绕企业需求培养人才，为其发展提供人力资源支持，促进企业经济发展；利用自身科研优势结合企业需求开展研究，从而有效推进企业技术创新和产业发展。此外，服务型大学利用学科专业优势，共同打造社区文化特色和资源特色，促进社区资源的有效利用和精神文明传承；为社区居民提供物质和知识共享空间，包括开展讲座、组织学校教师走入社区开展教学、分享图书资源等形式。服务型大学还会开设一些短期学习课程、文凭课程，开展专门的人员培训服务②，从而提升社会公众的文化和能力水平。

---

① 黄学军：《论服务型大学的缘起和发展策略》，《湖南师范大学教育科学学报》2008 年第 3 期。

② William K. Cummings. “The Service University in Comparative Perspective”, *Higher Education*, Vol.35, No.1 (1998), pp.1-8.

在服务方式上，利用教学、科研等进行服务。例如，服务型大学通过教学培养人才，为社会发展提供人力资源。尤其是现如今知识和技术已经成为经济发展的决定性要素，在知识经济中具备市场竞争力十分重要。[①] 作为新时代的劳动者，离不开知识和技术的武装。[②] 同时，服务型大学通过科研服务，促进社会高速发展，在科研课题方面，通过对横向课题的研究直接为地方服务。在研究问题及成果方面，教授的研究问题从实际社会需要中来，研究成果最终回归实践，向应用领域转化。

二、服务型大学的职能

通常来说，大学的基本职能包括了人才培养、科学研究、社会服务三大职能。

服务型大学虽然是一种新型的大学样态，但它同样要履行这三种基本职能，只是因为其办学理念和内涵的特殊性，使得服务型大学在履行职能时独具特色。

（一）培养具有社会服务理念的应用型人才

从大学成立之初起，就以培养社会所需要的人才为根本目标，而学校作为一种区别于其他机构的，是有组织、有计划地对受教育者进行教育活动的组织机构，进行人才培养最重要、最主要的方式就是教学。如果这个组织只是单纯地进行研究而不组织教学活动，那么它只能被称作是一个研究机构而不是学校。传统意义上的大学受到洪堡的教育理念的影响，主张选择科学知识对学生进行教育，培养学生的创造能力和创新思维，反对以提升操作技能为目的的实践性教学活动。然而自“第二次学术革命”起，大学就开始将经济和社会发展视作其使命的一部分[③]，因此，区别于传统的大学，服务型

---

① Arild Tjeldvoll.“The Service University in the Global Marketplace”, *European Education*, Vol.30，No.4（1998），pp.5-19.

② 郑旭：《大学服务功能的理性研究》，《辽宁教育研究》2005 年第 10 期。

③ Maribel Guerrero，et al.“A Literature Review on Entrepreneurial Universities：An Institutional Approach”，*the 3rd Conference of Pre-communications to Congresses*，Autonomous University of Barcelona，2006，pp.1-28.

大学作为一种新型的大学发展观和大学形态，在人才培养上以培养具有社会服务理念的应用型人才为目标。① 在服务型大学中，教学的目的就是要培养高素质、有技能、具备服务精神、在市场中具备竞争力的学生。具体而言主要体现在以下方面：

第一，教学内容的应用性和实践性。一般来说，传统大学在教学内容的选择上会倾向于选择科学性较强的知识，以学科逻辑为主线向学生系统地传授知识，注重学生对理论知识的掌握。而服务型大学的专业知识以市场为导向，强调学生对于专业知识的应用和操作，会根据市场发展和社会需求及时调整教学内容，不断将新兴科技、应用技术纳入到课程体系中。服务型大学的教学内容除了专业性、实践性较强的课程以外，还包括一些高质量、有针对性的培训活动，以求更好地满足顾客（学生、家长、用人单位和社会）的需求。②

第二，教学形式的多样化和针对性。区别于传统大学普遍采用的班级授课制和个别教学的教学组织形式，服务型大学所采用的教学形式相对更加多样化。主要采用合同的形式来满足顾客的需求，通过委托培养、合作培养、在职培养等形式对不同的受教育对象进行多样化人才培养服务，开设许多短期课程等。另外，服务型大学的教学组织形式更具针对性，学校会根据市场、产业、社会和顾客的类型、需求等，对教学形式进行适时调整，提供有针对性的教学形式来满足不同顾客的个性化需求。

第三，实践活动的丰富多样。传统大学的实践活动是为了满足部分需要具备实践技能的专业，使这些专业的学生在走向社会时能够具备实际的操作技能。而服务型大学的实践活动是以市场为导向③，以服务顾客为宗旨的，

---

① Arild Tjeldvoll，Kristine Holtet. “The Service University in A Service Society：The Oslo Case”，*Higher Education*，Vol.35，No.1（1998），pp.27-48.

② William K. Cummings. “The Service University in Comparative Perspective”，*Higher Education*，Vol.35，No.1（1998），pp.1-8.

③ Arild Tjeldvoll. “The Complex Relations Between University，Society and State：The Ethiopian Predicament in Establishing a Service University”，*Journal of African Higher Education*，Vol.3，No.1（2005），pp.51-57.

自始至终目标都是满足顾客的需求，充分了解客户的需求并以顾客需求为出发点，使学生、家长、校友、企业、政府、社会组织等主体的个性化需求得到满足，人才培养的方向性更加明确。因此，服务型大学组织的实践活动内容更加丰富，形式也更加多样化。区别于学术型、理论型人才，服务型大学培养的人才也更能够与行业、企业的要求相适应。

（二）研究、生产在知识市场有竞争力的知识

19世纪初在“洪堡传统”的指导下，研究成为传统大学的第二大职能。传统大学的科学研究更侧重于认识层面，鼓励学生去探索无穷无尽的真理，倾向于生产纯粹的知识，用知识服务人类社会。一般来说，这种偏向于学理性的研究更加遵循学者的研究志趣，而往往忽略了知识对社会经济发展的效用，所以大学生产、研究出的这些理论知识最终因为不够贴近实际生产生活，缺乏实际操作性和应用性而被束之高阁。服务型大学作为一种新型的大学发展观，自建立之日起就承担着研究、生产知识的重任，但服务型大学的这一重要职能与传统大学具有不同的指向性，在科学研究上，服务型大学既然以服务立校，就需要思考自身服务所面向的市场，充分了解客户的需求并以顾客的需求为出发点，以最大限度满足服务为大学的立足点和归宿点，以科研服务地方经济为理念，始终着眼于社会发展中的实际问题，为地方经济建设和各项事业的发展，为社会的科学技术进步作贡献，所以服务型大学致力于研究在知识市场具有竞争力的知识。① 具体来说有以下几方面体现：

首先，在研究内容上，区别于传统大学聚焦于某一学科、某一学术领域展开的研究，服务型大学更强调跨学科研究。这是因为服务型大学以服务为导向，为社会经济发展提供服务，所以服务型大学所生产、创造的知识，多是为了实际问题的解决，引导社会和经济的发展，而问题导向的研究本身就具有综合性，这就要求各个学科的学者开展合作，共同解决问题。因此，

① Arild Tjeldvoll. “The Service University in the Global Marketplace”, *European Education*, Vol.30, No.4 (1998), pp.5-19.

服务型大学在研究内容上更具综合性，所得的研究结果也更加具有应用性和竞争力。

其次，在研究方式上，区别于传统大学各学科领域独立进行的研究，服务型大学更加重视开展合作研究，其应用性研究与社会各企业、行业的发展密切相关。这也是因为大众化高等教育的办学成本让政府不能像资助传统的精英型高等教育那样全额资助高等教育机构①，因此，服务型大学通过与社会各企业合作来获取支持自身发展的资金。服务型大学以帮助企业解决生产中的实际技术难题为出发点和落脚点，通过与公共和私营部门合作，根据签署的合同开展研究，不断深化产学研合作，为地区产业振兴提供强有力的智力支撑，通过合作大幅提升科技创新能力和人才培养质量，这种校企之间的合作不仅使服务型大学所生产的知识更加具有指向性、应用性和竞争性，还可以在直接推动所在地区经济社会发展的同时扩大学校的经费来源、增加大学收入。

（三）服务区域经济与社会发展

传统大学的社会服务职能具有更多偏向性，受众面较小，服务内容和方式也相对单一。与传统大学不同的是，服务型大学以市场需求和社会发展为导向，强调以服务职能主导或统领大学整体职能，以自身的知识智力成果最大限度满足顾客（学生、家长、用人单位和社会）为宗旨，以此获得生存资金和发展空间。因此服务型大学与社会之间有着更为天然、紧密的联系，社会需求是其产生与发展的直接动力。② 而且服务型大学受众的多样性、课程内容的应用性、教学形式的实践性等，也都有利于服务型大学更好地回应社会的需求，进而发挥好社会服务职能。作为服务型大学核心职能的服务职能，以教学和研究为基础，并将二者融合在一起，以创造更多经济价值。服

① Chanphirun Sam，Peter van der Sijde. “Understanding the Concept of the Entrepreneurial University from the Perspective of Higher Education Models”，*Higher Education*，Vol.68，No.6.（2014），pp.891-908.

② Arild Tjeldvoll，Kristine Holtet. “The Service University in a Service Society：The Oslo Case”，*Higher Education*，Vol.35，No.1（1998），pp.27-48.

务型大学的服务职能具体体现在以下两个方面：

在教学方面，服务型大学不仅会为其它机构提供课程服务，还能够为企业员工进行培训。为满足更多顾客的需求，学校还开办继续教育课程，建立线上平台进行远程授课，通常课程的课时相对较短，且根据实际需要多数课程会在校外进行。如此多样化的授课形式和贴合实际的课程内容完全为劳动力市场的需求量身定制，使得服务型大学在满足客户需求，提供高质量服务的同时也获取了可供自身建设、发展的资金。

在研究方面，服务型大学积极开展与公共企业、私营部门的合作，不断深化产学研合作，将科研产生的经济利益最大化，在服务于企业，提升企业竞争力的同时也为自身带来了发展的技术和资金支持。同时，为了主动适应当地经济、科技、社会发展需求，服务型大学积极建设具有产业优势、资源优势、地缘优势的学科专业，学术研究具有很强的职业性、应用性、实践性特点，始终以服务地方经济和促进社会发展为目的。

第三节　服务型大学的办学模式

由于在市场经济环境下，政府对大学财政支出的不断削减，一些领先的研究型大学被迫转向开拓市场，以服务方面优先于传统的学术研究，形成了大学独特的运行模式。① 从这个意义上讲，服务型大学成为研究型大学在新时期新的发展形式之一。

学者们通过对传统的研究型大学和新型的服务型大学进行比较发现，服务型大学更加侧重于大学的“职业性”发展与知识的实际应用②，因此，学校的许多课程都是短期的，大多为期一周至四个月，根据客户市场量身定制，并且多在校园外进行授课。而且“服务型大学”的发展以市场为导向，主要通过合同的形式来满足顾客（学生、家长、用人单位和社会）的需求。

---

① Philip G. Altbach.“The Emergence of a Field：Research and Training in Higher Education”，*Studies in Higher Education*，Vol.39，No.8（2014），pp.1306–1320.

② 王淑杰：《国外服务型大学的理念与实践》，《外国教育研究》2008 年第 11 期。

另外，在管理模式方面，服务型大学的高等教育管理模式也不同于以往传统高等教育的管理框架，在服务型大学中，校长是一个始终关注大学运行效率与资产增值的角色，只有当学校的研究能够迅速地满足顾客要求和技术需要时，才被认为是合格的。① 随着社会经济的发展，在管理体制市场化的趋势下，越来越多的大学在践行"服务型大学"的理念，但由于各个大学运行情况和管理模式的差异，它们在执行"服务型大学"理念的时候也呈现出了不同的发展结果。

从国际上看，服务型大学研究的代表人物威廉姆·卡明斯（William K. Cummings）和阿瑞德·特捷德威尔（Arild Tjeldvoll），根据服务型大学在教学、研究与社会服务等方面表现出来的不同②，对服务型大学发展的可能形态、模式进行了整理和分析，将服务型大学的办学模式归为以下几类，下面简单予以介绍。

1. 超市性服务型大学（the service university supermarket）

一般来说，这类服务型大学的一切教学、研究、社会服务活动都是以满足顾客（学生、家长、用人单位和社会）的实际需求为宗旨。在超市性服务型大学中，"服务型大学"这个概念被用来与满足公司、企业和政府官员需求的其他高等教育机构相竞争，学校往往以职业学校、顾客适应性培训项目、政府要求的满足，商业顾客与职业学习的职业性短期课程以及应对公共与私人市场信息需求的应用研究为特征。③ 在这类学校中，管理层通过与外部客户签订的购买研究、教学或咨询服务的合同类型来控制其学术劳动力。④ 为满足客户的个性化需求，学校时常根据顾客的要求为特定的用户群

① William K. Cummings. "The Service University in Comparative Perspective", *Higher Education*, Vol.35, No.1 (1998), pp.1-8.

② William K. Cummings. "The Service University in Comparative Perspective", *Higher Education*, Vol.35, No.1 (1998), pp.1-8.

③ Arild Tjeldvoll. "The Service University in the Global Market Place", *European Education*, Vol.30, No.4 (1998), pp.5-19.

④ Arild Tjeldvoll. "The Service University in the Global Market Place", *European Education*, Vol.30, No.4 (1998), pp.5-19.

体量身定制短期的课程项目，其研究、教学、服务和生产销售方面也因此表现出较强的国际化定位；学校师生进行研究的重点领域和各个院系的课程设置都受到相关企业团体、社会组织以及公共政府技术需求的影响，学生不仅要通过知识的学习和运用使得自身得到发展，还要尽力提升学校和相关企业、公司的整体利益①，因此学校的课程会有明显的商业化、社会化倾向②。在这种模式的学校中，专业性较强的学科相比于文史哲类学科更受欢迎，也更具优势，因此学校也不太重视哲学家、社会学家或激进的政治学家与经济学家所提供的观点，由此一些学术性较强的学科则比较少见，学校也没有与哲学、史学、经济学等相关的工作岗位，大学更加倾向于对学术劳动力的控制与管理，集中计划的合同服务。另外，这类大学中的教授基本都是通过合同制聘请的专家，为适应工作岗位需求，学校会签约大量的助教，因此其教职员工大多是没有终身执教席位的临时雇员③，也有很多岗位是由一些公司、企业管理人员担任，学校整体的管理运行制度与公司类似。由此看来，服务型大学的这种模式代表了高等教育的“市场化”，在这里，古典大学提供的重视知识的内在价值与目的、培养道德与学术兼具的象牙塔形象受到了极大挑战。如何兼顾公平与效率、公益与市场之间的合理平衡④，也成为这类大学教育改革中无法回避的重要问题。

2. 学术性服务型大学（the academic service university）

这类大学通常能够很好地平衡学术自治与社会服务二者之间的关系，较好地发挥大学的使命。它们往往能够与政府、社会部门、私人公司、企业以及其他大学等保持良好的合作关系，通过各种形式合作互助在促进学校自身产学研深度融合的同时，也为相应合作单位的长远发展提供了技术支持和

① Kathryn Tyler. *What a Corporate University Is and Is Not*，2021-05-22，https：//www.shrm.org/hr-today/news/hr-magazine/pages/0412tyler2.aspx.

② 余承海、程晋宽：《西方服务型大学的发展模式与展望》，《江苏高教》2009 年第 6 期。

③ William K. Cummings. “The Service University in Comparative Perspective”，*Higher Education*，Vol.35，No.1（1998），pp.1-8.

④ ［西班牙］奥尔托加 · 加塞特：《大学的使命》，浙江教育出版社 2001 年版，第 77 页。

人力资源储备，如此，自然也就在无形中扩充了支撑学校发展的办学资金。同时，这类学校在为其客户（学生、家长、用人单位和社会）提供高质量的服务同时又没有失去对学术自主权的坚持，不断地追求学术自治，推进自身的学术发展，始终站在国际学术前沿进行研究，还能在人文社会学科与自然学科之间建立良好的平衡，因此这类服务型大学被认为是大学发展的理想模式。例如：英国的“三明治”模式的精髓在于政府、学校、企业三方相互协调配合，依照学习—实践—学习的教学环节，实现学校与企业的密切合作、产业与学习的融会贯通。① 这些重视实践教学的培养模式保证了大学的教育质量，也得到了用人单位和社会大众的认可。当然，这一类大学也不可避免地在有效化解大学发展中的精神价值与经济价值、教育理念与市场理念、人文导向与职业导向、公益目标与经营目标等矛盾方面存在的问题和不足，还需要在实践中不断探索。

3. 退化性服务型大学（the degenerating service university）

大众化高等教育的办学成本使得政府不能像资助传统的精英型高等教育那样全额资助高等教育机构②，在此背景下，由于退化性服务型大学的技术研究成果不能满足私人公司、企业部门的发展需要，学校无法与它们建立长久友好合作关系，同时学校提供的社会服务又不能满足社会部门、政府、企业及个人的个性化需求，因此也就无法获得政府、企业和个人提供的拨款与捐赠。由于这类学校缺乏可持续地教育发展经费或获取资金的来源渠道，在没有充足资金支持和技术支撑的情况下，学校不能支持各院系开展高质量、独立的科学研究，也无法做到学术自治，同时学校的硬件设施、师资力量、教学质量、人才培养质量等方面都会受到影响，最终也就导致了学校教学研究质量下滑，师资力量越发薄弱，学生生源减少，久而久之退化性服务型大学无论在教学、研究还是社会服务方面都无法获得社会大众的认可，其

① 魏银霞、彭英：《英德美高校的应用型人才培养模式》，《教育评论》2011 年第 6 期。

② Chanphirun Sam，Peter van der Sijde. “Understanding the Concept of the Entrepreneurial University from the Perspective of Higher Education Models”, *Higher Education*, Vol.68, No.6. (2014) . pp 891-908.

社会地位就会随之下降，从而陷入危机。① 一般来说，这种类型的大学，面对来自外部社会的挑战和来自内部的矛盾时，往往采取的是固守传统、逃避变革与不思进取的态度和措施，而这些做法很有可能导致教育上的自由放任与缺乏活力，根本不能真正有效地解决学校发展过程中面临的种种问题，甚至可能给学校带来不可逆转的灾难，因此，这种模式应当是服务型大学发展中极力避免的。

4. 批判性服务型大学（the critical service university）

学术自由是否能够在一个主要通过提供服务满足经济需求而获得财政资助的高等教育机构里存活？发展过程中经济利益的驱动和学术声望之间的平衡点是什么？基于此，阿瑞德·特捷德威尔以挪威的奥斯陆大学为例说明了服务型大学能够将大学的传统学术价值与其提供的外部服务活动成功地融合起来。② 一些有关于以市场为导向大学的研究表明，这些具有商业化、市场化特征的大学具备创新创业能力、组织管理的凝聚力、强大的学术研究备用资金，这些要素为大学带来了很好的综合表现力。就像伯顿·克拉克（Burton Clark）所指出的那样，追求发展、创新和竞争力的大学一定具备以下特征：大胆的想法，善于组织变革，善于与政府交流合作，高效的管理自治模式，多元化的资助基地等。③ 而这类模式的服务型大学正是囊括了所有上述同类型大学的优点。

在理想状态下，批判性服务型大学能够清晰地认识到学校的发展目标、理念与财政现实状况，基于此，批判性服务型大学成功地找到了其他的资金来源渠道，与各类企业、公司保持良好合作关系以保证资金链稳定的同时，还能够继续作为一个重要顾客与政府维持尽可能好的关系。它会参与基金会

---

① Trevor Hussey，Patrick Smith. *The Trouble with Higher Education*：*A Critical Examination of Our Universities*，New York：Routledge，2010，pp.32-38.

② Arild Tjeldvoll，Kristine Holtet. “The Service University in a Service Society：The Oslo Case”，*Higher Education*，Vol.35，No.1（1998），pp.27-48.

③ ［美］伯顿·克拉克：《建立创业型大学：组织上转型的途径》，王承绪译，人民教育出版社 2003 年版，第 3 页。

提供的研究项目的竞争，并能够在研究与教育产品市场中寻求其客户，还参与或建立孵化器园区或科技园区，以进行研究、创建和开发新企业。[①] 通过与社会各界的合作互助，不断地拓宽资金来源渠道，批判性服务型大学已经取得了相对独立的“经费自由”，生成了一个能够维持学校研究与教育教学计划顺利推进的独立性预算。最重要的是，批判性服务型大学能够使用其预算保持国际学术水准。

第四节　服务型大学的影响、问题与走向

从大学服务萌芽到大学服务职能的产生，再到服务型大学的产生与发展，大学与社会的关系越来越紧密。到 20 世纪中后期，社会已由传统工业、农业等向机器大生产转变，服务型大学开始大显身手，与政府、企业等一起构成了推动社会的发动机。在此过程中，服务型大学与地方深度互动、引领社会发展等积极效应明显，但是作为一种新兴的大学形态，服务型大学在发展中也面临着一些问题和挑战。

一、服务型大学的影响

克拉克・科尔（Clark Kerr）在《大学的功用》中提出，大学兼具教学、科研和社会服务等多种职能。[②] 但是从“第二次学术革命”开始，大学开始将经济和社会发展视作其使命的一部分。[③] 如詹姆斯・杜德斯达（James J. Duderstadt）所言“在我们步入知识时代之时，大学传统的三项职能——教学、科研和服务——可能已经太过狭隘了，现在需要思考更多的现代形式以

① Shuiyun Liu，Peter C.van der Sijde. “Towards the Entrepreneurial University 2.0：Reaffirming the Responsibility of Universities in the Era of Accountability”，*Sustainability*，Vol.13，No.6（2021），pp.1-14.

② ［美］克拉克・科尔：《大学的功用》，陈学飞译，江西教育出版社 1993 年版，第 2 页。

③ Maribel Guerrero-Cano，D. Kirby，D. Urbano. A Literature Review on Entrepreneurial Universities：An Institutional Approach，*The 3rd Conference of Pre-communications to Congresses*，Autonomous University of Barcelona，2006，pp.1-28.

完成我们的创造、保留、融合、传播和应用知识的基本任务。”[①] 这说明服务型大学与社会之间不但是零距离的渗透而且是更亲密无间的有机整体。长期以来，服务型大学的服务活动对外产生了较为积极的社会影响，包括有效实现了与地方互动、驱动社会创新发展、引领社会文化发展等方面。

（一）服务型大学实现了与地方互动

正如“威斯康星思想”的核心理念所倡导的大学要走出围墙，把大学的知识和技术优势推向社会，传播于社会，让大学中的专家、学生直接参与当地的农业生产，实现大学与社区、社会的一体化。[②] 服务型大学在服务过程中，与地方的关系也有了进一步的发展，从而形成了良好的校地互动局面，主要体现在以下几个方面：

第一，服务型大学构建了与地方的协同关系。随着服务型大学与社会的不断协作，两者的关系发生了巨大变化。服务型大学在服务过程中，关注地方政府需求，全方位、多层次地为地方政府的各项工作提供科学、专业的咨询服务，帮助地方政府直面事关国计民生的重大现实问题，有针对性地提出促进地方经济社会发展的战略性、根本性对策和建议，为地方提供相应的政治人才培训[③] 等。同时不断扩展社会服务的领域和范围，创新社会服务活动的内容和方式，回应地方重大需求并推动其可持续发展。例如，费城社区学院宣称自己的使命是“为费城服务”并“解决城市内外广泛的经济、文化和政治问题”[④]；而约翰·霍普金斯大学也主张大学的健康和福祉与其所在城市的物质、社会和经济福利密不可分。[⑤]

---

① ［美］詹姆斯·杜德斯达：《21 世纪的大学》，刘彤等译，北京大学出版社 2005 年版，第 112 页。

② 张应强：《高等教育现代化的反思与建构》，黑龙江教育出版社 2000 年版，第 245 页。

③ ［美］德里克·博克：《走出象牙塔——现代大学的社会责任》，浙江教育出版社 2001 年版，第 73 页。

④ Community College of Philadelphia. *Mission and Goals*，2021-07-03，https：//www.ccp.edu/about-us/mission-and-goals.

⑤ Johns Hopkins University. *Hopkins in the Community*，2021-07-08，https：//www.jhu.edu/about/community/.

第二，服务型大学的发展为地方创造了就业机会，推动了经济发展。随着服务型大学办学规模的不断扩张，大学活动的复杂程度日益加深、各学科专业学术链条不断延伸。对于政府和商业部门来说，大学被视为促进创新、技术进步和可持续发展的引擎，被期望成为经济增长的驱动力。① 在此背景下，大学一系列活动推动了大量人力资源和物质资源的投入，促进了产业、地方发展，带动了当地人民的就业并带来了相应的经济效益。例如，约翰·霍普金斯大学的教职员工、学生和管理人员以各种形式对都市地区的发展作出贡献，其为巴尔的摩市的经济产出作出了近50亿美元的贡献。②

第三，服务型大学的发展促进了大学和当地企业间的良性互动。服务型大学和当地企业在充分了解对方的需求后，服务型大学的研究成果向外部延伸，介入到企业的产业化过程中；而企业向服务型大学延伸，介入到大学的成果研发过程中，服务型大学通过与当地企业间的联合实现科技成果的产业化，使得大学的研究成果能够得到广泛推广和应用。例如：麻省理工学院一方面通过与企业各自以资本或技术入股，创办共同研发、生产以进行技术开发经营的新型科技企业；另一方面，与企业共建经济实体且成果显著。

（二）服务型大学驱动社会创新发展

服务型大学作为推动社会发展的主要力量，主要通过以下方式驱动社会的创新发展：

第一，服务型大学以人才推动了社会发展。大学的首要任务是人才培养，而服务型大学引领社会发展的最根本途径就是培养高质量的应用型人才。③ 为此，服务型大学十分重视培养学生，使其成为具有扎实专业知识和熟练的专业技能，具备高尚人生追求和科学创新精神的人才。同时，服务型

---

① Shuiyun Liu，Peter C. van der Sijde. “Towards the Entrepreneurial University 2.0：Reaffirming the Responsibility of Universities in the Era of Accountability”，*Sustainability*，Vol.13，No.6（2021），pp.1-14.

② John Hopkins University. *Hopkins in the Community*，2021-07-08，https：//www.jhu.edu/about/community/.

③ Arild Tjeldvoll，Kristine Holtet. “The Service University in a Service Society：The Oslo Case”，*Higher Education*，Vol.35，No.1（1998），pp：27-48.

大学还注重培养学生的民主公平意识、创新精神以及人与自然和谐共处的理念，从而使培养的学生成为引领社会发展的建设者和开拓者。例如斯坦福大学与硅谷企业借由校企合作的方式培养了大量高素质人才，从而使得大学成为推动社会发展有力的“人才补给库”。

第二，服务型大学以科研推动社会发展。服务型大学为深化对外服务，根据社会需求和现实问题，凝聚整合自身的研究优势，开展应用型研究，为社会经济发展等提供科学支撑。同时，服务型大学把人才培养、科技创新、服务地方产业发展等结合起来，促进创新链、产业链、政策链、服务链的有机融合，从而形成创新驱动带动地方发展的格局，而这也正是许多国家经济腾飞的制胜法宝①，如美国的斯坦福科学工业园、波士顿工业园区、日本的筑波科学城、韩国的大德科学城等。

第三，服务型大学以可持续发展促进社会发展。剑桥大学前副校长埃里克·阿什比（Eric Ashby）指出：“为了生存，一所大学要满足两个条件：必须足够稳定来保持它得以产生的理念，必须充分回应支撑它的社会的要求以保持二者的联系。”② 因此，服务型大学不仅通过产、学、研等合作方式，用可持续发展的理念影响社会，推动经济和社会的可持续发展，还要通过参与社会可持续发展实践活动，利用自身的知识储备、科研优势，进行可持续发展的科研活动，带动社会成员、政府部门和相关行业领域开展可持续发展实践探索，以可持续发展为导向引领和促进社会发展。另外，在高等教育发展的过程中，能够引发受教育者之间的竞争，并对其创业能力与适应能力产生积极影响，而这恰好能够提升区域经济的活力和可持续发展能力。③

① 郑旭：《大学服务功能的理性研究》，《辽宁教育研究》2005 年第 10 期。

② Eric Ashby. *Universities*：*British*，*Indian*，*African*；*A Study in the Ecology of Higher Education*，London：The Weldenfeld and Nicolson Press，1966，p：3.

③ 吴战勇：《地方高校与区域经济　创新发展的协同机制研究》，《黑龙江高教研究》2017 年第 1 期。

（三）服务型大学引领社会文化发展

大学作为教育机构，也是文化发展的中心①，作为新兴大学的服务型大学也不例外，其引领社会文化发展的功能在社会生活急剧变化的时代依然突出，主要体现在以下几个方面：

第一，服务型大学引领社会先进文化思想。服务型大学作为文化生产、传承、创造和发展的主体，集人才培养、学术研究、技术发明及精神建构于一体，不仅是高等教育机构，同时也是新文化的孵化器。具体包括两个方面：一方面通过培养高素质的应用型人才，使这些人才在参与社会生活时用较高的文化素养和精神追求对其他社会成员起到引领与示范作用，从整体上起到提高社会精神风貌的作用。另一方面，服务型大学在对外服务过程中，能够根据社会发展积极调整办学方向，深刻地把握社会主流价值观，及时创造生产出先进的、有利于社会发展的先进文化②，从而更好地引领社会文化发展。

第二，服务型大学引领文化与事业发展。服务型大学一方面通过社会服务将文化成果推广至全社会，推动了文化事业的进步；另一方面，还凭借其科研技术优势和创新能力推动社会文化创意产业发展，从而直接引领了社会文化产业的发展方向。③ 与此同时，通过地方乃至其他大学间的交流合作互鉴，充分借鉴优秀异质先进文化并与本地区文化相互融合、碰撞，从而促进本地区的文化与事业发展。

二、服务型大学存在的问题

当前，随着经济全球化进程的加速，对于服务型大学的责难与批评，

① Peter Cunningham，Bruce Leslie. “Universities and Cultural Transmission”，*History of Education*：*Journal of the History of Education Society*，Vol.40，No.2（2011），pp.135-141.

② 柴永柏、汪明义：《充分发挥大学引领文化建设的功能》，《中国高等教育》2009 年第 15 期。

③ 侍建旻：《论大学对地方社会文化发展的引领功能——基于大学文化的视角》，《教育探索》2013 年第 11 期。

从它出现的那一刻起就没有停止过，针对服务型大学的质疑主要存在于以下几个方面：

第一，不同组织间固有的文化差异将影响服务的拓展。服务型大学与企业的边界难以互相融合，二者在理念与价值观上存在着巨大的鸿沟①，这就不可避免地在有效化解大学发展中的精神价值与经济价值、教育理念与市场理念、人文导向与职业导向、公益目标与经营目标等方面存在的争议。相对来说大学擅长理论或基础研究，而且在参与企业合作提供服务方面，缺乏管理上的优势，存在诸多实际困难。更重要的问题在于，服务型大学中各院、系、科之间将出现经济上的贫富差距。因为以市场为导向的服务型大学意味着某些社会需求量较大的学科在“出售服务”方面拥有更好的机遇，财政状况也会因此改善；同时，专注于盈利活动的人员或者在此方面业绩突出者将获得更多的晋升机会和更高的经济收入，这有可能导致院系的贫富分化，影响学校的发展。另外，大学的各种活动较为分散，没有形成有机整体，这些活动的设计者和组织者也不同，彼此之间缺乏联系，导致不少活动低水平且重复②，这也是影响服务拓展的一个原因。

第二，大学学术自治的理想将受到极大挑战。大学教师服务角色转变存在适应性问题，教师对于服务性角色的巨大变化显得不太适应。他们担心大学正远离其传统的独立角色，认为学校的有偿服务特性将使教师的纯学术行为不得不让位于学校的各种营利性活动。当然，为了产生更大的经济效益，学者们的研究方向也可能过度受到市场影响，这导致基础研究不足，进而影响到整个学科发展。有批评意见认为，市场化、商业化的气息让高等院校的形象大打折扣，他们哀叹模块化的知识，对所培养学生的质量感到担忧③，他们不满大学核心任务的强化以牺牲学术文化的活力为代价④，对服务

① 王淑杰：《国外服务型大学的理念与实践》，《外国教育研究》2008 年第 11 期。

② 刘献君：《论高等学校社会服务的体系化》，《高等教育研究》2014 年第 12 期。

③ Trevor Hussey，Patrick Smith. *The Trouble with Higher Education*：*A Critical Examination of Our Universities*，New York：Routledge，2010，pp：15-16.

④ 余承海、程晋宽：《西方服务型大学的发展模式与展望》，《江苏高教》2009 年第 6 期。

型大学的企业性质应该加以抵制，因为他们担心巨大的金钱利益会使大学失去其作为社会独立批评者的地位。久而久之，公众就会质疑服务型大学究竟是否在努力实现知识进步、贯彻学术价值以及允诺学术自由。另外，服务型大学在聘请企业、公司的专家为学校教职员工开展指导和培训的过程中，对于他们的执教资格把关不严，造成授课者与需求者之间的认知鸿沟，从而因为教学质量不佳而难以达到受教育者的要求。

第三，服务型大学在实践管理方面也面临发展性问题。服务型大学服务于社会政治、经济、文化等各个方面和政府、企业、公司、社区、个人等各个主体，其提供的服务活动内容丰富，种类繁多，然而这些活动往往各自为政，缺乏统一的组织管理机构，这就使得服务型大学在组织管理方面缺乏系统性、规范性和科学性，自然而然地也就降低了这类大学组织提供社会服务的效率和效益，因为大学的不同管理层的价值差异、学校财政经费的计划等都会左右服务社会的效益。① 威廉姆·卡明斯认为，大学形成服务的理由及其对服务的需要与潜在价值的认识是服务型大学最重要的因素，它将决定在服务过程中学校领导层的责任心、学校人事结构支持的力度与财政分配等问题。② 还有学者认为在这类大学中，政府的力量过于微薄，认为政府应适当地给予行政干预，正如伯顿·克拉克所言："无论何时，只要政府承担高等教育的某种责任，某种公共机构必定会变成行政机构执行的所有地。"③ 至今尚没有哪个国家的大学完全独立于政府影响之外。因此，服务型大学蓬勃兴起之时，缺乏相应的政策干预毫无疑问对其成长是不利的。④

基于此，可以肯定服务型大学的进一步发展不可避免地要涉及大学理

---

① Trevor Hussey，Patrick Smith. *The Trouble with Higher Education*：*A Critical Examination of Our Universities*，New York：Routledge，2010，pp.30-32.

② William K. Cummings. "The Service University in Comparative Perspective"，*Higher Education*，Vol.35，No.1（1998），pp.1-8.

③ ［美］伯顿·克拉克：《高等教育系统》，王承绪译，杭州大学出版社 1994 年版，第 20—120 页。

④ 黄学军：《论服务型大学的缘起和发展策略》，《湖南师范大学教育科学学报》2008 年第 3 期。

念与学术文化等重大问题的重新反思。而且，伴随着服务型大学的发展，大学校园内必将长期存在着传统派与激进派之间的争论。

三、服务型大学的未来走向

“我是谁？我从哪里来？我要到哪里去？”作为重要的哲学命题，同样适用于服务型大学。面向未来，服务型大学要明确思路，解决好当前存在的问题，充分发挥自身优势，实现可持续发展。

（一）服务型大学的服务需要遵循大学内在逻辑

服务型大学作为高等教育机构，首先要遵循大学的内在逻辑，即在进行社会服务的过程中要始终坚守底线：一切活动的宗旨是为了促进大学自身的发展。[①] 因此服务型大学，首先需明确为社会提供服务的最终目的在于促进大学自身发展，换言之，旨在通过社会服务促进大学及所处地方发展，最为核心的还是壮大自身实力，而不是追求市场效益最大化。这就意味着服务型大学在办学理念、师资队伍建设、人才培养等方面要遵循大学的内在逻辑：在办学理念上，服务型大学应始终保持独立者的角色，时刻注意大学与社会各界的边界，服务型大学既然提供了一定的服务，就必然要追求一定的利益回报，但这种利益诉求一定是有边界的，必须受到利益各方和社会整体利益的制约[②]；在师资队伍建设上，使得教师应尽量平衡教育教学、研究和服务之间的关系，推进知识的综合化、技能化发展；在人才培养上，不仅要注重服务技能的培养还应注重服务精神的塑造等。

（二）服务型大学要着眼于社会服务的系统整体优化

每一所服务型大学都是高等教育系统中的一个子系统，而这些子系统之间既是相对独立的又是相互联系、相互影响的[③]，那么服务型大学在对外

---

① 王洪才：《大学治理的内在逻辑与模式选择》，《高等教育研究》2012 年第 9 期。

② 吴建新：《服务型大学的本质特征及服务边界》，《淮海工学院学报》（人文社会科学版）2014 年第 12 期。

③ Chang-Woo Park. “A Study on Strategy to Operate University Social Service Center Fitting Characteristics of Universities & Communities”, *Journal of Community Welfare*, Volume58, 2016, pp.115-140.

服务的时候，一方面要独立地进行各自的社会服务工作，另一方面各服务型大学间要协同合作，在服务的过程中深化对外合作、互相交流，学校教师和校外组织的骨干人员形成共同体，凝聚成一个整体面向社会发挥服务功能的系统。[①] 从系统论的角度来看，如果这些服务型大学之间组成整体耦合系统，这个系统才可能发挥出高于各子系统功能之和的系统性功能。毫无疑问，随着服务经济、服务社会时代的到来，大学与政府、社会的关系越来越密切，大学社会服务职能的重要性也越来越凸显[②]，社会对于系统性社会服务的需求也越来越高。然而目前来看，服务型大学之间的协同合作还远远不够，必须有效加强各服务型大学之间的优势互补，形成系统性社会服务优势。

（三）服务型大学要优化管理机制，提高服务效率和水平

服务型大学的管理机制决定着社会服务的水平和质量。可见，高效、完善的管理机制是服务型大学开展服务的根本保障。然而，当前一些服务型大学内部管理制度还不够完善，导致服务型大学内部教学和科研与外部经济社会之间在机制衔接上存在一些问题，大学的服务功能没有得到充分发挥。基于此，未来服务型大学的建设和发展，应该坚持以人为本，重新配置管理资源，优化管理流程，通过改善组织结构和职责划分，提高管理效能。此外，还应该借鉴其他类型服务型组织的管理制度，营造服务型大学建设的宽松氛围，最终形成服务型大学的服务特色和支撑体系。

（四）服务型大学的社会服务要突出公共导向

随着服务型大学的建设和发展，使得一些服务型大学逐渐变成市场化导向的组织，表现出一些明显的营利性、商业性特征。但是服务型大学的社会服务工作在本质上是公益性、公共性的，强调的是服务过程中的公益导向。所以，未来服务型大学发展，应该避免过于功利化、市场化，而是要突出公益性，将公共性和公益性作为衡量社会服务的标准之一，这是服务型大

① Chang-Woo Park. “A Study on Strategy to Operate University Social Service Center Fitting Characteristics of Universities & Communities”, *Journal of Community Welfare*, Volume58, 2016, pp.115-140.

② 刘献君：《论高等学校社会服务的体系化》，《高等教育研究》2014 年第 12 期。

学发展的正确方向。

（五）服务型大学要提升国际合作水平

在全球化大环境下，服务型大学也必将顺应时代发展，逐渐走向全球化，服务的范围和领域要扩大至全球。这是因为人类社会面临着一些重大的、普适性的、阻碍了全人类共同发展和进步的问题，如贫穷、失业、污染、全球变暖等，这些问题单凭有限的力量来解决是远远不够的。① 在此背景下，服务型大学必然要积极顺应全球化发展趋势，学校的教师群体和技术人员都应被赋予和外界积极开展合作的任务②，努力加强与其他服务型大学和地区的合作，促使各国服务型大学开展国际战略合作。

---

① D. Bruce Johnstone，Madeleine B. d'Ambrosio and Paul J. Yakoboski. *Higher Education in a Global Society*. UK：Edward Elgar Publishing.2010，pp.22-25.

② Henry Etzkowitz et al. "The Future of the University and the University of the Future：Evolution of Ivory Tower to Entrepreneurial Paradigm"，*Research Policy*，Vol.29，No.2（2000），pp.313-330.

第十一章　我国大学发展形态和大学观的多样化策略

当前，我国高等教育已经由大众化迈入普及化发展阶段，高等教育所面临的时代任务悄然发生变化，大学多样化发展日渐成为高等教育内涵式发展的重要议题。这种背景下，研判我国大学发展走向，有必要围绕我国大学发展形态和大学观的演变，纵向回溯我国大学发展历程，以明确不同时期我国大学发展的突出特征，归纳各历史阶段有代表性的大学观念，在历史的"变"与"不变"中，探寻我国大学发展的文化品格，明确其历史渊源、制度安排以及社会民间心理。在此基础上，聚焦当前我国大学发展形态趋同这一问题，面向大学多样化发展这一现实逻辑，揆诸现阶段国际国内大学多样化发展趋势，尤其是当前较为成熟的多样化大学发展案例及其背后的理念，立足我国不同层次、类别高校发展的现实，作出相关的思考，提出相应的建议。

第一节　我国大学形态和大学观的产生与发展

我国高等教育的历史悠久，至少可以上溯至汉代设立的"太学"；而近代意义上的大学却是在清末时期，是清政府将其作为一种救亡图存、抵御外辱的工具而建立起来的。对此，田正平指出：中国是世界上高等教育产生最早而且是最发达的国家之一。但是，严格意义上的现代高等教育却不是中国古代高等教育的自然延伸和发展，而是在西学东渐潮流的冲击下，在中国近代社会发生深刻变革的基础上产生和发展起来的。①

一、新式大学的建立及大学观的萌生（清末—1912）

清末民初这段历史时期，虽然经历了政权更迭以及战乱，但文化教育领域呈现出“维新”气象，教育发展遵循清末“新政”以降的逻辑徐徐展开，近现代性质的大学开始建立，相应的大学观念也由此萌生。

（一）清末时期新式大学的建立与形态

经由戊戌变法和清末“新政”的推动，以京师大学堂的成立为标志，宣告了中国近现代意义大学的创立，并由此成为后续高等教育发展的滥觞。1895年、1896年和1898年分别成立的天津中西学堂、上海南洋公学和京师大学堂，一般被认为是中国现代大学的雏形。② 在此期间，清政府颁布并实施了第一部包括高等教育在内的具有现代意义的全国性学制——癸卯学制，癸卯学制包括的《奏定大学堂章程》《奏定通儒院章程》《奏定高等学堂章程》《奏定进士馆章程》《奏定译学馆章程》等政策文本，构成了清末高等教育的制度架构。在面临特殊的政治危机和治理模式变革背景下，京师大学堂的组织结构的创立与逐步改良，成为清末高教体制改革的重要试验。

1. 办学宗旨与培养目标

京师大学堂的办学宗旨，一如《京师大学堂章程》开篇所言：“京师大学堂之设，所以激发忠爱，开通智慧，振兴实业。谨遵此次谕旨，端正趋向，造就通才为全学制纲领。”在培养目标设定方面，“此次设立学堂之意，乃欲培植非常之才，以备他日特达之用”。田正平作此解读，所谓“非常”“特达”之士，就是对西学真谛有深切了解并能将中西学问融会贯通的新型人才。他们不再恪守中学，也不限于一技一能，而是能知晓中外、通达

① 田正平：《调适与转型：传统教育变革的重构与想象》，人民教育出版社2016年版，第1页。

② 田正平、商丽浩主编：《中国高等教育百年史论——制度变迁、财政运作与教师流动》，人民教育出版社2006年版，第2页。

时务、经世济变的人才。[①] 随后依次修订颁布的《钦定大学堂章程》和《奏定大学堂章程》，均将“谨遵谕旨，端正趋向，造就通才”作为大学堂的办学宗旨，也体现出鲜明的中体西用特色。概言之，京师大学堂的“通才”观主张所培养的人才既要饱览经史子集，还要精通掌握西方先进的科学技术，更要掌握西方社会的政治、经济和法律等知识。这种综合了洋务派的“艺才”和维新派“政才”之上的新发展，初步实现了对传统教育人才观的超越。[②]

2. 课程、专业设置

培养学贯中西的通才，甚至可以挽狂澜于既倒的新式人才，是京师大学堂的首要任务。因此，在课程与专业设置、教员选择、教学组织等方面亦不同于既往的洋务学堂，虽然多有照抄日本大学章程的痕迹，也并非全部移植。课程与专业设置沿袭传统的尊孔读经，也较为全面地延续了传统文化。一方面，京师大学堂全方位拥抱西学，举凡政治科、文学科、格致、农业、工艺、商务、医术等科目无不涉及；另一方面，四书五经、先秦诸子等均保留在列，对预备科、仕学馆和师范馆的“课程门目”和“学科阶段”所修习课程做了详细规定。其课程设置是西方专业知识与中国传统文化的混合体，既保留了以政治、伦理、修身等为特色的教育内容，也在相当程度上接受了西方大学的课程模式。

3. 组织管理与学校规模

京师大学堂的成立，标志着“中国以科举为中心的传统教育模式开始效法泰西，向以科层制为中心的现代教育管理体制变革”[③]。在行政管理上，京师大学堂不仅是全国的最高学府，也是全国最高的教育行政机构。《奏定大学堂章程》对大学堂的教务和庶务管理做了详细说明：“大学堂应设各项人员如下：大学总监督，分科大学监督，教务提调，正教员，副教员，庶务

① 田正平、商丽浩主编：《中国高等教育百年史论——制度变迁、财政运作与教师流动》，人民教育出版社 2006 年版，第 61 页。

② 茹宁：《中国大学百年——模式转换与文化冲突》，知识产权出版社 2012 年版，第 39 页。

③ 周详：《〈京师大学堂章程〉与清末教育制度的变迁》，《中国人民大学教育学刊》2013 年第 4 期。

提调，文案官，会计官，杂务官，斋务提调，监学官，检查官，卫生官，天文台经理官，植物园经理官，动物园经理官，演习林经理官，医院经理官，图书馆经理官”，并于该部分末尾提到“凡涉高等教育之事，与议各员，如分科监督、各教务提调、各科正教员、总监学官、总卫生官意见如有与总监督不同者，可抒其所见，径达于学务大臣”。总体来看，清末大学堂的组织结构是科层式的垂直管理，从总监督—分科监督—提调，到教员和办事员、管理员，自上而下垂直领导。清末大学堂规模较小，直线式指挥也因应了清廷的“官本位”管理之惯性。1907 年，京师大学堂有行政职员 20 人，中国教员 35 人，外国教员 14 人，学生人数为 354 人，可谓“精英中的精英”。①

4. 大学的功能与性质

在新的教育体制外形掩护下的京师大学堂，依然摆脱不了清政府“官僚养成所”的实质。② 例如，1907 年第一批师范馆毕业生大多被直接委派了官职，成为国家体制的一员，进一步强化了京师大学堂的学生是国家所养之“士”的优越感。③ 京师大学堂只是“选择性”地引入了作为西方大学知识分类载体的学科组织制度，却舍弃了这一学科组织制度所蕴含的内在文化意蕴。自由、平等的教授治校模式是无法在以官阶大小为依据、“纵向”的上下层级式的官僚管理方式的京师大学堂得以实现的，大学自治的实现更加遥不可及。值得注意的是，在这段历史时期，无论是民间兴办的书院之主张新学，还是西方教会在华举办的教会大学，这些“体制外”的教育机构，或是主动吸收西方自然科学和社会学科，或是直接采取西方教会办学方式，对于促进中国教育新思想的传播，并进而促进教育变革，均发挥了重要影响。

（二）清末时期的大学观念

“废科举，兴学校”对传统通过科举考试实现阶层跃升的读书人造成了巨

① 潘懋元、刘海峰编：《中国近代教育史资料汇编 · 高等教育》，上海教育出版社 2007 年版，第 355 页。

② 李学丽：《京师大学堂与现代大学制度肇始考辨》，《黑河学院学报》2018 年第 3 期。

③ 刘晓林：《国家意志、太学传统与京师大学堂的建立》，《青海师专学报 · 教育科学》2004 年第 4 期。

大冲击。大学堂作为新式高教机构，开始向社会民间传递新式大学观念。清末的大学观念，可从办学思想、大学使命和培养目标等三个维度略加阐述。

1.“中体西用”的办学思想

清末大学观念多是在“变法图强”的趋势下，揆诸列强新式教育而萌生。积蓄千年之久的古老封建教育系统在面对全新的西方现代高等教育之际，采取“中体西用”也是不得已而为之的折中之策，癸卯学制便是以“中体西用”为立学宗旨，规定：“无论何等学堂，均以忠孝为本，以中国经史之学为基，俾学生心术一归于纯正，而后以西学瀹其知识，练其艺能。”

2.“自救图强”的大学使命

“废科举、兴学校”是为挽救统治危机所推出的举措。这种历史背景下所推出的大学堂，其核心使命便是培育新式专精人才，以符合形势需要。例如当时孙家鼐在《议复开办京师大学堂折》中指出：“泰西各国，近今数十载，人才辈出，国势骤兴，学校遍于国中，威力行于海外，其都城之所设大学堂，规模闳整，教习以数百计，生徒以数万计……遂以争雄竞长，凌抗中朝，荦荦群才，取之宫中而皆备，非仅恃船坚炮利为也。”从中不难看出，清末内忧外患形势下，原来以培养治术人才为目的的教育无法适应急剧变革。早期各种新式学堂培养的中低级技术人才也逐渐不能适合形势需要，要求学生的学业更加专精，以培养出“明体达用”的高级专门人才。

3. 尚未深层次触及关于大学本质的认识

脱胎于清末的中国新式大学，受“尊孔”“忠君”的意识形态影响，难以实现学术自由、大学自治等大学本然意义上文化诉求。“当清末办新教育的时代，以为大学不过是教育之一阶级。当时的教育既要‘中学为体、西学为用’，更以富强之目前功利主义为主宰，对于西洋学术全无自身之兴趣，更不了解他的如何由来培养与发展。”① 并且，这一时期的大学观念，主要停留在清廷官员、上层知识分子和开明士绅阶层的认识，普通读书人关于“废

① 戴逸主编：《中国近代思想家文库·傅斯年卷》，中国人民大学出版社 2015 年版，第 503 页。

科举、设学堂”的思考认识未能形成主流观念。就连当时深度参与戊戌维新、亲手拟定《京师大学堂章程》的梁启超，也多是关注大学之于培养“通才”的层次。

二、民国时期的大学发展形态及大学观（1912—1949）

从1912年民国建元，到1949年新中国成立，前后历经了北洋军阀政府和南京国民政府，期间又有清室复辟、军阀混战、抗日战争等战乱攖扰。半殖民地半封建的旧中国积贫积弱，一方面，办学经费甚或校园安全难以得到保障，大学在内忧外患的颠沛中发展；另一方面，“国家不幸诗家幸”，中央集权统治松动，地方割据，客观上为思想文化的勃兴提供了条件，大学的学术自治得以伸张。

（一）民国时期大学发展形态

民国时期，前有蔡元培、郭秉文等教育先贤主政北京大学、东南大学，后有西南联大那样在艰苦卓绝环境中的辉煌。大学既不废传统文化，又热切拥抱西方先进文明，在捍卫大学理念、促进学术科研方面均有可圈可点之处。

1. 明确了学术本位的办学宗旨

民初《大学令》第一条开宗明义：大学以教授高深学术、养成硕学闳才、应国家需要为宗旨。自此后，后续关于大学的政策法令中，均将“教授高深学术、养成硕学闳才、应国家需要”确立为办学宗旨，由此而形成了民国大学的办学基调。尔后的南京政府时期，大学的国家意识进一步增强。《大学组织法》（1929）开篇规定：大学应遵照《中华民国教育宗旨及其实施方针》，以研究高深学术，养成专门人才为宗旨。而“中华民国教育宗旨”即是三民主义指导的教育，三民主义就此成为南京政府的意识形态并在“党化教育”中进一步被曲解和利用，干扰大学办学。

2. 大学课程与专业设置逐步完善

《大学令》将癸卯学制中“格致”变为“理科”，取消“经学”单设，将其纳入“文科”之中，变八科为七科，随之颁布的《教育部公布大学规程》（1913）中，对文、理、法、商、医、农、工七科的专业课程设置进一步予以展开和规定，现代意义上的大学专业课程由此得以确立。此后的《修正大学令》（1917）和《国立大学校条例》（1924）中继续明确七科设置，在《国立大学校条例》推出之际，有的高校如东南大学业已设文、理、农、工、商和教育，共 6 科 31 系，学科设置之齐全，覆盖面之宽，在当时的中国高校中位列翘楚。20 世纪 30 年代开始，南京政府裁撤、归并院系，缩小文法科规模，努力发展实科（理工农医等科目）教育。一系列措施带来了显著成效，1930—1937 年间，法科学生比例由 42.3% 下降到 22.8%，而实科类的理、工、农、医四科，在这 7 年间均有大幅度提高，1937 年比 1930 年分别增长了 88.2%、86.9%、52.6、200%。① 在此期间，政府就大学的课程设置、教学管理、教职员职称等颁布实施了一系列制度，在一定程度上匡正了学风，提升了教学质量。

3. 仿效欧美，实施“教授治校”

最为著称者，当属蔡元培在北大开启的改革。蔡元培通过整顿教师队伍、充实教学内容、实施教授治校、推行选课制等方式，一扫清末京师大学堂的官僚习气和陈腐的“尊孔读经”观念束缚，确立了学术本位，“思想自由，兼容并包”的理念得以长足应用，教授治校的管理制度得以实施，北大自此一跃而成为中国的思想文化重镇，在中国教育史、思想文化史乃至整个中国近现代史上书写了浓墨重彩的一笔。20 世纪 20 年代以后，中国高校开始师法美国，相继出现的东南大学、清华大学的管理模式，既有董事会、评议会、教务会和教授会四会共治的“美式风格”，也有清华大学根据实际采取的教授会、评议会以及校务会议的三级制度，也为抗战期间西南联大的治理结构提供了制度铺垫。

（二）民国时期的大学观

民国是新旧交替、百家争鸣的时代，在这一时期，知识分子完成了由

① 金以林：《南京国民政府发展大学教育述论》，载中国社会科学院近代史研究所编《中国社会科学院近代史研究所青年学术论坛 1999 年卷》，1999 年，第 37 页。

传统到现代的转型。他们关于教育的主张、关于大学的理想得以表达和长足应用。无论谏言政府、为大学建章立制，还是亲自主导大学、开展教育兴革，均具开创性意义。这段时期的大学观念，主要体现在大学校长的办学实践和理念以及关于大学的法规政策条文中。

1. 确立“教授高深学术”为大学使命和学术本位

相较于清末，这一时期的大学观实现了“破旧立新”，突出体现在蔡元培等诸位民国先贤的实践和著述中，如《对于教育方针之意见》《就任北京大学校长之演说》等篇什。关于大学“教授高深学术、养成硕学闳才”的学术本位取向，经由《大学令》到《国立大学校条例》，日渐深入人心，由此而形成共识，奠定了民国大学基调。值得注意的是，蔡元培在确立大学学术本位之际，并未全然抛弃清末新式学堂的改革经验。如京师大学堂首任学务大臣孙家鼐曾针对“康梁”篡改经典、排除异己学说提出“盖学问乃天下万世之公理，不可以一家之学而范围天下”的教育主张，以及后来曾任京师大学堂总教习的吴汝纶“兼苞新旧，会通中西”的治学诉求，就其作为历史渊源来讲，可以说是蔡元培北大改革倡导“思想自由，兼容并包”理念的前期铺垫。

2. 关于人才培养认识的深化

在“培养硕学宏才”的目标引领下，加强专业课程设置，注重师资，鼓励学生自由发展等，便成为民国大学人才培养的逻辑诉求，这一点鲜明体现在当时的北京大学、东南大学和清华大学诸校的改革上。无论是蔡元培以“囊括大典，网罗众家”的气度率先在北大实行选科制，鼓励文理沟通；还是郭秉文在东南大学广泛延揽海内外良师，力拓系科专业设置；抑或 20 世纪 20 年代清华学校改办清华大学之后提出宏博严谨的通识教育规划并由此开创严谨求实的清华学风，均说明当时留学欧美后回国的知识分子业已成为主宰国内大学的新生力量，他们自身的求学经历，可以让他们系统设计出新式培养规划。

3. 巩固学术自治的大学管理理念

民国初期的大学管理几乎无一例外采取了“教授治校”的管理方式。

从《大学令》到《修正大学令》，再到《国立大学校条例》和《大学组织法》，均有在大学校内设置评议会、教授会的规定。教授会和评议会作为大学教师组织实体，有着审议“各学科之设立废止，学科课程，大学内部规则，学生试验事项，学生风纪事项，教育总长及校长咨询事件”等权利，教授会和评议会由此而成为教授参与大学治理的主要路径。在当时的北京大学、东南大学以及清华大学，“教授治校”借助教授会和评议会的制度安排得以顺利实现，彰显了学术自治，高校的学术自由亦得以保障。

4. 民族矛盾促进了大学“救亡图存”思潮的高涨

“救国不忘读书”成为当时大学的主旋律，这样的思潮既在抗战期间造就出西南联大那样高等教育史上的神话，又型塑了中国现代大学的爱国主义传统并有力配合了后续解放战争时期在国统区开辟“第二战线”。往深处溯源，其实跟中国传统士子“家事国事天下事，事事关心”的文化心理也是一脉相承的。

三、新中国成立后的大学形态和大学观（1949—1977）

新中国成立后，中国大学发展也进入了新的历史时期。新中国成立初期的社会主义改造，恢复和发展了国民经济，高等教育也进一步发展壮大。此时开始的“以苏联为师”，取缔了教会大学，接办改造了私立大学并在全国范围内实施了院系调整，社会主义性质的大学全面建立，并在推进科研、培养高级人才以及促进国民经济恢复和发展中发挥了重要作用。本部分主要侧重新中国成立后至“文革”开始前的大学发展形态及相应的观念。

（一）新中国成立后的大学发展形态

新中国成立后的“以苏为师”，导致了近代中国高教体系的彻底终结，促成了中国高教新模式和新体系的创建，并对其后数十年中国高教的发展与变革产生了深远影响。① 在其中，院系调整以苏联高教为蓝本，以近乎政治运动的形式，通过大重组、大转移、大变革，从根本上破除了旧的高

① 李均：《新中国高等教育政策 65 年：嬗变与分析》，《大学教育科学》2015 年第 2 期。

等教育体制、秩序和结构，建立了全新的社会主义性质的高教制度。随后，在1961—1965年的国民经济调整时期，大学积极贯彻“调整、巩固、充实、提高”的八字方针，推出《教育部直属高校暂行工作条例》，简称“高校六十条”，明确了高校实行党委领导下的以校长为首的校务委员会负责制，充分发挥了校长、校务委员会和各级行政组织的作用。

1. 加强党的领导，确保社会主义方向

新中国成立后，政府接管了原有的国立、私立和教会大学并在高校建立党支部，设立党委书记，配齐党员校长、副校长，要求党、团组织要在教师、学生中积极做好组织发展工作。1958年中央明确提出：实行学校党委领导下的校务委员会负责制。与此同时，中央一贯重视高等学校中的共青团工作及学生会工作，注意在教师和学生中发展党员①，从而坚持了社会主义的办学方向，贯彻了马克思主义关于人的全面发展理念。坚持理论联系实际、坚持教育和生产劳动相结合，逐渐发展成为中国社会主义大学的特征。

2. 实施院系调整

为适应国民经济发展需要，针对高校类型结构和区域布局不合理、规模小以及人才培养的层次结构不协调等现象，从1952年起，教育部相继以“以培养工业建设人才和师资为重点，发展专门学院，整顿和加强综合大学”和“整顿巩固、重点发展、提高质量、稳步前进”的方针为指导，在全国范围开展了院系调整。经过院系调整，我国新建了一批工科院校和师范院校，原有综合性大学的学科专业也被调整出来“另立门户”，沿海高校部分专业迁往内地另设高校。

3. 建立新的教学制度

新中国成立后的大学校园，一是改变原有的系科，根据经济建设需要，采用苏联高校专业目录，按专业培养专门人才，建立起适应计划经济需求的高校专业分类体系。1953年全国高校专业设置为215种，1957年扩大到323种。二是制定统一的专业教学计划和教学大纲，翻译借用苏联教材，逐

① 郝维谦、龙正中：《中华人民共和国高等教育史》，海南出版社2000年版，第121页。

步自编统一教材。三是加强教学管理，提高教师政治思想水平，组织教师开展教学研究和科学研究。此外，还直接聘请苏联专家来华讲学，指导教改。在此期间创建的哈尔滨工业大学和中国人民大学，无论在专业设置，还是教学改革，抑或师资培训等方面，均走在前列，成为将学习苏联经验和继承解放区大学传统相结合的样板，引领了大学发展。

4. 明确大学宗旨为培养忠于祖国和社会主义事业的高级专门人才

1956 年颁布的《高等学校章程草案》规定：高校的基本任务是适应国家社会主义建设的需要，培养具有一定的马列主义水平、实际工作所必需的基本知识，掌握科学和技术的最新成就和理论联系实际的能力，并且身体健康、忠于祖国、忠于社会主义事业的高级专门人才。① 这一宗旨在此后颁布的关于高教的政策法规中一再得以强调。相比于新中国成立前立足学术本位的"象牙塔"式表述，此时的办学宗旨更注重国家建设，强调大学的应用性和政治性。此外，在加强思想政治建设的同时，对知识分子实行了"团结、教育和改造"的政策，争取留学生回国，团结一切可以团结的力量，为高等教育的快速发展提供了师资保障。

新中国成立至"文革"前的 17 年间，我国先是学习苏联，尔后开展独立探索，无论在办学宗旨、思政建设，还是管理体制、院校规模、专业设置、管理教学等方面，大学的面貌发生了根本的改观。高校由新中国成立初的 205 所发展为 1965 年的 434 所，高等学校在校生数也由 11.65 万人增长到 67.44 万人。17 年里，培养出 155 万多名本、专科毕业生，近 2 万名研究生。② 高等学校的教育质量、科研水平和学科建设均有了很大提高。然而，侧重于"一边倒"学习苏联，对我国高校发展形态也造成了消极影响：管理体制高度集中，形成条块分割；单科院校设置过多，造成学校和专业的重复建设，对欧美和旧中国教育制度缺乏理智分析，调整后的综合大学往往只剩文理二科，而专业学院又学科单一，不利于复合型人才培养和学术发展。

---

① 郝维谦、龙正中：《中华人民共和国高等教育史》，海南出版社 2000 年版，第 82 页。

② 郝维谦、龙正中：《中华人民共和国高等教育史》，海南出版社 2000 年版，第 121 页。

（二）新中国成立后我国的大学观念

受苏联模式影响，新中国成立后的大学观发生了显著变化，中国共产党在延安时期和解放区的高等教育传统也开始发扬光大，大学也坚持并发展了自身的学风、教风。除“大跃进”和“文革”那样极不正常的冲击之外，新中国成立后的大学观念融汇了苏联影响、解放区传统以及新中国成立后的知识分子群体的思想和践履等三个维度。在其中，以“高校六十条”的主要起草者并担任过清华校长和高等教育部长的蒋南翔关于大学的观念和实践较具代表性，结合史料，简述如下：

1. 提出“又红又专”的培养目标

毛泽东在新中国成立初期提倡德智体全面发展，蒋南翔在此基础上提出与因材施教相结合，从而达到殊途同归。1958 年毛泽东提出又红又专，红专结合。蒋南翔认为这个提法更确切并提出清华是“红色工程师”的摇篮。他对又红又专做了具体阐述：“红”是方向，是信念，是理想，从思想政治上有三个台阶，爱国主义——公私兼顾，社会主义——先公后私，共产主义——大公无私，不同台阶有不同的要求，各按步伐，共同前进，不能一律要求、强行一样；“专”是指业务技术，特别强调基础要厚实，注重基础课，包括一般专业基础课和专业技术基础课。“专”是学生在校学习期间就要学习理论联系实际，与生产实际、科研实际相结合，提高学生分析问题、解决问题的能力，培养学生独立创造性工作的能力。①

2. 注重系科教学，强调理论联系实践

1958 年毛泽东提出教育与生产劳动相结合，蒋南翔随即将其具体化为教育、科研、生产三结合的主张，并以此为指导，组织水利系毕业班的师生设计了密云水库。在当时，理论与实践结合，教育和生产劳动结合，脑力劳动与体力劳动相结合，成为社会主义建设的响亮口号，也是大学里的科研与教学服务于生产实践的典型写照。类似的例子不胜枚举，国家基建如成昆铁

---

① 刘冰、苏峰：《蒋南翔与二十世纪五六十年代清华大学的教育建设》，《中共党史研究》2010 年第 4 期。

路建设，科研攻坚如“两弹一星”、人工合成牛胰岛素、青蒿素的问世往往都是院校之间组建团队，老师带领学生攻坚克难，彰显出我国大学和科研院所的知识分子刻苦钻研的精神。

3.“双肩挑”的大学教辅理念

“双肩挑”最初源于1953年的清华大学。时任校长蒋南翔在高年级学生中选拔优秀者任政治辅导员，延长一年毕业，边学习边工作，让他们在学习上不受损失，在政治上得到更多锻炼，培养这一部分人既能做业务工作，又能做政治工作。这种做法被形象地称为“两个肩膀挑担子”，一个肩膀挑政治，一个肩膀挑业务，政治工作挑得好，业务工作照样挑得好，简称“双肩挑”，政治辅导员就是“双肩挑”的突出代表。在当时，蒋南翔提议建立的政治辅导员制度不仅在清华是首创，在新中国教育史上也是首创。这个制度，为清华大学培养了大批领导骨干，也由此拓展到全国，成为延续至今的高校学生教学和管理“标配”，并由此成为现当代中国大学的特色传统。

4. 探寻并完善党在高校的领导体制

蒋南翔并不主张学习苏联的“一长制”（即校长负责制），而是主张实行党委领导下以校长为首的校务委员会负责制。1958年发布的《关于教育工作的指示》明确规定，“在一切高等学校中，应当实行学校党委领导下的校务委员会负责制”，蒋南翔是这一理念的提倡者和践行者并作为主要起草人，将其写入1961年的“高校六十条”。“文革”后，高校领导体制变为党委领导下的校长负责制，大学里一度仍保留了校委会，校长为校务会主任，这与蒋南翔的主张是大体一致的。而在学系层面则是实行系主任负责制，系党总支主要发挥保障而不是领导作用。这段历史时期确定的党在高校的领导地位和党领导高校的观念，在我国现当代高等教育史上产生了深远影响。

四、改革开放以来的中国大学发展与大学观（1978—　）

改革开放以来，中国的社会面貌发生了天翻地覆的变化，高等教育无论是规模、制度，还是其背后的文化心理，也都发生了沧桑巨变。

（一）改革开放以来的大学改革与发展

以恢复高考为标志，高等教育领域率先发出告别阶级斗争、拥抱改革的先声。从1977年恢复高考，到1999年高校扩招，再到当前高等教育由大众化步入普及化，40余年来，我国的大学依次经历了恢复调整、精英式发展、大众化发展和普及化发展阶段，中国大学的发展形态也渐趋多样。

1. 深化高教体制改革，促进高校转型发展

1985年颁布实施的《中共中央关于教育体制改革的决定》，拉开了高等教育改革的序幕，主要包括改革高校招生计划和毕业生分配制度；在招生、教学计划与教材编写、对外合作、人事、经费、国际交流和学术交流等领域赋予高校一定的自主权；实行中央、省（自治区、直辖市）、中心城市三级办学体制；根据经济建设、社会发展和社会进步需要调整高等教育结构；建设重点学科、发挥科研优势；改革教学内容、教学方法和教学制度；后勤工作社会化，等等。此外还提出学校逐步实行校长负责制，建立健全教职工代表大会制度，加强民主管理和监督，等等。以此为标志，我国高教体制改革全面铺开。

为适应社会主义市场经济需要，我国加快了高校体制改革。1992年开始，各高校开始了院校合并与调整。调整的基本思路是对新中国成立后仿照苏联模式形成的条块分割为基础的高教体制进行改革，对当时分别隶属于中央各部委和地方政府所属的1070多所高等院校进行合并调整，以提高办学效益。此次院校合并，以李岚清副总理从改革实践中总结并提出的八字方针“共建、调整、合作、合并”为指导。从1992年到2003年，全国共有788所高校参与合并，组建成318所高校。有19个部委、31个省（直辖市）政府主管部门参与了院校合并调整。① 相比于新中国成立初“以苏联为师”的院系调整，此次合并将条块分割变为条块结合的高教管理体制，并突出了学科综合化发展趋势，也是对计划经济时代高教管理的改革。

① 王根顺、陈蕾：《新中国成立后两次高校合并历史经验的理性探析》，《教育探索》2006年第6期。

无论新中国成立初的院系调整，还是世纪之交的院校合并，均体现出了“集中力量办大事”的优势。然而，任何政策的实施都不可能尽善尽美，院校合并过程中也出现了操之过急，机制未及理顺就一哄而上，以至于部分高校出现利益调整困难，高校内部管理机制难以得到及时理顺等问题。

2. 系统规划重点大学建设，从“211”“985”再到“双一流”

20 世纪 90 年代以来，我国推出并深度实施“211”工程和“985”工程，“985”和“211”院校构成了高等教育金字塔系统的顶端和上半部分，往下是地方重点高校、普通本科、普通专科、民办和成人高校。① 在当时，从“211 工程”到“985 工程”，行政主导模式色彩较为浓厚，在实施过程中，难免受结构性、过程性和体制性问题困扰。2015 年 11 月，国务院发布《统筹推进世界一流大学和一流学科建设总体方案》，拟每五年一个周期开展一轮建设与评估，与国家五年建设规划同步。“双一流”建设有清晰的战略规划，提出了“三步走”的推进路线图：到 2020 年，一批大学和学科达到世界一流水平，进入世界一流行列；到 2030 年，进入世界一流行列的高校和学科数量增加，教育实力明显提升；到 2050 年，世界一流大学和学科的数量进入世界的前列，实现高等教育强国这一战略目标。“985 工程”的初始也是希望突破原有“211 工程”的僵局，而“双一流”也是迫于整个高教界对“985 工程”运作机制的质疑。② 因此，“双一流”建设针对以往政策、模式的弊端进行了制度性创新，能有效激发我国高等教育的内生力量。一是从指定向选择转化，激发一般高校的活力；二是从学校向学科转化，激发特色学科的活力；三是从静态向动态转化，激发入选学科（学校）的活力。③

---

① 陈学飞、张蔚萌：《一个上下互动的政策议程设置：中国创办世界一流大学政策制定过程分析》，《北大教育经济研究》（电子季刊）2004 年第 2 期。

② 康宁等：《“985 工程”转型与“双一流方案”诞生的历史逻辑》，《清华大学教育研究》2016 年第 5 期。

③ 钟建林：《“双一流”建设的历史理路、现实审思与未来路向》，《东南学术》2018 年第 3 期。

3. 大学发展纳入法治化轨道

标志性事件即是《高等教育法》的颁布实施，该法案明确了高等教育的目的，即“培养具有社会责任感、创新精神和实践能力的高级专门人才”；确认了我国高等教育宏观管理的新体制，即实行中央和省、自治区、直辖市“两级管理、分工负责”，基本上改变了照搬苏联模式所形成的“部门办学、条块分割”的体制；再次是明确了高等学校的法人地位和在 7 个方面的办学自主权。该法案通过法律形式全面总结和固定了我国多年来高等教育发展的经验，较为明确地回答了高校发展中的一系列重大问题，比如政府与高校的关系、高校办学自主权、高校内部管理体制等。① 进入 21 世纪以来，高等教育由精英型向大众化和普及化迈进，对外开放程度进一步扩大，高教领域一些新的问题浮现。适应新形势需要，2015 年 12 月，全国人大常委会对《高等教育法》进行了若干重要的修改，涉及方针与任务、高校设立的目的与审批权限、高校学术委员会制度、高教质量评估以及高等教育投入机制等内容，《高等教育法》在推进依法执教中的作用愈加突出。

4. 从大众化到普及化，中国高等教育规模跻身世界前列

伴随世纪末的高校扩招，高等教育发生了广泛而又深刻的变化，高校规模前所未有的扩张，高等教育业已发展到在校生规模超 4000 万人的体量（如图 11–1 所示）。20 余年间，高校以平均每年递增 2.7 个百分点的幅度扩招，高等教育毛入学率已从扩招前夕 1998 年的 9.8%，上升至 2020 年的 54.4%。在此期间，我国高等教育先后经历了从精英化到大众化，再到普及化的历程。最新人口普查显示，全国人口中，拥有大学（指大专及以上）文化程度的人口已超 2.18 亿，每 10 万人中拥有大学文化程度的由 8930 人上升为 15467 人。② 平均每 7 人就有 1 人是大学或大学以上学历，这也正是高等教育普及化的突出表征。然而，总体上，我国高等教育普及化呈现出基础

① 包万平、李金波：《〈高等教育法〉的制定、完善及未来面向》，《中国高教研究》2016 年第 8 期。

② 国家统计局：《第七次全国人口普查公报》（第六号），2021 年 5 月 11 日，见 http：//www.stats.gov.cn/tjsj/tjgb/rkpcgb/qgrkpcgb/202106/t20210628_1818825.html。

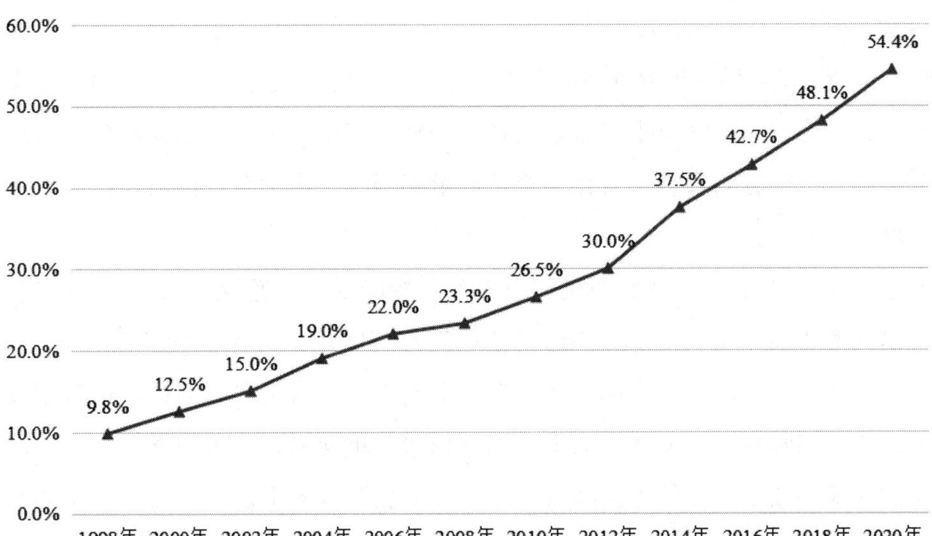

图 11–1　扩招以来我国高等教育毛入学率变化（1998—2020）

资料来源：根据教育部历年《全国教育事业发展统计公报》整理，2022 年 2 月 11 日，见 http：//www.moe.gov.cn/jyb_sjzl/sjzl_fztjgb/。

薄弱、跨越式提升的特征，虽然目前发展规模已跃入世界中上水平，但仍属于低度普及化国家。①

5. 高等教育国际化快速发展

伴随着 21 世纪初加入世贸组织，中国开始深度参与全球化进程，高等教育国际化也呈现出前所未有的快速发展局面，业已形成了多层次、宽领域、立体化、全方位的教育对外开放格局，有力助推了中国大学的变革。在此期间，出国留学、来华留学显著提升，我国已经成为海外留学最大生源国，也是亚洲第一大留学目的国。中外合作办学迅猛发展，已成为提升教育质量、促进大学改革以及实现“不出国的留学”的重要力量。2017 年全国开设中外合作办学的高校数量占全国高校总数的 36.07%，到 2020 年，这一比例已经达到 47.02%，中外合作办学行将成为普通高校的“标配”，“飞入

① 王志强：《中国高等教育普及化的总体方位、实践样态与未来进路》，《国家教育行政学院学报》2019 年第 11 期。

寻常百姓家"。① 中外学术与科研交流日益密切，国家自然科学基金委已与51个国家（地区）的98个科研资助机构或组织建立了合作关系，国际化发展已经成为中国大学所不可或缺的特征。随着"一带一路"倡议的提出和深度实施，改变着高等教育合作与交流的世界版图，中国教育话语在世界上逐步增强。

2020年以来，受疫情困扰、中美关系变局以及"逆全球化"潮流影响，跨境高等教育国际化一度受阻，"在地教育国际化"开始出现。总体来看，长期以来，中国高等教育国际化采取自上而下、政府主导的渐进式追赶型发展模式，国际交流对发达国家形成高度依赖与单向输入，重视学生和人才流动的规模和效率，亟须走向教育"输入—输出"双向平衡，融会本土文化知识传统与世界精华，以质量和内涵为重点、自主创新的国际化发展模式。②

6. 大学发展形态进一步多样化

1980年5月，中央书记处指出：要改革高等教育结构以及"多种形式办学"，认真研究如何创造条件办好投资少、见效快的电视大学和函授大学。自此后，以广播电视大学、函授大学、成人高校、夜大等类型的院校开始发展，以"海淀走读大学"（后改名北京城市学院）为先例的民办高校也由此发轫，高校形态开始灵活多样。1993年2月印发的《中国教育改革和发展纲要》规定，"制订高等学校分类标准和相应的政策措施，使各种类型的学校合理分工，在各自的层次上办出特色"，首次以国家政策文本形式对高校分类发展提出指导性建议。在当时所兴起的民办高校机构，多是作为正规全日制公办高校的补充而出现，主要是满足人民群众求知和提升学历的需求。

进入21世纪后，大学发展形态呈现出快速而又深刻的变化。首先是院校规模的扩张。在院校合并和高等教育普及化背景下，中国大学也出现了综

① 李阳：《中外合作办学历史进程和基本经验——基于〈国家中长期教育改革和发展规划纲要（2010—2020年）〉的思考》，《河北师范大学学报》（教育科学版）2021年第5期。

② 李梅：《全球化新变局与高等教育国际化的中国道路》，《北京大学教育评论》2021年第1期。

合性的“巨型大学”，拥有万人以上规模、若干校区的院校渐成常态。其次是新理念引领下的大学创新发展。世纪之交推出《高等教育法》、开展院校合并以及实施高校扩招，为大学多样性发展提供了良好的铺垫。再次是地方院校开始呈现多样化发展，突出体现在着眼于服务区域经济社会发展的应用技术型大学的出现。2015 年，教育部会同国家发展改革委、财政部共同出台了《关于引导部分地方普通本科高校向应用型转变的指导意见》，标志着我国大学发展向多样化迈出了实质性步伐。最后，随着高教国际化的加快发展以及在新科技革命驱动下，企业办大学开始出现，如海尔大学、华为大学等。大学多样化发展趋势已显端倪，迫切需要相应的政策指导。

（二）改革开放以来的大学观发展

改革开放的历史进程中，政府教育决策不断开拓创新，渐趋务实；学界关于高等教育研究不断精进，高等教育学科已成建制化发展；社会民间的活力亦得以激发，政府、学界、民间关于大学的观念都得以表达，中国的大学观由此进一步丰富。自 20 世纪末以降，每逢纪念改革开放的时间节点关于改革开放历程的回顾，催生出了改革开放史领域的研究，也为观察高等教育的发展变化提供了较好的视角。在此借助改革开放史的视角，分别从政府、学界和民间的角度，对改革开放以来的大学观进行简要概括。

1. 思想解放，关于高等教育强国建设的政策话语力度不断加强

在“解放思想、实事求是”的鼓励下，先是 1979 年苏步青、匡亚明等老一辈校长上书党中央，主张恢复高校自主权，到 1985 年《中共中央关于教育体制改革的决定》出台，再到市场经济确立后提出实施科教兴国战略，创办一流大学，出台实施《高等教育法》，国家关于高等教育基本规律的认识不断加深，高等教育改革的自主性越来越强。进入 21 世纪后，科技创新意识不断加强。从世纪之交的“知识经济初见端倪”，到当前以“互联网 +”、人工智能为特征的新科技革命时代的悄然降临，政府关于大学发展的政策话语，始终围绕“建设高等教育强国”等核心议题展开。“创建世界一流大学”“建设人力资源强国”“加快创新”“提高全民族素质”成为领导人和行政官员讲话和高等教育政策文件中出现的高频词汇，亦反映出应对日

趋激烈的全球竞争和实现民族伟大复兴使命的价值取向。另一方面，高等教育的意识形态不断加强和完善，突出体现在“坚持社会主义的办学方向”、加强思想政治教育、加强高校党团组织建设等方面。

2. 学界关于大学研究不断深入并拓展，大学观逐步深化、系统

改革开放40余年，高等教育的研究队伍不断壮大，研究方法不断精进，与高等教育相关的学科领域如高等教育哲学、高等教育经济学、高等教育史、大学组织与管理、大学教师发展等学科专题不断健全，研究成果频出，与国际同行的联系交流不断密切，我国已经成为高等教育研究大国，进入了高等教育研究史上最为繁荣的年代。在这里仅仅围绕与大学观相关的学界研究历程进行简要归纳：

（1）顺应国家战略，“世界一流大学”研究渐成显学。改革开放以来，学界关于大学的认识不断深化和明确，突出体现在建设世界一流大学的使命意识逐步增强。随着“211”“985”工程以及“双一流”政策的深度实施，“建设世界一流大学”逐渐成为高等教育研究的“显学”，关于一流大学的发展历史、办学理念、组织治理、筹款机制、国际合作与交流、教师发展、科研管理等诸多领域的研究取得了前所未有的进展，研究成果直接服务于政府决策和大学自身建设，取得了显著成效。另一方面，应时代之需所出现的“大学排行榜”又在相当程度上借助社会传媒，向社会民间传递和普及了国内外关于一流大学的观念。

（2）立足大学本位的研究渐趋深入。我国百余年的高等教育发展历程也促进了学界反思，开始深化关于“大学是什么”的形而上思考。相应地，高等教育哲学、大学发展史方面的研究开始系统性发展。这其中，既有关于西方大学发展史的系统考察，也有中国高教史的多维度梳理，以及关于中国古代教育史上的书院研究也日趋繁荣。这样侧重于历史文化角度的研究，唤醒了关于“学术自由”“大学自治”“追求高深学问”等大学的古典理念，并由此助推了学界乃至民间的怀旧，一波又一波关于近现代以来的大学研究便是生动体现。大学的“文化乡愁”由此再度回归，有不少学人开始从中西方大学发展史中寻找慰藉。“我们似乎已习惯于中国早期的大学价值传统中寻

找寄托，并以之来反观现实。”[①] 这种文化的怀旧反过来再度助推了关于大学自治、学术权力等方面研究，突出体现在多年来关于“学术权力”“高校自主权”的研究。这样的研究传递到民间，也让“大学者，有大师之谓也，非大楼之谓也”这样的话语广泛传播，在相当程度上促进了民间关于大学的理性认知。在此过程中，比较教育领域率先开展了前瞻性研究，有力促进了大学多元发展观念的传播。一方面，深度译介西方高等教育理论，“创业型大学”“产业型大学”“都市型大学”等案例不断介绍到国内，促进了大学观的思想解放；另一方面，立足我国实践，从中西方比较的角度，提出了新的大学观念，例如在世纪之交，我国关于“世界一流大学”研究刚刚起步之际，王英杰即提出了新型服务型大学的理念。[②]

（3）大学观与大学研究的多元化。这里的多元化至少有两层含义：一是大学自身多元化发展需要及时梳理，追踪并研究当前国内外大学多元化发展态势便成为学界的逻辑诉求，例如前述章节关于国际国内大学发展形态的系统阐述与研究。二是关于大学发展之多学科视角的研究。大学本身作为知识探究、培养人才、服务社会的场域，天然需要多学科视角。与此同时，整个社科领域也进入学科深度交叉融合的阶段，大学研究也不例外。面向大学所开展的多学科研究、跨学科研究，也会助推大学多元化发展态势。

3.“考大学”成为个体生涯规划的信念，民间大学观渐趋丰富

1977 年的恢复高考，开始向民间传递教育改变命运的信念，让无数平民学子看到了命运转机的希望。“天之骄子”便是 20 世纪 80—90 年代社会上关于大学生的别称。通过考大学改变命运的社会文化心理，就此成为深厚的潜在力量，与传统的科举制影响下的文化心理遥相呼应，成为中国大学有别于他国的重要特征。这种文化心理在相当程度上型塑了高考，并在现当代高等教育史上发挥了重要作用。伴随高等教育由精英化发展到大众化，再到普及化，以及随之而来的“就业难”，社会民间关于通过教育改变命运的信条

① 阎光才：《文化乡愁与工具理性：学术活动制度化的轨迹》，《北京大学教育评论》2008 年第 2 期。

② 刘宝存：《大学理念的传统与变革》，教育科学出版社 2004 年版，第 125—126 页。

并未改变，只是对于上大学“一考定终身”的观念在逐渐消融。关于大学的观念进一步发生了变化，促使“考大学”的抱负升格为“考取好大学”的阶段性目标。“天王盖地虎，全考985”式的民间俚语，以及与之相关的“学历鄙视链”现象，形象折射出金字塔式不同层级的高校系统作用于社会民间所衍生的文化心理。在高等教育普及化背景下，“原本属于成人的漫长的社会竞争被急剧挤压、提前到青少年阶段。”“中国高等教育扩招之迅猛，情势在一代人之内发生了骤然变化，父母辈的经验已经不起作用，更不用说祖父母辈”。① “内卷”作为当下的高频词汇，不仅出现在社会各行各业，更体现在教育的各阶段，近些年来出现的“高考工厂”式的高中便是极其生动形象的写照。

第二节 我国大学发展的多样化需求与同质化困境

百余年的大学发展和大学观演进历程，将中国大学发展推向一个新的起点。面向全球、面向未来的中国大学，意味着新的思想解放，也意味着大学发展形态的进一步丰富、多元。当前，我国高等教育由大众化迈向普及化，虽然满足了人们提升学历的需求，然而高等教育质量仍有待提升，“十四五”作出了“推进高等教育内涵式发展”的部署，对高等院校发展的质量、形态等提出了进一步要求。新的时期，颇带有“历史遗留”的高校同质化问题愈加突出，人才培养的“滞后性”也在快速的科技进步和社会变迁中愈加凸显。有鉴于此，本部分拟结合前述章节的分析，面向我国大学发展的现实，分析我国大学发展的多样化需求和同质化困境，探寻其背后的制度建构和文化心理等深层次原因。

一、大学发展的多样化需求

大学的多样化发展，既是高等教育自身发展的逻辑诉求，又是多元化社会发展的客观要求，也是新科技革命的时代背景下，科技及产业结构发展

---

① 陆一：《学业竞争大众化与高考改革》，《教育研究》2021年第9期。

的迫切要求。

（一）社会发展向大学多样性的新需求

社会经济结构的调整，客观上需要大学作出相应的调整。改革开放之初，高校恢复招生、恢复正常秩序，多是因应社会需求。当时，高校培养出的大学生就是各行精英。40余年后，中国社会的经济结构发生了天翻地覆的变化，社会分工愈加细致，人们提升学历、技能的需求不断高涨，终身学习时代也已悄然降临。这些必然会对大学的类型、专业设置、培养的人才规格、各相关领域的科研以及社会服务等提出更为具体和多元的需求。单单靠原有的以行政级别、学术声望构筑的高等教育金字塔系统已经难以适应社会多元发展的需求。

进入21世纪后，随着社会分工的进一步深化，"企业办大学"开始出现，如"华为大学""海尔大学""西湖大学"等等，在这样的过程中虽然出现了一些乱象，教育部也出台相关政策予以纠正。然而，这样的现象毕竟反映出社会各行业尤其是高新企业对于大学多元发展的客观需求。与此同时，我国开始陆续介绍国外新式大学实践与研究的进展，如创业型大学、都市型大学、虚拟大学等开始进入学界视角，继而在一些地区开展了相关实验，突出体现在地方院校之服务于地区经济社会发展的再定位。

当下，受全球蔓延的新冠疫情和"逆全球化"趋势影响，经济增速放缓，相对于每年数百近千万的高校应届毕业生，社会提供的岗位毕竟有限。一方面，用人部门招聘水涨船高，"学历查三代"早已成为招聘机构默会的"潜规则"；另一方面则是"内卷化"趋势严峻，人才浪费严重。即便如此，用人机构"招非所用"的现象并未从根本上得以缓解。这也反映出大学的同质化发展，并未满足社会发展的诉求，多元化发展势在必行。

（二）高等教育自身发展的诉求

高等教育的多样性是伴随着高等教育大众化、普及化而出现的一种现实样态，甚至可以认为，多样性是现代高等教育发展的一个逻辑起点。① 现

① 卢晓中：《扎根中国大地办大学亟须高等教育发展理论中国化》，《光明日报》2019年9月5日。

代化的高等教育制度是能够满足现代社会发展对不同层次和不同类型人才复杂需求的制度，是能够满足人民对高等教育不同的、个性化的复杂需求的制度。因此，多元化发展乃是高等教育发展的客观诉求。梳理我国高等教育多样化发展诉求，突出体现在如下三个方面：

1. 区域高等教育发展的客观诉求

由于地缘经济区别，我国客观存在着东、中、西三大区域在经济文化发展方面的不均衡。多年的改革开放，已然型塑了不同区域各自具有独特的经济、文化方面的发展诉求。尤其是近年来陆续推出的“京津冀一体化”“长三角一体化”“粤港澳大湾区”“成渝双城经济圈”等区域发展战略，增强了各地特色化发展趋势，区域经济结构的升级换代和各自的定位客观上需要当地的大学也作出相关回应。以粤港澳大湾区为例，大湾区内地城市借助毗邻港澳地区地利之便，很早便开始了内地和香港地区大学融合发展的尝试。相比内地，粤港澳大湾区高等教育开放程度更高，由此一来，区域高等教育发展的地方性特色进一步彰显，客观上也随之更需要多元化发展趋势。与此同时，随着高等教育的普及化发展，县域高等教育开始崛起，目前多为地方高校在县域设立校区或分校的形式，以经济发达地区最为典型，这也体现出城镇化和高等教育普及化发展的客观诉求。从空间理论视角来看，县域范围内设立高校，客观上必然要求服务于区域经济，一方面有利于引智引才，另一方面培养出的人才可以就地入职，直接发挥“人口红利”。长远来讲，这对我国“中央—省—市”的教育管理体制也带来了机遇和挑战，在高等教育“去行政化”的诉求下，县域大学的崛起客观上也需要高教管理体制和理念的创新。

2. 不同类型高等教育发展之诉求

高校扩招以来，许多高校通过升级、合并等方式，或升格为综合性大学，或扩张为以某一领域学科门类为特色的综合性大学。这虽然大大扩充了我国综合性大学的数量和规模，而在几年内仓促完成的“升级换代”多是行政管理主导的结果，尚未及遵循高等教育内部规律展开内涵式发展。另外，地方院校在升格过程中，为追求学科专业的“大而全”，出现了“一窝蜂”、大跃进式设置热门学科专业的现象，从而导致地方高校趋同、教育质量难以提升的困境。当下许多地方院校纷纷谋求特色建设并借助生态理论、“错位发展”的视角制定发展规划，试图走特色发展的路径，也反映出不同类型院校发展的客观诉求。

3. 全球化时代高等教育的交流与合作

高等教育的改革蕴含着大学多样化发展的内在诉求，而高等教育的开放则为大学多样化发展提供了机遇，提出了新的要求。如前所述，中外合作办学作为当前高等教育开放发展的突出体现，既广泛渗透到各级各类高等教育，又集中代表了特定类型的新式大学。例如，中外合作办学实体机构如宁波诺丁汉大学、西交利物浦大学、上海纽约大学、昆山杜克大学等院校，作为进入 21 世纪后的新式大学，在实现“不出国的留学”、促进多样化发展、提高教育质量以及推进教育改革中发挥了重要作用。如前所述，在教育对外开放背景下，高等教育的国际合作与交流比以往任何时候都为普遍，创业型大学、都市大学、虚拟大学、服务型大学等业已系统进入我国比较高等教育学界的研究视野，相应的实践探索也取得了一定进展。再比如，以“密涅瓦大学”为代表的全球性大学悄然兴起，无论学校组织结构还是课程教学、招生培养，均不同于既有的大学形态，代表了新的办学理念和实践模式。

（三）新科技革命对大学的驱动和引领

以信息技术、生物工程为特征的新科技革命，将人类社会推向新的前所未有的时代，也使得人类教育出现了新的变化。新科技革命对教育领域发生的深刻影响，对学习空间、学习方式、学习内容、师生关系、教学组织等均发生了深刻影响，泛在学习、个体化教学、个体化学习等形势悄然兴起。当前，以“未来学校”为特征的基础教育领域探索，自进入 21 世纪第二个十年以来，相关的探索长盛不衰，集中代表了科技革命在基础教育的深刻影响。

在这种背景下，高度国际化发展的大学教育不可能置身事外。一方面，大学场域中的科研活动深度参与当前的新科技革命；另一方面，新科技革命下，各种新技术和实践的应用直接作用于大学的科研、服务和人才培养。前述章节关于“创业型大学”“虚拟大学”“全球性大学”的介绍与研究，也正是大学在新科技革命背景下所发生的发展与变化。可以说，科技革命正在引领着大学发展的新样态，孕育着大学发展形态之突破的可能。

二、大学发展的同质化困境

高等教育普及化阶段大学多样化发展的客观诉求，所对照的正是大学从组织管理到培养方式等各方面的同质化困境。自高校扩招以来，大学发展的同质化问题与高等教育质量问题一道，成为困扰高教发展的突出问题。

（一）金字塔式宏观行政管理模式导致院校发展趋同

如前所述，自 20 世纪 90 年代开始的“211”和“985”工程，再到当前“双一流”建设的战略实施下，我国高等教育系统不可避免地形成了以行政级别的高低、学术声望的大小等构筑而成的高等教育金字塔系统。关于对这一金字塔式的全国高教系统的管理，赵炬明曾有过论述：“由下而上是民办学校和成人高等学校、普通地方专科学校、普通地方本科院校、地方重点高校、近百所‘211’高校、三十余所‘985’大学，七所所谓‘重中之重’的‘985’大学，最后是位于塔尖的北京大学与清华大学。”① 根据2016年推出的“双一流”建设政策对其进行修正，则是位居金字塔上部的“985”和“211”为“双一流”高校和学科取代并且增加了一定的流动性，位居金字塔顶尖的北大、清华以及若干所“重中之重”的“985”院校仍然未变。此外，尽管国家作出了通过“双一流”取代“985”和“211”工程的政策，但由于“985”和“211”工程的多年实施，业已在高等教育系统内部和民间形成了符号身份，这样的身份性符号一旦形成，便不会在短时间内消除。

正是由于这个金字塔式的中国高校管理环境，使得“政府不仅根据这个体系进行教育规划，决定各级各类学校的数量和发展水平，还根据这个体系对全国高校进行管理和指导”②；“这个系统会随着政府政策的变化而变化，

---

① 赵炬明：《精英主义与单位制度——对中国大学组织与管理的案例研究》，《北京大学教育评论》2006 年第 1 期。

② 赵炬明：《精英主义与单位制度——对中国大学组织与管理的案例研究》，《北京大学教育评论》2006 年第 1 期。

例如政府要抓国家创新能力了，原来的重点大学分化出‘211’高校、30余所‘985’高校、7所重中之重高校和北大与清华等几个级别。为了发展大众化高等教育，就出现了民办学校、成人高校等类别的学校。有时候为了某些原因，还会在系统不变情况下允许一些学校升级，例如从专科学校升为本科院校、从非重点院校变成重点院校等等。”① 同样，也正是服务于提升教育质量、“做强做大”高等教育的需求，在高校扩招过程中，位于中下部的高校也努力向上攀爬。“由于升格对每个学校来说都是一场事关资源与前途的争夺战……一旦（升格的机会）出现，学校就必须抓住。因此，中国高校中的刮风是不可免的。只要上面‘开口子’，下面就必然刮风。例如近年刮的换校名风、升格风、合并风等均是如此。”② 同样，这样的换校名风、升格风、合并风也恰恰正是位居金字塔中下层的高校对标金字塔上方“发挥示范作用”高校所采取的相关发展策略，于是就不可避免地导致高校发展的同质化。

赵炬明的论断发表于十五年前，从当下看，当时所分析的中国高校集中统一领导和行政化管理模式在高等教育大众化进程中逐步完善，并由此进一步形成了中国高校的管理特色。这样的管理模式，既是我国集中统一领导高等教育发展的集中体现，又能有效贯彻党和国家的领导意志，发挥“全国一盘棋”作用和示范效应；另一方面也突出了行政化色彩，因为高校的财政投入、社会声望、生源等均与行政级别挂钩，国家意志得以很好地贯彻于高等教育的方方面面。因此，当“高校去行政化”作为一个社会热点话题在2010年前后开始讨论，十余年来，关于“去行政化”的讨论一直持续，在高校内部管理运行中也有局部变革，然而关乎大学行政级别以及学校内部各级领导的行政级别仍未从根本上抛弃。高校未来去行政化的路径怎么走，如何去行政化，在什么程度上去行政化，去行政化后如何提高管理效益，仍有

① 赵炬明：《精英主义与单位制度——对中国大学组织与管理的案例研究》，《北京大学教育评论》2006年第1期。

② 赵炬明：《精英主义与单位制度——对中国大学组织与管理的案例研究》，《北京大学教育评论》2006年第1期。

待具体分析。

（二）高职高专、民办高校发展弱势

高职高专和民办院校作为中国高校扩招的主力军，位居中国高校金字塔系统的底端。无论行政级别，还是财政拨款，抑或社会声誉，均不可与重点院校甚至地方普通高校同日而语，由此导致了长期以来的弱势发展地位。高职高专作为公办院校，在高校扩招过程中，往往抓住机会，升格为本科院校。民办高校也使出浑身解数，力图在向应用技术型大学转型过程中也升格为本科院校，然而毕竟与高职高专有着“体制内外”的差距。因此，单就体制归属而言，民办高校后劲不足。相对来说，极少部分高职高专还可以在升格为本科院校之后，进一步通过硕士点乃至博士点的争取，实现办学层次的跃升，而教学服务型大学、应用技术型大学等则多是成为民办高校的发展定位。

从历史渊源来看，如前所述，民办高校是改革开放进程中，因应群众追求高学历教育的产物。非公立院校的行政属性，决定其长期以来只能作为我国公立高校的有益补充地位，这也与“以公有制为主体，多种所有制并存”的社会主义市场经济体系相适应。再往前追溯，新中国成立初期，我国很快就没收了私立大学，取缔了教会大学，将这两类高校划转为公立院校，将高等教育纳入社会主义公有制的轨道。而就职业教育而言，自清末民初我国创立现代意义的大学之际，职业教育便不同于高等教育，职业教育最早可以上溯至洋务派所开设的专科学堂，专于某一项技能的职业培训，往往是应急而设；民国时期黄炎培等先贤发起的职业教育，又多是为解决民众生计所需。而改革开放初期的职业教育机构也多是出自“快出人才”的考量，一度出现过繁荣局面。然而，随着大众化高等教育的到来，高职高专便很快走向式微。就此而言，从一开始，高职高专就先天缺乏“培养硕学宏才”“研究高深学术”那样的高远定位，远不同于德国“双元制”那样的高等职业教育培养机制。

（三）社会大学观聚焦重点院校

对于有着悠久、深厚的考试文化传统的中国社会而言，社会民间的文

化心理对于大学同质化发展的作用也不容忽视。在高等教育普及化时期，“考上重点大学”似乎才更能够使年轻一代获得高质量教育、取得“含金量高”学历并进而实现阶层的跃迁。这种文化心理有其合理性，与我国金字塔式的高校系统呈双向同构的关系，并助推了重点中学建设。近年来，以“高考工厂”著称的“毛坦厂中学”“衡水中学”以及各地县域超级中学的出现，无不重点关注金字塔式高校系统上半段的院校（即“985”“211”“双一流”等院校）招生。从微观层面来看，以县域中学日常教学为例，便有了“清北之星”“单科状元”“学习标兵”“进步之星”之类的学生成绩排序。而这样成绩排序所主导的日常教学，实则是高考主导下我国高中教育教学的缩影。就此而言，社会民间关于大学的观念和文化心理远未实现充分的多元化发展。

第三节　我国大学发展形态和大学观的多样化发展策略

普及化阶段的高等教育发展，不再仅仅是数量、规模上的逐步增大，更标志着高等教育系统在价值、功能、结构、标准、过程、评价、治理等方方面面呈现出越来越多样化的特征。① 我国不同高校有着各自的发展历史、功能定位、办学理念及社会服务功能，新的历史时期，大学发展不可能仅仅在已有“金字塔”式的高等教育系统中向上攀升，而必须要在坚持知识探索、人才培养与服务社会功能的基础上，进一步走向社会，充分发挥作用。与之相应，全社会对于高等教育的需求更加灵活、开放、多元，高等教育多样化也会进一步深化发展。就高等教育机构多样化而言，既可以是内部的，也可以是外部的。高等教育机构内部多样化是指高等教育机构内部的差异化，内部的差异化涉及高等教育机构运行的方方面面，比如机构的使命、学生的来源、教师的学缘、学术基础单位的设置、学科和专业的设置、管理的制度等。高等教育机构的外部多样化则主要是指高等教育机构间的差异

① 董立平：《多样化：高等教育普及化阶段的基本特征》，《中国高等教育》2016 年第 17 期。

化。[①] 有鉴于此，结合前文关于不同样态大学历史回溯、成因分析、职能使命、发展模式与未来走向的讨论，本部分拟结合我国大学多样化发展的现实诉求，探讨新时期我国大学多样化发展的策略。

一、解放思想，树立多元开放的大学发展观

思想是行动的先导，多元、开放大学观的确立，是实现大学多样化发展的前提，意味着决策部门、研究者和实践者关于高等教育在新时期发展规律的深度认识，意味着整个社会对于多元、开放的大学发展观的接纳与认可。

首先，决策部门宜进一步强化大学多样化发展意识，促进高等教育更加开放、稳定和多元。确立多样化的大学发展观，意味着高等教育发展在布局谋篇方面实现创新，并进一步在院校评价、资源分配、人才培养等领域推出更加行之有效的政策，从而有助于各级各类高校的特色化发展。实际上，我国当前“双一流”政策对高校灵活实施退出机制，新时期强化应用技术型大学发展等，也正是多元化大学观逐步确立并日趋强化的体现。宜在此基础上，着眼于国内外大学多样化发展趋势，进一步解放思想，鼓励各级各类高校因地制宜，密切联系政府、企业与社会各界，发展具有中国特色的创业型大学、服务型大学以及都市大学等，并积极借助当前教育数字化转型趋势，加快发展虚拟大学、全球性大学，通过大学多样化发展，提升高等教育效益。

其次，学界应聚焦大学多样化发展，再度拓展研究空间，开展追踪研究，将中国大学多样化发展研究推向深入。本书尝试勾勒出不同类型大学的发展轮廓，系统呈现当今世界不同的大学发展形态及相应的大学理念，也是在向学界抛砖引玉，冀由此进一步引发关于大学多样化发展的系统研究。在新的形势下，尤其是结合当前新科技革命的全球背景、建设“数字中国”“人才强国”战略等新时期，宜进一步研究不同类型大学背后的形成机

---

① 王英杰：《刍论多样化高等教育制度建设》，《比较教育研究》2019 年第 5 期。

制，大学与社会的互动关系，以及大学发展前景等，探寻各类高校的特色化发展路径，为高等教育多元化发展提供智力支持。就高等教育研究而言，多元化大学发展形态背景下，高等教育理论研究亦会更加丰富，无论关于“大学是什么”的形而上追问，还是关于“大学为什么”的学理分析，抑或“大学怎么做”的形而下操作，不同类型的大学研究将会进一步丰富与深化。

再次，各级各类高校应进一步巩固多样化的大学发展观，助推自身特色化发展。高等教育由大众化迈向普及化，地方院校相继完成了升格发展，院校升格的蛋糕已然“做大”，多样化、特色化发展成为院校下一步发展的现实逻辑。大学多元化发展观恰逢其时，各类院校可以根据自身历史底蕴、现实需求和发展理念，深化大学多元化发展研究，在现有大学多样化发展理念及发展形态的“自选超市”中，选择适合自身发展的大学理念及样态，“量身打造”适宜的发展范式。

再就是，宜借助政府提倡、学界研究和院校实践，促进多元化的大学观念植入社会民间。普及化阶段的高等教育，多样化发展乃是必然趋势，在终身学习的时代，学界与社会民间的鸿沟将会借助网络传媒进一步“填平”或“变浅”，界限更加模糊。随着大学多样性的发展，“融汇中西”“囊括百家”那样的大学观会进一步成为“文化乡愁”，不同大学的“工具理性”将会进一步加强，“专业的事交给专业的人去办”。随着终身学习理念的深入，社会需求的多元，人们对大学学习的需求会进一步丰富而多样，宜顺应这一趋势，促进大学观在社会民间逐步实现丰富、专业和多元。

二、做好顶层设计，创设有助于大学多样化发展的制度环境

新的历史时期，推进大学多样化发展，需切实服务于国家战略，切实遵循《高等教育法》的相关规定，按照“扎根中国大地办大学”要求，创设合理的制度环境。

（一）扎根中国大地办大学，探索大学发展的新模式

英国著名高等教育专家、剑桥大学前副校长埃里克·阿什比（Eric Ashby）曾经指出：任何类型的大学都是遗传与环境的产物。他说：“大学是

继承西方文化的机构。它保存、传播和丰富了人类的文化。它像动物和植物一样地向前进化。所以任何类型的大学都是遗传与环境的产物。”① 因此，办大学既要遵守大学的内在逻辑，保持一定的定力；又要根据大学的社会环境的要求，立足于本国和本地区的需要办学，不但创新，办出具有本国和本地区特色的大学。前文所讲的各种不同形态的大学，都是在平衡遗传和环境因素而根据自身的发展需要不断创新的产物。

我们借鉴国外大学发展的理念和形态，也要处理好遗传与环境、大学内在逻辑与社会需求之间的关系，立足中国大地办大学。我国大学观和大学形态的多样化，目标在于使不同类型的大学找到适合自己的大学观和大学形态，创出适合自己的大学观和大学形态，按照各自的大学观和大学形态追求卓越，各展所长，特色发展，办成一流。正如习近平总书记在 2014 年的北京大学师生座谈会上强调的：“办好中国的世界一流大学，必须有中国特色。没有特色，跟在他人后面亦步亦趋，依样画葫芦，是不可能办成功的。……世界上不会有第二个哈佛、牛津、斯坦福、麻省理工、剑桥，但会有第一个北大、清华、浙大、复旦、南大等中国著名学府。我们要认真吸收世界上先进的办学治学经验，更要遵循教育规律，扎根中国大地办大学。”②

（二）服务国家战略，鼓励大学有序发展

高等教育应扎实立足于区域社会经济、科技、文化发展需求，切实贯彻“十四五”关于推动高等教育高质量发展部署，借力新的顶层设计，认真贯彻《中国教育现代化 2035》关于“建立完善的高等学校分类发展政策体系，引导高等学校科学定位、特色发展。持续推动地方本科高等学校转型发展”的重要部署，因地制宜出台实施方案，从而促进大学多元、健康发展。

以区域高等教育发展为例，近年来，我国的京津冀、长三角、粤港澳大湾区以及成渝城市圈经济特色发展取得了突出进展，为区域高等教育特色

---

① ［英］阿什比：《科技发达时代的大学教育》，滕大春、滕大生译，人民教育出版社 1983 年版，第 7 页。

② 习近平：《在北京大学师生座谈会上的讲话》，《人民日报》2018 年 5 月 3 日第 1 版。

化发展创设了新的条件。这种背景下，各地高校宜进一步着眼区域经济、社会发展需求，在专业设置、培养目标、办学特色等方面作出相应的调整。例如，北京地区可立足“首善之区”的独特优势并借助京津冀一体化建设战略，致力于构建良好的政产研学关系，促进各类高校健康发展。粤港澳大湾区的高等教育可立足地处改革开放的“前沿阵地”之利，发挥粤港澳三地高等教育优势，加强三地合作，发挥“1+1+1>3”之成效。

在此过程中，应进一步发挥好党在新时期的集中统一领导，构建良好的府产学研关系。重心在于要明确不同类型高校定位进而确定各自的发展、进阶目标，相应地在资源投入、行政评估方面作出相应的调整，从而使得不同类型的府产学研各得其所，促进大学的多元、健康发展。

（三）充分落实、保障高校自主权，鼓励高校错位发展

2015 年 12 月，十二届全国人大常委会第十八次会议表决通过了关于修改《高等教育法》的决定，对第四、五、二十四、二十九、四十二、四十四、六十条等 7 项内容进行了修改。修订后的《高等教育法》进一步强调了高校的学术本位和质量意识，高校自主权也有了相应的拓展。由此出发，面向普及化阶段的高等教育，宜进一步落实高校自主权，保障高校自主发展的空间，政策的实施应以维护《高等教育法》为准绳，避免高校自主权被低位阶的行政规章、政策文件等架空。

在保障高校自主权的同时，应进一步鼓励高校错位发展。地方本科高校位于不同的区域，学校发展历史、办学条件和区域文化各有不同，这些情况本来可以使它们具有鲜明的个性风貌。但是，由于高等教育管理、功利主义等多重因素的影响，多年来地方本科高校却形成了千校一面、同质化严重的倾向。[①] 有鉴于此，高校必须实施错位发展战略，克服同质化、同构化倾向，彰显异质性特征，使专业和职业、产业、行业双向嵌入与有机融合。例如，技能型高校要对接职业、应用型高校要对接产业、研究型高校要对接行业，准确分析自身条件及内外部环境，在办学思路、治学方略和人才培养等

① 穆厚琴：《地方本科高校办学定位转型的理性思考》，《黑龙江高教研究》2016 年第 5 期。

方面凝练特色，形成具有比较优势的特色学科专业群和人才培养模式。[①]

在此过程中，也可以面向地方高校，分门别类制定应用技术型院校建设标准并适当采取“动态竞争”机制，从而逐步实现高等学校结构纵向从“金字塔”向“纺锤形”或“椭圆形”结构改变，横向鼓励每一所院校找准自己合适的定位，达成“万物并育而不相害，道并行而不相悖”的发展图景。

三、顺应形势，从现实需求出发，促进大学发展多样化

结合前述章节内容，我们认为，大学自身的多样化发展，应注重如下几点：

（一）立足大学自身特色，走多样化发展道路

考虑当前国内大学发展形势，对于日渐成为社会轴心的高等教育而言，任何类型的大学都可以成为创新型大学、绿色大学、服务型大学。相应地，就应该促进创新型大学、绿色大学、服务型大学理念在各级各类院校中的普及与深化，以提升院校的可持续发展意识，加强院校的社会服务功能。具体到不同的院校，更应立足自身现实，秉持多元化大学观，走多样化、特色化发展的道路，不同层次、类型高校可对应一种或若干种大学发展形态。

对于处于我国高等教育“金字塔”系统顶端的北大、清华、浙大等“C9 联盟”和其他“双一流”高校而言，可凭借自身优势，广泛借鉴全球性大学、创业型大学的发展路径，深化大学内涵发展，发挥名校的社会效益，提升国际影响力。当前，深入开展“双一流”建设的各高校，可立足学科优势，适度借鉴世界一流高校发展创业型大学的理念与经验，通过与高科技产业的深度联合，长远推进研究与创新。在此过程中，可利用我国研究型大学集中领导，集中力量办大事的优势，强化服务国家战略的意识，在组织管理创新、科研导向、创业型人才培养方面大胆创新，推进变革，从而发展具有

---

① 李海萍、郝显露：《地方本科高校分类转型发展：进程、反思及其建议》，《湖南师范大学教育科学学报》2021 年第 4 期。

中国特色的创业型大学。

对于普通高校而言，应立足所在地区的经济、文化发展的现实需求，广泛参照应用科技大学、都市型大学、创业型大学以及服务型大学理念与路径，转变思路，密切高校与社区合作，走多元发展的道路。相对于欧美国家尤其是"都市大学"的滥觞地美国，我国的大学几乎全部位居城市，在某种意义上可以说，中国的大学大多数也可称为都市大学。因此，地处各城市的高校在促进市民终身学习，开展职业培训，促进区域经济发展方面有着广阔的发展空间。尤其是在城镇化取得阶段性进展、乡村振兴战略深度实施的当前，城乡社会也在发生着快速而又深刻的变革。这种背景下，区县大学也面临着新的发展机遇，或者通过区县高职院校，或者通过地方大学在区县设立分校等方式，着眼于区县经济、文化发展需求设置发展路径，从而也极有可能发展出独特的区县大学模式。

随着制造业的振兴，社会对高素质应用技术人才的需求进一步高涨，也会倒逼民间大学观念发生变化。对于广大高职高专和民办院校而言，应抓住国家当前振兴制造业，促进职业技术类大学发展的大好机遇，发展高质量应用科技大学，从而与传统的普通本科院校"势均力敌"。有鉴于此，宜进一步打通职业高等教育和普通高等教育之间的通道，尤其是要促进传统研究型大学与高端应用科技大学的合作，打造高层次应用科技类大学，以提升"应用科技大学"的实力与声望。

（二）深化教育对外开放，促进全球性大学发展

在新时期教育对外开放战略的实施背景下，我国大学类型进一步丰富，直接体现便是各类高校开展丰富多彩的中外合作办学项目，以及具有独立法人资质的中外合作办学机构相继成立，并进一步发展壮大，业已形成"引进来"与"走出去"并重的格局，中国特色全球性大学的条件也逐渐成熟。

在中外合作办学现有基础上发展全球性大学，宜进一步放宽眼光，以全球性的眼光，面向世界所有顶尖大学开展合作，大力引进优质高等教育资源，做到为我所用。与此同时，宜借助"一带一路"倡议与高校"走出去"办学的经验和优势，立足特色学科和专业，面向全球开展境外办学的战略布

局，在此基础上，发展具有中国特色的全球性大学，

在“地方—国家—全球”构成的三维空间中，大学直接面对的是全球化场域。世界任何国家和地区高等教育的创新，一经问世便很快传到全球各个角落。从这个意义上讲，我国大学的多样化发展也是世界高等教育多样化发展的重要组成部分，大学多样化发展离不开国际化的环境。在国际教育交流中，既要确保站在国际前沿，及时吸纳进最先进的理念并移植到中土加以改造，促进大学多样化发展，也要在中外交流中坚守底色，注重创新。

（三）在建设学习型社会中促进虚拟大学发展

现代化分工日益专业的社会，“知识经济”已经从理念设想逐渐变成现实。相应地，开展终身学习，建设学习型社会的现实性也在逐步增强。在这样的背景和语境下，高等教育机构多样化发展也是终身学习的逻辑诉求。

2021 年 11 月，联合国教科文组织发布了《重新构想我们的未来：一种新的教育社会契约》报告。该报告开篇指出：“知识和学习是实现更新和变革的基础。”报告强调：“数字技术蕴含巨大的变革潜能”，“随着人工智能（AI）、自动化和结构转型重塑全球就业格局，创造以人为本的体面工作将成为更加艰巨的挑战”，“面向教育的新社会契约应让我们能够换一种方式去思考学习以及学生、教师、知识和世界之间的关系”。在此基础上，该报告提出了关于革新教育的建议，如“注重生态、跨文化和跨学科学习”，“终生享有并扩大在不同文化和社会空间中接受教育的机会”等。该报告深刻反映出国际社会关于教育发展的共识，对高等教育也提出了新的要求。

有鉴于此，对于国家开放大学与各地开放大学而言，更宜借助当前“数字中国”战略，广泛借鉴国际上“虚拟大学”的发展路径与经验，着眼于社会各行各业学习诉求，并借力我国新推出的“国家智慧教育公共服务平台”，打造优质的课程与教学资源，并进一步深化远程教学研究，最大限度发挥社会服务价值，以促进学习型社会建设。

大学发展形态的多样化和多元化大学观的形成，是我国高等教育由大众化迈向普及化阶段所面临的主题，也是高等教育内涵式发展的集中诉求。自高校扩招以来，经过 20 余年的高等教育大众化发展，中国高等教育已在

规模上实现了“弯道超车”，成为世界高等教育大国。接下来，在建设高等教育强国、人才强国战略背景下，大学多样化发展亦将会成为高等教育内涵式发展的重要策略，中国高等教育理应立足本土实际，加强国际合作，打造具有中国特色的多元、开放的大学发展生态，做强具有中国气派的多样化大学系统。